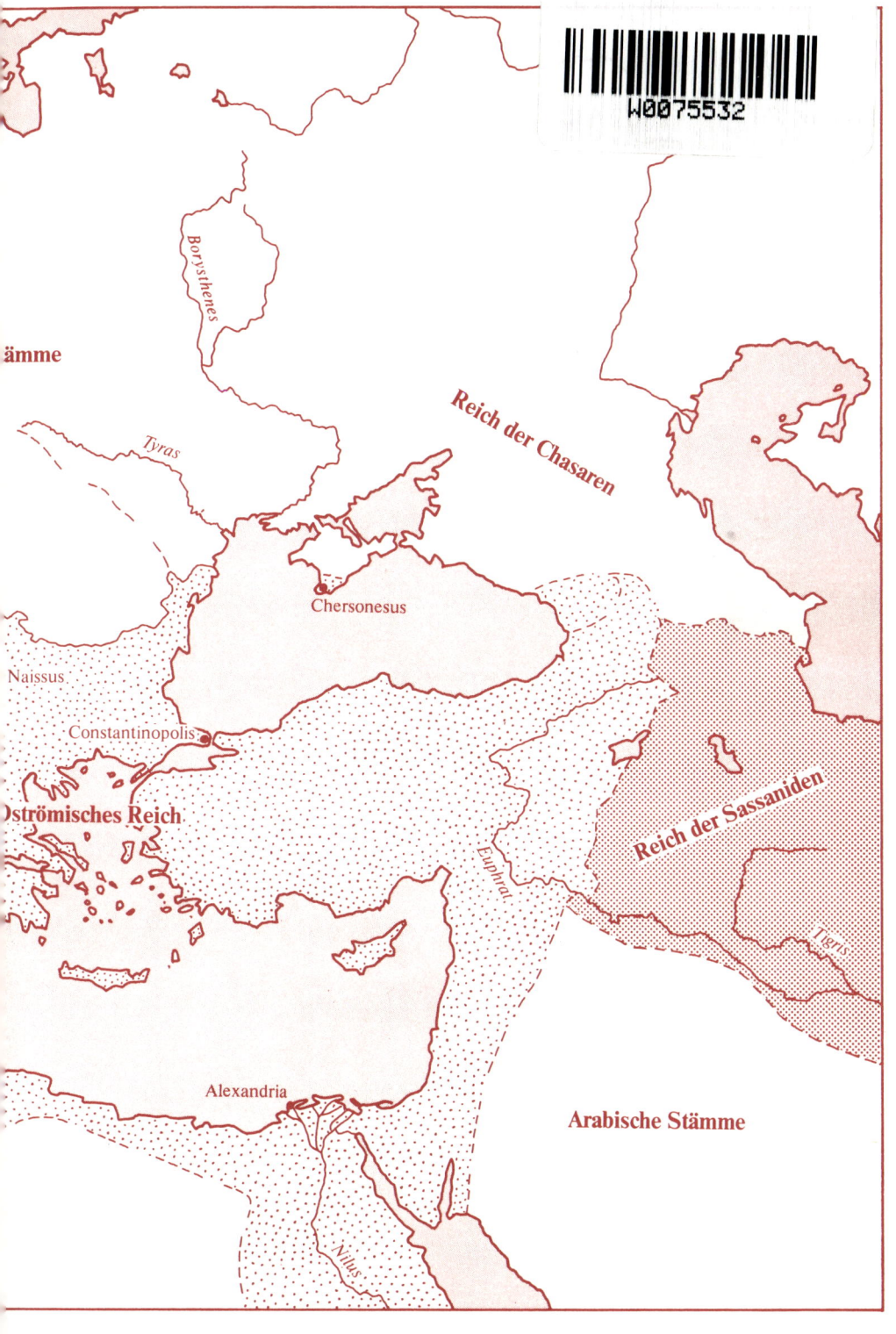

ämme

Borysthenes

Reich der Chasaren

Tyras

Chersonesus

Naissus

Constantinopolis

Oströmisches Reich

Reich der Sassaniden

Euphrat

Tigris

Alexandria

Arabische Stämme

Nilus

Hermann Schreiber
Wie die Deutschen Christen wurden

Hermann Schreiber

Wie die Deutschen Christen wurden

Von Heiligen und Helden

Genehmigte Lizenzausgabe für die
KOMET MA-Service und Verlagsgesellschaft mbH, Frechen
Copyright © 1984 by Drei Ulmen Verlag, München, und
AVA GmbH, München-Breitbrunn (Germany)
Gesamtherstellung: KOMET MA-Service und Verlagsgesellschaft mbH, Frechen

ISBN 3-933366-06-2

Es ist etwas Furchtbares um die
Erschöpfung von Göttern.

ELIAS CANETTI

Es liegt wohl im Wesen des Religiösen,
daß es, wenn es sich einmal auf den
Weg gemacht hat, nicht mehr haltmachen kann.

CHRISTIAN MORGENSTERN

Der christliche Gehorsam ist seinem
Wesen nach heldenhaft.

GEORGES BERNANOS

Inhalt

Die
schlechten Ernten und der
fremde Gott

Viele Jahrhunderte vor dem Aufbruch der ersten Missionare nach Norden, Osten und Nordwesten hatten sich schon die Germanen aufgemacht und zogen ihnen entgegen. Noch ehe Christus geboren war, hatten große Teile der germanischen Völker Skandinavien verlassen, die Ostsee überquert und an den Mündungen von Oder und Weichsel neue Wohnsitze gefunden, aus denen sie einige Generationen später nach Südosten und Süden weiterwanderten.

Es gibt zweifellos Menschen, die überzeugt sind, diese Stammesteile aus Skandinavien hätten den Süden gesucht, weil sie ihrer nordischen Götterwelt entrinnen wollten und sich unklar angezogen fühlten von jenem milderen Gott, von dem am Ostrand des Mittelmeers eben einige tausend Gläubige zu sprechen begannen. Wenn man, wie noch der große Newton, Gottes Hand selbst in der Naturgeschichte walten sieht, dann wird alles sehr einfach: Burgunder und Vandalen, Goten und Kimbern gehorchen dann einem göttlichen Fingerzeig, der sie in den Süden weist und dem Christentum entgegenziehen läßt.

Und in gewissem Sinn ist es tatsächlich der Himmel gewesen, der zwischen 200 und 100 v. Chr. viele Tausende von Germanen auf der Flucht vor der nackten Not mit Weib, Kind und Vieh aus dem heutigen Dänemark, aus den norwegischen Tallandschaften und dem späteren Schweden auf eine Wanderung ins Ungewisse trieb. Nach Jahrhunderten, in denen das skandinavische Klima außerordentlich mild gewesen war – so mild, daß wir aus jenen Zeiten kaum Hinweise auf feste menschliche Wohnstätten oder Stallungen für das Vieh besitzen –, begannen um 500 v. Chr. die Temperaturen in ganz Nordeuropa zu sinken. Die ersten Südwanderungen vollzogen sich noch innerhalb Skandinaviens: Die Menschen zogen sich in die Gebiete südlich der heutigen Stadt Drontheim zurück; der Norden Skandinaviens wurde menschenleer oder wies zumindest keine Dauersiedlungen mehr auf.

Im besiedelten Skandinavien und auf Jütland beginnen nun intensiver Hausbau und angestrengte Ackerwirtschaft auf enger gewordenem Raum. Auch Ställe für das Vieh müssen gebaut werden, Scheunen für das Winterfutter kommen hinzu. In Siedlungen, die etwa unseren heutigen Vorstellungen von Dörfern entsprechen, entwickelt sich ein in seinen Grundzügen erheblich verändertes Leben. Aus dem Rasen-Eisenerz wird tauglicheres Ackergerät geschmiedet, und die Böden werden ungleich intensiver genutzt, als dies bisher nötig war. Folglich erschöpfen sie sich auch schneller; schwere Böden vernässen durch die reichlicheren Niederschläge. Erstmals bebaut man nun auch trockene Sandböden, die man bisher unbeachtet lassen konnte.

Die Ernährungskrise, die durch all diese Aktivitäten nur aufgehalten, nicht vermieden werden kann, setzt mit voller Grausamkeit zuerst in Jütland ein. Die Hungersnot wird hier so stark, daß man Moorleichen gefunden hat, in deren Magen sich als Nahrungsreste Unkrautsamen fanden. Geschichtlich gesprochen hatte dies zur Folge, daß von dieser großen Halbinsel der erste Verzweiflungsausbruch nach dem Süden erfolgte, der Zug der Kimbern und (der allerdings wohl eher keltischen als germanischen) Teutonen (113–101 v. Chr.). Es war ein Unternehmen ohne Chance, da diese Stämme auf ein noch intaktes und voll abwehrbereites Römerreich trafen.

Die Zurückgebliebenen versuchen, dem Meer abzugewinnen, was der Boden an Nahrung nicht mehr geben konnte. Muscheln werden ein wichtiger Bestandteil der täglichen Ernährung, zugleich aber zeichnet sich in Jütland wie in Norwegen eine neue Welle der Bodengewinnung ab. Intensiverem Landbau mit neuen, widerstandsfähigen Getreidesorten ist auch ein gewisser Erfolg beschieden, ja, man stößt – von der Not getrieben – sogar wieder über die nördliche Breite Drontheims hinaus vor, denn die Viehwirtschaft braucht viel Raum. Wälder werden gerodet und die genügsame Gerste angebaut. Die neuen Pflüge mit eisernen Pflugscharen werden mit den schweren Böden besser fertig als der bisherige Hakenpflug.

Erstaunlich ist, daß schon in dieser Zeit – von den Ubiern und anderen Völkern des nördlichen Europa – Kalk zur Aufbesserung der Böden eingesetzt wird, gelegentlich auch mineralischer Dünger anderer Zusammensetzung und dazu der natürlich anfallende Viehdung, sofern die Viehhaltung dies ermöglicht. Der nordische Himmel jedoch erweist sich als stärker. Nach etwa dreihundert Jahren vergeblichen Ringens gegen zunehmende Kälte, Feuchtigkeit und Mißernten müssen die immer mehr angewachsenen Stämme nach und nach die Vergeblichkeit ihres Kampfes einsehen. Sie erkennen, daß man trotz einzelner überraschender, ja ingeniöser Verbesserungen im Bereich der Nahrungsmittelversorgung so viele Menschen ganz einfach nicht mehr ernähren kann.

Zu Beginn dieser Krisenphase mochten noch äußere Anstöße nötig gewesen sein, um größere Auswanderungen anzuregen. Für den frühen Zug der Kimbern – die Teutonen waren (möglicherweise) alpenländisch-keltischer Herkunft – vermutet man zum Beispiel eine gewaltige Sturmflut als zusätzliche Ursache, und es ist nicht verwunderlich, wenn im Toben und Vordringen des Meeres Zorn und Drohung der Götter erblickt werden und damit eben ein hinreichender Anlaß zur Auswanderung.

Aber auch ohne so gewaltige Eindrücke, wie Sturmfluten sie waren und sind, mußten sich die Völker Skandinaviens mit der Übervölkerung ihrer Lebensbereiche auseinandersetzen. Die antiken Autoren berichten von verschiedenen Methoden, den Hungersnöten zu entrinnen: Manche Gemeinschaften legten einem Teil der Jungen den Auszug nahe; andere bildeten drei Gruppen, die alle nach Altersschichtung und handwerklicher Tüchtigkeit etwa gleichwertig waren, und ließen dann das Los entscheiden, welche der drei Gruppen die Heimat verlassen müsse. Diese Methode hatte den Vorteil, daß Sippen beisammenbleiben konnten und daß die Altersstruktur des Stammes nicht nachteilig verändert wurde.

Dennoch waren solche und ähnliche Entschlüsse grausame Operationen am offenen Herzen eines Stammes. Wir wissen, daß zum Beispiel die ausgewanderten Vandalenstämme, aber auch die Goten, lange Zeit über die Ostsee hinweg mit der Stammesheimat Verbindung zu halten versuchten. Ja später, als die Vandalenwanderung in Nordafrika zum Stillstand gekommen war und in der Reichsgründung unter Geiserich gipfelte, verstand es dieses Volk – im fünften und sechsten Jahrhundert! –, über das Mittelmeer Verbindung mit jenen Vandalen zu halten, die in der Zwischenheimat Schlesien zurückgeblieben waren.

Es war also in jedem Fall kein leichter Entschluß, und wir sehen auch, daß die Norweger und Dänen, als im neunten und zehnten Jahrhundert abermals die Ernährungsbasis zu dürftig wird, keine neuerlichen Wanderbewegungen beginnen, sondern sich für Raubzüge zur See entscheiden, für eine ständige Existenz nach

Piratenart als das kleinere Übel nach dem großen Unglück der Stammesteilung, das alle skandinavischen Völker auf sich nehmen mußten.

In gewaltigen und oft unterbrochenen Wanderungen schieben sich zwischen etwa 200 v. Chr. und der Zeit um Christi Geburt sehr dynamische, zahlenmäßig aber noch nicht starke Germanengruppen durch das flache, von großen Stromtälern erfüllte Ostmitteleuropa nach Süden und Südosten. Der in seiner Großartigkeit und Allgewalt atemberaubende Vorgang ist wiederholt dargestellt worden; er hat, gemeinsam mit dem bald darauf anhebenden Einströmen der Slawen, das heutige Europa geschaffen. So wichtig diese Wanderungen auch waren, sie sind uns doch noch nicht in allen Einzelheiten bekannt, und für unser Thema braucht man die vielen Aufenthalte, die wiederholte Umkehr nach Niederlagen und die oft erstaunlichen Änderungen der Marschrichtung auch nicht zu kennen. Wichtig ist, daß die Germanen, wohin immer sie ziehen, auf die Grenzen des Römischen Weltreiches treffen, in der Asowschen Steppe ebenso wie vor Bessarabien, am Karpatenbogen, an der Donau und am Limes.

Man wünschte sich, sie von einer Position hoch am Himmel Europas aus mit Zeitrafferblick betrachten zu können, wie sie in langen Trecks, mit Karren und Wagen, Tragtieren und zu Fuß durch ein zwar nicht mehr leeres, aber doch erst locker besiedeltes Europa gegen jene Grenzen vordrangen, südlich derer die Uhr der Geschichte rascher gegangen war und andere Gesetze, eine andere Ordnung herrschten. Heerkönige trafen auf Kaiser, Nomaden auf römische Bürger, Troßleute auf seßhafte Familien. Die römischen Befestigungslinien in Dakien, Germanien und Gallien bedeuteten aber noch eine andere Grenze: Nördlich von ihnen, im Bereich der germanischen Wanderstämme, herrschte noch uneingeschränkt das Heidentum in der Gestalt der germanischen Religion und der lokalen Kulte der meist keltisch-illyrischen Vorbevölkerungen. Südlich der Grenze kämpfte die römische Staatsreligion mit ihrem vielfältigen Götterhimmel aber bereits einen schweren Unterdrükkungskampf gegen eine neue, aus dem östlichen Mittelmeerraum vorgedrungene Lehre: das junge Christentum. Und während die Germanen in ihrer gezwungenermaßen naturnahen Existenz die lokalen Gottheiten und Geister der überrannten Völker nicht selten in ihre Vorstellungen aufnahmen, lieferten das römische Heidentum und das feurige, aufstrebende Christentum einander einen Kampf auf Leben und Tod, in dem vor allem die römischen Kaiser beinahe von Anfang an einen Kampf ums Ganze erkannten, einen Kampf gegen jene Ideen, die den römischen Sklavenhalterstaat überwinden konnten. Nicht Wüstlinge und Sadisten auf dem römischen Thron waren die gefährlichsten Gegner des Christentums, sondern kluge und weitblickende Herrscher wie Marc Aurel oder Diokletian.

Gerade zur Zeit Diokletians aber zeigte sich deutlicher als je zuvor: Die römische Vielgötter-Religion hatte sich überlebt. Entgegen einer weitverbreiteten und zählebigen Meinung war sie nicht nur ein Abziehbild der griechischen gewesen. Vielmehr bestanden – bei aller Verwandtschaft – zwischen der griechischen und der römischen Religion erhebliche Unterschiede, die freilich bei der starken Durchdringung von Griechischem und Römischem im Hellenismus schon in vorchristlicher Zeit nicht jedermann klar waren. So konnten griechische Komödien, die mit griechischen Mythen ihr Spiel trieben (wenn auch keineswegs ein so loses, wie es uns nach weiteren Stoffadaptionen aus der Neuzeit scheinen will), in Rom mit römischen (statt der ursprünglich griechischen) Götternamen nachgedichtet und aufgeführt werden (was – trotz aller Bearbeitung des ursprünglichen Stoffes – römischer Religion im Grunde fremd war). Was aber auch immer die wahren Ursachen für die Auszehrung der altrömischen Religion sein mochten – in römischem Gewand auftretende, aber der griechischen Welt entlehnte Komödien waren es gewiß nicht. Es war auch nicht die oft beschworene Überfremdung der römischen Religion durch Gottheiten unterworfener, insbesondere orientalischer Völker. Zumindest einige dieser Gottheiten wurden bei ihrer Übernahme so stark mit römischem Geist erfüllt und römischen Vorstellungen angepaßt, daß sie sehr rasch zur Reichsgottheit wurden. Von hier also drohte der römischen Religion keine Gefahr der Aufweichung, sondern es floß ihr eher neues Blut zu.

Als die germanischen Völker in dichten Scharen an den Reichsgrenzen aufmarschiert waren, als sie tiefgestaffelt das nichtrömische Europa vom Schwarzen Meer bis zum Ärmelkanal erfüllten wie eine riesige, stumme Armee, die auf den Einmarschbefehl wartet, da war es Diokletian, der den letzten großen und in seiner Rücksichtslosigkeit genialen Versuch unternahm, das Riesenreich neu zu organisieren, die Staatsreligion mit neuer Autorität zu erfüllen und die neuen Lehren, die sie gefährdeten, mit konsequenter Strenge aus der Welt zu schaffen. Diokletian hatte seinen Herrschaftsbereich zunächst mit einem Freund geteilt und dann diesen veranlaßt, einen weiteren Vertrauten zu adoptieren. Da Diokletian das gleiche tat, war das Römerreich viergeteilt, was energische Verwaltung und schnell zugreifende Aktionen der Staatsmacht gestattete. Und doch mußte Diokletian, der sich wegen schwerer Krankheit von der Herrschaft zurückzog und in Dalmatien nur noch eine symbolische Machtposition innehatte, den Sieg des Christentums unter Konstantin noch selbst erleben.

Konstantin stammte wie Diokletian vom heutigen Balkan, aus der Stadt Nisch, und seine fromme Mutter Helena spielt in christlichen Legenden eine bedeutende Rolle. Dennoch war er weise genug, nach seinem inneren Übertritt zum Christentum (getauft wurde er erst auf dem Totenbett) seine noch überwiegend heidnisch gesinnten Untertanen nicht zu verfolgen. Die Germanen an der römischen Reichsgrenze standen also heidnischen Römern, römischen Christen und jenen Legionären gegenüber, die in orientalischen Garnisonen ihre Liebe zu anderen Kulten entdeckt hatten, beispielsweise zum Mithraskult. Hierbei handelt es sich um eine komplizierte Erlösungslehre mit viel Reinheits-, Sonnen- und Gestirnssymbolik, eine die Phantasie anregende und das Gemüt bewegende Ergänzung der inzwischen entzauberten Götterwelt für alle jene, die ein wenig Geheimnis und Hoffnung in schwerer Zeit brauchten.

Welches auch immer die Gründe sein mochten – die überkommene römische Religion war überlebt, ihre Autorität war ausgehöhlt, und besondere Anziehungskraft auf die Massen hatte der offizielle Staatskult ohnehin nie besessen. Bei den Germanen hingegen war der innere Zusammenhalt der Stämme im allgemeinen intakt geblieben, mitunter sogar auf der Wanderschaft gefestigt worden. Was man verloren hatte, das war die Heimat und mit ihr die ortsfesten Kulte. Die Christen konnten ihre Versammlungsstätten überall bauen; wo immer sie hinkamen, errichteten sie Bethäuser und fanden geeignete Grotten für Andachten – das blieb so bis in die Zeiten der Glaubensspaltung und der Sektenwanderungen. Einen heiligen Hain, einen heiligen Felsen oder gar eine der den Germanen heiligen Inseln konnte man hingegen nicht mitführen. Die germanischen Wanderstämme versuchten darum noch durch Generationen, einzelne, ihnen besonders heilige und wichtige Kult-Treffpunkte aufzusuchen, auch wenn sie bereits weit von ihnen entfernt lebten. Das gilt zum Beispiel für Helgoland, das uns von dem griechischen Seefahrer Pytheas von Massilia schon für das vierte vorchristliche Jahrhundert als eine heilige Insel bezeugt wird. Auch auf Jütland und in Südschweden gab es solche Heiligtümer, die nicht gerade von Heimkehrern, aber doch von Delegationen abgewanderter Stämme besucht wurden, und zwar jahrhundertelang.

Im allgemeinen aber waren die Germanen nach der Auswanderung gezwungen, in ihren neuen Lebensbereichen neue Kultplätze zu finden, und das gelang naturgemäß nicht immer. Es ist zweierlei, ob man eine Kirche errichtet und dann einweihen läßt, womit sie zum Heiligtum gleichsam ernannt ist, oder ob man einer an die stumme Tradition heiliger Örtlichkeiten gewöhnten Bevölkerung nun einen bestimmten Hain oder eine bestimmte Quelle als heilig präsentiert. Es gab Glücksfälle wie jenen absonderlich geformten, auffällig aus dem Tal aufragenden Zobten in Schlesien, der schon der keltisch-illyrischen Bevölkerung als heiliger Berg gegolten hatte. Danach übernahmen ihn die Vandalen, und vierhundert Jahre später wurde er, noch immer als heilig geltend, zum heiligen Berg der Slawen. Er war Ziel ausgesprochener Wallfahrten der Vandalen, auch dann noch, als der größte Teil des Volkes bereits in Nordafrika lebte und zum Christentum arianischer Prägung übergetreten war. Ähnliche Übertragungen alter Gefühle auf geeignete Punkte der neuen Heimat erfolgten bei den Alamannen, sobald sie sich im Raum der Vogesen und des Schwarzwalds niedergelassen hatten, bei den Chatten und bei anderen germanischen Völkern. Im allgemeinen aber hatte mit der Abwanderung aus der Heimat auch eine gewisse Entwurzelung im Religiösen begonnen, weil der tägliche Umgang, der Sichtkontakt mit den oft aus unbekannten Gründen seit alters als heilig geltenden Orten fehlte. Auch muß man annehmen, daß gerade Wald- und Flurgötter und die in den Notzeiten besonders häufig angerufene Erntegöttin der Germanen dadurch ein wenig an Bedeutung verloren hatten, daß sie ihr Volk trotz aller Bitten und Opfer nicht mehr hatten ernähren können. In seiner langen Verwurzelung im skandinavischen Raum – Einwanderungen dorthin sind überhaupt nicht bekannt – reagierte der Germane auf den erzwungenen Aufbruch mit einer tieferen Unsicherheit als etwa der römische Legionär, der in Gallien geboren worden war, in Pannonien Dienst getan hatte, in Piräus eine Frau fand und endlich als Veteran in

Dakien sein Leben zu Ende lebte. Der Christengott war von seinem Begriff her allgegenwärtig und nicht mehr dinglich; er sah die Seinen überall und stellte sich dort ein, wo sie zu ihm beteten. Will man diese Tatsache vergröbernd in Worte fassen, so muß man sagen, daß das Christentum in seiner stärkeren Betonung des rein Geistigen, des Glaubens und der Symbole ungleich geeigneter war, wandernden, unbehausten Völkern eine innere Hilfe zu bieten als der germanische Götterglaube in seiner starken Bindung an die nordische Landschaft. Wenn Hunnen oder Alanen ihre Götter bewahrten und ihnen treu blieben, wohin immer sie kamen, so hatte dies seine Ursache darin, daß sie nomadische Reitervölker waren. Die Germanen aber waren ihrem Wesen nach seßhaft. Sie waren Ackerbauern gewesen, ehe sie auswandern mußten, und der jahreszeitliche Ablauf, das Jahr des Bauern und Viehzüchters, bestimmte ihr Leben zumindest so lange, bis im achten Jahrhundert die Nordgermanen Seeräuber wurden und für die nach Mitteleuropa abgewanderten Stämme die neue Existenz in städtischen Lebensformen begann. In den Jahrhunderten der Wanderung, also von etwa 200 v. Chr. bis ins sechste Jahrhundert unserer Zeitrechnung, hätte eine Vielgötterreligion diese Beziehung zur Heimat und zum bäuerlichen Leben allein tragen und bewahren müssen. Da es wohl Priester, Seherinnen und weise Frauen bei den Germanen gab, aber keinen fest etablierten Priesterstand mit Rechten und Einfluß wie in Ägypten oder in den altamerikanischen Kulturen, ist es nur natürlich, ja eigentlich unausbleiblich, daß die überforderte altgermanische Religion sich schließlich als zu schwach erwies. Sie erlag nicht nur dem Angriff des Christentums, also den Einwirkungen von außen, sie war auch durch die neuen Existenzformen des Germanentums von innen her bereits ausgehöhlt und in ihrer praktischen, sinnfälligen Gegenwartsgeltung entscheidend gemindert.

Diese Entwicklung erklärt uns, warum die ersten Übertritte zum Christentum bei den Ostgermanen erfolgen und daß die Goten mit der Jahrtausendgestalt des Bibelübersetzers, Missionars und Bischofs Ulfilas (Wulfila) auch die bedeutendste Bekundung germanischen Christentums bis auf Luther hervorbringen. Hingegen ist das norwegische Pflanzbauerntum auf Island geradezu antipodisch jene nordwestlichste Ecke der germanischen Welt, wo sich in der vertrauten Einbettung in Bauerntum und Jahreslauf das Heidentum am längsten hält und sich auch am eindrucksvollsten in den Sagas manifestiert. Zwischen den ersten Taufen bei den Ostgermanen und dem Sieg des Christentums auf Island liegen siebenhundert Jahre – der Zeitraum also, der uns moderne Europäer von Dschingis Khan trennt oder auch von Marco Polo, drei Vierteile eines Jahrtausends ...

Wäre es anders gewesen, hätten germanische Bauern in der vollen und angestammten Ordnung ihrer Gemeinschaften neben den Römern gesiedelt, allenfalls – an der Save oder an der Drau oder an der March – durch einen Fluß von ebenso intakten römisch-heidnischen Bauerngemeinschaften getrennt, dann wäre es vermutlich ebenso reibungslos zu einer Angleichung römischer und germanischer Religion gekommen wie zwischen der römischen Religion und den Kulten anderer Völker. Besaß nicht auch Zeus/Jupiter einen Donnerkeil, mit dem er Blitze schleuderte? Und war nicht der römische Kriegsgott Mars wie der germanische Tiu Herr des dritten Wochentages?

Zu einer solchen Angleichung aber kam es nicht. Die Römer waren aus einem Bauernvolk zu einem kriegerischen Eroberervolk geworden und hatten die bis heute einzigartig gebliebene Organisation ihres Weltreiches einer verblüfften, neiderfüllten Völkerschar von Barbaren vor Augen gestellt. Aber diese Barbaren verdienten die abschätzige Bezeichnung der so vielfach gebildeten und überlegenen Römer eigentlich nur, weil sie aus der Geborgenheit ihrer eigenen ländlichen und religiösen Traditionen hinausgestoßen worden waren in eine vage, ja beinahe ziellose Wanderexistenz mit dem Zwang zu ständigem Kampf und zum Leben vom Raub – sofern der ersehnte große Raub, der Raub eines neuen Lebensraumes, nicht gelang.

Im Vertrauen in die eigenen Götter erschüttert, durch die Berührung mit anderen Völkern, Landschaften und Kulten verunsichert, gingen die Germanen ohne Rückhalt, ohne Gewißheit eines höheren Auftrags in die unendlichen Schlachtreihen der Völkerwanderung. Daß sie zunächst siegten, gegen erstarkende Gegner schließlich unterlagen und zu guter Letzt als Vasallen der Hunnen oder als Föderaten der Römer nicht einmal mehr wirklich frei waren, das mußte das letzte Band zerschneiden, das die Versprengten noch mit der heimischen Götterwelt verband. Gewiß, es ist viel geschehen, was diesen alten Glauben bis zu einem gewissen Grade zu ersetzen vermochte. Die wandernden Stämme hatten ihre Helden entdeckt, sie hatten nun die Erinnerung an die eigenen

Großtaten in den Schlachten, und sie empfanden, daß sie jetzt Geschichte machten, daß sie Völkerschicksal mitgestalteten und miterlitten. Heldenverehrung und Schicksalsglaube aber können den Glauben an die Götter nicht wirklich ersetzen; sie halten die Vorstellungen im Diesseits gefangen, sie überhöhen allenfalls die Geschehnisse. Doch den großen Sinn, den erhabenen Auftrag, empfangen auch Waffentaten nicht von den Menschen; das wußte schon Homer, und das wußten auch die großen Sänger der Heldenlieder.

An diesem Punkt, sagt Walter Baetke, tritt in das altgermanische Heidentum eine Erwartung, ein Ungenügen, es entwickelt sich zum Christentum hin. »Gerade von den Sagas aus erscheint das Christentum in bestimmtem Sinne als die Erfüllung der religiösen Sehnsucht, die in der germanischen Religiosität, wo immer uns diese sichtbar wird, lebendig war. Im Freundgottglauben bricht das Verlangen nach einem innigen persönlichen Verhältnis zur Gottheit auf, das sich auf Neigung und Vertrauen gründet – aber es kann . . . in der unzulänglichen Gottesvorstellung des Heidentums keine Befriedigung finden. Vielmehr schwindet gleichzeitig der Glaube an die Macht der Götter dahin. Und in der großen geschichtlichen Wende der Zeiten, die alles, was bisher feststand, und so auch die Götter, ins Wanken bringt, erwacht die Schicksalsfrage, die in ihrer Tiefe immer eine religiöse Frage ist.«

Der 1978 in Leipzig verstorbene Religionshistoriker verweist in diesem Zusammenhang auf den Klageruf des alten Waffenmeisters Hildebrand: »Wehe, waltender Gott, Wehgeschick geschieht.« Ist Hildebrand doch das Schlimmste geschehen, was einem Vater widerfahren kann: Er muß im Kampf seinen Sohn töten.

Das Schicksal ist stärker geworden als die Götter. Auf den Katalaunischen Feldern standen Ost- und Westgoten einander als Gegner gegenüber und mußten sich bis aufs Messer bekämpfen, weil die Ostgoten den Hunnen, die Westgoten aber den Römern botmäßig waren: Ergebnis der großen Wende, der großen Wanderung, die alle Ordnungen auflöste. Das ehrwürdige »Hildebrandslied«, ein althochdeutsches Fragment, zunächst auf Vorsatzblättern einer Klosterhandschrift erhalten geblieben und 1945 teilweise verlorengegangen, bewahrt uns dieses Dokument des Übergangs. Es hat nicht etwa irgendeinen schwachen, abtrünnigen Germanen zum Helden, sondern den eindrucksvollen Mahner und treuesten

18

Paladin des Dietrich von Bern (Theoderich), den Waffenmeister Hildebrand.

Der Vorgang der großen Umdeutungen ist in der Dichtung jener Epoche nur schwach belegt, vor allem, weil ja nur einige der vielen Heldenlieder erhalten blieben, die zwischen 400 und 600 entstanden und mündlich vorgetragen wurden. Aber es ist doch sehr aufschlußreich, wenn im Vortrag eines christlichen Skalden, also eines Rezitators im alten Island, der neue Gott nicht den alten germanischen Götterhimmel leerfegt und die Heidengötter mit Feuer und Schwert austreibt, sondern gleichsam im Hintergrund Platz nimmt, dort, wo der Schicksalsfaden gesponnen wird: »Krist sitzt im Süden am Brunnen der Urd, / Der mächtige Bezwinger der Asen des Felsens.« Urd ist eine der Nornen, die Asen sind unter den Ewigen das mächtigste Geschlecht, nicht göttlichen Ursprungs, sondern von den Riesen stammend. Krist-Christus hat sie alle besiegt als Herr des Schicksals. »Man könnte«, sagt Baetke, »diese Worte als Motto über das Tor schreiben, durch das die Germanen aus der heidnischen Zeit in das christliche Mittelalter hinüberschritten.«

Ein Bischof
und eine Bibel

Von allem, was die nach Süden gezogenen Goten an Wertvollem erbeuteten, von allen Schätzen jahrhundertelanger Raubzüge, ist nicht allzuviel in die gotische Urheimat, ins südliche Schweden, zurückgekehrt. Ein Stück von besonderem Wert, wertvoller als sein Gewicht in Gold, verwahrt jedoch die Universitätsbibliothek in Uppsala: den auf purpurfarbenes Pergament in Silber- und Goldschrift niedergelegten gotischen Bibeltext, den Bischof Ulfilas (Wulfila) in dreißig Arbeitsjahren und inmitten einer aufgewühlten Welt geschaffen hat.

Als Ulfilas um 311 im Land der sogenannten Kleingoten an der unteren Donau geboren wurde, war das Christentum für alle Germanen noch sehr, sehr neu und selbst im Römischen Weltreich noch wenig verbreitet. Der 313 (oder sogar 316) verstorbene Kaiser Diokletian hatte erst wenige Jahre vor seinem Tod noch einen großangelegten Ausrottungsversuch unternommen. Ulfilas war zwar der Sohn eines gotischen Vaters, hatte aber eine griechische Mutter, die Tochter eines christlichen Ehepaares aus Kleinasien, das von den Goten in die Sklaverei geführt worden war und einige klassische Bildung besessen haben muß. Der zweite Umstand, der Ulfilas begünstigte, bestand in der schier unglaublichen Friedfertigkeit dieser Kleingoten, die sich in einer aufgewühlten Welt eine Enklave zu schaffen wußten und offensichtlich auch durch die Landesnatur und durch ihre Armut geschützt waren. Der gewaltige Hunneneinbruch über Bessarabien und hinein nach Ungarn vollzog sich nördlich von ihnen, zerschlug die großen Gotenreiche, ließ aber die *Gotii minores* ungeschoren.

Das verschleppte griechisch-kleinasiatische Paar hatte jahrzehntelang unter Goten gelebt, ehe Ulfilas geboren wurde. Die Konstellation war einzigartig, aber auch das Ergebnis, die ungeheure Arbeit der Bibelübersetzung ins Gotische, verdient diese Bezeichnung. Übersetzen heißt, einen Text für ein anderes Volk verständlich machen. Das ist relativ einfach bei Völkern gleicher Kulturstufe und gleichen Lebensraums; aber schon die kleinen Gebrauchsanleitungen der im fremdsprachigen Ausland produzierten Geräte beweisen uns, daß Mißverständnisse selbst im zwanzigsten Jahrhundert noch alltäglich sind.

Ulfilas sah sich nicht nur vor der Aufgabe, aus dem ihm vorliegenden griechischen Bibeltext ein Buch für Germanen zu schaffen. Es mußte auch für ein Volk völlig anderer Herkunft und Kulturstufe verständlich werden, ja mehr: Es mußte nacherlebbar sein, die Einfühlung gestatten, sonst war seine Übersetzung als Basis der Missionsarbeit nur eingeschränkt verwendbar. Die Nordgermanen hatten eine Schrift, die Runen, die Griechen ein Alphabet. Ulfilas schuf eine an die Runen angenäherte, aus ihnen gewonnene Buchstabenfolge, ein gotisches Alphabet, tauglich auch für gotische Sprechgewohnheiten. Und wenn man auch heute bemüht ist, zwischen Goten und Deutschen zu unterscheiden, Sprache und Schrift der Goten sind aus der Entwicklung, aus der Aufeinanderfolge deutscher Sprachepochen doch nicht wegzudenken.

Was Ulfilas mit seinen Tausenden sprachlicher Brückenschläge zwischen Germanen und Mittelmeerkultur leistete, ließe sich nur ermessen, wenn wir Zeit und Raum für ins einzelne gehende Vergleiche hätten. Jedenfalls handelte es sich um eine Einfühlungsleistung in eine eben erst in der Bildung begriffene gotische Geisteswelt, wie sie bis herauf zum *Heliand*, jenem altsächsischen Epos von 830, in dem wir Jesus Christus in der Rolle eines Heerkönigs begegnen, nicht wieder erreicht wurde. Der *Heliand* beweist aber auch: Ein halbes Jahrtausend nach Ulfilas' gigantischer Arbeit sind jene Germanen, die nicht mit den Römern in Verbindung traten, noch immer recht beträchtlichen Verständnisschwierigkeiten ausgesetzt.

Ein weiteres Verdienst Ulfilas' liegt zweifellos darin, daß er sich von den verschiedenen Strömungen in dem noch sehr jungen Christentum nicht beirren ließ. Die neue Religion bildete sich ja erst; sie hatte zwar das Mittelmeerbecken umrundet und bis nach Nordafrika hinein Fuß gefaßt. Aber sie glich – um einen Vergleich aus unseren Tagen zu gebrauchen – einer Partei in ihrer Gründungsphase. Zwischen Byzanz und Rom, zwischen Alexandria und Hippo Regius, zwischen Lyon und Südspanien klafften Auffassungsunterschiede, die alle damit befaßten Kleriker zu wütendsten Sendschreiben und Polemiken veranlaßten. Dabei ging es um Differenzen der Lehrmeinungen, die nur diese Kleriker und Theologen selbst zu erfassen und zu würdigen verstanden.

Tiefer und wesensmäßiger war nur die Kluft zwischen dem

römischen Christentum, wie es später in den Katholizismus mündete, und dem *Arianismus*, so benannt nach einem Presbyter aus Alexandria, der geistig so regsamen nordägyptischen Hafenstadt. Presbyter Arius hatte einen so hehren Gottesbegriff, daß er sich Christus in diesen Gott nicht hineindenken konnte, sondern ihm eine Mittelstellung zwischen Gott und den Menschen zuwies. Damit war die Dreieinigkeit aufgespalten. Gottvater, Sohn und Heiliger Geist waren drei Wesen und entsprachen damit eher dem germanischen Denken, das an viele Götter gewöhnt war und eine Reduktion auf immerhin noch drei göttliche Wesen leichter akzeptierte als die begrifflich schwierige Dreieinigkeit in einem höchsten Wesen. Vor allem die Ostgermanen, die noch nicht viel mit den Römern zu tun gehabt hatten, die auch nicht, wie die Alamannen und Westgoten, gemeinsam mit den Römern und in ihrem Sold gekämpft hatten, fühlten sich durch einen Halbgott zwischen Himmel und Erde persönlich angerührt. Jesus der Übermensch, der herabgestiegene Gottessohn, wurde zu einer so vertrauten Vorstellung für Ostgoten, Gepiden, Sueben und Vandalen, daß zum Beispiel im Vandalenreich auf nordafrikanischem Boden der Arianismus Staatsreligion wurde und die Katholiken harte Verfolgungen zu erdulden hatten.

Ulfilas scheint ohne Alternative in den Arianismus hineingewachsen zu sein, und wenn er auch als gebildeter Mann später von der überwiegend anderen Gottesauffassung der griechischen und römischen Christen erfahren haben muß, so hatte er doch offensichtlich nicht die Absicht, seinen Goten und den anderen Germanen mit solchen Auseinandersetzungen den Blick für das Wesentliche zu trüben. Man hat seine Übersetzung auf spezifisch arianisches Gedankengut durchleuchtet, aber nichts gefunden. Ulfilas hat, seinem hohen inneren Auftrag gemäß, an der Bibel gehandelt wie Luther und eine Bibel für die Germanen geschaffen, so wie Luther eine für die Deutschen schuf, gleich welcher Couleur.

Da die erhaltenen Stücke der Übersetzung aus dem Neuen Testament stammen, ergaben sich Zweifel, ob Ulfilas auch die ungeheure Arbeit einer Übersetzung, einer Ein-Germanisierung des jüdischen Alten Testaments auf sich genommen habe. Doch ist die heutige Forschung sicher, daß Ulfilas auch das Alte Testament zumindest weitgehend übersetzt haben dürfte, nur daß sich diese Niederschriften eben leider nicht erhalten haben. Fest steht jedoch, daß Ulfilas' Zeitgenossen in beiden Kirchen seine Leistung durchaus zu würdigen verstanden. Als er im Jahr 341 zum Bischof der Goten ordiniert wurde, bedeutete dies für einen noch nicht vierzigjährigen Mann aus einfacher Familie zweifellos eine höchst ungewöhnliche Ehrung.

Jenes Jahr ist auch für die Gotenmission entscheidend, denn vor 341 kann es bei den Goten nicht viele Christen gegeben haben, allenfalls einzelne Familien, die sich durch ihr griechisches Gesinde, durch ein paar gläubige Sklaven, für die neue Lehre hatten gewinnen lassen. Vom Jahr 341 an aber gibt es einen Mann, der die Mission unter den Goten als seinen eigentlichen Auftrag ansieht und der für diesen Auftrag auch hervorragend gerüstet erscheint. Die natürlichen Gegner dieser Mission – die adeligen Familien der Goten mit ihren großen Privilegien und Reichtümern – erkennen die Gefahr schon um die Jahrhundertmitte. Ulfilas wird 348, sieben Jahre nach seiner Inthronisation, aus dem Gotengebiet nördlich der unteren Donau ausgewiesen, und zwar von einem Machthaber, den die Quellen Iudex, also Richter, nennen.

Dieser Iudex ist aller Wahrscheinlichkeit nach der Gotenfürst Athanarich, der eine sehr ausgeprägte Auffassung vom gotischen Königtum und seinen Traditionen hatte. Da ihm die sakrale Legitimation fehlte, wollte er nicht König genannt werden, herrschte aber sehr autoritär über einen großen Teil der Goten. Er kämpfte zwischen 364 und 369 wiederholt mit wechselndem Erfolg gegen Kaiser Valens und unterlag 376 dem Ansturm der Hunnen. Athanarich ist der Urheber der heftigsten und grausamsten Christenverfolgung im gotischen Bereich, die uns bekannt ist. Sein Paladin Atharid tat sich dabei besonders hervor, und die gotischen Christen kamen bei dieser Gelegenheit zu ihren ersten Märtyrern. Der bekannteste unter ihnen ist der heilige Sabas, wie es heißt, ein Gote, aber doch wohl – ähnlich wie Ulfilas – mit familiären Beziehungen nach Kleinasien, denn seine Lebensbeschreibung sagt, er sei schon als Christ geboren worden, und sein Leichnam wurde, nach dem Martyrium, nach Kappadokien zu einem Verwandten geschafft, der heute ebenfalls im Verzeichnis der Heiligen aufgeführt wird. Der Phalanx heidnischer gotischer Adliger stand demnach eine vermutlich kaum minder große Gruppe christlicher Familien gegenüber, in denen sich starke gelehrte Traditionen gegen die heidnische Umgebung durchsetzten.

Die oft zu wenig beachteten, trotz ihrer Fülle erstaunlich selten von der Forschung herangezogenen alten Lebensbeschreibungen der Heiligen und Märtyrer sind vor allem dann ungeheuer wichtig und aufschlußreich, wenn über eine Zeit so wenig bekannt ist wie über Ulfilas' Lebensjahre und die Umstände seines Wirkens; vor allem darum verweilen wir bei dem zweifellos etwas ausgeschmückten Bericht über Sabas' Leiden.

Von den elf Heiligen dieses Namens sind zwei Goten. Der ältere Sabas erlitt das Martyrium in Rom, und zwar schon gegen Ende des dritten Jahrhunderts. Er war ein hoher Offizier in der Armee des Kaisers Aurelian, eines der tüchtigsten Herrscher der ganzen Kaiserzeit, der eine große Christenverfolgung plante, aber einem Komplott seines Sekretärs Eros zum Opfer fiel, ehe er sie voll ins Werk setzen konnte.

Interessanter für uns ist der im Herrschaftsbereich des Fürsten und Iudex Athanarich ermordete Sabas, weil aus der Vita dieses Heiligen hervorgeht, daß es bei den Goten in der zweiten Hälfte des vierten Jahrhunderts bereits christliche Priester gab und zahlreiche, vor allem weibliche Sympathisanten mit der neuen Religion. Es war im Jahr 372, daß ein Gote namens Atharid(us) mit einigen Schergen das Haus des Priesters Sansala überfiel und Sabas nackt aus dem Bett zerrte. Sabas hatte sich beim heidnischen Gotenadel dadurch unbeliebt gemacht, daß er die Opfer geschmäht und – wie das bei jenen begeisterten Frühchristen der Fall war – die Gotengötter als Teufel bezeichnet hatte. Die Vita sagt dann, daß Sansala, der Priester, gefangen weggeführt wurde, während man Sabas nackt über Dornen schleifte und mit Knütteln und Geißeln mißhandelte, »ohne daß an seinem Leib eine Spur hiervon zurückblieb. Nach Tagesanbruch legte man eine Wagenachse an seinen Hals, band an die Enden derselben seine Hände und Füße und verstärkte diese Folter durch allerlei Mutwillen. Eine mitleidige Frau erbarmte sich seiner und machte ihn los.«

Da die Strafvereitelung bis heute ein Delikt ist, muß aus dieser Aktion der Frau geschlossen werden, daß die Christen unter den Goten schon einen großen Anhang hatten und daß die gotische Öffentlichkeit die Christenverfolgungen nicht mittrug, sondern sie fanatischen einzelnen überließ. Als ebenso fanatisch aber erweist sich Sabas, wenn wir lesen, daß er nach dieser Befreiung nicht floh. Er wartete ab, bis Atharid(us) – offenbar ein lokaler Würdenträger – wiederkehrte und den Befehl gab, ihn zu ertränken. Die Schergen wollten Sabas dennoch heimlich freilassen, aber er suchte offensichtlich das Martyrium, weigerte sich zu fliehen und sprach die seine Verzückung beweisenden Worte: »Warum wollt ihr nicht tun, was euch befohlen ist? Ich sehe, was ihr nicht sehen könnt: Schon stehen sie am anderen Ufer, die mich aufnehmen werden in ihre Herrlichkeit.«

Dieser Drang zum Martyrium, in der alten Kirche nicht selten, mußte natürlich Eindruck auf die Goten machen. Der Ertränkte wurde von der Christengemeinde bestattet. Später gelangten seine Reliquien durch Vermittlung des römischen Befehlshabers Jossoranus nach Caesarea in Kappadokien, wo ein Verwandter des Sabas, der (später heiliggesprochene) Basilius, Erzbischof war. Bis 1945 trug eine berühmte Schule Bukarests Sabas' Namen.

Diesen ersten und offensichtlich noch vereinzelten Ausschreitungen gegen gotische Christen schließt sich eine allgemeinere Verfolgung an, als die Goten den Hunnen unterliegen. Man macht die christlichen Goten für diese Schicksalswende verantwortlich, weil sie sich von den alten Göttern abgewandt hatten. Athanarich trennt sich von den christlich gewordenen Stämmen und zieht mit einem Kern kampffähiger Goten – alles Heiden – nach Siebenbürgen, wo das Gebirge ihm Schutz bot. Dort lassen ihn offenbar auch die Hunnen ungeschoren, denn er begibt sich im hohen Alter nach Konstantinopel, wird dort hoch geehrt, stirbt aber schon zwei Wochen nach seiner Ankunft im Januar 381. Ob man dabei in Konstantinopel ein wenig nachgeholfen hat (schließlich klebte an Athanarichs Händen Christenblut, und zweifellos verstand man am Bosporus mit Gift umzugehen), bleibt der Spekulation überlassen . . .

Gewiß ist Bischof Ulfilas der berühmteste aller Gotenmissionare; aber wir wissen auch von Männern namens Innas, Pinas und Rim(m)as, gotischen Christen, die sich ebenfalls als Missionare Verdienste, ja die Märtyrerkrone erwarben. Von Rim(m)as weiß man am wenigsten; einzig sein Tag im Kalender, der 20. Januar, deutet vielleicht den Todestag an, und daß er in »Skythien« starb, weist auf die Gotensiedlungen an der unteren Donau hin. Diese sollten – was natürlich Legende ist – noch vom Apostel Andreas selbst für das Christentum gewonnen worden sein, zu einer Zeit also, da die Goten noch an der Ostsee siedelten. Indessen ist die in dem Märtyrerbericht genannte Todesstrafe germanisch: Die drei Missionare wurden inmitten eines Tümpels, vielleicht eines toten Donauarms, an Pfähle gebunden und ihrem Schicksal überlassen. Nicht der Stahl des Henkers, nicht die Hand eines Menschen beförderte sie vom Leben zum Tod, sondern ganz schlicht und stumm die Unbarmherzigkeit der Elemente. Die heidnischen Goten, die insgeheim natürlich die Rache des mächtigen Christengottes fürchteten, hofften auf diese Weise ohne Vergeltung davonzukommen. Da es mitten im pannonischen Winter geschah, haben die drei Missionare wohl nicht lange leiden müssen. Ein Bischof mit dem gotischen Namen Goddas soll sich um ihre Reliquien bemüht haben.

Wir besitzen also eine ganze Reihe von Hinweisen darauf, daß das Christentum bei den Goten schon lange vor ihrem großen König Theoderich heimisch wurde: Um die Mitte des vierten Jahrhunderts bei jenen Kleingoten, die geographisch eine Mittelstellung zwischen West- und Ostgoten einnahmen, danach bei den West- wie Ostgoten, wo immer sich diese auf ihren Wanderzügen gerade aufhalten. Die Ausbreitung des (arianischen) Christentums bei ihnen wird durch die schweren militärischen Niederlagen begünstigt, für die in erster Linie die heidnische Oberschicht verantwortlich gemacht wird, desgleichen durch die Oberherrschaft der Hunnen über die Ostgoten. Denn die Hunnen, selbst Heiden, interessierten sich für alles eher als für die Religion ihrer Verbündeten. Vermutlich war ihnen ein christliches (Ost-)Gotenvolk sogar lieber als ein kriegerisch-stolzer Stamm, der seinen alten Göttern zuliebe immer wieder gegen das Hunnenjoch aufmuckte. Da unter der Oberherrschaft der Hunnen reger Handelsverkehr mit dem römischen Ostreich die Regel war und sich die Hunnenfürsten die Einrichtung ständiger Marktplätze sogar in Friedensverträgen garantieren ließen, setzte sich die friedliche Infiltration Pannoniens durch das auf dem südlichen Balkan bereits herrschende Christentum bis zu Attilas Tod fort.

Wir neigen heute noch immer dazu, Wirtschaftsleben und Handelsverkehr früherer Zeiten zu unterschätzen. Allein die hohen Tributzahlungen aus Konstantinopel machten den Hunnenhof im heutigen Ungarn zu einer beträchtlichen wirtschaftlichen Macht, und auch die dort gesammelte Beute aus den erfolgreichen Hunnenzügen an den Rhein (wo die Burgunder zerschlagen wurden), nach Thrakien, nach Gallien und nach Norditalien stellte ein Importpotential dar, das so manchen Händler anlocken mußte. Diese römischen, jüdischen und levantinischen Händler waren religiös keineswegs indifferent. Die Juden betrieben – was heute leicht vergessen wird – damals eine starke Propaganda für ihren Glauben. Sie waren daran interessiert, ihre Gemeinden zu vergrößern und Menschen aufzunehmen, die danach nur Glaubensjuden waren, ihrer Herkunft nach aber Römer aus den verschiedenen Reichsteilen. Da sich jedoch die rituelle Beschneidung ebenso als ein Hemmnis gegenüber der völligen Integration herausstellte wie das enge und strenge jüdische Gemeindeleben im allgemeinen, kam es durch diese Werbeaktionen für den jüdischen Glauben eher zu einem Zustrom, den man besser als Sympathisantenring bezeichnen würde, als eine Art »Verein der Freunde des Judentums«. Ihm gehörten oft vermögende Personen an, weil diese von den Juden besonders umworben wurden oder selbst Verbindung zu den wirtschaftlich sehr aktiven jüdischen Gruppen suchten, und solche Freunde trugen naturgemäß auch einen Teil des Wirtschaftslebens.

Da sie dem antiken Götterglauben schon abtrünnig geworden waren und die jüdische Religion schon akzeptiert hatten, ohne sich doch voll mit den Juden zu identifizieren, stellten diese Gruppen jene Schicht Unentschlossener, in der die christliche Mission ihre stärksten Erfolge erzielte und vor allem am schnellsten zum Ziel gelangte. Nur Arianer wurden diese meist friedlichen, bürgerlich situierten Römer im allgemeinen nicht. Die Berührung mit ihnen aber bereitete bei den Goten wohl den Boden für die Annahme des Christentums und förderte das Verständnis für die christliche Religion. Übertritte zum Christentum ergaben sich jedoch auf breiterer Front erst dann, als der Arianismus, auf eine für die Germanen lesbare, für die Missionare brauchbare Bibel gestützt, von den Kleingoten aus den ganzen Lebensbereich der Ostgermanen erfaßte. Es ist heute fast vergessen, bleibt aber eine unleugbare Tatsache: Die Christianisierung der Germanen erfolgte zunächst nicht durch den Katholizismus, sondern durch die inzwischen als ketzerisch verdammte und bis auf ein Grüppchen von Sektierern untergegangene Lehre des Arianismus. Vor allem die stärksten Persönlichkeiten des Jahrhunderts fühlten sich vom Arianismus angezogen: so Theoderich der Große, im Todesjahr des Hunnenkönigs Attila, also 453, am Neusiedlersee geboren; der oströmische Oberfeldherr Aspar, der starke Mann des Reiches, von alanisch-gotischen Eltern stammend, und der Vandale Geiserich, dessen königlicher Vater eine uns unbekannte, höchstwahrscheinlich nichtgermanische Nebenfrau zur Mutter dieses hochbegabten Prinzen gemacht hatte. (Auch Theoderich hatte übrigens nicht die Gemahlin, sondern eine Nebenfrau Theodemirs zur Mutter.)

Während aber Geiserich in Nordafrika einen inquisitorisch-grausamen Ausrottungsfeldzug gegen das dort bereits herrschende katholische Christentum führte, beweisen Aspar und Theoderich die im ganzen friedliche Koexistenz zwischen Arianismus und Katholizismus zum Teil sogar innerhalb der Familien. Theoderichs später zum Katholizismus übertretende Mutter Erelieva lebte am Hof von Ravenna geliebt und geachtet inmitten eines intensiven arianischen Gemeindelebens. Dieser überraschende Gegensatz erklärt sich wohl politisch. Geiserich bekämpfte den Katholizismus vor allem wegen der Römer und Kolonisten, die er zwischen Hippo Regius und Karthago vorfand und denen er eine neue, eben vandalische Besitzerschicht aufzwang. Theoderich hingegen hatte als Knabe und Jüngling in Konstantinopel ein durchaus positives Verhältnis zu Rom, zur römischen Zivilisation und den Vorzügen römischer Verwaltung gewonnen. Dieses Bekenntnis zu Rom im ganzen überlagerte zeit seines Lebens die Differenz der Lehrmeinungen zwischen Katholizismus und Arianismus – dies nicht zuletzt, weil Theoderich als Herrscher ungleich wichtigere und heiklere Aufgaben zu bewältigen hatte. Einen Theologenstreit zu überschätzen oder gar hochzuspielen, lag ihm ebensowenig wie Aspar oder auch Odoaker.

Dieser Theoderich-Vorläufer als Herrscher über Italien erscheint uns in religiösen Dingen in noch höherem Maß indifferent. Er war vom Vater her Hunne, hatte aber eine germanische Mutter vom Stamm der Skiren und hatte von seinem Vater Edekon – der praktisch Attilas Außenminister war – viel diplomatisches Geschick geerbt. Odoaker verstand es nicht nur, den germanischen Söldnern ihre Wünsche nach Land zu erfüllen, wofür sie ihn zum König in Italien machten, er war ebenso geschickt im Ausgleich zwischen dem Arianismus, dem er persönlich anhing, und dem Katholizismus. Beispielsweise war er gut befreundet mit dem (katholischen) Bischof von Ticinum. Sogar mit dem gegen ihn ausgeschickten oströmischen Feldherrn Theoderich gelangte er nach einigen Niederlagen und einem einzigen Sieg 493 zu einer Vereinbarung, wurde allerdings von Theoderich bei einer Besprechung, zu der Odoaker waffenlos erschienen war, ermordet. Der große Theoderich zögerte auch nicht, Odoakers Sohn Thela, als dieser vertrauensvoll aus der Verbannung heimkehrte, hinrichten zu lassen.

Positiv muß hingegen vermerkt werden, daß sich unter Theoderich die Germanen, im besonderen aber die Goten, von ihrem alten Recht lösten, das ja von ihrer Religion nur schwer zu trennen war. Das altgermanische, auf Island bis um das Jahr 1000 herrschende Rechtssystem sah die individuelle Aufrechnung, kurz, die Vergeltung vor. Blutrache, Wergeld (Abfindung für Erschlagene) und Sippenhaftung regierten und bestimmten das Leben oft für Generationen, wie etwa das Beispiel Eriks des Roten zeigt, der wegen einer Blutschuld seines Vaters (!) schließlich Island verlassen mußte und in der Verbannung Grönland entdeckte.

Theoderich hatte schon als junger Mensch das Recht als Hoheitsaufgabe des Staates kennengelernt. Er brachte die in Italien siedelnden Germanen verschiedener Stämme dazu, ihre Privatrache widerstrebend aufzugeben und Gesetze sowie Gerichte als Institutionen anzuerkennen, womit zwar nicht unbedingt eine Hinwendung zum Christentum verbunden war, aber doch eine Lösung von früheren Gewohnheiten. Auch die Einfügung in die jungen christlichen Gemeinden wurde dadurch erleichtert, daß die alten Dauerfehden zwischen verschiedenen Sippen nach und nach abklangen.

Aus diesem praktischen Rechtsgefühl, aus einem Zugeständnis an Verwaltungs-Notwendigkeiten ist auch Theoderichs Toleranz zu erklären, die freilich schwer zu trennen ist von der Grundeinstellung seines Geheimschreibers und Ersten Ministers, des hochgebildeten Cassiodor. »Warum erstrebt ihr denn gerade das, was ihr fliehen solltet?« schreibt Cassiodor im Auftrag seines Herrn an die Juden von Genua, die ihre Synagoge neu errichten wollen und dazu eine ausdrückliche Genehmigung brauchen. »Wir geben euch zwar die Erlaubnis, aber wir glauben, etwas Löbliches zu tun, wenn wir den Wunsch der Irrenden mißbilligen: die Religion können wir freilich nicht anbefehlen, weil man niemanden zwingen kann, wider seinen Willen zu glauben.« Dieses *religionem imperare non possumus* hätte so manchem späteren Herrscher zum Vorbild dienen können. Wieviel Leid wäre Europa erspart geblieben, hätten Habsburger und Bourbonen sich den Grundsatz jenes halbbarbarischen Herrschers zu eigen gemacht, wie ihn Cassiodor um 510, tausend Jahre vor dem Augsburger Religionsfrieden, bereits eindeutig formuliert hatte!

In einem Punkt allerdings erwies sich Theoderich als nicht so tolerant, und dieser Punkt ist wichtig: Theoderich mußte zwar seine germanischen Untertanen, also vor allem die Goten und

Heruler, auf italienischem Boden ansiedeln, er mußte, so wie Odoaker es begonnen hatte, die Güter teilen und den Germanen landwirtschaftlich nutzbares Land zuweisen. Aber er hielt auf seine Goten, er stellte sie den Römern als Vorbilder hin, und zahlreiche Briefe Cassiodors beweisen: Theoderich war bestrebt, eine Verschmelzung mit den römischen Einwohnern möglichst zu behindern. Die Heruler kamen seinen Wünschen dadurch entgegen, daß sie selbst solche Verbindungen strikt ablehnten. Sie heirateten ausschließlich Angehörige des eigenen Stammes. Die Goten dagegen waren zu zahlreich und zu weit über Italien verstreut, um sich ihrerseits mit der gleichen Ausschließlichkeit auf Gotenmädchen beziehungsweise junge gotische Männer beschränken zu können. Aber dennoch fällt es auf, wie groß und geschlossen die Gotengruppen sich auch viel später noch darstellen, als das Gotenreich in Italien längst den Truppen eines Belisar und eines Narses zum Opfer gefallen war.

Diese arianischen Goten leben im christlichen Glauben neben und zwischen den katholischen Römern. Theoderich verwaltet seinen Reichsteil mit Hilfe der einzigartigen römischen Gesetze und Verwaltungstraditionen, aber er bedient sich dazu des bildsamsten und aufgeschlossensten aller germanischen Völker, der Goten, aus denen ja schon der Wundermann Ulfilas hervorgegangen war. Und Theoderich erscheint uns sogar als Missionar, wenn auch nicht im christlichen Sinn, wenn er versucht, seine religiös tolerante Formel von einem neuen, gesitteten Germanentum zu exportieren, und zwar auf eine köstliche, ja beinahe naive Weise: Ganz so, wie schon zuvor Chinesenkaiser wohlerzogene Prinzessinnen an Barbarenherrscher in den Randgebieten Nord- und Nordwestchinas verheirateten, um im dynastischen Interesse chinesische Sitte und Bildung zu verbreiten, trieb auch der große Theoderich eine sehr kluge Heiratspolitik. Damen seiner Verwandtschaft, Prinzessinnen, die in Konstantinopel, Ravenna oder Rom ausgebildet worden waren, verheiratete er an die Heerkönige, Gaufürsten und sonstigen Machthaber des in jenem Jahrhundert doch noch recht wilden Europa. Amalafrida, die Schwester Theoderichs, traf es dabei noch relativ günstig; sie wurde in zweiter Ehe zu Thrasamund, einem Enkel des großen Geiserich, nach Karthago geschickt. Dieser Thrasamund war zwar ein Vandale, aber in der großen Residenz, in der Händler aus allen Ländern des Mittelmeers eintrafen, herrschte reges kulturelles

Leben, und Amalafrida konnte auch ihrem arianischen Glauben treu bleiben.

Prinzessin Amalberga hingegen mußte zu dem ziemlich gewalttätigen König der Thüringer reisen, und es ist sehr zweifelhaft, ob das gebildete Mädchen, eine Nichte Theoderichs, sich durch den wohlgesetzten Begleitbrief Cassiodors trösten ließ, in dem es hieß: »Das glückliche Thüringen wird sich fortan mit dem Mädchen schmücken, welches das reiche Italien zu Wissenschaft und feiner Art herangebildet hat, und künftig wird Thüringen durch die Sitten seiner Königin nicht minder glänzen als durch seine Siege.« Ob König Hermenefrid diese Zeilen überhaupt lesen konnte, ist mehr als ungewiß. Seine beiden älteren Töchter verheiratete Theoderich an einen westgotischen und einen burgundischen Fürsten, woraus man andererseits aber auch eine gewisse Mißachtung der Römer erkennen kann, die doch der Masse nach sein Staatsvolk bildeten und ihm gegen Ende seiner Regierungszeit allerdings auch die größten Schwierigkeiten bereiteten.

Für Wandervölker aus dem weiträumigen Osten Europas erweist sich unser Kontinent als eine wahre Falle: Er verzweigt sich, immer enger werdend, in Halbinseln, vor denen das Meer liegt und sie zur Sackgasse macht, während andere Wanderstämme nachdrängen und den Rückweg verlegen. Dies hatten die Vandalen erfahren, die im Süden Spaniens weder vor noch zurück konnten, weil hinter ihnen die Westgoten übermächtig andrängten und vor ihnen sich die Straße von Gibraltar öffnete. Und es bedurfte der außerordentlichen Kühnheit und großen Organisationsgabe eines Geiserich, um ein ganzes Volk mit Troß und Tieren nach Afrika hinüberzuführen. Geiserich war es dann auch, der nach der Wanderzeit das erste Germanenreich schuf. Auf römischem Boden in Nordafrika stand es festgefügt und bestand immerhin einhundertdreißig Jahre lang.

Das zweite Germanenreich war das des großen Theoderich im Süden und nördlichen Südosten Europas. Schon der Westgotenkönig Alarich I. scheint davon geträumt zu haben, auf italienischem Boden einen gotischen Staat zu errichten. Dann hatten sich Odoaker und seine Söhne in Italien selbständig gemacht, aber erst Theoderich hatte die Zustimmung des Kaisers in Konstantinopel erlangt und die Insignien eines Herrschers erhalten. Er regierte in kaiserlichem Prunk, und seine Germanen stellten das militärische Aufgebot, waren aber zahlenmäßig so gering, daß Theoderich schon deshalb auf gutes Einvernehmen mit der römischen Bevölkerungsmehrheit bedacht sein mußte. Römische Senatoren wie Boëthius und Cassiodor standen ihm nahe, halfen ihm bei der Reichsverwaltung und wirkten gleichzeitig auf eine Versöhnung zwischen Römern und Goten hin. Boëthius versuchte gleichzeitig die Verschmelzung griechischen Bildungsgutes mit der römischen Kultur und der christlichen Lehre. Damit schuf er die Grundlage mittelalterlicher Bildung.

Dennoch kam es zum Zerwürfnis, als Byzanz unter den Kaisern Justin I. (518–527) und Justinian I. (527–565) eine kirchenpolitische Schwenkung vollzog, die zu Spannungen mit den Ostgoten führte. Theoderich beschuldigte nun den römischen Senat der Konspiration gegen ihn und ließ seinen bisherigen Minister Boëthius verhaften, der in der Haft seine berühmteste Schrift *(Trost der Philosophie)* verfaßte. 524 wurde Boëthius schließlich als Hochverräter hingerichtet. Mit ihm mußten auch andere Römer von hohem Rang und aus angesehenen Familien ihr Leben lassen.

Die germanische Frömmigkeit eines Theoderich schloß offenbar gewaltsame, rechtlich nicht abgesicherte Herrschaftsakte keineswegs aus. Da Christus nach arianischem Glauben eine Mittelstellung zwischen Gott und den Menschen einnahm, sahen die Germanen bald in ihm eine Art Heerkönig, ihren Vorkämpfer auch gegen irdische Feinde, und Theoderich, der ja schon Odoaker getötet hatte, empfand wohl seinen hohen Herrschaftsauftrag als Rechtfertigung für die Todesurteile gegen Boëthius, dessen Schwiegervater Symmachus und andere. Es ist der Höhepunkt auch der geistigen Auseinandersetzung zwischen Arianismus und frühem Katholizismus, denn Boëthius war durch seine Synthese von Katholizismus und Antike, die ihn zum Wegbereiter mittelalterlichen Denkens machte, auch zu seiner Zeit bereits ein herausragender Exponent der katholischen Richtung, während Theoderich dank seiner guten Beziehungen zu den militanten Arianern im Vandalenreich wohl immer mehr zu der Erkenntnis gelangte, daß katholische Geistliche sich nicht auf ihr Hirtenamt beschränkten, sondern Politik machten. Geiserich setzte alle oppositionellen Bischöfe auf Sardinien fest, Theoderich ließ die Häupter der katholischen Opposition hinrichten. Die Germanen waren zwar Christen geworden, hatten aber innerlich und äußerlich gegen das christliche Konstantinopel und alles, was von dort kam, Stellung bezogen. Und so mächtig sie dastanden, die beiden Germanenreiche in der Mitte und am Südrand des Mittelmeerraumes, sie sollten dem geduldig abwartenden oströmischen Reich beide erliegen, dem Gold aus Byzanz, mit dem die Hofschranzen vom Bosporus die heimatlosen Restvölker anlockten, die Hunnen, die Alanen und all die germanischen Splitterstämme, die vereint die arianischen Reichsgründungen zerschlagen: 533 das nordafrikanische Vandalenreich und 552 das Gotenreich auf italienischem Boden. Damit war auch dem Arianismus der Raum genommen, in dem er sich hatte entfalten können.

Nur im äußersten Westen des einstigen Römerreiches, dort, wo die Macht der Kaiser nicht mehr hinreichte, hielt sich ein Germanenreich noch ein paar Jahrhunderte länger, und das Christentum, wie es dort blühte, stellt vielleicht die stärkste Annäherung an die germanische Frömmigkeit dar.

Die Nachfahren des großen Romeroberers Alarich hatten auf der Iberischen Halbinsel unter fortdauernden Fehden, Scharmützeln, Kriegen und Räubereien ein Gotenreich geschaffen, das etwa 300 000 arianische Krieger über Menschen jener iberischen Mischbevölkerung herrschen sah, die afrikanische und keltische Elemente vereinte und bereits den Römern einige Schwierigkeiten bereitet hatte. Da die Böden nicht so gut waren wie in Italien, mußten die Einwohner an die Goten bis zu zwei Dritteile ihres Landes abtreten, und weil sie von dem verbliebenen Rest kaum leben konnten, zogen sie sich lieber aus den Gotengegenden zurück.

Während – wie auch in Italien – die romanisierte Einwohnerschaft katholisch war, hingen die Westgoten dem Arianismus an, und es gab bald Auseinandersetzungen und Märtyrer. Dem Martyrium des von heidnischen Römern getöteten, bis heute verehrten Saturninus (Saint Sernin) folgte unter dem Gotenkönig Leowigild (568–586) dessen katholischer Sohn, Prinz Hermenegild nach, der sich gegen den Vater aufgelehnt hatte. Zunächst nur verbannt, entfloh er, so daß der König, um das Reich zu retten, diesen unbotmäßigen Dauerrebellen schließlich köpfen ließ. Darüber erschüttert (und wohl auch aus Reue), legte Leowigild seinem zweiten Sohn Rekkared (586–601) nichts mehr in den Weg, als dieser katholisch werden wollte; die Westgoten hatten seit 586 in ihm ihren ersten katholischen Herrscher und einen ihrer besten Könige überhaupt.

Aber man kann es nicht leugnen, daß die Westgoten in Spanien eine ebenso seltsame Auffassung vom Christentum entwickelten wie Theoderich und die Ostgoten. Ob Katholiken wie Rekkared und seine Nachfolger oder Arianer wie Geiserich und Theoderich, dieses germanisch-christliche Europa war von der tiefen Überzeugung durchdrungen, die Germanen seien dazu berufen, die leere Hülle des Römerreiches mit neuem Leben zu erfüllen. Ihre eigenen Fähigkeiten überschätzend, waren sie alle überzeugt, die altgermanischen Mannestugenden seien die bedeutendsten menschlichen Vorzüge schlechthin und der waffentragende Germane sei der naturgegebene Herr für jenen alten Römerboden, den Roms Legionen, soweit sie überhaupt noch vorhanden waren, ja doch nicht mehr verteidigen konnten. Der Verfall des einst so gewaltigen Römerreiches war offensichtlich. Romulus Augustulus, der letzte Kaiser des Westreiches, war ebenso am Hunnenhof gezeugt worden wie Odoaker, der Mann, der ihn besiegte und vertrieb, denn Odoakers Vater Edekon war Minister Attilas gewesen, und Romulus Augustulus' Vater, ein Römer aus Pannonien namens Orestes, hatte als Geheimschreiber des Hunnenkönigs unter diesem Eroberervolk gelebt und an manchen Gesandtschaften sogar zusammen mit Edekon teilgenommen.

In einem viele Jahrzehnte beanspruchenden, bis heute nicht ganz erhellten Vorgang beginnt sich das christlich-germanische Festjahr aus dem jüdischen herauszulösen. Es muß sich verselbständigen, um gegen die heidnischen römischen Feste geschlossen und alleingültig auftreten zu können, denn jedes Volk hängt zunächst an den Festen und fragt erst im nachhinein nach dem Inhalt, der Bedeutung des Festtages. Im vierten und fünften Jahrhundert, als die Germanen schon mehr Macht ausüben als der hohle Koloß des Römerreiches selbst, treten germanische Traditionen und Festesvorstellungen unmerklich und bisweilen uneingestanden an die Stelle jüdischer und römisch-heidnischer Feste. Die Auferstehung des Herrn, durch das unwiderlegliche Zeugnis des Neuen Testaments an das Passahfest gebunden, rückte nach langem Streit an den Wochenbeginn und den Sonntag nach dem ersten Frühlingsvollmond, und es ist wohl kein Zufall, daß es bei den germanischen Völkern nach der Morgenlicht- oder Frühlingsgöttin Ostara benannt ist, während in den romanischen Sprachen, in Pâques wie Pasque und so fort, das Passahfest noch anklingt.

Das Weihnachtsfest am 25. Dezember ist zwar schon um 350 aufgekommen, als die Westgoten noch nicht ihr spanisches Reich errichtet hatten. Aber sie haben diese römisch-katholische Konkurrenzgründung gegen Kaiser Aurelians' »Fest des Unbesiegten Sonnengottes« mit der alten nordgermanischen Tradition eines Mittwinterfestes erfüllt, eines Festes zur Wintersonnenwende, wie es im ganzen nördlichen Deutschland und in Skandinavien schon aus vorchristlicher Zeit belegt ist. Theodor Klauser, Ordinarius für Kirchengeschichte an der Universität Bonn, weist darauf hin, daß »auch die christlichen Feiern von jeher zu sozialen Leistungen anregten . . .; daß auch bei den christlichen Festen, wenn auch vielleicht mit schwächerer Betonung, als es im jüdischen Bereich geschah, die eschatologische (Endzeit-)Erwartung genährt wurde . . .; daß auch auf christlicher Seite die Festfreude in allen ihren Formen, den Tanz wohl ausgenommen, zur Geltung kam . . .; daß auch von den christlichen Festen eine werbende und missionarische Wirkung ausging, oft genug schon dadurch, daß das christliche Fest von einer heidnischen Feier des gleichen Tages (!) ablenkte und diese schließlich ganz verdrängte.«

Die Feste also sind verdrängt oder besser aufgesogen worden, aber die Germanen hatten doch die Befriedigung, ihr Frühlingsgöttinnen-Fest und ihre Wintersonnenwende weiterhin feiern zu können, wenn auch mit christlichem Sinngehalt. Und während das vandalisch-arianische Christentum von den Truppen Belisars in den Sand der nordafrikanischen Wüsten gestampft wurde, während die Ruinen von Karthago heute wieder nur von Römern erzählen und nicht von den Vandalen, haben sich in Spanien, also im Westgotenreich, und in Italien wertvolle Zeugnisse dieser frühchristlichen und zugleich germanischen Frömmigkeit erhalten. Die herrlichen Bauten von Ravenna kennt die ganze Welt. Soweit es sich um ursprünglich arianische Sakralbauten handelt, wären sie allein imstande, den Arianismus unsterblich zu machen, zumindest in seiner steinernen Ausprägung: San Vitale, die Baptisterien (Taufkirchen) der Orthodoxen (Katholiken [San Giovanni in Fonte]) und Arianer (Santa Maria in Cosmedin), vor allem aber die ursprünglich arianische Kathedrale Sant' Apollinare Nuovo aus dem Jahr 504, von Theoderich dem Großen erbaut. Südöstlich der Stadt liegt Sant' Apollinare in Classe aus den Baujahren 534-49. Auch das mediterrane Architekturvorbilder, christliche Symbolik und germanische Dekormotive miteinander verbindende Theoderich-Grabmal atmet noch etwas vom Geist dieser seltsamen Religion, in der die Germanen den ernsthaften Versuch unternahmen, die große, fremde Erlösungslehre aus dem Vorderen Orient für sich umzudenken.

Auch die spät, an der Wende zum siebten Jahrhundert, katholisch gewordenen Westgoten in ihrem Reich auf spanisch-römischem Grund prägten sich das Christentum anders, als es in Rom oder in Byzanz aussah. Wir wissen, daß die Westgoten, vielleicht durch den Niedergang der Vandalen gewarnt, eifrig bei ihren Waffenübungen blieben, daß sie auch auf der großen Iberischen Halbinsel nicht in ihrer Abwehrbereitschaft erlahmten und kleine, wehrhafte Kirchen bauten, die sich von den Prunkgebäuden Theoderichs erheblich unterschieden. Sie sind nicht mehr leicht aufzufinden, diese uralten Gotenkirchen aus der vorarabischen Zeit Spaniens, und sie zeigen uns in ihrer Gesamtheit sehr deutlich ein inniges Gottvertrauen ohne Gestus, ohne Phrase.

Die zugänglichste dieser uralten Kirchen steht in Nordostspanien, in San Juan de Baños, einem winzigen Kurort unweit der Stadt Palencia (nordöstlich von Valladolid). König Rekkared kurierte mit Hilfe der dortigen Quellen eine Nierenerkrankung aus und stiftete aus Dankbarkeit am 3. Januar 661 diese Kirche. Sie zeigt uns im Innern jenen Hufeisen-Bogen, den wir im Süden Spaniens, in der alten Maurenlandschaft, so oft finden, und beweist uns damit (da das Erbauungsdatum zweifelsfrei feststeht), daß dieser charakteristische Bogen das künstlerische Eigentum der Goten ist und von den einströmenden Mauren aus Nordafrika übernommen wurde. Das Pferd, das den Germanen heilig war, die Pferdeköpfe, die ihre alten Heiligtümer schmückten, und das Hufeisen, das die Pferde trugen, haben in die Kirchen Eingang gefunden, und wenn die mohammedanischen Eroberer diese Genesis des Hufeisensymbols auch gewiß nicht kannten, der Bogen muß ihnen gefallen haben, denn er findet sich zwischen Ceuta und Toledo immer wieder in zahllosen Spielarten.

Nur wenig später entstand eine andere kleine Gotenkirche in Quintanilla de las Vinas – in einer denkbar einsamen Gebirgslandschaft zwischen der Sierra de las Mamblas und der Sierra Mencilla. Hier haben sich einige Flachreliefs und Medaillons am Triumphbogen erhalten, die christliche Religion und römisches Heidentum auf seltsamste Weise vermischen: Sonne und Mond treten zu einem die Menschen errettenden, zu ihnen herniedergestiegenen Christus und seiner Mutter Maria.

Die schönste Lage unter dem Halbdutzend noch existierender

Westgotenkirchen hat jedoch Santa Comba de Bande in der Provinz Orense unweit der portugiesischen Grenze. Spätere Zeiten haben das zwischen Bauernhöfen halb versteckte Kirchlein mit der Kulisse eines Stausees versehen, so daß man heute am Kirchturm vorbei auf eine Wasserfläche blickt und auf eine blaugrüne Bergkette dahinter. König Rekkeswinth, der die kleine Kirche 672 erbauen ließ, konnte dies freilich noch nicht ahnen, aber etwas anderes scheint er geahnt zu haben: die schwere Bedrohung, die auf das gotische Christentum Spaniens zukam, als die Berber und Araber 711 landeten und die gotische Armee unweit von Jerez de la Frontera besiegten. Denn die winzige Kirche von Santa Comba de Bande, die man ebenfalls unter einem Hufeisenbogen betritt, nimmt uns mit ihrem kleinen, von schwerem Stein bedrückten Innenraum auf wie eine Kasematte, wie eine Miniaturfestung; sie kann kaum mehr als dreißig oder vierzig Menschen Raum geboten haben. Die Decken sind niedrig, der Altarraum verschwiegen wie ein Verschwörertreffpunkt, und das immerhin ein Menschenalter, ehe auch nur ein einziger Streiter des Islam diese Gegend Nordwestspaniens betrat.

Das germanische Christentum der Westgoten in Spanien ist nicht untergegangen wie der Arianismus der Vandalen und Theoderichs, im Gegenteil. Dank der Toleranz der Kalifen im südlichen Spanien erhielt sich neben Islam und Judentum unter einer glanzvoll-kosmopolitischen Überdachung auch das gotische Christentum, das sogar in verschiedenen heute vergessenen Reformsynoden eine Abstimmung auf die neuen Verhältnisse anstrebte. Da die Reconquista, die Vertreibung der Mauren und der Juden aus Spanien, diese in vielem sehr interessanten Abwandlungen des gotischen Christentums sehr schnell verschwinden ließ, ist von diesem außerhalb Spaniens nichts mehr bekannt. Aber man muß daran erinnern, daß die Mauren in den beinahe pausenlosen Kämpfen zwischen dem achten und dem fünfzehnten Jahrhundert ihre Gegner Goten nannten, nicht etwa Spanier, und daß es eine winzige Keimzelle wehrhaften Gotentums war, von der jene Rückeroberung der ganzen Halbinsel ihren Ausgang nahm: die heilige Höhle von Covadonga, vor der Herzog Pelayo (Pelagius), wohl ein Abkömmling eines Seitenzweiges der gotischen Königsfamilie, eine erste siegreiche Schlacht gegen die Araber schlagen konnte, die inzwischen die ganze Halbinsel erobert hatten:

»Als jeder Widerstand in den Ebenen Kastiliens sinnlos geworden war«, schreibt der Chronist Emiliano de la Huerga, »fielen dem Fürsten Pelayo die Berge und Mauern Asturiens ein, an denen bereits die Römer gescheitert waren. Mit Resten des am Guadalete geschlagenen Heeres wandte er sich nach Norden und begann, unter den Männern Asturiens nach Gefolgsleuten zu suchen. Viele der Einheimischen schlossen sich ihm an. Es waren tapfere Krieger, die sich in dieser Region unwegsamer Wälder und Berge auskannten ... Auch in allem übrigen zeigte Pelayo große Umsicht, ja er unterhielt sogar gewisse Beziehungen zu dem Gouverneur, den die siegreichen Araber in Gijon eingesetzt hatten, und nach Cordoba, wo er eine Zeitlang als Geisel gefangengehalten worden sein soll. Trotz sorgfältiger Bewachung gelang es ihm, zu entrinnen und die Berge Asturiens zu erreichen, wo seine Getreuen schon auf ihn warteten, und nun mußte er losschlagen, da die Araber seit seiner Flucht über seine Absichten nicht mehr im Zweifel waren.«

Dieses Losschlagen in dem engen Waldtal bei Covadonga konnte nur eine kleine Schlacht, vielleicht nur ein Scharmützel gewesen sein, aber die Situation brauchte schließlich nicht mehr als ein Signal. Mit dem Sieg von Covadonga im Jahre 722 begann die Rückeroberung der Iberischen Halbinsel durch die Christen, das heißt – da es in Spanien damals keine anderen waffentragenden Christen gab als die Goten – eben durch die Reste der geschlagenen Westgoten. Ihr wehrhaftes germanisches Christentum war es letztlich, daß 1492 bei der Eroberung von Granada triumphierte, zu einer Zeit, als selbst die Krimgoten wohl nur noch ein paar hundert Köpfe zählten. Die Christianisierung der deutschen Länder hatte zu diesem Zeitpunkt längst einen anderen, direkteren Weg genommen, den Weg über die Alpen.

Der geniale Irrtum

Unsere Väter und Großväter waren es, die Bücher wie den *Kampf um Rom* mit anhaltender Liebe und Verehrung neben die klassischen deutschen Hausbücher gestellt haben, aber auch heute ist Felix Dahn noch nicht vergessen, und sein Wort, der Staat des großen Theoderich sei ein genialer Irrtum gewesen, wird selbst von der Wissenschaft noch immer anerkannt. Ein großer Gotenkönig hat in der Mitte der Alten Welt und im Übergang von der Antike zum Christentum das einzig sinnvolle Experiment gewagt, das römische Staatswesen mit germanischer Kraft zu erfüllen. Wenn dieses gewaltige Experiment scheiterte, wenn es der Gang der Geschichte als einen Irrtum bloßstellte, dann hatte dies zweifellos eher äußere als innere Gründe.

Die Folgen des dreifachen germanischen Untergangs am Mittelmeer reichen weit herauf, in gewissem Sinn bis in unsere Tage. Der Substanzverlust der germanischen Völkerfamilie durch die Vernichtung des Ostgotenreichs, des Westgotenreichs und des Vandalenstaates ist nie mehr ausgeglichen worden. Im germanischen Bereich selbst erlangten Völker Geltung, die sich in ihrer geistigen Stoßkraft und in ihrem kulturellen Schwung mit den hinabgegangenen Vorreitervölkern keineswegs messen konnten. Am ehesten rückten noch die Franken in die europäische Verpflichtung ein, die von den Westgoten nicht mehr erfüllt werden konnte, während Alamannen und Bajuwaren lediglich durch primitive Kampfkraft und ihre erdverbundene Zähigkeit für die Landnahme wertvoll wurden, ohne geistig oder kulturell an die Leistungen der Ost- oder Westgoten heranzureichen, ohne ihnen an Bildsamkeit oder Ehrgeiz gleichzukommen. Es bedurfte eines völlig neuen, zweiten Befruchtungsvorgangs und der Vermittlerrolle der noch weitgehend unverbrauchten Langobarden, ehe der deutsche Süden das geistige Vakuum zu füllen vermochte, das die Südzüge der Goten hinterlassen hatten. Im ganzen aber, europäisch gesehen, gaben die Germanen durch ihren Wanderzug in den Untergang den ganzen Osten Mitteleuropas preis und öffneten dem Einströmen der Slawen Möglichkeiten, die von diesen volkreichen, aber behäbig vorrückenden und friedliebenden Stämmen nur zaudernd wahrgenommen wurden. Es bedurfte im hohen und späten Mittelalter der zusammengefaßten Anstrengungen des nunmehr christlichen und deutschen Stammesbündnisses, um die Slawengrenze wieder ein wenig nach Osten zurückzudrücken und das preisgegebene Land zurückzuerobern. Über dieser zweifellos notwendigen, aber alle Kräfte überfordernden Ostorientierung der deutschen Stämme ging dann der fränkische Westen an das Romanentum verloren. Den Deutschen blieb ein von beiden Seiten eingeengter, stets bedrohter Keil zwischen Oder und Rhein, dem nur die Alpen und die militärische Schwäche Italiens einen soliden Existenzsockel gaben. Die Völkerwanderung war zum Völkerschicksal geworden, und die Helden der Völkerwanderungszeit erscheinen uns heute als die großen Verlierer.

Nicht als Volk, sondern nur noch durch den großen Einzelnen und die wichtige Einzelaktion wirkten die Goten weiter in die Zukunft. Dabei steht naturgemäß der Staat Theoderichs an erster Stelle. Ist auch die große Verschmelzung, die Schaffung eines neuen Volkes aus Romanen und Germanen nicht geglückt (und vielleicht gar nicht sehr ernsthaft angestrebt worden), so hat sich für unser Thema, für die Christianisierung der europäischen Mitte, eben Theoderich als ein Herrscher von verblüffender Sicherheit der Entscheidungen erwiesen. Seine schon erwähnte Toleranz stellt ihn über Geiserich und auch über den Westgoten Rekkared, der die unselige Judenverfolgung begann, die dazu führte, daß die Juden Spaniens den einrückenden Moslems freudig Tür und Tor öffneten. Darüber hinaus aber erwies sich Theoderich, der Arianer, auch für die katholische Kirche als weiser Schutzherr und setzte in den zahlreichen Spaltungen, Sektenstreitereien und Abwehrkämpfen gegen Irrlehren stets auf den zukunftsträchtigen Strang – mit der einen Ausnahme seines angestammten Arianismus, in den er hineingeboren war und zu dem er folglich keine Distanz gewinnen konnte.

Die Sicherheit dieser Urteile in einer dem nicht sehr gebildeten Theoderich doch fremden Materie wird ein wenig verständlicher und erklärbar, wenn wir uns der Freundschaft erinnern, die den arianischen König und Feldherrn mit einem katholischen Kirchenfürsten verband, mit dem später heiliggesprochenen Epiphanius von Pavia (439–496), einer der Lichtgestalten jenes dunklen Jahrhunderts. Epiphanius, dem sich auch die wildesten Germanenstämme wie die Rugier beugten, verlor in allen kriegerischen Wirren, im Unglück Tausender und in der Zerstörung der Städte nie den Auftrag des Christentums und seine Überparteilichkeit aus den Augen und lebte Theoderich vor, welche Zukunftschance sich diese junge Religion in der in Aufruhr geratenen Welt bewahrt hatte.

Epiphanius von Pavia ist eine der ersten etwas klarer umrissenen Persönlichkeiten dieser neuen Oberschicht, die ihren politischen Rang aus den germanischen Reichsgründungen bezieht, ihre Bildung aus der romanischen Umwelt und ihre Sendung aus dem Christentum. Epiphanius genießt nicht nur die Achtung so rücksichtsloser Kämpfer wie Odoaker und Theoderich, er reist auch in den germanischen Völkergürtel hinaus. Er begibt sich zu König Gundobad von Burgund und erreicht in einem beschwerlichen winterlichen Bittgang die unentgeltliche Freigabe von sechstausend Gefangenen. Nach den Anstrengungen dieser Reise stirbt er dann im Jahr 496.

Auch Benedikt von Nursia (nach traditioneller Annahme 480 bis 547 [?]) war nicht nur ein Zeitgenosse des großen Theoderich; die Legende schreibt ihm sogar die Herkunft aus germanischem Adel zu, was sich freilich nicht beweisen läßt, da über sein Leben noch weniger bekannt ist als über das des Epiphanius. Sicher ist nur, daß er schnell in Gegensatz zu der ausschweifenden Jugend Roms gerät, also zu jenen Kreisen, die auch dem Gotenstaat feindselig gegenüberstanden, und daß er in Opposition gegen den römischen Klerus in tiefster Einsamkeit das Kloster auf dem Monte Cassino gründete, wodurch er zum Vater des abendländischen Mönchtums wurde.

Benedikt von Aniane entstammte hingegen mit Sicherheit dem gotischen, allerdings dem westgotischen Adel; sein Vater war Graf Aigulf von Maguelone, ein Geschlecht, das in dem Namen des romantisch-verfallenen Klosters auf den Sandbänken vor Montpellier weiterlebt. Benedictus Anianus, wie die Heiligenlexika ihn nennen, lebte von 750 bis 821 und erbaute schon als Sechsundzwanzigjähriger auf einem Grundstück seines Vaters im Languedoc das Kloster Aniane, das in seiner Blütezeit bis zu dreihundert Mönche zählte. Von hier nahm eine der wichtigsten Klosterreformen des Mittelalters ihren Ausgang, ja Benedikt von Aniane wurde von König Ludwig dem Frommen über alle Klöster Aquitaniens gesetzt und bald darauf über alle Klöster des Reiches, die

Benedikt von dem bei Aachen gegründeten Kloster Kornelimünster aus zentral verwalten oder doch kontrollieren sollte. Die berühmte Generalversammlung aller Äbte im Jahr 817, auf der eine für alle Klöster verbindliche einheitliche Ordnung erarbeitet wurde, geht auf die Initiative Benedikts von Aniane zurück. Doch überlebte der Heilige diese aufreibende Mönchssynode nur um wenige Jahre.

Benedikt von Aniane beweist den noch nach der Besetzung Spaniens durch die Mauren anhaltenden bedeutenden Einfluß der westgotischen Christen auf das Kirchen- und Klostergeschehen im Abendland, auf die Liturgie und einzelne Sakramente wie zum Beispiel das der Letzten Ölung.

Aus Spanien vertrieben, also einer der Goten, die sich nicht unterwerfen wollten, war Theodulf, Bischof von Orléans und Freund Karls des Großen. Er wurde lange Zeit für einen Italiener gehalten, doch steht heute fest, daß er »ein vom Schwert Vertriebener« war, wie es in einer autobiographischen Notiz heißt. Da das früheste Lebensdatum, das uns von ihm sicher bezeugt ist, das Jahr 793 ist, könnte es sich bei jener Vertreibung auch um einen arabischen Vorstoß über die Pyrenäen nach Septimanien (ins heutige Roussillon) handeln, das ebenfalls Gotengebiet war. 793 nämlich verfaßte Theodulf eine poetische Grabinschrift für Karls Gemahlin Fastrada. 798 ist er als Bischof von Orléans erwähnt. Theodulf beschäftigte sich wie Alkuin, mit dem er viele Briefe wechselte, vor allem mit der Laienbildung und dem Volksschulunterricht. Von Karl dem Großen zu einer Visitationsfahrt in die Provence und ins Languedoc ausgesandt, berichtete er in einem geschichtlich hochinteressanten Gedicht über die Mißstände, die er antraf, muß sich aber schon bei dieser Gelegenheit Feinde gemacht haben. In einer ersten Kontroverse ergreift Kaiser Karl Theodulfs Partei gegen Alkuin (!), in einer zweiten wird Theodulf dann aber ein Opfer der rücksichtslosen karolingischen Reichspolitik. Als sich Bernhard, König von Italien, bei der Reichsteilung nach Karls Tod benachteiligt glaubt und zu den Waffen greift, lockt Ludwig der Fromme ihn unter dem Vorwand von Verhandlungen nach Châlons-sur-Saône, wo der Unglückliche ergriffen und geblendet wird. Theodulf scheint die Partei des Verratenen ergriffen zu haben, verliert sein Erzbistum und seine Abteien und muß sich nach Angers zurückziehen, wo er 821 stirbt. Seine vielen Schriften zeichnen sich nicht nur durch Sachkenntnis und einen unbeugsamen Rechtsbegriff aus, sondern auch durch Humor und einen damals noch seltenen Hang zur Satire. Kennzeichnend für ihn und die westgotische Bildung ist auch, daß er zwar das Lateinische ausgezeichnet beherrscht, nicht aber das Griechische.

Der dritte bedeutende Kirchenfürst westgotischer Herkunft ist der heilige Pirmin, einer der tatkräftigsten Förderer südwestdeutschen Klosterlebens im frühen Mittelalter. Er scheint als Knabe vor den Mauren aus Spanien geflohen und in einem Kloster bei Paris (Meaux?) oder im Elsaß aufgezogen worden zu sein. Pirmin wurde, dank der Hilfe, die der Frankenkönig Theodorich IV. ihm gewährte, Begründer des bis heute berühmten Klosters auf der Insel Reichenau, die dem alamannischen Adligen Sintlaz gehörte. Karl Martell, der Majordomus der Karolinger, der bei Tours und Poitiers die Araber schlug, förderte Pirmin ebenfalls, und der Unermüdliche gründete mit Murbach im Oberelsaß, mit Pfäfers in Rhätien und Gengenbach bei Offenburg eine Reihe weiterer Klöster, die für die missionarische Durchdringung des südlichen Deutschland größte Bedeutung erlangten. Seine letzte Gründung war das Kloster Hornbach bei Zweibrücken, wo Pirmin im Jahr 753 starb. Seine Reliquien ruhen in der Jesuitenkirche zu Innsbruck.

Die hartnäckigsten Arianer waren die Langobarden, ein germanisches Volk, das in einem historischen Augenblick für größte Verwirrungen sorgte, als die Völkerwanderung eigentlich schon abgeschlossen war, als die großen Gotenreiche in Spanien und Italien eine gewisse Beruhigung gebracht hatten und die katholische Kirche sich immer klarer gegen die verschiedensten Sekten und Abweichlermeinungen durchsetzte.

Nach Wanderungen, über die sich die Wissenschaft bis heute nicht einigen konnte, brachen die mit den (längst abgewanderten und in Spanien aufgesogenen) Sueben verwandten Langobarden Ostern 568 über die Alpen nach Norditalien ein und eroberten es unter ihrem König Alboin innerhalb weniger Jahre, da das römische Ostreich zwar das Königtum der Ostgoten zerschlagen, aber keine andere Macht an seine Stelle gesetzt hatte. Unter König Authari (584–90) festigte sich das Reich, und nach Autharis Eheschließung mit der Bayernprinzessin Theudelinde (Theodelinde) im Jahr 589 begann – sehr langsam – der Katholizismus unter den Langobarden an Boden zu gewinnen. Die Geschichte der verschiedenen langobardischen Adelssippen wird nun so blutig und verworren wie die der gleichzeitigen Franken. Mord, Ehebruch, Vergiftungen und Fehden klangen nur zeitweise ab, wenn große Könige wie Liutprand (712–744) ein energisches Regime führten. Obwohl durch Sachsen und andere Reste räuberischer Wanderscharen verstärkt, vermochten die Langobarden in mehr als zweihundertjährigen Bemühungen nicht, eine wirkliche Herrschaft über Italien aufzurichten, so wie es den Ostgoten gelungen war. Wenn sich je ein Volk zu Tode siegte, so waren es die Langobarden, die, im achten Jahrhundert schon stark romanisiert, mit den Einwohnern Italiens dann tatsächlich verschmolzen, von einigen in norditalienischen Tälern geschützt weiterexistierenden Langobardeninseln abgesehen. Zu ihrer Zeit gab es zum Beispiel in Pavia einen arianischen neben einem katholischen Bischof und arianische Langobardenfürsten neben katholischen!

Diese späte Bedeutung des Arianismus ist überraschend und zeigt, daß diese germanische Ausprägung des frühen Christentums lange Zeit unterschätzt wurde. Zwar läßt sich nicht leugnen, daß der Arianismus nur episodischen Charakter hatte, daß von ihm keine nennenswerten Einflüsse oder Traditionen bis in spätere Zeiten heraufreichen, aber das gilt schließlich auch für die Manichäer, ja sogar für die Albigenser und Waldenser. So manche geschichtliche Episode aber hat Spätwirkungen, die auf den ersten Blick nicht erkennbar sind, vor allem, wenn sie – wie der Arianismus – drei Jahrhunderte geherrscht hat. Knut Schäferdiek, Professor für Kirchengeschichte an der Universität in Bonn, korrigiert denn auch die gängige Auffassung, man habe es lediglich mit einer Episode zu tun, und äußert:»[Der Arianismus] ist eine geschichtliche Nebenströmung, die wohl breit ansetzt und lange durchhält, aber dann schließlich doch teils zerfließt und versickert, teils wieder im Hauptstrom des kirchengeschichtlichen Gesamtablaufs aufgeht ... Während des fünften Jahrhunderts muß der gotische Arianismus eine missionarische Dynamik entfaltet haben, die jedenfalls in ihrer Intensität ... derjenigen des angelsächsischen Christentums im ausgehenden siebten und im achten Jahrhundert vergleichbar ist.«

Damit hat eine führende Autorität den Finger auf die entscheidende Dunkelstelle frühgermanischer Missionsarbeit gelegt, eine wichtige Phase für alles, was sich später als deutsches Christentum verstehen wird, eine Phase aber auch, die aufzuhellen wohl kaum je gelingen wird. Kennen wir schon das vandalische Christentum und die arianische Politik Geiserichs und seiner Nachfahren fast nur aus den Streitschriften und dem vielstimmigen Lamento der betroffenen katholischen Kleriker, so herrscht über die arianische Ausstrahlung west- und ostgotischer Zentren erst recht weitgehende Unklarheit. Das westliche Missionszentrum hatte im fünften Jahrhundert noch die Kraft, die katholischen Sueben und Burgunder zu erfassen, das östliche Zentrum besitzt Dynamik genug, noch die im sechsten Jahrhundert einbrechenden Langobarden zu Arianern zu machen.

Wir wissen sehr, sehr wenig von dieser Missionsarbeit und können ihren überraschenden Erfolg eigentlich nur dadurch erklären, daß wir von einer gewissen Verwandtschaft des Arianismus mit germanischen Religionen ausgehen und von der gemeinsamen geschichtlichen Erfahrung, deren Bedeutung auch Schäferdiek betont. Alle Völker, die sich irgendwann im Bannkreis des Arianismus befunden haben, waren durch die schweren Prüfungen der Völkerwanderungszeit hindurchgegangen, und je weiter sie wanderten, je vielfältiger die Geschicke waren, die sie zu erdulden hatten, desto enger fühlten sie sich an den Arianismus gebunden, um so heftiger verteidigten sie ihn. Gewiß mögen sowohl im westgotischen wie im vandalischen Arianismus und seiner zeitweisen Intoleranz politische Motive den Ausschlag für die antikatholischen Aktionen gegeben haben (in Nordafrika waren die Katholiken ja als Masse identisch mit den Besiegten, den Enteigneten); aber mit Politik allein lassen sich religiöse Entwicklungen niemals hinreichend erklären. Daß die Vandalen über die Ostsee kamen, daß sie jahrhundertelang in Schlesien saßen und dort offensichtlich vollständig zu sich selbst und einem eigenen religiösen Leben fanden, daß sie die katholischen Rheingaue und das katholische Gallien durchquerten, um schließlich in Nordafrika das geschlossenste Arianerreich der Geschichte aufzurichten, ist ein Faktum. Es ist eine Tatsachenkette, die zu denken gibt. Man muß es gerade in diesem Zusammenhang außerordentlich bedauern, daß die wortgewandten und streitbaren katholischen Kleriker Nordafrikas die Pamphlete, Sendschreiben und Verordnungen, mit denen Geiserich sie herausforderte, uns nicht einmal in ausführlichen Zitaten bewahrt haben. Nach dem Sieg der oströmischen Armee muß es in dem nunmehr unterworfenen Vandalenreich zu einem wahren Autodafé gekommen sein, zu einer Verbrennung von Büchern und Schriften arianischen Glaubens und provandalischer Einstellung, die so gut wie nichts übrigließ, und das, obwohl wir in verstreuten Gedichten und Anthologien, die sich in Italien und Spanien erhalten haben, Zeugnisse von vandalischer Dichtkunst in lateinischer Sprache besitzen.

Immerhin spricht die Fülle der Ereignisse, spricht das große Geschehen der Völkerwanderung in einigen Kernpunkten doch eine deutliche Sprache. Was die Germanen beeindruckte, war nicht nur der siegbringende Gott – wie einst bei Konstantin und später bei Chlodwig –, sondern der stärkere Gott, der auch den Seinen Kraft gibt. Die Goten erlebten diese Kraft des Christentums, als sie am Ostrand des Mittelmeers weite Landstriche leerplünderten und die von dort fortgeführten Familien in ihrer unsäglichen Not Trost bei ihrem Gott fanden, durch ihren Glauben vor der Verzweiflung bewahrt blieben. Mit den Goten lebend, errangen sich diese kappadokischen und aus anderen Ostmittelmeerländern stammenden Christen sehr bald die Achtung der Sieger, weil sie ihre höhere Bildung und ihren festen Glauben unverdrossen vereinten und endlich ihr eigenes Unglück damit überwanden. Als diese Entwicklung dann sogar den Gotenbischof Ulfilas hervorbrachte, da war der Sieg des Christentums bei den Goten des vierten Jahrhunderts nicht mehr verwunderlich und wurde durch die Westwanderung der Goten schließlich auch zu anderen Völkern getragen.

Ein zweites Großereignis jener Jahre, an dem so gut wie alle Völker Europas in irgendeiner Form beteiligt waren, fand im September 451 in der Champagne statt, auf den Feldern nördlich der heutigen Stadt Châlons-sur-Marne, der alten Catalaunorum Civitas. Auf dem Zug nach Gallien hatten die Hunnen und die mit ihnen verbündeten Ostgoten, Gepiden, Skiren, Turcilingen und andere immer wieder erlebt, daß zwar der Sieg der Waffen durch den Heiden Attila errungen wurde. Aber welche Kraft gab, für alle sichtbar, der Christengott den Seinen!

Bischof Alpin von Châlons und Bischof Lupus von Troyes zogen den Hunnen entgegen, die in Bewunderung dieses starken Glaubens das Leben der Bischöfe schonten. Ja, Attila führte Lupus so lange mit sich, daß dieser kluge und energische Mann, nach dem Hunnenrückzug am Rhein endlich freigelassen, mit dem Nachweis seiner untadelig römisch-gallischen Gesinnung einige Mühe hatte. Man vermochte kaum zu glauben, daß ein Mann wie Attila monatelang mit Lupus gelebt habe, ohne ihm etwas anzutun, und erklärte sich dieses auffällige Nebeneinander eines heidnischen und eines christlichen Großen mit Zugeständnissen des Bischofs an den Schrecken des Jahrhunderts. Es hatte sich aber nichts anderes ereignet, als das, was auch die Goten schon seit Generationen feststellten: Die Kraft, die der Christengott seinen Dienern mitgab und die in den hervorragendsten Oberhirten jener bewegten Zeit besonders deutlich sichtbar wurde, diese Kraft überzeugte auch Heiden von der besonderen Macht der christlichen Religion. Gewiß war es eindrucksvoll, wenn ein Kreuz am Himmel erschien und dann Tausende von Streitern mit besonderem Mut in den Kampf zogen; auf urteilsfähige Männer wie die Großen der Germanen oder auch der Hunnen oder Alanen machte es aber zweifellos mindestens den gleichen oder sogar einen noch stärkeren Eindruck, wenn die Machtlosen, die Verschleppten, die Beutesklaven der Feldzüge Kraft und Festigkeit aus ihrem Glauben bezogen. Standen zwei Armeen einander gegenüber, so war es natürlich, daß eine siegte und die andere unterlag. Waren aber Tausende schon unterlegen und gaben dennoch nicht auf, so mußte eine Kraft im Spiel sein, die in jenen wundergläubigen Jahrhunderten sehr schnell über jene der angestammten Religionen der Germanen und anderer Wandervölker gestellt wurde. »Der Germane«, schreibt Laurenz Kilger, »sucht einen helfenden Gott, dem er vertrauen kann, der sein Opfer sieht und sein Gebet hört; er sucht den stärkeren Gott, und wenn er gar einen findet, der mächtiger ist als das Schicksal und über den Tod hinaus mehr gibt als den Ruhm allein, so wird er in seine Gefolgschaft treten – auch wenn es der Weiße Christ ist.«

Natürlich war vieles, was den Germanen noch als Wunder erschien und bekehrend wirkte, aus dem höheren Wissen zu erklären, das zum Beispiel die Christen aus jenen Gebieten mitbrachten, die schon sechs- oder siebenhundert Jahre lang zum Römischen Reich gehörten und schon vorher griechische Bildung kennengelernt hatten. Heilungen wirkten zu allen Zeiten und bei allen Völkern stets besonders überzeugend, man denke nur an Cabeza de la Vaca und seinen Zug durch das Mississippidelta tausend Jahre nach Attila.

Nicht weniger überzeugend wirkte die ruhige Ergebenheit, mit der zum Beispiel die Gallier 406/07 und 451 die Barbareneinfälle hinnahmen und sie als Strafe für ihre Sünden erklärten. Vandalen und Sueben, die Völker des ersten Strafgerichts, später dann

Gepiden und Ostgoten im Gefolge des Hunnenzuges – sie alle sahen sich bei diesen Gelegenheiten großen Volksmassen gegenüber, die für alles, was mit ihnen geschah, eine Erklärung bereithatten, die das Schicksal nicht diskutierten, sondern es mit großer innerer Kraft auf sich nahmen.

Man weiß nichts darüber, ob die Hunnen nach der Niederlage auf den Katalaunischen Feldern Christen wurden. Aber wir besitzen Zeugnisse, die besagen, daß die Hunnen auf ihrem Rückzug von Orléans über Châlons und nach Osten nicht einmal mehr ein Hühnchen raubten (was so wörtlich kaum stimmen wird). Bedenkt man, wie sich andere Armeen auf dem Rückzug benehmen, und das bis heute, dann möchte man meinen, selbst dieses halbwilde Reitervolk sei vom Beispiel der christlichen Gallier übermächtig angerührt worden oder habe zumindest von seinem abergläubischen König eindeutige Befehle empfangen. Allerdings kann dieser mäßigende Einfluß nicht von langer Dauer gewesen sein, denn schon ein Jahr später fielen die Hunnen unerwartet in Norditalien ein, zerstörten Aquileja und richteten in der Po-Ebene schwere Verwüstungen an. Die berühmte Begegnung des Papstes Leo des Großen mit dem Hunnenkönig, durch die Attila zum Rückzug bewogen wurde und Leo als »Retter des Abendlandes« in die Geschichte einging (Raffael hielt dieses Ereignis in der Stanza d'Eliodoro im Vatikan fest), ist von soviel legendenhaftem Beiwerk umgeben, daß es schwerfällt, sie in diesem Zusammenhang als Beweis für die Beeinflussung Attilas durch christliches Gedankengut heranzuziehen. Das Zusammentreffen fand übrigens nicht – wie auf Raffaels Bild – in der Nähe Roms statt, sondern wohl in der Umgebung von Mantua.

Sehr deutlich war in eben diesem fünften Jahrhundert auch das Beispiel der Burgunder, die nach einem langen und entbehrungsreichen Zug von der Ostsee und durch den Karpatenraum endlich am Rhein seßhaft geworden waren, unter tüchtigen Königen dort im Gebiet um Worms ein Föderatenreich errichteten und andere Verbündete Roms am Niederrhein überfielen. Aëtius, der eine ganze Schar weitgehend unfähiger Könige überragende römische Oberfeldherr, gab hunnischen Söldnern den Auftrag, die Burgunder zu züchtigen, und im Jahr darauf zogen die Hunnen abermals an den Rhein, um dem ersten, leichten Sieg einen weiteren Beutezug folgen zu lassen. Völlig zerschlagen und ihrer Oberschicht beraubt, ließen sich die Burgunder in das Rhônegebiet verpflanzen und erbaten schon auf dem Zug dorthin von einem der Bischöfe Galliens die Taufe. So stellt es wenigstens der Kirchenhistoriker Sokrates Scholastikus dar. Der Christengott erwies sich bei ihnen wie bei den Kappadokiern als jener hilfreiche Gott, der das Unglück zu überwinden vermag und der für das neue Leben in der Fremde innere Kraft gibt. Will man dem um 380 geborenen byzantinischen Historiker glauben, dann wäre es erst der Hunnenüberfall gewesen, der die Burgunder zu Christen machte; im Nibelungenlied gehen bekanntlich die Burgunder schon, als sie noch am Rhein wohnten, regelmäßig zur Kirche. Im übrigen übernahmen sie zuerst das katholische Christentum. Viele traten jedoch später zum Arianismus über, den ja auch fast alle anderen Germanenstämme, Franken ausgenommen, bevorzugten. Die Burgunder, – die keinerlei Grund haben, sich besonders zu Rom hingezogen zu fühlen, denn Aëtius wies ihnen zwar neue Wohnsitze zu, hatte zunächst aber den größten Teil ihres Volkes niedermetzeln lassen – diese ihres Germanentums noch bewußten Christen verlassen den zunächst angenommenen Katholizismus wieder, als sie den Eindruck gewinnen, er sei die Religion der Römer und es gebe ein anderes Christentum, in dem sich die germanischen Völker besser zurechtfinden.

Es ist eigentlich erstaunlich, daß das Christentum als eine auf die heiligen Schriften gegründete Religion diesen gewaltigen, die Alte Welt umspannenden Vorgang chronistisch nicht vollständiger erfaßt hat. Obwohl es selbst in den Wirren der Völkerwanderung Kastelle, Bergklöster, abgelegene Pfarreien und Eremitenklausen gegeben haben muß, wo kein Plünderer die beschauliche Ruhe der Kleriker störte, sind wir auf Stückwerk angewiesen, auf Einzelnachrichten von nicht selten bestürzender Naivität, die ernstzunehmen keinem Historiker einfallen würde, wenn es sich um andere Bereiche handelte als um die Religion. Hierher gehört die angebliche Entscheidung eines altrussischen Fürstenhofes für die Ostkirche, weil nach Konstantinopel gesandte Botschafter dort so außerordentlich von der Schönheit des Kirchengesangs beeindruckt worden seien, hierher gehört aber auch jene angebliche Markomannenkönigin namens Fritigil. Sie hörte, so wird berichtet, »durch einen Christen, der aus Italien kam, von dem großen Bischof Ambrosius, der ein Diener Christi sei, und glaubte daraufhin an Christus« (Kilger). Nun war der in Trier geborene Ambrosius (339–397) wohl tatsächlich eine glanzvolle, über die Grenzen wirkende Erscheinung, das römische Gegenstück zu dem Gotenbischof Ulfilas, seinem Zeitgenossen. Aber welchen Wissenszuwachs kann es uns bringen, die simplen Wendungen einer alten Heiligenvita als Erklärung eines Kollektivübertritts heranzuziehen, der ein ganzes Volk wie die damals noch teilweise unzivilisierten Markomannen angeblich in den Schoß des Christentums geführt haben soll?

Stärker als diese angesichts der Dürftigkeit der Quellen seit Jahrhunderten überbewerteten Nachrichten scheinen mir zwei allgemeine Tatsachen den Boden für das Christentum unter den Germanen bereitet zu haben. Die eine möchte ich darin erblicken, daß die Frauen inmitten einer aufgewühlten, den Frieden gar nicht mehr kennenden Welt die Hauptleidtragenden waren. Allerdings wäre es übertrieben, zu behaupten, daß die Männer sozusagen gegen den Willen ihrer Frauen Krieg geführt hätten. Schließlich profitierten die Frauen von der Kriegsbeute, und es kam vor, daß sie den Männern auf sehr drastische Weise (z. B. durch Anspukken) zu verstehen gaben, daß sie sie für nicht tapfer genug hielten. Dies ist zum Beispiel bestens aus der Zeit Theoderichs des Großen belegt und zeigt deutlich, daß zumindest die betreffenden Frauen mit der Kämpferrolle ihrer Männer durchaus einverstanden waren. Zumindest Frauen der herrschenden Schicht konnten auch politisch eine aktive Rolle spielen und in den Gang der Dinge eingreifen – man denke etwa an Amalaswintha, die Tochter Theoderichs des Großen, die nach dem Tode ihres Vaters (526) anstelle ihres unmündigen Sohnes Athalarich die Regentschaft antrat. Doch selbstverständlich werden Frauen niederer Stände nicht selten stärker unter den Wirren der Zeit zu leiden gehabt haben als ihre ja aktiver am Zeitgeschehen teilnehmenden Männer. Jedenfalls sind es in der Germanenmission, aber auch in den missionarischen Bemühungen der Ostkirche immer wieder die Frauen, die ihren weltzugewandten Männern in stiller und beständiger Bemühung das Christentum nahebringen, eine Religion, die auch so manche vor allem höhergestellte Frau als innere Rettung empfindet. Aus späteren, geschichtlich erfaßten und besser belegten Missionszeiträumen wird dies jedenfalls sehr deutlich. Ja sogar wilde, antichristlich eingestellte, nach einem Kämpferleben unverändert ungläubige Fürsten erliegen schließlich dem sanften Werben ihrer Frauen für den neuen Gott und geben ihren Widerstand auf. Selbst Germanen jener härtesten und heldischen Amoralität, wie wir sie etwa im Warägerreich kennenlernen, Fernhändler, Geleitsoldaten des Flußhandels von der Ostsee zum Schwarzen Meer werden schließlich zu den Trägern jenes christlich-osteuropäischen Bollwerkdenkens, dem das Mittelalter unseres Kontinents soviel verdankt. Nur in diesem Zusammenhang vermögen wir der isolierten Erzählung von der Markomannin Fritigil, die das Christentum suchte, einiges Gewicht beizumessen. Und kein Geringerer als der heilige Ambrosius bestätigt dies, wenn er in einem Brief dieselbe Fritigil, die bereits zum Christentum bekehrte »Königin« eines noch unchristlichen Volkes, dringend ermahnt, sie solle dafür sorgen, daß ihr Gatte – also der eigentliche Markomannenherrscher – Frieden halte und die Seinen vor Übergriffen gegen Rom und Roms Verbündete warne.

Die zweite Tendenz, die dem Christentum bei den Germanen den Boden bereitet haben könnte, ist vielleicht darin zu erblicken, daß ein von seiner Heimat losgelöstes und vielfältigen Schicksalen überantwortetes Volk ein stärkeres Verlangen nach einem Rückhalt im Glauben entwickelte als die alte bäuerliche Gemeinschaft auf skandinavischem Boden im wohlvertrauten Jahreslauf. Zu viele der überkommenen Regulative fehlten, zu viele der vertrauten Gewohnheiten hatten ihre Bedeutung verloren, und die geistigen Ansprüche waren gewachsen. In Skandinavien durch zahllose Generationen auf der Kulturstufe frühen Feldbaus verharrend, nur unmerklich gefördert durch rein materielle Verbesserungen des Lebens, wie sie Bronze und Eisen mit sich brachten, hatten die Germanen auch an ihre Götterwelt und an das religiöse Gesamtsystem praktisch konstante Ansprüche gestellt. Diese Welt lag nun Jahrhunderte zurück, sie war versunken; während der Wanderzüge war viel neues Wissen ins Volksbewußtsein eingegangen, aber die alte Religion hatte sich nicht mitgewandelt. Die Berührung mit Völkern, in denen das Lesen und Schreiben nicht mehr ganz selten war, die Integration höher gebildeter fremder Volksteile oder auch nur Menschengruppen hatte die geistige Auseinandersetzung innerhalb der Germanenvölker nicht nur befruchtet, sondern ihr auch höhere Ziele gesetzt. Die wichtigsten dieser Denkziele, dieser Auseinandersetzungs-Motive aber waren und blieben das Leben nach dem Tod und die Jenseitsvorstellungen überhaupt.

Die ungeheure Suggestivität des weiten Ozeans, das Wissen vom Weltmeer, von dem man nur die Ostküsten kannte, waren verblaßt, seit sich die Germanen aus Skandinavien entfernt und neue Wohnsitze im binnenländischen Europa bezogen hatten. Das germanischen und anderen Altvölkern Nordwesteuropas gemeinsame Totenreich im Westen existierte allenfalls noch in der Vorstellung einzelner alter Priester; die Völker selbst aber mußten seit geraumer Zeit ohne jene unendlichen Weiten im Westen auskommen, mußten die Toten verbrennen oder in die Erde betten. Da verschiedene Germanenstämme den Römern Soldtruppen stellten – schon im Kampf gegen Vercingetorix, also unter Cäsar, ist dies bezeugt –, ergeben sich in den Jahrhunderten der römischen Kaiserzeit zahlreiche Berührungen zwischen großen germanischen Männergruppen – eben den Söldnern – und den Legionären, aber auch den Bevölkerungen der in diesen Kämpfen besetzten Gebiete. Die nicht selten wohlhabend heimkehrenden Germanen werden in einer germanisch-heidnischen Umwelt in einer Weise bestattet, die deutliche Hinweise auf die Gewißheit eines Lebens nach dem Tode gibt. Dieses Leben, etwa in Walhall, kennt zwar auch die altgermanische Religion, aber bei den Grabbeigaben fällt sehr oft das Fehlen von Waffen auf, und kleine Gebrauchsgegenstände lassen erkennen, daß die verschiedenen heidnischen Kulte des Römerreiches die Jenseitsvorstellungen der germanischen Söldner bereits deutlich beeinflußt haben.

Daraus ergibt sich eine Loslösung aus heidnisch-altgermanischen Jenseitsvorstellungen zugunsten einer noch unsicheren Erwartungshaltung, zugunsten einer Bereitschaft, sich das Leben nach dem Tode und die Fortexistenz eines Wesenskerns, einer Seele, auf eine neue Weise erklären zu lassen. Das Christentum brauchte also vor allem hinsichtlich der transzendierenden Vorstellungsbereiche oft nicht zu zerstören, sondern war als erste geschlossene und überzeugende Erklärungsform nach Jahrhunderten der Unsicherheit willkommen.

Als sich der neue Glaube konkretisiert, als die ersten Bischöfe in römischen Randgebieten, wie etwa in Trier, schon im dritten Jahrhundert Bedeutung erlangen und einer schwächer werdenden Zentralmacht die lokale Instanz des Bistums entgegensetzen, bleibt von diesen Beispielen die Landbevölkerung lange Zeit kaum berührt. Aber Germanenzüge und Handel, kriegerische Begegnungen und Gefangenenaustausch, kurz, jede noch so flüchtige Berührung zeigt den Germanen eine römisch-christliche Welt, in der eine neue Ordnung die einstige militärische Organisation zu ersetzen beginnt und die römische Bildung den römischen Staat zu überdauern scheint. Kirchen und Bischöfe, Heiligenbilder und Heiligenlegenden geben dem noch zaghaften Christenglauben der Germanen erste Ansatzmöglichkeiten. Die Wundergeschichten der frühen Heiligen beschäftigen die Phantasie und lösen sie auch im Landschaftlichen aus den nordischen Traditionen: Die neuen Helden sind ja mit Bergen und Quellen, mit Orten und Begebenheiten Mittel- und Südeuropas verbunden; die neue Umwelt der Germanen beseelt sich in anderer Weise, als die alte skandinavische Germanenwelt beseelt war. Aber die Durchdringung einer bis dahin wesenlosen und fremden landschaftlichen Umgebung ist mit all diesem neuen Erzähl- und Glaubensgut doch gegeben, und die uns heute zuweilen absurd erscheinende Reliquienjagd des frühen Mittelalters, die Pilgerfahrten und der Kirchenbau über den sterblichen Resten der Heiligen helfen den heimatlosen Germanen zu einer neuen Verwurzelung.

Dies ist natürlich kein allgemeiner, geschlossener, wie eine breite Woge über die Länder rollender Vorgang, sondern im Grunde nur eine Summierung zahlloser und im einzelnen unbelegbarer Miniaturereignisse, zahlloser individueller Entscheidungen, denen bald bewußte und gezielte Mission den Weg weisen wird. Aber es ist sehr viel leichter, einem Fragenden zu antworten, als einem, der zu Fragen gar keinen Grund sieht . . .

Über den Fluß
und in die Wälder

Folgen wir dem Weg der christlichen Religion zu den deutschen Stämmen, so erkennen wir zunächst, daß sie im Süden schneller Fuß faßt als im Norden, was nur natürlich ist und sich aus der geographischen Situation hinreichend erklärt. Aber wir finden auch den Westen schneller und vollständiger von der neuen Religion durchdrungen als den Osten des deutschen Raumes, und das ist nach dem Vorangegangenen und den Früherfolgen der arianischen Mission eigentlich überraschend. Das ebene Pannonien nämlich, dazu die schon von den Kelten in beiden Richtungen befahrene Donau, aber auch die ständig begangenen Römerstraßen aus dem nordadriatischen Raum bis gegen Steinamanger und Carnuntum, diese Voraussetzungen mußten doch Pannonien zu einer breiten Einfallspforte für den aus dem Süden kommenden Christenglauben machen.

Wenn es dazu nicht kam, wenn die Früherfolge der größtenteils anonymen, aber sehr dynamischen arianischen Mission sich hier nicht weiter nach Norden fortzusetzen vermochten, dann lag das daran, daß die arianischen Germanenvölker teils unter dem Hunnendruck und auch als Hunnen-Verbündete nach Westen weiterwanderten, daß die zwischen dem Schwarzen Meer und dem Neusiedlersee zurückbleibenden Hunnen und die ihnen zuströmenden späteren Reitervölker sich dem Christentum nur sehr zögernd zuwandten oder, mit anderen Worten, einen heidnischen Riegel bildeten. Nördlich dieses Riegels hielten die Germanen an ihrer alten Religion fest.

Hingegen schuf weiter westlich der römische Limes, selbst als er schon von den Germanen überrannt worden war, doch noch eine Zone, in der weiterhin Händler ihren Geschäften und Missionare ihrer Sendung nachgingen, obwohl nun keine römischen Legionen mehr ihnen Schutz boten. Heute steht fest, daß die Stadt Trier bereits um die Mitte des dritten Jahrhunderts Bischofssitz wurde und daß in einer ganzen Reihe von Stadtsiedlungen des heute südwestdeutschen Gebietes die Christengemeinden weiter bestanden, obwohl alles Land ringsum von den Germanen erobert worden war. Beispielsweise berichtet Ammianus Marcellinus, die Alamannen hätten Straßburg, Brumath, Zabern, Selz, Speyer, Worms und Mainz erobert, hielten sich aber nur in der Umgebung der betreffenden Städte auf. Denn gegen die Städte selbst hätten sie eine Abneigung wie gegen »mit Netzen umspannte Gräber«. Das erklärt nicht nur, daß sich in sehr vielen Städten und auch kleineren Orten die Römernamen durch die germanischen Jahrhunderte herauf erhalten haben, sondern daß wohl auch die Christengemeinden in diesen Städten nicht zu bestehen aufhörten. Dies gilt vor allem für Basel und Augsburg, also große Römersiedlungen.

Die neue Germanenflut im deutschen Südwesten machte den Römern besonders zu schaffen. Die hierher gezogenen Alamannen gehörten ursprünglich zu dem gewaltigen suebischen Stammesverband, weshalb wir Teile ihres späteren Siedlungsgebietes ja noch heute als »Schwabenland« bezeichnen, und diese Sueben saßen ursprünglich an der Elbe. Über diesen Strom hinweg wanderten sie nach Westen, ohne so weit auszugreifen wie vordem die Ostgermanen, und gelangten an den Oberrhein. Daß sie sich dort trotz einer im wesentlichen von Ost nach West ziehenden Völkerwanderung bis heute behauptet haben, spricht bereits dafür, wie wehrhaft diese Stammesgruppe war; es zeigt freilich auch den wirksamen Schutz, den die Gebirgszüge des Schwarzwaldes und der Vogesen boten. Selbst der gewaltige Heerbann, den der Hunnenkönig Attila gemeinsam mit dem Ostgoten Walamer und dem Gepiden Ardarich nach Gallien führte, teilte sich vor dem Alamannengebiet. In den Süden ausbiegend, gewann Ardarich über Basel das heutige Ostfrankreich, während die Hunnen, die sich seit den Burgunderkriegen am Mittelrhein gut zurechtfanden, durch die Pforte von Trier gegen Metz und Reims vorstießen. Wie viele Kämpfer Attila auch bei Châlons-sur-Marne in die Schlacht auf den Katalaunischen Feldern führte – die Auseinandersetzung mit den Alamannen hatten sie vermieden.

Kaiser Julian, eine Reihe von Feldherren bis herauf zu Aëtius und die germanischen Nachbarn von den Burgundern bis zu den Franken hatten die militärischen Kräfte und die Wehrhaftigkeit der Alamannen zu spüren bekommen. Der Kriegsgott war bei ihnen der oberste der Götter, die Seherinnen, vor denen schon Jahrhunderte zuvor Tacitus solchen Respekt gehabt hatte, riefen die Alamannen stets im richtigen Augenblick zu Feldzügen auf, wenn in Rom gerade Bürgerkrieg war oder wenn man einen allzutüchtigen Feldherrn ermordet hatte. Im übrigen aber waren die Alamannen Bauern, die – wie wir gehört haben – die eroberten Städte nur widerwillig betraten, ja selbst die römischen Gutshöfe verfallen ließen und nach ihrer angestammten Art, nicht nach Römersitte, die Felder bebauten. Die Äcker, die Felder, nahmen die Alamannen als Eroberer einfach an sich, die Vorbesitzer erhielten keine Entschädigungen von den neuen Dorfgemeinschaften, die im wesentlichen genossenschaftlich arbeiteten: Die Dorfflur gehörte der ganzen Sippe.

Zum Unterschied von manchen heutigen landwirtschaftlichen Produktionsgenossenschaften funktionierten diese Sippen-Wirtschaften jedoch ausgezeichnet. Ammianus Marcellinus, der uns die Feldzüge Julians gegen die Alamannen im vierten Jahrhundert schildert, wird nicht müde, darauf hinzuweisen, wie gut die Häuser gebaut gewesen seien, wie reich die Rinderbestände waren und wie viele Lebensmittel man den (alamannischen) Barbaren habe abnehmen können. Eine römische Armee versorgte sich bei ihnen mit Vorräten für ein ganzes Jahr (!). Beeindruckt von diesen Vorzügen, verpflichteten die Römer die Unterlegenen, beim Wiederaufbau der Städte zu helfen. Der Wohlstand der Alamannen war allerdings wohl auch darauf zurückzuführen, daß sie auf ihren Raubzügen viele Sklaven preßten und diese als Knechte und Mägde bei der Feldarbeit einsetzten.

Diesem materiellen Reichtum der Alamannen steht ein eher dürftiges Geistesleben gegenüber; nur das Kunsthandwerk blüht, zweifellos aber auch dank der weggeführten Gold- und Silberschmiede und anderer Handwerker aus gallischen Städten und jenen Orten des nördlichen Italien, die ebenfalls häufiger von den Alamannen überfallen wurden. Eine der wichtigsten Verwendungen für allerlei Schmuck und Gebrauchsgegenstände in kunsthandwerklicher Fertigung bot die Sitte der Grabbeigaben. Da sich Dörfer mit großen Friedhöfen fanden, ja an manchen Orten bis zu sechshundert Gräber erforscht werden konnten, sind wir recht gut darüber unterrichtet, daß die Alamannen ein Gutteil ihres Wohlstandes dafür einsetzten, die Toten in angemessener Weise für den Gang in die andere Welt auszustatten. Als sie noch an der Elbe lebten, bevorzugten die Alamannen wie die anderen Suebenstämme die Brandbestattung. In der neuen Heimat zu beiden Seiten des

Oberrheins lassen sie erkennen, daß sie an ein Leben nach dem Tode glauben. Die Leichname werden mit allem ausgerüstet, was der Abgeschiedene in seiner neuen Existenz brauchen kann. Da sich dabei aber auch Waffen finden, die im christlichen Paradies zweifellos unangebracht gewesen wären, müssen wir folgern, daß es heidnische Alamannen waren, die ihren alten Glauben unter römischen Einflüssen weiterentwickelt hatten – eine Entwicklung, die Jenseitsvorstellungen begünstigte und damit möglicherweise die Alamannen für das Christentum vorbereitete, sie vielleicht für die christliche Lehre zumindest aufnahmebereiter machte.

Wir dürfen nicht annehmen, daß die mutigen und gläubigen Männer, die als erste versuchten, den Alamannen das Christentum zu bringen, von dieser Entwicklung etwas wußten. Die Missionare der Frühzeit waren so erfüllt von ihrer eigenen Religion und von der Botschaft, die sie brachten, daß sie die heidnischen Religionen unterschiedslos als Teufelswerk ansahen. Es ist darum nicht verwunderlich, daß es zwischen Alamannen und römischen Christen zunächst ziemlich rauh zuging. Der Alamannenfürst Leuthari und ein Anführer namens Butilin beraubten und verbrannten nicht wenige italienische Kirchen, und jene Missionare, die Hand an die alamannischen Heiligtümer legten, wurden gnadenlos erschlagen. Den ersten christlichen Herzog der Alamannen scheint es im fünften Jahrhundert gegeben zu haben, doch war dieser Gibuld oder Gibold, sofern die unsichere Quelle recht hat, wie die meisten seiner fürstlichen Zeitgenossen Arianer.

Doch die christliche Ära der Alamannen hatte damit noch nicht begonnen; Herzog Gibold hatte offenbar sein Christentum als Privatsache angesehen und den Stamm selbst nicht zur Taufe genötigt. Denn die erwähnten kriegslustigen Anführer Leuthari und Butilin hatten in ihrem Gefolge noch Seherinnen bei sich – nicht anders als jene Alamannen, die im ersten und im vierten Jahrhundert erwähnt werden. Und als Leuthari im Jahr 554 gegen den Rat der Seherinnen in Campanien eine Schlacht annimmt, verliert er: Die Seherinnen haben demnach, ein Menschenalter nach dem christlichen Herzog Gibold, noch immer ihre volle Bedeutung für das Leben der Alamannen, und das, obwohl ringsum längst christliche Völker wohnen: die Römer im Süden, die Burgunder im Südwesten sowie die Franken im Westen und Norden der Alamannen. Alle dieser Völker freilich sind Feinde, und vermutlich hat dieser Umstand die Alamannen so lange an ihrer angestammten Religion festhalten lassen. Wer will schon die Religion des Gegners übernehmen!

Dabei muß betont werden: Es handelte sich keineswegs um eine Feindschaft landläufiger Art, sondern beide Seiten lassen eine ganz besondere Erbitterung erkennen. Im allgemeinen gingen die Römer der Spätzeit mit den andrängenden Barbaren recht glimpflich um. Da die Kraft für kriegerische Auseinandersetzungen an allen Grenzen nicht mehr ausreichte, zeigte sich das große Reich sehr oft diplomatisch und bot den Barbaren Siedlungsland und Bündnisverträge an, die sie zu sogenannten Föderaten machten. Ja, Rom leistete sogar Zahlungen, da Gold immer noch leichter aufzubringen war als Legionen. Hunnen wie Goten fuhren recht gut auf diese Weise, sie retteten einmal sogar den weströmischen Feldherrn Aëtius vor einem Hochverratsprozeß und dem Todesurteil; wiederholt spielten sie im spätrömischen Reich geradezu die Rolle einer Polizei.

Ganz anders stand es zwischen Rom und den Alamannen. Dieses Volk, dem man besondere Wildheit nachsagte, hatte es offenbar mit den Römern verdorben. Allem Anschein nach kämpften beide Seiten mit großer Härte, und wenn die Alamannen tatsächlich schon gewissen christlichen Einflüssen offen waren, als diese Kämpfe noch tobten, so kommen als Anreger dafür keineswegs die römischen Christen der kelto-romanischen Vorbevölkerung in Frage, sondern allenfalls die ähnlich kriegerischen germanischen Heruler; diese nämlich waren Arianer. Der Übergang von der Feuer- zur Erdbestattung ist und bleibt ein entscheidendes Faktum, das einen Wandel der Religion und der Denkweisen ankündigt. Aber da die Alamannen an den Grabbeigaben und vor allem an den Waffen in den Gräbern festhielten, können die christlichen Einflüsse zunächst nur von arianischen Germanen und nicht aus dem römischen Bereich gekommen sein.

Eine Bilanz der alamannisch-römischen Kriege braucht hier nicht gezogen zu werden. Die Römer siegten, wenn sie tüchtige Feldherren hatten, die Alamannen brachen sogleich wieder los, wenn sie römische Schwäche oder innerrömische Probleme witterten. Daß sie diese Zeitpunkte fast stets genau errieten, deutet auf gut funktionierende Verbindungen nach Italien hin, und tatsächlich bildete ja die Besetzung einiger wichtiger Westalpen-Übergänge eine Haupteinnahmequelle der Alamannen. Als Zöllner in eigener Sache erhielten sie naturgemäß von den Kaufleuten und anderen Wanderern auch stets die Nachrichten, die sie für den Kampf gegen den Erbfeind brauchten.

Dieser Kampf ging letztlich unentschieden aus, denn die Alamannen behaupteten sich – was die Römer zweifellos verhindern wollten – auch auf der gallischen Seite des Rheins und ließen sich auch westlich und südwestlich von Basel nieder, weswegen schließlich Aëtius die von den Hunnen dezimierten Burgunder rund um den Genfer See ansiedelte. Dort konnten die alten Feinde der Alamannen eine weitere Westexpansion dieses energischen Volkes verhindern.

Eine wesentliche Einschränkung der alamannischen Begehrlichkeit erfolgte nicht durch die Römer, sondern erst durch die Franken. Chlodwig I. (um 466–511) war mit der Christin Chlodhilde verheiratet, einer Nichte des Burgunderkönigs Gundobad. Chlodwig, der Begründer des Frankenreiches, schlug die Alamannen in einer großen Schlacht am Oberrhein (496/506). Diese Schlacht führte zu mancher Legendenbildung und ist im übrigen nur sehr schlecht bezeugt. Als sich der Sieg bereits den wild anstürmenden heidnischen (oder arianischen?) Alamannen zuneigte, soll Chlodwig den Übertritt zum Christentum gelobt haben, woraufhin er den Sieg errang. Die Alamannen wurden nun vor allem im Norden und Nordwesten ihres Gebietes von den Franken hart bedrängt, enteignet und versklavt. Den Kernraum ihres Lebensbereiches vermochten sie nur zu retten, weil Theoderich, der große Ostgotenherrscher in Ravenna, den Franken zu verstehen gab, es sei jetzt genug. Daß die Ostgoten damit gleichsam zur Schutzmacht für die Alamannen wurden, macht eventuelle arianische Einflüsse wahrscheinlicher, und der emsige Paßhandel festigte die transalpinen Verbindungen auch später zur Zeit der ebenfalls arianischen Langobarden. Die Alamannen lebten nun also mit christlich gebliebenen Städten, die sie als Fremdkörper empfanden und in denen Bischöfe, im wesentlichen auf sich gestellt, ohne umfassende Organisation ihren Katholizismus verteidigten. Doch lebten die Alamannen auch mit von außen kommenden christlichen Einflüssen, von denen sie ganz zweifellos die arianischen Missionare und deren Botschaft lieber aufnahmen als das katholische Christentum ihrer römischen und fränkischen Feinde.

Damit steht nun zumindest fest, daß die Alamannen das Christentum kennenlernten, daß sie begannen, sich mit ihm zu beschäftigen und auseinanderzusetzen. Die Missionare werden nicht auf völliges Unverständnis stoßen, sie werden nicht von einer fremden, völlig unbekannten Religion sprechen müssen. Aus solchen einander ergänzenden Einflüssen entstehen Mischreligionen, wie wir sie im untergehenden Römerreich mancherorts antreffen, oder aber Phasen eines religiösen Nebeneinanders. Da die Alamannen religiös nicht sonderlich interessiert waren, da sie zum Beispiel die Stadtchristen im wesentlichen ungeschoren ließen, überrascht es nicht zu erfahren, daß an einem Wotanfest, dem sogenannten Bieropfer, auch getaufte Christen teilgenommen haben. Der gefüllte Bierkessel wurde Wotan geweiht und dann in einem feierlichen Umtrunk geleert, ein Vorgang, von dem niemand die Christen ausschloß.

Die ersten Christennamen, die wir aus alamannischem Gebiet hören, klingen durchaus germanisch, was nicht unbedingt beweiskräftig ist, weil sich auch so mancher Romane der eroberten Gebiete nach germanischer Sitte benannt haben kann. Aber Priester, die Ragnacharius, Maginald, Hiltibod und Willimar heißen, waren doch wohl keine Fremden.

Die kommenden Jahrzehnte zeigen, daß die Vernichtung der Alamannen nicht mehr zu befürchten ist, ja, sie riskieren sogar den einen oder anderen Aufstand gegen die Siegermacht, gegen das Fränkische Reich. Aber gegen die Religion dieser Sieger vermag man sich nun nicht mehr zu wehren. Die Langobardenwirren im Süden lassen jeden Rückhalt für die Arianer schwinden. Hingegen gewinnen die christlich-katholisch gebliebenen Städte im alamannischen Herrschaftsbereich nun Verbindung zu der großen fränkischen Kirchenorganisation, die sich auf die verwaltungstechnische Begabung der Römer stützen kann und beinahe lautlos siegt. Zuerst fügen sich die Fürsten; die alamannischen Herzöge und Grafen gehen zum Katholizismus über. Dann folgt das an Nuancen nicht sonderlich interessierte, durch die Niederlagen ohnedies abgestumpfte Alamannenvolk. In Gräfin Framehild, Tochter eines Alamannenherzogs und Gemahlin eines katholischen Pfalzgrafen fränkischer Herkunft, haben die Alamannen nun sogar eine Heilige. Sie gebar ihrem Gatten Badefried ein Mädchen namens Austreberta, das berühmt wurde. Während Mutter Framehild vielleicht »nur« als Selige einzustufen ist, entfloh ihre Tochter dem unheiligen Treiben am Hof König Dagoberts I., zog sich in die Wälder zurück und bezwang dort durch die Kraft ihres Glaubens angeblich sogar die wilden Tiere. Sie war Äbtissin des Klosters Pavilly bei Rouen.

Unter der Oberherrschaft der Franken verlieren nun die alten christlichen Missionszentren für den Alpenraum an Bedeutung; Augsburg erhält einen Bischof, der mit Aquileja nichts mehr zu tun hat; in Straßburg wird ein Franke als Bischof eingesetzt, und auf den alten römischen Villengründen und Großgütern, die den dörflich eingestellten Alamannen nie recht lagen, sitzen fränkische Adlige, die auch katholische Kirchen bauen.

Damit wären nun eigentlich alle Voraussetzungen gegeben, daß sich die katholische Variante des Christentums ausbreitete, daß auch die Alamannen den Katholizismus annehmen und schließlich auch die letzten Reste germanischen Heidentums ebenso wie des Arianismus verschwinden. Seltsamerweise aber kommt es schon bald nach der Unterwerfung der Alamannen zu einer ersten Krise, und ihre Ursachen muten beinahe modern an. Es zeigt sich nämlich, daß es viel leichter war, den äußeren Rahmen für christliche Verhältnisse zu schaffen. Mit dem christlichen Leben selbst aber sind nicht nur die Alamannen überfordert – die ducken sich ohnedies und würden es noch eher schaffen –, sondern vor allem die siegreichen Franken.

Auf dem Boden des einst römischen Gallien sind nach dem Tod des tüchtigen Chlodwig wegen der Vierzahl der Söhne, aber auch aus anderen Gründen Teilreiche entstanden, und die verschiedenen großen und mittelgroßen Herren entpuppen sich als Souveräne, denen das Christentum höchstens eine politische Realität bedeutet. Im Herzen sind diese Klein- und Teilkönige nämlich Barbaren geblieben, und der weise Bischof von Tours, der große und schreibfreudige Gregor, malt mit von Jahr zu Jahr deutlicherer Kümmernis alle Sünden, Verbrechen, Listen und Intrigen dieser neuen Führungsschicht auf sein Pergament. Aus den zwei dicken Bänden seiner *Fränkischen Geschichte*, um 592 vollendet, ließe sich unschwer ein frühmittelalterlicher Pitaval gewinnen und ein mehr grausiges als anregendes Dekameron dazu. Jedenfalls gleichen diese rüden Gewaltherrscher, die ihre Frauen reihenweise umbringen, ihre Gegner auf Brücken, vor Kirchen oder sonstwo erdolchen lassen, die Kinder verstümmeln, Oppositionelle blenden und mißliebige Personen einfach verschwinden lassen, dem Schrecken des fünften Jahrhunderts, dem vielfach beweibten König Attila.

Die Lektüre dieser zehn Bücher umfassenden *Historia Francorum* zeigt uns eine Oberschicht, der die römischen Sitten offensichtlich nie bekannt waren, die andererseits aber auch ihren germanischen Sittenkodex vergessen und sich vom Christentum nur Äußerlichkeiten – diese allerdings verblüffend schnell – zu eigen gemacht hatte. Da gibt es einen den Franken hörigen Burgunderkönig, der zum zweiten Male geheiratet hat. Aus erster Ehe hat er einen Sohn. Zwischen dem Sohn und seiner jungen Stiefmutter kommt es zu einem Zerwürfnis, und die neue Königsgemahlin verleumdet ihren Stiefsohn, er trachte nach der Herrschaft. Daraufhin läßt der König seinen Sohn nachts von zwei Dienern erdrosseln, gründet aber, von Gewissensbissen geplagt, ein Kloster und sichert sich damit sogar noch eine gute Nachrede. Andere Könige schließen Bündnisse und brechen sie; ihre Frauen lassen ihre Söhne töten und werden dafür in Klöster abgeschoben; man begnügt sich nicht damit, Fürsten umzubringen, sondern rottet auch noch ihre männlichen Erben aus, und die Zahl der Gemahlinnen – ganz zu schweigen von den Konkubinen – ist selbst bei jenen Königen, die Gregor von Tours für besonders fromm hält, erheblich. Folge dieser Polygamie ist eine stattliche Nachkommenschaft, die allerdings immer wieder durch blutige Dynastenfehden dezimiert wird.

Man muß schon von außen her kommen, nämlich aus dem fernen Irland, um in dieser blutigen Welt fürstlicher Gewalttaten unbesorgt die Stimme zu erheben und den Mächtigen ins Gewissen zu reden. Der Mann, der dies tat, war der heilige Columban »der Jüngere« (um 540–615), nicht zu verwechseln mit »Columban dem Älteren« (um 521–597), dem Apostel Schottlands und Abt des von ihm gegründeten Klosters auf der Hebrideninsel Iona.

Columban also war Ire, von einfachen Eltern in der Grafschaft Leinster geboren und nach längeren Studien als Missionar aufs gallische Festland entstandt. Der alte zeitliche Ansatz dafür – 585 – wird heute nicht mehr aufrechterhalten. Die gerade für Columban sehr intensive Spezialforschung nimmt das Jahr 592 als den Zeitpunkt seiner Reise nach Gallien an und stützt sich dabei auf zwei Biographen des Heiligen, von denen einer im Kloster Bobbio noch mit den Gefährten Columbans, mit den Mönchen sprechen konnte, die den Heiligen überlebt hatten.

Columban ist möglicherweise ohne Umwege an den Hof des Burgunderkönigs Gunthram gereist, so als habe er geahnt, daß dieser fromme Herrscher nicht mehr lange zu leben habe. Die Todesnähe stimmte Gunthram günstig für alles, was Columban vorzubringen hatte, und es scheint, daß zumindest die erste Klostergründung des Columban in Annegray erfolgte, ehe der König am 28. März 593 starb. Die Klöster gewannen nun angesichts der

Sittenverderbnis an den Höfen die größte Bedeutung für die Ausbreitung des Christentums. Auf die alamannischen Bauern, die keltisch-römische Grundbevölkerung, ja sogar auf die Franken selbst muß dieser Lebenswandel fränkischer Dynasten niederschmetternd gewirkt haben. Davon jedenfalls, daß diese Lebensführung vorbildlich war oder gar – modern gesprochen – so etwas wie Lebenshilfe vermittelte, konnte gewiß keine Rede sein. Die Klöster waren vorgeschobene Stützpunkte der Kirche im flachen Land. Nicht selten lagen sie in Gebieten, die landwirtschaftlich noch gar nicht erschlossen waren, sondern erst gerodet werden mußten. Die ausgedehnteste Waldgegend im Grenzgebiet zwischen Südwestdeutschland und Ostfrankreich, die alte Alamannenlandschaft der Vogesen, sah darum in kurzer Aufeinanderfolge drei Klostergründungen, mit denen Columban zweifellos absichtlich einen Schwerpunkt setzte: Nach Annegray gründete er Luxeuil, das Kloster, dessen Name oft dem seinen hinzugesetzt wird, und als drittes in geringer Entfernung, aber ebenfalls in tiefster Wildnis, Fontaine.

Das westliche Vogesenvorfeld muß damals eine Landschaft gewesen sein, aus der sich die Zivilisation – nach den langen Alamannenkriegen – schon wieder zurückgezogen hatte. Sowohl Annegray als auch Luxeuil wurden auf Ruinenstätten begründet, das heißt, Columban war keineswegs der erste Mensch, der hier in unzugängliche Wälder vordrang. Seine Mönche unternahmen es, die einst fruchtbare und bereits bewohnte, doch vor und während der Völkerwanderungszeit gänzlich verwüstete Landschaft wiederzubesiedeln und erneut nutzbar zu machen. Die Reste der Abtei Annegray liegen neben den Ruinen eines alten Römerlagers dreizehn Kilometer von Luxeuil-les-Bains entfernt an der heutigen D 6 im Weiler Brouche, der zu der Gemeinde La Voivre gehört. Der Hügel, an dessen Fuß die alte Abtei liegt, trägt den Namen des allgegenwärtigen Sankt Martin, des Lieblingsheiligen der Franken, der seither auch im alamannischen Bereich heimisch geworden ist.

Luxeuil selbst ist heute ein blühender Badeort, der eigentlich aus drei Teilen besteht, dem Bad selbst, dem Industrievorort und dem an Erinnerungen reichen alten Luxeuil. Das Bad war schon in vorrömischer Zeit bekannt, die Römer nutzten seine Quellen wie zahlreiche andere überall im alten Römerreich, und erst der Hunneneinfall von 451 setzte der beträchtlichen vorchristlichen Prosperität des Ortes, der zur Römerzeit *Luxovium* hieß, ein Ende.

Columban muß davon wohl Kunde gehabt, zumindest aber von der Bereitschaft des Burgunderkönigs Gunthram gewußt haben, Klostergründungen zu ermöglichen, denn es scheint, daß er diesen Herrscher bat, ihm nicht nur das Gelände bei dem alten Römerkastell von Annegray zu überlassen, sondern auch den Bereich des ausgedehnten römischen Ruinenkomplexes von Luxeuil. Das dritte Kloster, Fontaine (heute Fontaine-les-Luxeuil) wurde zweifellos erst nach Gunthrams Tod gegründet, also mit dem Einverständnis des Königs Childebert II., der Austrasien und Burgund beherrschte. Fontaine liegt nicht im Tal wie Annegray und Luxeuil, sondern auf einem Höhenrücken zwischen den Tälern der Flüßchen Roge und Beuchot. Auch hier haben sich von der alten Abtei des Columban einige Gebäudereste erhalten, wenn sie auch dürftiger sind als jene von Annegray.

Die wenige Jahre nach Columbans Tode von einem Bobbienser Mönch namens Jonas verfaßte Lebensbeschreibung Columbans schildert die Gründung des Klosters Luxeuil. Wir sehen daraus unter anderem, daß auch das sechste und siebente Jahrhundert noch immer gleichsam auf den Schultern der Römer standen und man dort baute, wo die Römer dafür die Fundamente gelegt hatten:

»Als aber die Zahl der Mönche [in Annegray] immer mehr zunahm, begann Columban darauf zu sinnen, wie er einen angemessenen Ort in derselben Gegend finden könne. Und er stieß auf eine ehemals stark befestigte Burg, die von seinem ersten Wohnsitz ungefähr acht Meilen entfernt lag und in alter Zeit Luxovium genannt wurde. Dort waren warme Bäder mit wunderbarer Kunst angelegt, eine Menge steinerner Götterbilder standen in dem nahen Wald, die vordem nach heidnischem Brauche verehrt worden waren. Hier nahm nun der verehrungswürdige Mann seine Wohnung und baute ein Kloster. Als die Kunde davon sich verbreitete, strömte eine große Menge Menschen von allen Seiten herbei, um sich der Anbetung des Herrn zu weihen, so daß das Kloster die Zahl der Mönche nicht mehr zu fassen vermochte. Von überallher kamen die Söhne der Adeligen, um den eitlen Prunk der Welt und den Glanz irdischer Güter verachten zu lernen und den ewigen Lohn zu gewinnen.

Als Columban aber erkannte, daß für diese alle der Raum nicht ausreichte, suchte er noch nach einer anderen Stelle, die seinen Zwecken entsprach. Er fand einen Platz, der sich durch seinen Reichtum an Wasser auszeichnete, und gründete dort noch ein zweites Kloster, dem er den Namen *Fontanae* [das heißt Quellen] gab. Dieses Kloster vertraute er Männern an, deren Gottesfurcht und Tugenden ihm bekannt waren.

Nachdem die beiden Klöster gegründet worden waren, hielt Columban sich selbst abwechselnd in dem einen und dem anderen auf, und unter der Eingebung des heiligen Geistes gab er ihnen die Regel, nach der die Mönche leben sollten.«

Diese strengen Ordensregeln Columbans, zweifellos auf seine Erfahrungen in Irland zurückzuführen, erlangten in den Zeiten der frühen Frankenkönige außerordentliche Bedeutung. Es ist bezeugt, daß in manchen Columban-Klöstern zeitweise bis zu 1500 Mönche lebten; das sind Zahlen, wie wir sie sonst nur aus den buddhistischen Klöstern Zentralasiens kennen. Sie erklären sich aus der tiefen Ratlosigkeit der christlich gewordenen Alamannen, die ihre neuen Herren, die Frankenkönige, im Sumpf aller erdenklichen Intrigen, Ränke und Laster versinken sahen, wobei deren Gewaltpolitik vermutlich noch mehr Schaden anrichtete als ihre geheimen Ausschweifungen, die Gregor von Tours so sehr beklagte:

»Als König Theoderich [von Burgund] Columban häufiger aufsuchte, begann dieser ihm Vorhaltungen zu machen, daß er im buhlerischen Umgang mit Beischläferinnen lebe und die Verbindung mit einer ebenbürtigen Gemahlin verschmähe. Er forderte ihn auf, eine rechtmäßige Ehe einzugehen, damit ihm eine legitime Gemahlin einen Reichserben schenke und er nicht auf illegitime Nachkommen angewiesen sei. Der König« – so heißt es weiter – »ging auch in sich und versprach, Columban zu folgen und der Buhlerei zu entsagen. Aber die Schlange, die alte Verführerin des Menschengeschlechts, beschlich die Königinmutter Brunichildis, die eine zweite Jesabel war, und hetzte sie ... gegen den frommen Mann, denn sie befürchtete, daß ihre Macht und Herrlichkeit zu Ende gehen würde, sobald eine junge Königin an den Hof käme.

Es geschah nun [609] eines Tages, daß Columban zu Brunichildis kam, die sich auf dem königlichen Gut Bruyères-le-Châtel aufhielt. Als sie ihn auf den Hof kommen sah, führte sie die Söhne, die Theoderich mit seinen Buhlerinnen gezeugt hatte, dem Gottesmann vor und erbat seinen Segen. Columban aber antwortete: >Glaube nicht, daß sie jemals das königliche Szepter führen werden, denn sie sind aus Hurerei entsprossen.<

Zornig befahl die Königinmutter, daß man die Kleinen wegbringen solle, und sann fortan auf Rache. Sie ordnete an, daß Columban den Bereich seiner Klöster nicht mehr verlassen dürfe.«

Es kam zu mehreren Aussprachen, die Jonas in seinem Bericht mit verschiedenen Wundertaten ausschmückt: Lautes Krachen in einem königlichen Haus oder das Zerspringen goldener Gefäße etwa zeugten vom Zorn Gottes. Theoderich und Brunichildis gelobten jedenfalls Besserung, aber im Grunde blieb alles beim alten, und Columban wiederum ließ nicht ab, mit aller Deutlichkeit die Sünden der Herrscher anzuprangern.

In den daraus zwangsläufig folgenden Auseinandersetzungen kam nun alles zur Sprache, was den einheimischen und königstreuen Klerus an dem fremden Klostergründer bis dahin schon gestört hatte: daß er nicht jeden in seine Klöster ließ, sondern aus gutem Grund für eine gewisse Auswahl sorgte; daß er eigensinnig an einem anderen Osterdatum festhielt, als es im Frankenreich üblich war, und daß er standhaft feststellte, die Sünden der Königsfamilie seien der Heilwirkung der Quellen von Luxeuil und Umgebung abträglich, die durch sündhafte Menschen beschmutzt würden.

Das sind harte Worte, die sich die Mächtigen zu keiner Zeit gerne sagen ließen, und wenn auch das Mittelalter erfüllt ist von diesem Machtkampf zwischen der kirchlichen und der weltlichen Gewalt, so war Columban eben doch der erste, der in dieser Weise seine Stimme erhob. Der Papst, der seine Diener später schützte und ihnen den Rücken stärkte, dieser Papst saß, unerreichbar für Botschaften und Bitten, weil durch das 584 etablierte Langobardenreich abgeriegelt, mitten auf der italienischen Halbinsel. Es kam also wie auch später noch so oft: Der König befahl einem seiner Ritter, Ordnung zu schaffen. Ritter Baudulf zerrte den inzwischen gewiß sechzigjährigen Columban aus seinem Kloster und brachte ihn nach Besançon. Columban aber fand dort Hilfe bei einer größeren Schar von Eingekerkerten, die sich ihm zu Füßen warfen und Besserung gelobten, und da auch die Bewachungsmannschaften bald zu dem Heiligen übergingen, befand sich Columban schon kurz darauf wieder in seiner Klosterzelle, als ob nichts gewesen wäre. Brunichildis aber war vor Zorn außer sich. Statt des Ritters entsandte sie nun einen Grafen, und die Männer, die Columban vertreiben sollten, stellten dem Heiligen die Lage nüchtern und wahrheitsgemäß dar: sie würden selbst schwer bestraft, wenn er nicht endlich den Weg nach Irland antreten wolle, woher er gekommen sei.

Daraufhin begann Columban nun, mehr oder minder unfreiwillig, eine für uns sehr interessante Reise quer durch Burgund. Sie führte ihn über Avallon, die Felsenstadt unweit des berühmten Vézélay, sowie über Auxerre nach Nevers, wo die Loire bereits schiffbar ist und der Heilige stromabwärts bis Nantes fahren konnte. Die Reise war, wie könnte es anders sein, eine Kette der Wunder. Als Columban bei Tours das Grab Sankt Martins besuchen will, ihm dies aber verwehrt wird, bleibt das Schiff, wie von Zaubermacht gebannt, mitten in den Fluten stehen. Auch zahlreiche Heilungen begleiten den Weg des großen Iren. In Nantes aber wird ihm klar, daß sein Auftrag noch keine Rückkehr nach Irland zuläßt. Er gewinnt die Unterstützung der Fürsten Chlothar und Theodebert, und dieser friedlichere Bruder Theoderichs gibt dem Heiligen sicheres Geleit bis Bregenz.

Zum Kummer der Vorarlberger betont die Vita, daß Columban dieser Ort nicht gefiel, geschah es doch hier, daß die Alamannen den Heiligen mit jenem ungeheuren Wotans-Bierfest empfingen, von dem schon die Rede war. »Als er von diesem abscheulichen Vorhaben hörte, blies er mit seinem Atem zornig das Faß an, und siehe da, es zersprang mit Krachen, und die Dauben fielen auseinander, so daß alles Bier auf den Boden floß. Daraus zeigte sich klar, daß der Teufel in der Kufe gesteckt hatte, der durch das berauschende Getränk die Seelen der Opfernden zu fangen gedacht hatte ... Viele wurden in dieser Zeit durch die Predigt des heiligen Mannes zum Christentum bekehrt. Andere, die schon getauft worden waren, aber im heidnischen Unglauben weiterlebten (!), führte er durch seine Reden als ein guter Hirte auf den rechten Weg.«

Dies sind aufschlußreiche Mitteilungen. Die Römer hatten auf dem Boden einer keltischen Siedlung ihr Brigantium gegründet. Um 300 hatten Germanen den Ort zerstört, und 445 waren die Alamannen gekommen, mit ihnen offensichtlich noch einmal das Heidentum. In der Folgezeit lebten zusammen mit den Alamannen hier wohl weiterhin romanisierte, christianisierte Kelten, die allerdings ihr Christentum nicht offen bekannten, ja selbst im Jahr 610, als Columban das Kloster Bregenz gründete – womit es eines der ältesten Österreichs ist –, hatte das Christentum hier noch nicht endgültig gesiegt. Die Alamannen tolerierten zwar die christliche Keimzelle, es gab also keine Verfolgungen, aber die wenigen Klosterbrüder blieben isoliert und ohne jede materielle Hilfe. In seiner Verzweiflung wollte Columban sich zu den Slawen wenden, was damals keine sehr weite Wanderung bedeutet hätte, denn vor allem die südlichen und südöstlichen Alpengegenden waren noch slawisch besiedelt. Aber ein Traum wies ihm den Weg nach Italien, weil »dieses Volk« – also die Alamannen – noch nicht zur Bekehrung reif sei. Einen letzten Anstoß für die Reise nach Italien gab der Sieg Theoderichs über seinen Bruder Theodebert. Der Unterlegene wurde zunächst in den Priesterstand gezwungen und, als er dann waffenlos war, ermordet. Theoderichs Macht aber reichte nun bis an den Bodensee und weiter, und Columban zog mit seinen Gefährten eilends nach Italien. Dort nahm ihn der Langobardenkönig Agilulf – obwohl Arianer – freundlich auf, denn seine Frau Theudelinde, eine bayerische Herzogstochter (und Witwe seines Vorgängers Authari), war katholische Christin. Damit endete die Flucht des unbeugsamen Iren, und Columban gründete sein letztes Kloster: Bobbio.

Die Lage der alten Abtei, die wir heute noch unweit des Ortes Bobbio vorfinden, weist manche Gemeinsamkeit mit jener der Vogesenklöster auf: Das Kloster erhebt sich am Fuß eines Hügels in der Nähe des Zusammenflusses von Bobbio und Trebbia. Hier vollendete Columban seine große Streitschrift gegen den Arianismus, dem er am langobardischen Königshof begegnet war, und begründete in seiner Abtei jene bis heute berühmt gebliebene Bibliothek von (später) insgesamt siebenhundert Manuskripten, die heute den Stolz der Vatikanischen Sammlungen im Vatikan und der Ambrosianischen Bibliothek in Mailand bilden.

Columban erlebte noch den grausigen Untergang seiner Gegner Theoderich und Brunichildis. Theoderich kam bei einem Brand in Metz ums Leben, woraufhin Brunichildis seinen jungen Sohn Sigibert zum Herrscher krönte. Das aber rief nun Chlothar auf den Plan, der sich bis dahin mit einem kleinen Teilreich hatte begnügen müssen. Chlothar zog mit seinem Heer gegen Brunichildis und Jung-Sigibert, siegte und ließ – das war damals offenbar selbstverständlich – alle seine Verwandten umbringen, auch Sigibert und dessen noch halbkindliche Brüder. Die schon betagte Brunichildis aber wurde nach allerlei grausamem Spott nackt an den Schweif eines Pferdes gebunden und zu Tode geschleift.

Nach alldem entsann sich Chlothar des Mannes, der ihm dies alles vorausgesagt hatte, und entsandte den Abt von Luxeuil nach Bobbio, um Columban heimzuholen. Der Heilige hatte aber inzwischen wohl erkannt: Chlothar war auch nicht viel besser als Theoderich. Also erklärte er, in Bobbio bleiben zu wollen, und sandte dem König lediglich einen langen Brief voll guter Ratschläge und Ermahnungen. Die Vita bemerkt dazu nicht ganz konsequent: »Der König nahm den Brief als Pfand seines guten Verhältnisses zu dem Heiligen mit Freuden an und zeigte sich auch in der Zukunft der Worte Columbans eingedenk.« Columban überlebte diese Ereignisse nur um ein Jahr und starb am 23. November 615, vermutlich vierundsiebzig Jahre alt.

Columban gilt vielen Historikern als die stärkste Persönlichkeit der Bekehrungsgeschichte – stärker noch als Bonifatius. Die Energie und die Unbeugsamkeit dieses einsamen Kämpfers sind ebenso eindrucksvoll wie sein Mut und seine Zähigkeit, und sein Hauptgegner, der Frankenkönig Theoderich, scheint Columban auch durchaus richtig beurteilt zu haben, als er ihm in einem glaubwürdig überlieferten Gespräch sinngemäß sagte: Ich werde dir nicht die Märtyrerkrone aufsetzen und damit mich selbst für alle Zeiten zum Ungeheuer machen, aber ich will, daß du dorthin gehst, woher du gekommen bist.

Columban wußte: Die Könige seiner Zeit konnten es sich im allgemeinen nicht mehr leisten, berühmte Missionare, ehrwürdige Äbte oder gar Kirchenfürsten zu töten. Zwar gab es grausame Kriege nach wie vor, und wer Macht hatte, bedurfte keiner besonderen Vorwände, um Überfälle und Gewalttaten aller Art zu verüben. Doch die Bevölkerung war gewiß gläubig, gerade wegen der Drangsal und Not, die sie zu leiden hatte. Ganz konnte man dies offensichtlich nicht ignorieren. Begierig nach Wundern und Bestätigungen des Glaubens, strömten die Menschen zu Männern und Frauen, von deren Heiligmäßigkeit man sich erzählte und die dadurch dem Ort, wo sie lebten und wirkten (oder gewohnt hatten und gestorben waren), eine besondere Weihe verliehen. Auch der Wunsch spielte dabei eine Rolle, sich mit vermeintlich wirkkräftigen Reliquien zu versehen. Wallfahrten hatten zu keiner Zeit eine so große, buchstäblich volksbewegende Bedeutung wie in jenen dunklen Jahrhunderten, in denen sich die kleinen Leute von ihren Beherrschern verlassen und verraten fühlen mußten und es noch keine anderen Fürsprecher für die Rechtlosen gab als einzelne mutige Mönche.

Diese Umstände und Nöte erklären auch die starke Anziehungskraft des Klosterlebens. Die Welt, der die Menschen damals den Rücken kehrten, war nicht sehr verlockend; der relative Friede hinter den Klostermauern, das geordnete, beschützte und geachtete Leben in der festen Organisation eines Klosters – dies alles erschien damals außerordentlich erstrebenswert. Und so entstand in den Klöstern eine Art Gegenwelt, die sich beinahe zu einem Staat im Staate entwickelte und, wie das Beispiel Columbans zeigt, die irdische Macht im allgemeinen nicht fürchtete, ja bisweilen sogar herausforderte. Diese Klöster leisteten aber auch einen guten Teil der praktischen Arbeit, zu der die Herrschenden sich nur ausnahmsweise herabließen. In dem von der Völkerwanderung verheerten Europa gab es unendlich viel zu tun; nur die Gesundung der Gemeinwesen und die Sicherheit auf dem flachen Lande konnten den Bauern wieder ein gewisses Vertrauen zur eigenen Arbeit und zur Produktion geben und die Wirtschaftskraft des Staates im ganzen heben. Zwar genossen die Klöster so erhebliche Steuervorteile, daß ihr Wohlstand dem Staatssäckel nicht unmittelbar zugute kam; aber ihre Pächter erweiterten doch das nutzbare Land, und die kundige Anleitung durch die Mönche schuf Arbeitsplätze sowie eine gewisse Bereicherung der Produktion (auch von der Qualität her), und dies kam letztlich doch dem Ganzen zugute.

Dies alles war Columban zweifellos klar; bei aller Frömmigkeit erweist er sich als ein Realpolitiker von bemerkenswerter Härte gegenüber allen Widerständen, und wenn es Demut in diesem Mann gab, dann nur gegenüber Gott. Für seine Gefährten und Jünger sorgte er bis zum letzten Augenblick, wohl wissend, daß keiner unter ihnen so viel Energie und Mut aufbringen würde wie er selbst, ja, daß sie vielleicht für den Stolz und die Rücksichtslosigkeit seines Vorgehens gegen die herrschenden Familien in Franken und Burgund zu büßen haben würden. Es ist darum erstaunlich, daß einer der scheinbar schwächsten, sensibelsten und vorsichtigsten unter seinen Jüngern sein berühmtester Nachfolger wurde: der heilige Gallus, dessen irischer Name vermutlich Caileach lautete. *Gallus* wurde um 550 unweit vom heutigen Belfast als Sohn einer vornehmen Familie geboren, war also durch die Herkunft mehr begünstigt als sein Lehrer Columban, mit dem er sich übers Meer in die Bretagne und nach Gallien begab.

Gallus scheint als treuer Weggefährte auch die seltsame Flucht Columbans nach Nantes mitgemacht zu haben, auf der Columban wohl unablässig gehofft haben mag, die von Theoderich gestellte Begleitmannschaft loszuwerden. Erst in Bregenz trennte sich Gallus von seinem Lehrer, den er verehrte. Der Grund, den die Legende dafür angibt, beweist nur, wie gern selbst ernsthafte Chronisten mit Histörchen arbeiteten, um ihre Leser bei der Stange zu halten: Gallus soll so gern gefischt haben, daß ihm das Bodenseegebiet als geradezu idealer Aufenthaltsort erschien und er darum die Weiterwanderung nach Bobbio nicht auf sich nehmen wollte.

Gebildeter als Columban, hilft Gallus nicht selten mit seinem fehlerlosen Latein aus und erweist sich in Bregenz als besonders nützlich, weil er auch die Sprache der Alamannen beherrscht. Statt aber die Heiden milde zu überzeugen und seine Überredungskunst einzusetzen, erweist sich Gallus, der bei seiner Ankunft in Bregenz immerhin schon an die sechzig Jahre alt war, als zorniger Gottesstreiter:

»Wie sich nun das Volk zu seiner gewöhnlichen Tempelfeier versammelte«, berichtet Walahfrid Strabo in seiner Lebensbeschreibung des Heiligen, »wurde es mehr durch den Anblick der neuen Ankömmlinge erschreckt als von Ehrfurcht vor der Anbetung des wahren Gottes erfüllt. Gallus stärkte ihre Herzen und ermahnte sie ... darauf hob er vor aller Augen die Götzenbilder empor, zerschmetterte sie an den Felsen und warf die Stücke in die Tiefe des Sees. Da bekehrte sich ein Teil des Volkes zum rechten Glauben, ein Teil aber ging erbost und entrüstet in Feindschaft von dannen.«

Der Zorn des sonst so sanften Gallus mag daher gekommen sein, daß Bregenz und Umgebung ja schon einmal christlich gewesen waren. Es hatte hier auch eine Kirche der (unhistorischen) heiligen Aurelia gegeben, deren Trümmer Gallus vielleicht zur Zerstörung der angeblich aus Metall gefertigten und vergoldeten Götzenbilder bewogen. Jedenfalls zeigte es sich: Er hatte die falsche Methode gewählt. Die Bevölkerung blieb feindselig, und Gallus gab Anlaß, daß man in Rom Überlegungen anstellte, ob es opportun sei, Götzenbilder in so spektakulärer Weise zu zertrümmern. Nicht selten erhielten die Missionare später die sehr kluge Empfehlung, die bereits geheiligten Plätze, auch wenn dort Tempel oder Götzenbilder standen, nicht ohne weiteres zu verteufeln, sondern mit Feingefühl in christliche Kultstätten umzufunktionieren.

Wir müssen uns als demokratieverwöhnte Bürger des 20. Jahrhunderts davor hüten, vorschnell über die Eiferer der ersten Stunde den Stab zu brechen. Wären sie von ihrem Glauben nicht völlig durchdrungen gewesen, so hätten sie die Mühsal und die Gefahren eines Lebens unter den Heiden und in den Grenzbereichen der damaligen zivilisierten Welt gewiß nicht auf sich genommen. Auch wenn es ihnen an Toleranz mangelte, sind sie doch keineswegs mit jenen Männern gleichzusetzen, die in späteren Jahrhunderten, inmitten eines gefestigten christlichen Europa, mit Folter und Scheiterhaufen gegen Andersgläubige vorgingen. Vor allem aber waren Männer wie Columban, Gallus und unzählige andere jederzeit bereit, sich selbst für ihren Glauben zu opfern. Das bittere Wort Stefan Zweigs gegen Calvin trifft also nicht auf sie zu, es sei wesentlich leichter, andere für den eigenen Glauben verbrennen zu lassen als sich selbst (*Castellio gegen Calvin*. Über die Folterungen, Verhöre und schließlich Verbrennung des Miguel Serveto in Genf 1553).

Im übrigen aber ist Gallus offensichtlich selbst nicht leicht über den Schock hinweggekommen, den die Feindseligkeit dieser Alamannen bei ihm hervorrief. Die alamannischen Heiden gingen zu offenem Kampf über, lockten einzelne Gefährten Columbans und Gallus' in die Wildnis und erschlugen sie dort. Sie beschritten aber auch den gesetzlichen Weg, sich bei ihrem Herzog Kunzo über den Bildersturm und die Störung ihres Kultes zu beschweren, woraus man – entgegen der Annahme mancher Forscher – doch eigentlich schließen muß, Kunzo habe eine Stellung zwischen den Religionen eingenommen und um des inneren Friedens willen auch das Heidentum toleriert.

Als Columban aufgibt und mit seinen Getreuen nach Bobbio zieht, erkrankt Gallus. Aber Columban glaubt nicht an das Fieber, sondern verdächtigt seinen Mitstreiter, er wolle nur die reichen Fischgründe nicht verlassen. Es kommt zu dem bemerkenswerten Interdikt (Verbot): Solange Columban lebt, ist es Gallus untersagt, die Messe zu zelebrieren. Unter anderem führt dies dazu, daß er ablehnen muß, als man ihm anbietet, Bischof von Konstanz zu werden.

In der Folge scheint Gallus von Anfechtungen nicht frei zu sein. Die bitteren Enttäuschungen bei den Alamannen haben ihn in eine tiefe Krise gestürzt. Obwohl ihm ein Priester einen seiner Diakone mitgibt, der den alten Missionar verehrungsvoll betreut, bleibt Gallus störrisch und sucht die Einsamkeit. Er fischt im See und in Bächen, an denen sich in paradiesischer Nacktheit Heidenmädchen tummeln, und folgt auch nur widerwillig der Aufforderung Herzog Kunzos, ans Krankenbett seiner Tochter zu eilen. Daß Gallus sich vor diesem Ruf geradezu verbirgt und ihm erst nachkommt, als man ihm freies Geleit zusichert, läßt darauf schließen, daß er wegen der Zertrümmerung der Götterbilder Strafe fürchtete und daß somit auch Gallus den Herzog zumindest als Schutzherrn der Heiden ansah.

Gallus wird in einem Versteck aufgespürt, wo es ihm recht gutging, die Heilung der Herzogstochter gelingt, und damit herrscht zwischen Kunzo und Gallus nun Friede. Gallus bleibt jedoch Klausner an der Steinach und begibt sich nur zeitweise in die Nähe der Herzogsburg Arbon (im heutigen Kanton Thurgau am Bodensee gelegen), wo er nach kurzer Erkrankung im Oktober 641 oder 645 stirbt. Trotz einer offenbar nicht sehr kräftigen Konstitution hat er damit ein auch für unsere Begriffe außerordentlich hohes Alter von neunzig oder gar fünfundneunzig Jahren erreicht. Skeptiker unter den Forschern nehmen daher an, Gallus sei erst 560 geboren, doch wäre er dann als Knabe mit Columban auf das europäische Festland gegangen. Man muß also wohl annehmen, daß dieser leidenschaftliche Fischer und scheue Klausner tatsächlich beinahe hundert Jahre alt wurde.

Bald nach seinem Tod zeigt sich, daß Freund wie Feind ihn nicht vergessen haben. Die heidnischen Alamannen gedenken den Götzenfrevel zu rächen, weswegen am Grab des Gallus stets Wache gehalten wird. Zahlreiche Christen aus dem weitesten Bodensee-Umkreis beginnen zu dem Grab zu pilgern und dort zu beten, und als dieser Pilgerzustrom naturgemäß einen gewissen Wohlstand der Gedenkstätte mit sich bringt, überfällt der Alamanne Otwin um 680 Klause, Kapelle und Grab und plündert die Votivgaben.

Gallus hat kein Kloster gegründet, sondern lediglich eine Einsiedelei, in der nur ihm zu Ehren regelmäßig oder doch häufig Gottesdienst gehalten wurde. Gründer des nachmals so berühmten Klosters Sankt Gallen war vielmehr Sankt Othmar, mit weltlichem Namen ein Graf Authemar, der um 719 in offenbar schon vorhandenen Bauwerken ein Kloster einrichtete und ihm auch beinahe vierzig Jahre als Abt vorstand. Er starb am 16. November

759, verbittert wegen eines Prozesses, zu dem wir uns heute kaum noch äußern können. (Othmar soll eine Frau vergewaltigt haben, die danach starb, so daß sie selbst nicht mehr aussagen konnte; der fromme Mann scheint jedoch – vielleicht aus Rücksicht auf die Tote oder aus welchen Gründen auch immer – die Aussage verweigert zu haben, so daß die Ankläger leichtes Spiel hatten.)

Walahfrid Strabo, der viele lebendige und größtenteils auch glaubhafte Einzelheiten über Gallus und Othmar übermittelte, wurde 838 Abt auf der Insel Reichenau. Auf einer Gesandtschaftsreise für König Ludwig den Deutschen kam er im Jahr 849 ums Leben, als er versuchte, die Loire zu überqueren – jenen Fluß, der auch im Leben Columbans eine so bedeutende Rolle gespielt hatte. Strabo (der Schielende), ein gebildeter Mönch von sehr einfacher Herkunft, hat sich um den Ausbau der Schule auf der Reichenau große Verdienste erworben.

Nicht unmittelbar mit Gallus selbst, aber doch gleichsam »in seinem Kielwasser« beginnt nun eine neue Phase der christlichen Durchdringung jenes deutschen Südwestens, der bis auf die Karolinger immer wieder von Unruhen heimgesucht wurde und immer wieder ins Heidentum zurückfiel. Die Domschule von Konstanz, die Schule auf der Reichenau und das Kloster Sankt Gallen beginnen einen geistigen Wettstreit, dessen Nutznießer das geistig verwaiste Volk wird. In Konstanz war man den Gewalten und den Querelen der Zeit wohl etwas zu nahe; die Politik behinderte die geistige Blüte. Die Insel Reichenau und Sankt Gallen jedoch wurden zu Pflanzstätten schöpferischen Geistes. Die Missionsarbeit der Glaubensboten aus Irland begann, bodenständige Früchte zu tragen. In Sankt Gallen waren es Iso und Tutilo, Ratpert, Ekkehart und die beiden Notker, auf der Bodensee-Insel wirken zwei gelehrte Mönche, die durch ihre Werke in die Literatur- und Kulturgeschichte des Abendlandes eingingen. Jeder von ihnen hatte sein Gebrechen zu tragen: Walahfrid »der Schielende« (Walahfrid Strabo) und jener verkrüppelte Sohn des Grafen Wolverad von Altshausen, Hermann »der Lahme« (Herrimannus Contractus), der durch zahlreiche Werke (unter anderem über Mathematik, Astronomie und Musik) sein umfassendes Wissen unter Beweis stellte. Eines seiner Hauptwerke ist eine von Christi Geburt bis zum Jahre 1054 reichende Chronik.

»Abt Walahfrid hat neben anderem eine reizende Gedichtsammlung über die Nutzpflanzen seines stillen Klostergartens hinterlassen«, schreibt Ernst Herdi in seiner *Geschichte des Thurgaus.* »Sie erinnert daran, daß die Mönche nicht nur mächtige Förderer des geistigen Lebens waren, sondern auch mancherlei mehr leibliche Annehmlichkeiten des Daseins sorgfältig hegten: Vor allem den durch die Römer mitgebrachten Weinstock, der bereits vor dem Jahr achthundert zu seinem Eroberungszug ausholte und bald an allen Ecken und Enden die ängstliche Dreizellenrechnung über den Haufen warf, in Steckborn und Keßwil so gut wie am Ottenberg. Für Messe und Refektorium ward er unentbehrlich, und es läßt sich hübsch verfolgen, wie der Traubensaft das altgewohnte, beizende Alamannenbier aus Zinsbuch und Gottesdienst vollständig ausmerzte und in die Gesindestube abdrängte.«

Columban und Gallus, die seinerzeit zur größten Erbitterung der Alamannen das Wotans-Bierfest gestört und den Bierkessel umgestürzt hatten, haben damit einen späten, aber wie man zugeben wird dauerhaften Sieg errungen. Die Weinhänge rund um den Bodensee zeugen davon, daß das Römererbe und die christliche Vorliebe für gepflegten, aber mäßigen Genuß die heidnischen Unmäßigkeiten endlich doch verdrängten.

Sie kamen aus Böhmen

Als letztes der großen germanischen Völker treten die Bayern in die Geschichte ein: die Baiuvarii, die noch eine Reihe anderer Namen führen und darum als der rätselhafteste Stammesverband der Germanen gelten. Von allen Herkunftstheorien ist wohl jene am wahrscheinlichsten, wonach Böhmen ihre (zumindest vorübergehende) Heimat war, aus der die Bajuwaren zu Beginn des sechsten Jahrhunderts in den Raum zwischen Donau und Alpen einrückten. Einst glaubte man, dafür sogar das Jahr 508 angeben zu können, doch allerjüngste Arbeiten (Hamann) erklären unumwunden: »Da aufgrund der vorhandenen Quellen und Forschungsergebnisse keine der Thesen über die Herkunft der Baiuvaren mit wissenschaftlichen Argumenten definitiv als richtig oder falsch zu erweisen ist und lediglich die ethnisch heterogene Zusammensetzung des Volkes festzustehen scheint, muß sich die historisch sinnvolle Fragestellung auf den Vorgang der Stammesbildung reduzieren.«

Diese Stammesbildung wurde durch die römischen Rückzugsbewegungen gegen Ende des fünften Jahrhunderts und durch die Notwendigkeit begünstigt, den wachsenden Druck der Franken aufzufangen. »Jedenfalls erfolgte die baiuwarische Herrschaftsbildung und Siedlung in den einst römischen Provinzen auf friedliche Weise und offenbar mit Billigung der mächtigen Nachbarstämme.« Dabei sollte man lediglich den Ausdruck Billigung durch Duldung ersetzen, denn daß die Bajuwaren die Zustimmung der Franken und Alamannen zu ihrer Konsolidierung als Stamm eingeholt hätten, ist doch wohl nicht anzunehmen.

Sicherlich erzeugte die fränkische Expansion schon in der ersten Hälfte des sechsten Jahrhunderts einen Druck, der diese Stammesbildung beschleunigte, so daß sich um 550 schon festere und wehrhafte Herrschaftsstrukturen abzeichnen. Dazu kam, daß in die Bajuwarenwanderung eingelagerte Slawenkeile zu einer gewissen Eile zwangen. Die Alpenslawen hatten schon zum Ende der Völkerwanderungszeit wertvolle Böden in Besitz genommen, und die Bajuwaren, das zeigte sich vom ersten Augenblick an, hegten die ernsthafte Absicht, ebenso wie die Alamannen intensive Landwirtschaft zu treiben. Ihre frühesten Sprachdenkmäler sind denn auch mit dem Alamannischen eng verwandt: »Sprachlich zeigt das Bairische nahe Beziehungen zum Alemannischen und Langobardischen, mit denen zusammen es das Oberdeutsche ausmacht. Allerdings sind die Unterschiede zum Alemannischen, so wie sie in der beginnenden schriftlichen Überlieferung faßbar werden, sehr gering. Erst im Laufe der folgenden Jahrhunderte bildet sich das Bairische heraus, so daß um 1300 der Lautstand des heutigen Dialekts erreicht war. Von altertümlicherer Gestalt ist dem Alemannisch-Bairischen gegenüber das Langobardische.« (Hans Beck, *Reallexikon der germanischen Altertumskunde.*)

Der bedeutende Vor- und Frühgeschichtler weist dann mit aller gebotenen Vorsicht darauf hin, daß diese suebisch-bairischen Gemeinsamkeiten die rätselhaften Bajuwaren der großen Gruppe der Elbgermanen annähern. Allerdings steht fest, daß sich, wie bei jeder Volksbildung, verschiedene ethnische Elemente zu dem bestimmenden Kern hinzugesellt haben – Elemente, von denen das Langobardische kulturell gesehen am höchsten einzustufen ist. Bischof Arbeo von Freising, der sich in den Jahren 764–783 (?) um seine Diözese und die Domschule außerordentlich verdient gemacht hat, stammt aus dem Raum Meran (damals eine langobardische Grenzfestung) und ließ vermutlich vom Text des Buches *Abrogans*, einem spätlateinischen Wörterbuch in alphabetischer Ordnung, eine deutsche Ausgabe in Freising erarbeiten, wobei langobardische Einflüsse zur Geltung kamen.

Arbeo ist es, dem wir die Lebensbeschreibungen zweier Heiliger verdanken – Heiliger, denen man damals offensichtlich besonders große, wenn nicht ausschlaggebende Bedeutung für die Christianisierung der Bayern zuschrieb: Es handelt sich um die *Vita Haimrhammi* und die *Vita Corbiniani*. Den heiligen Korbinian erkennen wir unschwer auch mit dem lateinischen C, und Haimrhamm ist kein anderer als Sankt Emmeram, der tatsächlich, als er im heutigen Frankreich geboren wurde, diesen schwer auszusprechenden Namen erhalten hatte. Der dritte der großen Vorkämpfer des Christentums im bayerischen Raum ist Rutpert (Rupert), der Salzburger Landesheilige, den man trotz der heutigen Staatsgrenzen in diesem Zusammenhang anführen muß.

77

Die drei Vollender hatten, wie es nicht selten der Fall ist, zwei
halb vergessene und historisch nie voll greifbare Vorläufer, nämlich Eustasius und Agilus, zwei Männer aus dem Kreis um Columban. Eustasius entstammte einem vornehmen burgundischen Geschlecht und wurde von seinen Eltern dem heiligen Columban
anvertraut; Agilus hingegen war der Sohn eines fränkischen Hof-
mannes namens Agnoald, der offenbar ein Gönner Columbans
gewesen war, denn sein Tod brachte den Heiligen in eine Reihe
von Schwierigkeiten. Beide, Agilus und Eustasius, gingen auf
Befehl des Frankenkönigs Chlothar II. nach Bayern, was bemer-
kenswert ist, denn Eustasius war immerhin Abt von Luxeuil. Die
Franken interessierten sich damals schon sehr intensiv für die
Länder östlich der Vogesen, und die beiden frommen Männer mit
ihren guten Verbindungen zum Hof hatten vielleicht auch den
Auftrag, die Verhältnisse bei den Bajuwaren auszuforschen. Interessant ist zudem, daß beide große Schwierigkeiten mit dem Arianismus hatten. Die Bajuwaren, auf welche die beiden Columban-
Jünger wohl zwischen 616 und 620 trafen, waren vermutlich bereits Christen, hingen aber dem Arianismus an, was auf langobardische Einflüsse hindeutet. Die Bajuwaren hatten um diese Zeit
schon seit zwei Generationen Herzöge. Sie verfügten über eine
gewisse staatliche Organisation unter fränkischer Oberhoheit, ihren Glauben aber hatten sie im wesentlichen auf dem Weg über die
Alpenpässe erhalten, aus dem arianischen Langobardenreich in
Norditalien. Agilus wurde nach seiner Heimkehr Abt des Klosters
Rebais bei Meaux, nahm noch an der Bischofskonferenz von Clichy
teil und starb um 650. Eustasius war offenbar erheblich älter; er
muß, da er Columban als Abt von Luxeuil nachfolgte, im Jahr 615
schon ein reifer Mann gewesen sein und starb im Jahr 628. Agilus
war ihm also auf dem Weg zu den Bajuwaren wohl als junger
Helfer beigegeben worden.

Ungleich bewegter und reicher an Einzelheiten ist die Lebensgeschichte *Emmerams.* Ihre Aufzeichnung durch Arbeo von Freising
ist eines der frühesten schriftlichen Denkmäler bayerischer Geschichte überhaupt, und die beinahe archaischen Grausamkeiten,
von denen in dieser Heiligenvita die Rede ist, stehen in einem be-
stürzenden Gegensatz zu dem Umstand, daß uns die Schauplätze
der Ereignisse, die friedlichen Dörfer zwischen München und Rosenheim, noch heute durchaus vertraut sind und sich nach Namen
wie Charakter zum Teil nur unwesentlich verändert haben.

78

Als Geburtsort Emmerams nennt Arbeo Pictavium, also Poitiers, und später bezeichnet er Emmeram sogar als Bischof dieser westfranzösischen Stadt. Da Emmeram aber nicht in der Bischofsliste der alten und berühmten Kathedralstadt zu finden ist, war er wohl nur Weihbischof oder überhaupt ein sogenannter Wanderbischof, ein damals namentlich in der iro-schottischen Kirche nicht ganz seltenes Amt (es handelte sich um einen meist in der Mission tätigen Bischof ohne Sprengel). Manche Forscher haben an diesem Titel gezweifelt oder aber an Poitiers, da der lateinische Name sich auch auf Pitten in Niederösterreich beziehen läßt (das damals aber awarisch war) oder auf Pettau in der Steiermark. Aber die Vita enthält die nur im Zusammenhang mit Poitiers verständliche Bemerkung, daß Emmeram von einem jüngeren Geistlichen namens Vitalis begleitet gewesen sei, der seine Predigten den Alamannen und Bajuwaren in deren Sprache übersetzte. Außerdem verbietet der in Regensburg residierende Bayernherzog Theodo dem frommen Mann wegen der Awarenkriege die Weiterreise nach Osten. Wäre Emmeram aus Pitten oder auch aus der Steiermark gekommen, dann wäre er ja nicht von Westen, sondern von Osten her in Regensburg eingetroffen und hätte die Zustände östlich der Enns aus eigener Anschauung besser gekannt als der Herzog.

»Die erst kürzlich bekehrten Einwohner«, schreibt Arbeo, »hatten zu dieser Zeit den Götzendienst noch nicht völlig abgelegt, da die Väter ihren Nachkommen mit dem Kelche Christi auch die Verehrung ihrer Götter hinterlassen hatten.« (Eine etwas unklare Stelle in der Vita, die wohl das Nebeneinander von Christentum und Heidentum veranschaulichen will.) »Deshalb hatte der heilige Bischof [Emmeram] auf göttliche Eingebung beschlossen, den Götzendienst, den er vor sich sah, mit Stumpf und Stiel auszurotten, damit er die ausgestreute Glaubenssaat zur Reife bringe und die Ernte in Speichern berge und am Ende einen ruhmreichen Tod an dieser Stelle erwerbe. So schien ihm das Land, in dem er war, als Feld für seinen heiligen Kampf zu genügen. Da er dieses bei sich überlegte, beschloß er zu bleiben und zog drei Jahre lang durch die Städte, Flecken und Dörfer im Gebiet des Herzogs umher und war eifrig bestrebt, dem einen den rechten Glauben ins Herz zu pflanzen, bei dem anderen die Irrmeinungen durch kluge Worte gründlich auszutilgen.«

Den Begriff Irrmeinung darf man wohl eher auf den Arianismus, also eine vom Katholizismus abweichende christliche Lehrmeinung, beziehen als auf das Heidentum, das Arbeo ja überhaupt nicht gelten lassen kann. Diese Bemühung um die Arianer würde dafür sprechen, daß Emmeram noch im siebenten Jahrhundert wirkte, und ein Grabstein aus dem dreizehnten Jahrhundert nennt denn auch als Todesjahr des Heiligen 652. Die Hinweise auf einen Herzog Theodo, der mit vielen Söhnen gesegnet war, lassen sich andererseits nur auf einen bestimmten Herrscher beziehen, desgleichen auf die Teilung des Herzogtums um 702 oder wenig später.

Ein Sohn dieses Herzogs war es, der Emmeram zum Märtyrer machte, nicht etwa die Arianer oder gar die letzten Heiden, und die Geschichte dieses grausamen Todes ist so widersprüchlich und undurchsichtig, daß auch katholische Lexika und Geschichtswerke größte Schwierigkeiten mit ihr haben. Nach der Vita hatte Herzog Theodo neben vier Söhnen auch eine schöne Tochter namens Uta, die eine heimliche Liebesbeziehung zum Sohn eines Richters mit Namen Sigibald unterhielt. Als sich die Folgen dieser verbotenen Gemeinschaft nicht mehr verheimlichen ließen, offenbarte sie sich Emmeram, der ihr gestattete, ihn als den Missetäter, d. h. als ihren heimlichen Liebhaber, anzugeben, dann werde die Sache schon für sie glimpflich ausgehen und Sigibald wohl unentdeckt bleiben. Gleichzeitig brach Emmeram nach Rom auf.

Uta, offenbar über den Reiseweg des Bischofs im unklaren, sprach zu früh. Emmeram, der sich auf der Donau schneller hätte entfernen können, wurde auf dem Landweg nach Salzburg von Lambert, einem Sohn des Herzogs eingeholt, höhnisch als Schwager begrüßt und unweit des heutigen Kleinhelfendorf (an der Landstraße München–Rosenheim) zu Tode gefoltert:

»Von den Kriegern des Fürsten legten viele voller Eifer ihre Hände an den Bischof, um der rasenden Wut ihres zeitlichen Herrn Genüge zu tun. Auf dessen Befehl beraubten sie Emmeram seines Mantels und der Stola und führten ihn in die Scheuer seiner Herberge, wo das Getreide aufbewahrt wurde. Sie legten ihn dort auf eine Leiter und banden ihn mit Stricken fest. Der Heilige aber betete, während sie ihn marterten, inbrünstig zu Christus . . . Während er so betete, wurden Fünfe ausgewählt, die ihm die Glieder abschneiden sollten. Zwei von ihnen erzitterten mit erblassendem Antlitz und sprachen aus dem innersten Grund ihres Herzens heraus: ›Herr Jesus, fordere nicht das Blut dieses Mannes

80

von unseren Händen. Denn du weißt, daß wir nicht aus freiem Willen, sondern durch den Befehl unseres Herrn gezwungen das tun, was wir tun werden.‹ Als der heilige Diener Gottes ihre Herzen erkannte, sprach er: ›Herr, vergilt ihnen nach ihrer Gesinnung.‹ Die anderen drei Henker aber zeigten deutlich die Ruchlosigkeit ihres Herzens, indem sie sprachen: ›Warum sollen wir nicht ohne Erbarmen die Hände an ihn legen, da er schamlos in der Glut seiner Brunst sich an dem Kind eines so edlen Mannes vergriffen hat . . .?‹«

Emmeram wurde buchstäblich zerstückelt, man schnitt ihm zum Schluß noch die Zunge und die Geschlechtsteile ab nach dem mittelalterlichen Vergeltungsgrundsatz der Körperstrafe an den Teilen, mit denen gesündigt worden war. Die Begleiter des Bischofs trugen den Sterbenden bis zur herzoglichen Villa Aschheim, unter damaligen Verhältnissen also eine Wegstrecke von mindestens fünf Stunden, wo Emmeram dann verschied. Während die abgetrennten Gliedmaßen bei Kleinhelfendorf vergraben wurden und auf geheimnisvolle Weise verschwanden (die Vita deutet an, daß zwei Himmelsboten sie an sich nahmen, deren Ankunft das ganze Dorf mitansehen konnte), bestätigen die übrigen Reliquien die schwere Folterung des Heiligen. Sie werden in Sankt Emmeram, der altberühmten Benediktinerabtei Regensburgs, aufbewahrt, wurden schon früh zum Ziel von Wallfahrten und waren Ursache bedeutender Schenkungen vor allem durch Karl den Großen, Ludwig den Deutschen und den römisch-deutschen Kaiser Arnulf von Kärnten.

Die Ereignisse selbst sind dadurch freilich nicht deutlicher geworden, und so ausführlich sich Arbeo auch äußert, so scheint doch schon sein eigener Text gleichsam zwischen den Zeilen weitere Möglichkeiten, andere Versionen mitteilen zu wollen. Arbeo betont, daß Emmeram ein großgewachsener, schöner Mann von gewinnendem Wesen war, und hebt besonders seine Freigebigkeit und Redegewandtheit hervor. »Auch die übermäßige Zutraulichkeit gegenüber Männern und Frauen wird ausdrücklich erwähnt«, unterstreicht Mathieu Schwann in seiner alten, aber durch unabhängiges Urteil ausgezeichneten Geschichte der Baiern, und er fährt fort: »Die Sage von seinem Ende ist, wie sie berichtet wird, unwahrscheinlich; denn entweder sind die Zustände an Theodos Hof ähnlich denen gewesen wie am Hofe Karls des Großen, so daß man frei liebte, wo eine Ehe nicht stattfinden konnte – eine Anschauung der Dinge, welche den Beteiligten so natürlich ist, daß sie bis auf den heutigen Tag gerade im bayerischen Hochlande durch keine Anstrengung ausgerottet werden konnte –, oder die Sache verhielt sich überhaupt vollständig anders.«

Prinz Lambert wird verstoßen und taucht nicht mehr unter den Söhnen auf, die Teile des Herzogtums erhalten. Herzog Theodo aber pilgert nach Rom, wo sein Besuch bei Papst Gregor II. für das Jahr 716 einwandfrei bezeugt ist. Man geht wohl nicht zu weit mit der Vermutung, daß diese Pilgerfahrt der Entsühnung nach dem Verbrechen dienen sollte, das ja auf dem ganzen herzoglichen Hause lastete, zumal inzwischen Gerüchte von Wundern in Kleinhelfendorf und Regensburg umgingen und Wallfahrten eingesetzt hatten. Auch entspricht es altem Rechtsbrauch, daß der Schuldige die Pilgerfahrt unternimmt, an der er oder ein Verwandter das Opfer der Untat hinderte. Herzog Theodo pilgerte also gleichsam stellvertretend für Emmeram nach Rom und gab dem Heiligen Vater offensichtlich Zusicherungen über die Organisation der Kirche in seinem nun viergeteilten Land.

Was uns heute an der Frage interessiert, ist nicht das prekäre hagiographische Problem, ob Emmeram unschuldig starb oder verdientermaßen die für solche Vergehen damals übliche Strafe erlitt (wonach er jedenfalls nicht mehr als Märtyrer für seinen Glauben anzusprechen wäre). Wo man so wenig weiß wie in diesem Fall, ist die Beurteilung allzu stark den Zeitströmungen unterworfen, und es ist bezeichnend, daß das neunzehnte Jahrhundert bis herauf zur sechsten Auflage von Meyers ehrwürdigem großen *Konversations-Lexikon* über Emmeram skeptischer urteilt als etwa die neueste Enzyklopädie des gleichen lexikographischen Instituts. Interessanter ist für uns, daß die frühe Kirche auf deutschem Boden schon jene Probleme zu bewältigen hatte, die wenig später in Schwank und Zote, im Lehrgedicht und im Pamphlet, den Mönch zu einer Symbolfigur der verbotenen Liebe machen werden, und zwar durch das ganze Mittelalter hindurch.

Sankt Othmar, der verdienstvolle Abt von Sankt Gallen, kann durch eine auf schwachen Füßen stehende Intrige aus Amt, Würden und Arbeit gedrängt werden, weil er sich ungeschickt verteidigt und offenbar jeder es für möglich hält, daß dieser vermögende und einflußreiche Kleriker sich an einer Bürgersfrau vergreift. Und um den durchaus nicht abseitigen Fehltritt einer Prinzessin mit einem attraktiven Geistlichen, der sich vermutlich durch seine fränkische Lebensart vorteilhaft von den bajuwarischen Rauhbeinen am Herzogshof abhob, wird eine ebenso unglaubwürdige, höchst komplizierte Legende aufgebaut, die auch insofern widerlegt erscheint, als dem angeblich schuldigen Richterssohn Sigibald nicht im entferntesten das zustößt, was Emmeram erdulden mußte. Noch zweihundert Jahre nach Emmeram wird Sankt Ulrich offen und herzhaft gegen das Zölibat auftreten. Es war also zu den Lebzeiten Othmars und Emmerams noch keine Selbstverständlichkeit, und in der begrenzten Erlebniswelt des frühen Mittelalters spielte heidnisch-unbesorgte Erotik eine große Rolle. Mathieu Schwann hat – zweifellos ohne jegliche schlüpfrige Absicht – in seiner großen bayerischen Geschichte festgestellt, daß diese Besonderheit des bayerisch-alamannischen Menschenschlags im Voralpenland trotz aller (offensichtlich kirchlichen) Anstrengungen bis in die Gegenwart unausrottbar geblieben sei, und man mußte tatsächlich die liebenswürdige Naivität des Anglerheiligen Gallus besitzen, um zwei am Fischwasser auftauchende nackte Alamanninnen kurzerhand als Berggeister aufzufassen und mit Bannsprüchen zu verscheuchen:

»Wie er [der Diakon] dort die Netze auslegte, erblickte er zwei Geister in Weibsgestalt, die nackt am Ufer standen, als ob sie baden wollten, und ihm schamlos ihre Blöße zeigten. Als sie ihn sahen, warfen sie Steine nach ihm und riefen: ›Du hast den schlimmen Mann in diese Einöde gebracht, der uns nur Böses antut.‹ Darauf kehrte Hiltibod eilenden Laufes zu Gallus zurück und meldete ihm, was ihm zugestoßen war.«

Gallus betet, befiehlt den Geistern zu entweichen, und erreicht, daß die zwei Frauen sich bis zum Gipfel des Berges (dem heutigen Mönzel) zurückziehen, von wo aus sie sich allerdings weiter beklagen, daß sie in ihrer bisherigen Lebensweise und ihren Gewohnheiten gestört worden seien. Zwei Welten prallen aufeinander, ob hier am Steinbach im Thurgau oder in Regensburg: das nicht unmoralische, aber seiner eigenen Moral gehorchende Heidentum, das seine freizügige Erotik weder im Frankenland noch im fränkischen Herrschaftsbereich östlich der Vogesen abzulegen gedenkt, nur weil die Fürsten nun getauft sind, und die noch immer bestehende tiefe Unsicherheit der frühen Kirche der Frau gegenüber. Ja, manche der frühen Kirchenlehrer hatten ihr sogar die Seele abgesprochen. Fest steht jedenfalls, daß es im Christentum die Tendenz gab und gibt, die Frau als »Gefäß der Sünde« anzusehen, und wenn es auch gelungen war, die Götzen zu zerbrechen und die heidnischen Priester in die Wälder zu jagen, die Mädchen und Frauen der auf das Christentum wartenden Stämme blieben, und es ist eine schwer lösbare Frage, wer sie nun eigentlich zu »Gefäßen der Sünde« machte – schon die arianische Religion oder erst die Missionare?

Im Leben des heiligen *Corbinian* präsentiert sich dieser Konflikt zwischen der weltlichen Wirklichkeit und den Forderungen des Christentums ebenfalls sehr deutlich, ohne jedoch zu Katastrophen zu führen. Auch Corbinian ist noch kein einheimischer, kein bajuwarischer Glaubensbote und muß mit einigem Nachdruck genötigt werden, unter diesem offenbar noch immer reichlich gewalttätigen Volk seiner missionarischen Tätigkeit nachzugehen. Nach einer Rückrechnung von späteren, gesicherten Lebensdaten muß er zwischen 670 und 680, in der Nähe von Melun, also im heutigen Großraum von Paris, zur Welt gekommen sein. Seine Eltern waren bereits Christen und offenbar einigermaßen wohlhabend, denn Corbinian konnte sich schon in frühen Jahren unweit vom Vaterhaus als Klausner niederlassen, ohne einer Beschäftigung nachzugehen, und wird fortan sein Leben lang stets die Einsamkeit suchen, während ihn seine geistlichen und weltlichen Vorgesetzten immer wieder mahnen, seine hohen Gaben in den Dienst der Mission zu stellen.

Obwohl er auf dem Weg nach Rom das Allgäu und das bayerische Voralpenland kennenlernt, gewinnt Südtirol seine stärksten Sympathien, und er findet in Mais bei Meran im Schutz der Langobardenkönige eine zweite Heimat. Etwa zugleich mit Herzog Theodo in Rom weilend, erhält er den Auftrag, seine Klause zu verlassen und bei den Bajuwaren den Irrglauben zu bekämpfen. Corbinian, der in den Alpen einen Bären dazu gebracht haben soll, sein Gepäck zu tragen, kommt jedoch nur bis Mais bei Meran und muß von dort mit Gewalt an den Herzogshof Grimoalds gebracht werden. Grimoald, ein Sohn Theodos, lebte nämlich ohne Einverständnis der Kirche mit der Witwe seines Bruders. »Das Weib war nach der Vergänglichkeit des Fleisches schön anzusehen und führte den Namen Bilitrudis. Sie entstammte einem edlen Geschlecht des westlichen Frankenreiches und war mit ihrer Mutter an den Herzogshof gekommen. Die beiden wollten nicht auf

Corbinians Vorstellungen hören, er jedoch beharrte darauf ... Er verhieß ihnen, wenn sie sich rechtzeitig zur Buße bekehrten, mit lockenden Worten das Reich Gottes; wenn sie aber auf ihrem Sinn beharrten, so drohte er ihnen mit den Schrecken des Gottesgerichts und der ihnen sicheren ewigen Verdammnis.«

Die schöne Bilitrudis vermochte, da ihr Mann eines natürlichen Todes gestorben war, in ihrem Verhalten keinen Frevel zu erblikken, war es doch bei vielen germanischen Stämmen seit eh und je üblich gewesen, daß der Bruder – sofern er selbst frei war, was für Grimoald nicht absolut fest steht – sich der verwitweten Schwägerin annahm, dies schon der Kinder und des Sippenbesitzes wegen. Immerhin fügte man sich dem Drängen des Heiligen, schwor, sich verbotener Beziehungen zu enthalten, und versöhnte den Heiligen dadurch, daß Herzog Grimoald mit ihm bis nach Meran reiste (!) und ihm dort einen Flecken Landes kaufte, eben jene Gegend mit Weinbergen und Almen, die er am meisten liebte. Der Erwerb wurde rechtsgültig durchgeführt; Corbinian ließ eine Grabkapelle für sich errichten und traf Vorsorge für die Armen, da das erworbene Land fortan Eigentum der Freisinger Kirche sein sollte, der künftig vorzustehen sich Corbinian entschlossen hatte.

Man sieht, es war nicht ganz einfach, ihn auf einen Bischofsstuhl zu bringen. Wie Gallus, aber auch viele andere nach den wahren Werten des Lebens suchende Männer seiner Zeit, liebte er die Einsamkeit, die Ruhe, und fürchtete die Hektik und die Konflikte, wie sie die Leitung eines Bistums unweigerlich mit sich brachte. Zunächst freilich hatte er vor allem Konflikte mit Bilitrudis, die mit der gleichen Selbstverständlichkeit wie so manch andere fränkische Dame dem Heiligen nach dem Leben trachtete. Einem versuchten Giftmord, den die von Arbeo verfaßte Vita allerdings nur andeutet, folgte ein weiterer Mordanschlag, dem Corbinian jedoch dank einer Warnung durch den frommen Erimbert entging. (Erimbert war der Erzieher des späteren Abtes Arbeo, was dessen Lebensbeschreibung Corbinians naturgemäß eine gewisse Authentizität gibt.)

Corbinian vermag sich nach Mais zu retten und kehrt erst wieder nach Freising zurück, als der Nachfolger des ermordeten Grimoald, Herzog Hucbert, im Jahr 727 den Thron besteigt. »Als nun der letzte Tag des Gottesmannes nahte, schickte er, seinen Heimgang vorausahnend, seinen Bruder nach Italien zu dem Langobardenfürsten Liutprand, daß dieser ihm sein Besitztum nicht nehmen möge und dort sein Leib bestattet werden könne ... Diesen Auftrag gab er acht Tage vor seinem Tod, und der Stunde seines Abscheidens gewiß, entsandte er einen anderen seiner Jünger zu dem Herzog Hucbert, um ihm seinen bevorstehenden Tod anzuzeigen und ihn zu bitten, seinen Leichnam nach der Stelle bringen zu lassen, die er ihm zu Lebzeiten bestimmt hatte.«

Dieser inständige Wunsch ist ebenso auffällig wie seine Nichtbeachtung durch Hucbert. Offenbar fürchtete Corbinian noch einen Racheakt gegen seinen Leichnam. In den dreißig Tagen, die der Leichnam in Freising blieb, kam es zu deutlichen Unwillenskundgebungen des Himmels. »Erst als göttliche Strafgerichte die Nichtbeachtung des letzten Wunsches des Heiligen rächten, wurde sein Leichnam nach Mais übergeführt und daselbst beigesetzt« (Rausch, *Herders Kirchenlexikon*).

Aber die Wunder und Strafen hörten nicht auf. Ein junges Mädchen in Freising, das behauptete, der Heilige habe mit ihr Unzucht getrieben, wurde von einer bösen Lähmung befallen; ein Breone aus dem Meraner Tal, ein besonders schöner und angesehener Mann aus der romanisierten Vorbevölkerung, genas von einem bösen Fieber, als er unter der Bahre durchkroch, auf der Corbinians auch nach dreißig Tagen noch unversehrter Leichnam nach Mais gebracht wurde; die böse Bilitrudis und ihre Kinder aber erlitten furchtbare Schicksale und gingen elend zugrunde.

Arbeo, selbst der vierte Bischof von Freising, hat dann einige Mühe, am Schluß der Vita darzulegen, warum und mit welchem Recht er den erklärten Willen Corbinians mißachtete und die feierliche Umbettung der Reliquien durchführen ließ (20. November 769). Die stets ein wenig unruhigen Langobarden mußten den Vorwand liefern, obwohl Corbinian mit den Langobardenkönigen wesentlich besser ausgekommen war als mit dem Herzogtum Bayern: »Da dachte ich, Arbeo: Was mit dem Leibe eines so großen Heiligen geschehen sollte, dem ich dort [d. h. in Meran] die gebührende Ehre nicht erweisen konnte, und da ich ihn nicht eigenmächtig zurückzuholen wagte, berief ich eine Versammlung meiner Mitbischöfe und brachte auf ihr die Gedanken vor, die mein Herz bewegten.«

Im ganzen Bistum wurde ein dreitägiges Fasten angesetzt, größte Heimlichkeit und Stillschweigen wurden befohlen, und tatsächlich hatte am dritten Fasttag dann Bischof Sindpert von Regensburg die erlösende Vision von der Heimkehr des Heiligen. Man

86

trug Herzog Tassilo die Angelegenheit vor, und »es wurden rechtschaffene und verständige Geistliche mit noch anderen Männern ausgesandt, um den Leichnam des Heiligen heimzuholen«. Nach unerklärlichen und eher abmahnenden Erscheinungen in Mais bei Meran, nächtlichem Donner, Ohnmachten und Ängsten, erfolgte dann im Morgengrauen die Exhumierung: »Als es Tag wurde, gingen sie an das Grab, hoben den Leichnam heraus und legten ihn auf die Bahre; darauf trugen ihn fromme Männer so rasch von dannen, daß Reiter ihnen kaum hätten folgen können.«

Arbeo hütet sich, diese außerordentliche Eile zu erklären, und es ist auch eigentlich nicht notwendig, lebte man doch in einer Zeit, in der der Heiligenkult geradezu ausuferte. Der Kampf um die Reliquien trieb manche kriminelle Blüte, und wenn sich Venedig die Gebeine des heiligen Markus mit einem Seeräuber-Kunststück sicherte, warum hätte dann die Diözese Freising zurückstehen sollen?

Die Initiative des Bischofs Arbeo beleuchtet aber auch die besondere und durch Jahrhunderte wichtig gebliebene Beziehung zwischen dem nördlichen und dem südlichen Alpenvorland, zwischen Bayern und Südtirol, zwischen der germanischen Bevölkerung nördlich und südlich des Alpenhauptkamms. Offensichtlich ist hier schon sehr früh ein Brückenschlag erfolgt, und die Alpenübergänge waren für die ersten Glaubensboten kein Hindernis. Das begann nicht erst mit Corbinian, sondern mit einem wenig bekannten Mann, der ähnlich wie Emmeram wohl nur ein Wanderprediger war und als Bischof ohne Diözese ein weiteres Beispiel für die unsicheren organisatorischen Verhältnisse jener Jahrhunderte liefert: Sankt Valentin, Abtbischof beider Rätien, der im fünften Jahrhundert lebte und wirkte. Von ihm berichtet eine Lebensbeschreibung aus der Feder des in Nordafrika geborenen Abtes Eugippius, die berühmte und für die Völkerwanderungszeit so aufschlußreiche *Vita Severini*:

»Auch den Tag, an dem er ins Jenseits übersiedeln werde, hat unser hochheiliger Severin vor zwei Jahren oder noch früher kundgetan. Der ehrwürdige Presbyter Lucillus gab am Tage der Erscheinung des Herrn mit sorgender Seele bekannt, er gedenke morgen für seinen Abt, den heiligen Valentin, der ehemals Bischof beider rätischen Provinzen war, den Jahrestag seiner Beisetzung mit der alljährlichen Feier zu begehen.«

Severin bittet Lucillus, bei dieser Gelegenheit stets auch seiner zu gedenken, ein Gespräch, das im Jahr 480 stattgefunden haben muß, und da Lucillus sich gegenüber Severin als bereits alt und gebrechlich bezeichnet, darf man wohl annehmen, daß er ein halbes Jahrhundert zuvor ein Jünger des heiligen Valentin gewesen war. Dieser hat also um die Mitte des fünften Jahrhunderts, auf dem Höhepunkt der Hunnenzeit, im Alpenraum als Abt und Wanderbischof gewirkt. Andere Quellen besagen, daß dieser Valentin in Majae, unweit des Schlosses Teriolis, verstarb und beigesetzt worden sei. Und dieses Majae ist nichts anderes als das kleine Mais beim (damals noch nicht existierenden) Meran, unweit von Schloß Tirol. Majae, auch Mais geschrieben, war die uralte Zollstation an der römischen *Via Claudia*, die in diesem für Straßenbauer sehr schwierigen Gebiet noch Jahrhunderte nach den Römern der wichtigste Weg blieb. Der Vintschgau erscheint uns damit als eine Paß- und Brückenlandschaft von größter Bedeutung auch für die Verbreitung des Christentums, griff doch zum Beispiel in dem schmalen, hochgelegenen Schnalstal die Besiedelung von Norden nach Süden über die Alpen, über Hochpässe, die noch heute begangen werden, weil uralte Weiderechte sich den politischen Grenzen als überlegen erwiesen haben.

Valentin war weder Franke noch Alamanne, er soll »vom Ozean« gekommen sein, war also vielleicht einer der keltischen Briten, die seit der Zeit um 330 und bis 600 vor den germanischen Eindringlingen aus dem heutigen Südengland über den Ärmelkanal flohen. Er gründete in Mais ein Oratorium, weihte es dem heiligen Stephanus und sammelte Schüler um sich. Durch Lucillus und andere seiner Jünger stand er mit Severin in Verbindung, der wohl als die beherrschende Persönlichkeit der christlichen Mission im fünften Jahrhundert anzusprechen ist. Die um 1120 im Sarg Valentins aufgefundenen Bleitafeln sind zwar nicht so alt wie der Leichnam, können aber doch zutreffende Aussagen über ihn und sein Leben enthalten. Vor allem ist es sicherlich richtig, daß Valentin mit den arianischen Germanen im Raum zwischen Passau und Augsburg die größten Schwierigkeiten hatte und sich, angewidert von deren Lebensweise, über die Alpen nach Süden zurückzog, wo bereits gesittetere Verhältnisse herrschten.

Den Tod Valentins legt die Forschung in die Jahre um 474; Mais wurde bald nachher zu einem vielbesuchten Wallfahrtsort, so daß Corbinian, der sich ein Leben lang besonders zu diesem Ort und seiner Umgebung hingezogen gefühlt hatte, für diese Neigung und die Bitte, die Grundstücke für die Freisinger Kirche anzukaufen, einleuchtende geistliche Gründe vorzubringen vermochte. Es ging ihm offensichtlich um die starken Traditionen eines kleinen, durch seine Lage an der Paßstraße jedoch bemerkenswerten und durch Sankt Valentin geheiligten Ortes, vielleicht sogar in einer gewissen Rivalität mit Passau, das sich ja gleichfalls um das Valentin-Gedenken bemühte: 739 kamen die Gebeine des heiligen Valentin nach Trient, 769 ließ sie Herzog Tassilo III. nach Passau bringen, wo sie 1662 im großen Dombrand zugrunde gingen.

Das letzte Kapitel dieser frühen transalpinen Beziehung schrieb *Bischof Arbeo* von Freising selbst. Er war von deutschen Eltern in Meran geboren worden, zumindest, um es ganz vorsichtig zu formulieren, von einer deutschen Mutter. Das war um das Jahr 724, gut hundert Jahre vor der ersten urkundlichen Erwähnung Merans, was freilich nicht bedeuten muß, daß der Ort damals noch nicht existierte. Der Vintschgau gehörte seinerzeit zum Herrschaftsbereich der bayerischen Herzöge, fiel aber wenige Jahre später den immer noch mächtigen Langobarden zu, so daß Arbeo, als Kind von bayerischen Geistlichen erzogen, seine höhere Bildung an der langobardischen Hofschule in Pavia erhielt. Unter König Ratchis wurde dort die alte humanistische Bildung gepflegt, und die Alpengaue hatten ihren Vorteil davon, da es vergleichbare Schulen in Bayern nicht gab. Die Alpen blieben auch für Arbeo zunächst bestimmend, der sich in Scharnitz, also ebenfalls an einem alten Übergang über die Berge, als Pfarrherr und Klostervorsteher bewährte, ehe er 764 Bischof zu Freising wurde. »Bei den Mönchen« – das heutige München – war damals ein Dorf bei Freising, weswegen die heutige Erzdiözese immer noch München und Freising genannt wird. Neben den langobardischen Bildungseinflüssen empfing Arbeo Anregungen von Bischof Virgil zu Salzburg, einem Iren, der in Salzburg einen der imposantesten Dome seiner Zeit hatte errichten lassen. Arbeos Ruhm dagegen gründete sich nicht auf ein steinernes, sondern auf ein geistiges Gebäude.

Um dem immer bizarrer werdenden Latein jener Tage auf die Sprünge zu helfen, schuf man unter Bischof Arbeo in Freising das erste Buch der deutschen Literaturgeschichte. Es handelt sich um ein lateinisches Glossar mit althochdeutscher Übersetzung – mit anderen Worten um ein Wörterverzeichnis, eine Art Lexikon gleichbedeutender Wörter, schwieriger lateinischer Ausdrücke, archaisierender oder ungebräuchlich gewordener Wendungen und Phrasen. »Nicht also, um gutes Deutsch, sondern um gutes Latein daraus zu lernen, wurde das erste deutsche Buch geschrieben. Solch merkwürdige Wege und Umwege geht das begeisterte Bildungsstreben eines jungen Volkes« (K. K. Klein). Es war das Buch der Stunde, denn nicht nur die Heiligen hatten Sprachschwierigkeiten, sondern das gesamte große Frankenreich, das schließlich von der Biskaya bis an die Enns reichte, befand sich sprachlich in einer schwierigen Übergangsphase und konnte schon aus Gründen der Verwaltung die eine, einzige Gemeinsprache – das Latein – nicht entbehren, eine Sprache, die allerdings in ihrer reinen Form von niemandem mehr gesprochen wurde, allenfalls noch von ein paar Gelehrten und ihren Hörern. Arbeo steht damit am Beginn einer Entwicklung, die es Karl dem Großen zwei Jahrzehnte später gestattete, deutsche Predigten nicht nur zu dulden, sondern sie schließlich sogar anzuordnen. Auf langobardisch-bayerischen, über die Alpen hinweg gespannten Wechselbeziehungen beruht dieses wichtige Sprachdenkmal, das man nach seinem ersten Lexikonstichwort *(abrogans)* als *Deutschen Abrogans* zu bezeichnen pflegt. »Es gehörte ein ungemeiner Mut dazu, eine noch jeder gelehrt-grammatischen Zurüstung entbehrende, wild gewachsene, in ihrer Schriftlichkeit noch unerprobte Sprache, unser treuherzig-machtvolles Althochdeutsch, mit allen Fehlern und Unzulänglichkeiten, die einem solchen Versuch anhaften mußten, in schriftlichen Gebrauch zu nehmen« (K. K. Klein).

Den gleichen Mut hatte vierhundert Jahre zuvor der Arianer Ulfilas bewiesen, als er die *gotische Bibel* schuf, und wenn wir noch den niederdeutschen *Heliand* hinzunehmen, die sechstausend alliterierenden altniedersächsischen Langzeilen eines unbekannten Dichters von 830, dann erkennen wir: Die Christianisierung förderte auch das Werden der deutschen Sprache.

In seinen Heiligenviten, die Arbeo ohne deutsche Version ließ, zeigt er sich sehr viel mehr als Autor, als Erzähler; ein Vokabular und Sprach-Hilfsbuch bleibt nun einmal eine trockene Angelegenheit, sosehr es bis heute die Forschung begeistert. In seinem Bericht vom Leben des heiligen Corbinian hat Arbeo ein Erlebnis aus seiner eigenen Kindheit untergebracht, aus der Zeit, bevor er nach Pavia ging, aus den Jahren im heimatlichen Meran (oder vielmehr Mais).

»Eines Tages geschah es, daß ein kleiner Knabe von den Mauern der Burg Mais unvorsichtigerweise den Abhang hinunterlief. Dabei strauchelte sein Fuß, und er stürzte den Berghang hinab. Die Höhe war so groß, daß alle, die es mitansahen, von Entsetzen gepackt wurden. Unten strömte schäumend der Wildbach Passer durch die Felsenenge. Niemand erwartete, den Knaben anders als tot wiederzufinden, da er sich schon beim Hinunterfallen an den spitzen Steinen und den hervorragenden Klippen zerstoßen mußte und, wenn er unten ankam, dem Ertrinken im Fluß nicht entgehen konnte. Als sie aber auszogen, um wenigstens den Leichnam des Kindes zu bergen, und über die Passerbrücke gingen, erblickten sie den Knaben, der an einem Steine hing, unberührt vom Wasser des Flusses. Sie holten Seile und drangen durch die Felsenkluft bis zu dem Knaben vor. Man fand ihn nicht nur lebend, sondern auch so gut wie unverletzt, so daß er bald wieder gesund und munter war. Später, in unseren Tagen, erlangte er – wenn auch nicht durch seine eigenen Verdienste, sondern durch Gottes Gnade – die Bischofswürde in der Stadt Freising.«

Man sieht, daß die liebenswürdige Bescheidenheit der frühen bayerischen Heiligen, eines Corbinian und Emmeram, auch auf Arbeo abgefärbt hat, und man kann sich nach dieser kleinen Probe, einer scheuen autobiographischen Bemerkung, auch die schlichte Würde jener ersten Bischöfe besser vorstellen, die ihrem Volk noch beinahe fremd waren, denen jedes Gassenmädchen spitzzüngige Bemerkungen nachrufen konnte und die gegenüber dem Hof noch eine sehr schwache Position hatten.

Der Mann, der dies änderte, der am Beginn der Geschichte selbständiger, fürstentumartiger Erzbistümer steht, ist uns am wenigsten bekannt. Von *Rutpert* (Rupert), dem ersten Bischof und Patron des Erzbistums Salzburg, sind so wenige Lebensdaten gesichert, daß selbst das im Sammeln und Auswerten von Urkunden so fleißige vorige Jahrhundert zu außerordentlich differierenden Ansätzen gelangte; der erregte Gelehrtenstreit erhitzte die Gemüter weit über Salzburg hinaus.

Heute scheint immerhin soviel festzustehen, daß Rutpert um 650 in Rheinnähe zur Welt kam, vermutlich in Worms, und daß er aus fränkischem Adel stammte. Während manche Quellen sein Todesdatum genau zu kennen behaupten und den 27. März 718 als Todestag angeben, hüllen sich andere Nachschlagewerke in Zurückhaltung und nehmen »etwa 720« an. Damit ist nun die Unsicherheit nicht mehr so groß, und Rutpert erscheint nicht mehr als

Vorgänger von Emmeram und Corbinian, sondern als ihr Zeitgenosse, der sich mit der gleichen Konstellation am bayerischen Herzogshof auseinanderzusetzen hatte, mit Herzog Theodo und jenen drei Söhnen, denen Theodo Teile seines Herzogtums überließ.

Zwar wissen wir von Rutpert nicht, ob er auch so gerne fischte wie der heilige Gallus, aber ebenso wie dieser scheint er eine gewisse Scheu vor größeren Siedlungen gehabt zu haben, desgleichen eine Vorliebe für idyllische Fluß- und Seelandschaften. Anders ist es wohl kaum erklärlich, daß er das von ihm gegründete Missionszentrum nicht in den ausgedehnten Römerruinen von Juvavum (heute Salzburg) anlegte, die schließlich auch an der schiffbaren Salzach und an einer wichtigen Römerstraße lagen, sondern das nahe Landgut Villa Ualarseo wählte, wo um einen gleichfalls in Trümmern liegenden römischen Landsitz eine kleine Ballung von Fischer- und Bauernhäusern entstanden war. Heute heißt der nun ausgedehnte, heitere Ort Seekirchen.

Es scheint, daß Rutpert sich nicht zuletzt so entschied, um in aller Ruhe aus einer gewissen Distanz die örtlichen Verhältnisse sondieren zu können. Denn die kelto-romanische Bevölkerung größerer Römersiedlungen war in ihrem Verhalten im allgemeinen schwerer zu berechnen als die Bajuwaren, vor allem, wenn solch eine ehemalige Römerstadt nun schon mehr als zweihundert Jahre lang eher einer Ruinenstätte glich denn einer blühenden Siedlung.

Die Tradition des Christentums hatte freilich kaum irgendwo nördlich der Alpen ältere und festere Wurzeln geschlagen als gerade hier in der Stadt an der Salzach. Uralter Salz- und Kupferbergbau hatte schon die Kelten zur Niederlassung im Raum Salzburg ermutigt. Die Römer kamen in den Jahren um Christi Geburt und brauchten bald so viel Platz, daß sie in den Jahren 14 und 15 aus dem Raum der alten Keltensiedlung am linken Salzachufer auf das rechte Ufer hinübergriffen. In der zweiten Hälfte des zweiten Jahrhunderts hatte die Römerstadt Juvavum (Salzburg) ihre erste eindrucksvolle Blüte, doch dreihundert Jahre später war alles zu Ende. In einer einzigen Nacht des Jahres 476 oder 477 ging die ganze Herrlichkeit zugrunde. Eugippius schreibt darüber:

»In dieser Nacht machten die Heruler unerwartet einen Überfall, verwüsteten die Stadt, führten die meisten [Einwohner] in die Gefangenschaft und hängten die Presbyter an den Galgen. Als dies bekannt wurde, war der Knecht Gottes [der heilige Severin] tief betrübt darüber, daß man sich um seine rechtzeitigen Warnungen nicht gekümmert hatte.«

Prophezeiungen spielen in den alten Heiligenviten eine große Rolle, denn da diese Lebensbeschreibungen naturgemäß nach dem Tod der betreffenden Personen niedergeschrieben werden, ist für den verehrungsvollen Berichterstatter nichts einfacher, als seinen Helden alles voraussehen zu lassen. Mit großer Regelmäßigkeit fühlen die frommen Männer ihren Tod nahen, was gewiß einige Male tatsächlich der Fall gewesen sein kann, hatte doch auch der durchaus unheilige Heinrich IV. von Frankreich gut bezeugte und deutliche Todesahnungen, und auch so mancher andere ahnte seinen Tod voraus. Die Verwüstungen von Städten und anderes mehr vermochte vorauszusehen, wer gut informiert war und die Germanenstämme kannte, und da muß man sagen, daß der heilige Severin – von dem noch die Rede sein wird – in einem bis heute außergewöhnlichen Maße Verbindungen zu den Großen seiner unruhigen Umwelt unterhielt und sehr wohl imstande gewesen ist, Absichten und Marschrichtungen so rechtzeitig zu erkennen, daß eine Stadt gewarnt werden konnte.

Für uns ist an dieser Nachricht aber auch wichtig, daß es in Salzburg damals längst eine kirchliche Organisation und an ihrer Spitze einen Presbyter gab. Der Begriff besagt für jene Zeit, daß man einen angesehenen, meist älteren Mann zum gemeinsamen Vorsteher einer heidnisch-christlichen Bevölkerung gemacht hatte. Die Presbyter waren oft Vorläufer der Bischöfe und sorgten für Frieden und Gerechtigkeit in dem nicht selten Schwierigkeiten verursachenden Nebeneinander verschiedener Religionen. Um 477 mag es in Salzburg germanische und römische Heiden, aber auch arianische und katholische Christen gegeben haben, eine Situation, die das Gemeindeleben noch lange erschwert haben muß.

Die Bedeutung Rutperts für die deutsch-österreichische Grenzlandschaft, für einen bis zur Zeit Adenauers umstrittenen schönen Alpenwinkel, hat die Forschung, die diesem Landespatron und Bistumsgründer gilt, in unserer Zeit neu belebt. Dabei geht es uneingestanden noch immer um Prioritäten, in diesem Fall zwischen Regensburg und Salzburg, in anderen Fällen zwischen Passau und Lorch. Es hat sich gezeigt, daß Kleriker in ihrem Übereifer gelegentlich fromme Fälschungen produzierten, um dieses oder jenes Landesteilchen einem mächtigen Einfluß zu entzie-

hen oder es ihm zuzuschlagen, und daß sozusagen auf höchster
Ebene zwischen Passau und Aquileja, zwischen Salzburg und
Gurk, zwischen Brixen, Wilten und so weiter ein heißer Kampf um
die Alpenregion entbrannte.

Herwig Wolfram und andere Mediävisten haben in die schwer
zu durchschauende Chronologie der Rutpert-Vita ein wenig Licht
gebracht; punktweise Aufhellungen sind ihnen gelungen, durch
die sich manches, was man bisher geglaubt hatte, als Fehlschluß
erwies. So steht es heute fest, daß Theotpert, ein Sohn des uns
schon bekannten Herzogs Theodo, seine Residenz nach Salzburg
verlegte, und zwar »frühestens 702 und spätestens 711/12« (Wolfram). Er war der älteste der Theodo-Söhne, und ein unbedeuten-
der Ort wäre ihm zweifellos nicht angemessen gewesen. Salzburg,
kurz zuvor noch eine ausgedehnte Ruinenstätte, muß um diese
Zeit also bereits seine Wiedergeburt erlebt haben, mußte einer
Hofhaltung Raum bieten und auch für das geistliche Wohl des
Hofes sorgen können.

Für diese Entscheidung war natürlich nicht nur das neue geistige
Leben ausschlaggebend – die nun zwischen 712 und 715 erfolgen-
de Gründung des Frauenklosters auf dem Nonnberg, die Durchdringung des Umlands mit Kirchen, Klöstern, Klausen und Ansit-
zen –, sondern vor allem das wirtschaftliche Potential des Salzburger Raumes. Man hat die Vermutung geäußert, Rutpert habe selbst
Erfahrungen auf dem Gebiete der Salzgewinnung gehabt, denn
seine Reformen im Salzbergbau von Hallein und Reichenhall verraten neben dem klaren Verstand des Oberhirten auch ein be-
trächtliches Maß technischer Kenntnisse. Es kann aber natürlich
auch so gewesen sein, daß die Autorität des Bischofs und seine
große Menschenkenntnis ganz einfach der Vernunft zum Durchbruch verhalfen und Männern Gehör verschafften, die schon seit
geraumer Zeit darauf warteten, Verbesserungsvorschläge durchzusetzen.

Neben dem Salz gab es im Salzburger Raum ertragreiche Stein-
brüche, in den nahen Tauern Goldwäscherei, dazu Forstwirtschaft
und Fischfang. Und für all das waren vergleichsweise gute Straßen
vorhanden, von der Wasserstraße der Salzach zum Inn und zur
Donau als wertvollstem Verkehrsweg ganz zu schweigen.

Eben diese Vorzüge aber legen die Vermutung nahe, daß hier
das Christentum zwischen den Zeiten Severins (vgl. das folgende
Kapitel) und Rutperts nie völlig erloschen ist. Die Severins-Vita des

94

Eugippius liefert uns viele Einzelheiten über die noch mit Arianern vermischten Katholikengemeinden zwischen Kuchl und Passau, und die Felsgrotten in dem malerischen alten Friedhof von Sankt Peter sehen ganz so aus, als hätten sie einem sehr frühen Christentum als Unterkunft, als Versammlungsorte gedient. In der Martinskirche, die sich auf der Nonnbergterrasse erhob, sieht Herwig Wolfram »ein klares Zeugnis für das vorrutpertinische Kirchenleben Salzburgs«. Andere Beweise für eine ununterbrochene Besiedlung Salzburgs kann man darin erblicken, daß sich sehr viele vorgermanische Ortsnamen erhalten haben, viel mehr als in anderen Nordtälern der Alpen, wenn man auch in Grödig nicht mehr auf den ersten Blick die alte Form Cretica erkennen wird oder daß Adnet aus Atanate herkommt und Vigaun aus Figunas. Andere Orte lassen in bayerischen Namen erkennen, daß hier Welsche (Walchen), also kelto-romanische Bevölkerungsteile lebten: Straßwalchen, Seewalchen, Walserberg.

Dieser Umstand könnte auf den ersten Blick als sehr günstig, als für die Missionsarbeit förderlich erscheinen, aber wie sich zeigen sollte, sah die geschichtliche Realität doch anders aus. Es erleichterte jedenfalls die Arbeit Rutperts nicht, daß er statt der fügsamen, bildungslosen und in ihrem bäuerlichen Alltag oft recht beschränkten bayerischen Neubevölkerung ein ansässiges, durch den Salzhandel reich gewordenes Patriziat vorfand, das offenbar der Meinung war, auch ohne diesen fremden Herrn vom Rhein ganz gut zurechtgekommen zu sein. Darum wartete Rutpert wohl ein Weilchen in Seekirchen (allerdings, wie man heute annimmt, wohl nicht sehr lange), bis ihn aus Salzburg ein einigermaßen klarer Ruf erreichte, und darum mußten die Bayernherzöge, Vater Theodo und Sohn Theotpert, ziemlich massiv eingreifen, ehe dem Geistlichen auch genug weltliche Macht und Vermögen im Salzburger Raum sicher waren.

Rutperts Gründung Sankt Peter, die heute noch bestehende Benediktiner-Erzabtei, wurde an der Wende vom siebenten zum achten Jahrhundert von Theodo schon als wirtschaftliches Zentrum aufgefaßt und zeigt, daß er den besonderen Reichtum dieses Landesteils bei den Mönchen und bei einem Mann wie Rutpert (der mit der Gemahlin des Herzogs verwandt war) in guten Händen wußte:

»Für Sankt Peter selbst erhält man aus der Zeit Herzog Theodos folgendes Bild des wirtschaftlichen Aufbaues«, schreibt Herwig

Wolfram im Mai 1982 in einem Aufsatz über Rutpert. »Maxglan und die Hofmark Piding wurden vom Herzog geschenkt. Im Bereich der Quellsalinen von Reichenhall erhielt Sankt Peter zwanzig Salzpfannen [d. h. Sudstätten zur Salzgewinnung], ein Drittel eines Salzbrunnens sowie Zoll und Zehent, der als Herrenzins gegeben wurde. Weiterhin überließ Theodo an Ru(t)pert zahlreiche Hofstätten im Salzburggau, Attergau und Traungau, wozu noch ausgedehnte Wald- und Almgebiete und die beiden höchst wichtigen Weinberge im Donaugebiet bei Regensburg kamen. Überall trat das romanisch-bayerische Element auf, teilweise ausdrücklich genannt, teilweise erschließbar wie im Falle der Winzer, Senner und der Fachleute für die Salzgewinnung.«

Noch war Salzburg als Diözese nicht konstituiert; Rutpert war Bischof von Worms gewesen, wenn auch niemand so recht wußte, warum er seinen dortigen Sitz verlassen hatte. Immerhin aber hatte nun ein Bischof vom Herzog die Vollmachten und genug Unterpfand erhalten, um als kirchlicher Herr eines reichen Landes eine neue Ära der zerstörten Salzachstadt zu eröffnen, ein neues Leben für sie und ihre Bewohner einzuläuten. »Herrenzins«, das klang schon ein wenig nach weltlicher Macht, und tatsächlich werden sich gerade hier die Bischöfe und Erzbischöfe stets in besonderem Maß als Landesfürsten fühlen und es ihre Untergebenen auch fühlen lassen. Das Wort, daß unter dem Krummstab gut hausen sei, wird in späteren Jahrhunderten, wenn die protestantischen Bergknappen zu Tausenden und Abertausenden von Haus und Hof vertrieben werden, seine absolute Geltung verlieren. Dann werden sich eher die Gefahren solch einer Konstruktion herausstellen. Ein weltlicher Herr, auch wenn er hart oder raffgierig ist, kann doch in religiösen Fragen Toleranz walten lassen; ein Fürsterzbischof ist nie neutral, er ist stets Partei.

Schwierigkeiten dieser Art kündigten sich schon zu Lebzeiten Rutperts an und behinderten seine Missionstätigkeit; man kennt sogar die Namen derer, die gegen den Bischof aus Worms auftraten. Es waren die Ritter Tonazan und Ledi-Latinus aus dem mächtigen Sippenverband de Albina, was Herwig Wolfram mit »von Oberalm« übersetzt. Und kaum hat Rutpert sich mit den Alteingesessenen geeinigt, da erscheinen heidnische Slawen auf der Bildfläche und zerstören die Mönchszelle bei Bischofshofen. Es handelt sich um Alpenslawen, die südlich des Tauernhauptkamms inzwischen nach Westen und aus den eroberten Gebieten dann nach Norden vorgestoßen waren. Fortan kann man in zahlreichen Tälern verfolgen, wie sich die heidnischen Slawen den christianisierten Bayern entgegenschieben, wobei die altchristlichen Talbewohner nicht selten ziemlich ungeschoren bleiben: Sie kennen sich am besten aus, sie leben schon am längsten im Tal, sie wissen um Schlupfwinkel, Almen und Ausweichquartiere. Die im Wuchs oft kleineren, im Bergbau, im Goldwaschen und anderen Künsten erfahrenen Vorbewohner mit ihrer vulgärlateinischen Sprache werden in so mancher Talsage dann zu jenen Wichtelmännern, die sich vor den »Menschen« (den Bayern!) in die unzugänglichen Höhen, in geheimnisvolle Höhlen retten und dort eifersüchtig ihre Schätze (die Edelmetalle, das Tauerngold) verwahren. Nur daß diese Wichtelmänner vor den Kirchenglocken Angst haben, das verfälscht das Bild, denn die Kelto-Romanen waren längst Christen, als die Bayern und die Slawen noch gar nicht wußten, was eine Glocke ist.

Rutpert, der adelige Herr aus dem zu jener Zeit so mächtigen Frankenreich, hat, wie es scheint, für die Berge noch nicht allzuviel Zeit gehabt. Die Erschließung der Bergwelt für den Verkehr, die Wirtschaft, die Kirchen und die Schulen wird noch sehr viel Zeit in Anspruch nehmen, und etwa das Salzkammergut-Kleinod Altaussee wird noch im achtzehnten Jahrhundert ein Verbannungsort für unbotmäßige Lehrer sein. Auch Karl Heinrich Waggerl hat seine Versetzung nach Wagrain zu Beginn unseres Jahrhunderts noch als Strafe aufgefaßt.

Tatsächlich wurde Rutpert im Salzburgischen nie ganz heimisch, so eng die Verbindungen seines Namens mit Teilen des Salzburger Landes und mit kirchlichen Einrichtungen dortselbst auch sein mögen. Ein Teil seines Herzens war am Rhein verblieben, von dessen Ufern ihn einst politische Querelen – wir wissen nur nicht, welcher Art sie gewesen sind – vertrieben haben mögen. Und es steht vielleicht mit dem Tod des Karolingers Pippin II. (im Dezember 714 in Lüttich) in Zusammenhang, daß Rutpert sein Leben nicht in Salzburg beendete, wo er so eindrucksvoll gewirkt hatte, sondern in Worms. Das Todesjahr 718 ist wahrscheinlich, der 27. März als Todestag nicht gesichert.

Da Rutpert im allgemeinen stets mit Salzburg identifiziert wird, und da man von dieser einzigartigen Stadt nun einmal sehr viel mehr weiß als von dem Heiligen selbst, muß noch ein Wort über die kurze Zeit gesagt werden, in der er mit seinen Gefährten am

Wallersee weilte, also über die Monate, vielleicht auch das Jahr zwischen seinem Besuch in dem auch damals noch wichtigen Lorch und der endgültigen Niederlassung in Salzburg. Denn der Wallersee, die weite, unregelmäßig gegliederte, bis heute nicht sehr übersichtliche Wasserfläche vor den Toren Salzburgs, ist durchaus geeignet, bei Ortsunkundigen das eine oder andere Mißverständnis hervorzurufen.

Die in solchen Fällen einzig zuverlässige Lokalhistorie, die so oft belächelten Lehrer, pensionierten Offiziere, Pfarrer und Amateur-Archäologen, haben als den wahrscheinlichsten Ort für die erste Kirchengründung Rutperts die Stelle ermittelt, wo nach Südwesten zu aus dem Seebecken die Fischach herausfließt. Dort errichtete Rutpert mit seinen vorwiegend fränkischen Gefährten eine kleine Kirche, die er dem heiligen Petrus weihte, dem Schutzherrn der Fischer. Als Aufenthaltsort Rutperts in jener Zeit muß man jedoch eine kleine, etwas weiter nördlich gelegene Siedlung im Raum des heutigen Dorfes Zell ansehen. Seekirchen gab es damals noch nicht, es wird erst hundert Jahre nach Rutpert erstmals urkundlich als Ort erwähnt, und erst seit dem zwölften Jahrhundert trägt es seinen heutigen Namen. Zu Rutperts Zeit dominierten im ganzen Bereich noch die kelto-romanischen Bezeichnungen; der See hieß Lacus Walarius. Unter Rutperts Gefährten befinden sich einige mit fränkischen, andere aber mit lateinischen Namen. Zu ihnen gehört auch sein Nachfolger Vitalis, der ebenfalls als heilig gilt.

Im Jahre 773, acht Jahrzehnte, nachdem Rutpert in diese Gegend gekommen war, weihte der Salzburger Bischof Virgil (gestorben 784) die erste Kathedrale Salzburgs, das große, dreischiffige Gotteshaus, von dem sich bei jüngst durchgeführten Ausgrabungen deutliche Spuren fanden. Hier wurden die Gebeine zweier Gefährten Rutperts, nämlich der Mönche Kunials und Gisilhari, endgültig beigesetzt, nachdem man sie bei Seekirchen exhumiert hatte. Den Leichnam Rutperts selbst überführte man von Worms nach Salzburg in den neuen Dom. Eine fränkische Adlige aus dem Gefolge Rutperts bezeichnete man nach dem Brauch der Zeit als Rutperts Nichte, was nicht bedeuten muß, daß sie tatsächlich seine Nichte war. Diese junge Frau namens Erentrud wurde Äbtissin auf dem Nonnberg, wo die Bayernherzöge ein ausgedehntes Frauenkloster erbaut und reich ausgestattet hatten. Es ist heute das älteste ununterbrochen bestehende Frauenkloster der Alpen. Erentrud starb im selben Jahr wie Rutpert, jenem Jahr 718, in dem der Ostersonntag auf den 27. März fiel, so daß der überlieferte Hinweis darauf die Ermittlung der Jahreszahl gestattet, und auch Erentrud gilt als Heilige, wer und was immer sie für Rutpert gewesen sein mag.

Man stellt Erentrud nicht selten mit kleinen Wassereimern dar, die mit der frommen Gebärde der Fußwaschung in Verbindung gebracht zu werden pflegen. Ebenso könnte man aber annehmen, daß sie und ihre Frauen sich der Heilkunde widmeten und die bei vielen Leiden Linderung bringenden Solebäder einführten, die noch heute den Ruhm von Reichenhall ausmachen.

Rutpert selbst muß sich als Attribute sehr oft das Salzfäßchen oder andere Salzgefäße gefallen lassen und ist sogar auf Münzen so dargestellt, was man als weiteres Indiz für seine landesherrlichen und nicht nur seelsorgerischen Funktionen werten muß. Daß er, wie man auf anderen alten Bildern sehen kann, den Herzog Theodo taufte, ist hingegen mit Sicherheit Legende. Es hätte bedeutet, daß dieser Bayernherzog noch am Ende des siebenten Jahrhunderts Heide war, bis Rutpert zu ihm fand, und das wäre im mächtigen christlichen Verband des großen Frankenreiches denn doch sehr seltsam gewesen.

Der Seher,
der aus dem Dunkel kam

In der Alten Welt wurde eifrig gereist und gehandelt; was immer auch geschieht, Krieg, Mord und Brand, immer steht einer dazwischen und kocht sein Süppchen, und wenn die Flammen erloschen sind, packt er seine Siebensachen, zieht weiter und treibt Handel wie vordem. Doch von all den Händlern, die seit den Zeiten der Etrusker die Alpenpässe, die Saumpfade des Gebirges und die Flüsse des Voralpenlandes bevölkerten, hat nicht einer Aufzeichnungen hinterlassen, und es wird noch viele Jahrhunderte dauern, bis uns Kaufleute wie Ibn Battuta und Marco Polo die größten Reisebücher des Mittelalters schenken.

Bis dahin sind es so gut wie ausschließlich die Mönche, die sprechen, aber natürlich nicht von der Welt und ihren Wegen, sondern von den heiligen Männern und wohin sie gingen. Mitunter fällt, gleichsam nebenher, sogar mehr für uns ab als eine Heiligenvita und ein Itinerar, nämlich ein Zeitbild, eine runde und bunte Schilderung jenes lebendigen Hintergrundes, den schließlich auch ein heiligmäßiges Dasein braucht . . .

Wir erleben es staunend in unseren Tagen, wie zwischen Interkontinentalraketen und Atombomben ein einziger Mann, der über einen winzigen Staat gebietet, mehr Macht ausübt als je zuvor in der Geschichte: der Papst, der Heilige Vater zu Rom, das Oberhaupt einer Kirche, die längst nicht mehr die einzige ist, ja, die nicht einmal die größte ist, was die Zahl ihrer Mitglieder angeht. Der Papst gebietet über keinen ganz Mittelitalien erfüllenden Kirchenstaat mehr, seine Schweizergarde besteht aus ein paar Dutzend Ehrenmännern in schmucken Uniformen, und doch sind die Reisen, die er antritt, die Besuche, die er abstattet, keineswegs nur kirchliche, sondern eminent politische Ereignisse.

Dieser merkwürdige Widerspruch zwischen Macht und Geltung, zwischen einer aufgewühlten Welt und ihrer Achtung für diesen einen Mann, dem alle in stillschweigender Übereinkunft soviel Einfluß gewähren, hat eine Parallele in der Rolle, die im fünften Jahrhundert der heilige Severin in seinen verschiedenen

Residenzen an der Donau spielte – in jenem Jahrhundert, in dem nach der allgemeinen Ansicht das große Römerreich endgültig unterging und in einem ganzen Erdteil keinerlei Ordnung mehr zu erkennen war.

Unser Wissen über Severin verdanken wir dem Abt Eugippius von Castellum Lucullanum bei Neapel, einem früheren Schüler und Begleiter des Heiligen, der nach dem Tod Severins im Jahr 482 noch im Donauland verblieb, gemeinsam mit der romanischen Bevölkerung 488 ausgesiedelt wurde und als Klostervorsteher in Italien im Jahre 511 die inzwischen berühmt gewordene, als Geschichtsquelle einzigartige *Vita Severini* verfaßte. Nach der Absicht ihres Verfassers natürlich ein Erbauungsbuch, wurde diese Lebensgeschichte eines zweifellos außerordentlichen Mannes – angesichts des Mangels gleichwertiger Quellen über jene chaotische Zeit – zu einem Dokument von einzigartiger Bedeutung, und nicht nur Kirchenhistoriker wissen sie wegen ihres Quellenwertes zu schätzen.

Man weiß, daß Severin nach dem Tod des Hunnenkönigs Attila, also 453 oder spätestens 454, an die Donau kam und sich mit wechselnden Wohnsitzen hier aufhielt, vor allem im Bereich zwischen den heutigen Städten Wien und Passau. Seine Herkunft ist unbekannt, ja, es fiel Eugippius auf, daß der Heilige direkte Fragen danach ausweichend beantwortete, bis niemand mehr wagte, ihn zu fragen. Da es überdies fest steht, daß Severin nicht über die Alpen, sondern aus dem Südosten, also donauaufwärts, nach Noricum kam, da er zudem gut bekannt war mit dem Patricius Orestes und dessen Familie, liegt die Vermutung nahe, daß Severin zu dem Kreis römischer und germanischer Berater Attilas gehörte, der sich nach dem plötzlichen Tod des großen Königs sehr schnell auflöste. Orestes ging ins römische Westreich, wo er bald Patricius wurde – seit Kaiser Konstantin eine persönliche, nicht vererbbare Würde. Als Dolmetscher, Diplomat und Geheimschreiber Attilas hatte sich Orestes ein so großes Vermögen erworben, daß er, darauf gestützt, später seinen Sohn Romulus zum Kaiser ausrufen lassen konnte. Eine andere Verbindung Severins zum Hunnenhof war durch Odoaker gegeben. Diesen Sohn des Hunnen Edekon und einer Adligen aus dem Skirenstamm kannte Severin ebenfalls gut; er beriet ihn und war gewiß nicht ohne Einfluß auf die Lebensziele, die Odoaker sich setzte und die ihn in Gegensatz zu Orestes und Romulus brachten. Odoaker setzte den jungen Romulus ab, tat ihm aber nichts zuleide und verhielt sich auch in seiner auf germanische Söldner gestützten Herrschaft in Italien – wie wir schon erwähnten – religiös tolerant. Selbst Arianer, pflegte er freundschaftlichen Umgang vor allem mit dem bedeutenden Prälaten Epiphanius von Pavia, was vielleicht auf den Einfluß des heiligen Severin zurückzuführen ist. Beide Beziehungen – die zu Orestes und die zu dessen Gegner Odoaker – lassen eigentlich keinen anderen Schluß zu, als daß Severin zumindest einige Zeit am Hunnenhof geweilt haben muß, dem einzigen Bereich, in dem alle drei Persönlichkeiten einander kennengelernt haben konnten.

Eugippius berichtet von einer Zeit, in der das Land zwischen Wien und Salzburg von romanisierten Kelten bewohnt und von schwachen römischen Garnisonen kaum noch wirksam verteidigt wird. Die Germanen kommen nicht mehr in dichten Wanderzügen, sondern in vereinzelten räuberischen Gruppen. Aber sie sind als Marodeure gleichsam allgegenwärtig und schleppen manchmal Menschen von den Feldern oder aus den Weingärten weg, eine schwer erklärbare Handlungsweise, wenn es sich nicht um Mädchen oder Frauen, sondern einfach um Gärtner handelt. Entweder brauchen sie Arbeitskräfte, was auf der Wanderschaft nicht sehr wahrscheinlich ist, oder sie suchen Ware für die Sklavenmärkte, die vom Schwarzen Meer bis zur Rhônemündung noch überall anzutreffen sind.

Für uns aber ist besonders wichtig: Die Landesbewohner sind vollständig christianisiert; es gibt überall Kirchen, wenn sie auch oft klein und durch Unwetter gefährdet, also wohl nicht sonderlich solide gebaut sind, und diese Allgegenwart des Christentums ist durch die umherziehenden Hunnen und Germanen stets nur vorübergehend gefährdet. Nach der geographischen Situation müssen die Hunnen mit ihren Verbündeten dreimal durch Severins Tätigkeitsbereich an Donau und Salzach gezogen sein, und zwar jedesmal auch auf dem Rückmarsch. Nach ihnen kamen, geschichtslos und hier nur von Eugippius erwähnt, Heruler, Rugier und andere Germanen, aber auch wichtige Einzelreisende, die nach Lage der Dinge bewaffnetes Gefolge gehabt haben müssen. Die Donau war demnach, wie schon zur Keltenzeit und zur Zeit der griechischen Händler lange vor Christi Geburt, der Hauptverkehrsweg des nördlichen Voralpenlandes und damit eine jener Zonen, in denen sich die aus dem Mittelmeerraum stammende christliche Religion schnell durchgesetzt und trotz aller Stürme fest behauptet hatte. Bei aller Wildheit und Grausamkeit bewirkte so mancher Räuberhauptmann germanischer oder pannonischer Herkunft doch nur, daß der Christenglauben immer tiefere Wurzeln schlug, wenn er die ersten Priester dieser Gemeinden zu Märtyrern machte.

Eugippius schrieb über dies alles weit im Süden, unweit von Neapel, und darum sind seine Ausführungen von einem deutlichen Heimweh nach den rauheren Gauen nördlich der Alpen geprägt, deren Lebensverhältnisse und Klima er seinen neuen Mitbrüdern nahezubringen versucht. Die kirchliche Organisation, soviel ist klar, steht an der Donau noch nicht auf festen Füßen; die Zeiten sind zu unsicher, die alten Strahlungszentren wie etwa Aquileja fallen oft aus, weil es zu ihnen keine Verbindung gibt oder weil sie selbst in die Hände heidnischer Völkerschaften fallen (gerade Aquileja hatte ja besonders unter dem Hunnensturm zu leiden). Dieses Fehlen einer überspannenden, ordnenden und leitenden Organisation wurde indessen durch ein besonders intensives Glaubensleben aufgewogen, wie es schon die tägliche Bedrohung mit sich brachte. Eugippius erwähnt, daß die Dorfbewohner zum Gottesdienst jeweils eine Kerze mitbringen mußten; daraus kann man auf die Gewohnheit abendlicher Andachten schließen, auf ein trauliches Beisammensein der Gläubigen in ihren kleinen Bethäusern und bei Kerzenschein, während schon am nächsten Tag wieder raubende Horden durch die Gegend streifen konnten. Die Vesperandachten blieben das ganze Mittelalter hindurch beliebt, weil der leibeigene Bauer damit seine Tagesarbeit beschließen und erbaut und getröstet den Feierabend beginnen konnte.

In abgelegenen Gegenden, fern der großen Wasserstraßen, hielt sich da und dort noch das Heidentum, das man als eine Herausforderung des Schicksals betrachtete – glaubte man doch, die Duldung der Heiden werde Unglück heraufbeschwören und weitere Überfälle auslösen. So rief man Severin zu Hilfe:

»Der heilige Mann war auch in einem Kastell namens Cucullis [Kuchl] erschienen, wohin ihn das demütige Flehen der Bevölkerung gerufen hatte. Dort begab sich ein großartiges Wunder, das ich nicht zu verschweigen vermag. Wir erfuhren es aus dem verblüffenden Bericht unseres nachmaligen Mönchsvorstehers Marcian, der aus dem genannten Ort stammte. Ein Teil der dortigen Einwohnerschaft huldigte ruchlosem Götzenkult. Von diesem Frevel bekam der Gottesmann Kunde, hielt zahlreiche Predigten vor den Leuten und bestimmte die Ortspriester zur Anordnung eines dreitägigen Fastens; ferner verfügte er, daß jedes Haus eine Wachskerze beistelle, die der Überbringer eigenhändig an der Kirchenwand anbrachte. Sowie dann nach der üblichen Vollendung eines Psalterstücks die Zeit des Opfers heranrückte, legte es der Gottesmann den Priestern und Hilfsgeistlichen nahe, mit ihm in aller Inbrunst des Herzens den allen gemeinsamen Herrn anzuflehen, daß er seiner Erkenntnis Licht zur Absonderung der Verruchten erstrahlen lasse.«

Nach einem langen Gebet flammen plötzlich die Kerzen der Rechtgläubigen auf, während die Kerzen, die von den anderen gebracht worden waren, sich nicht entzündet hatten. Eugippius, der schon vorher durch die Betonung des »allen gemeinsamen Gottes« eine gewisse Gesprächsbereitschaft gegenüber den Irrgläubigen erkennen läßt, schließt den Bericht mit der versöhnlichen Bemerkung: »Wer möchte nicht glauben, daß diejenigen, die ein frevelhafter Irrwahn umgarnt hatte, nachher durch gute Werke mehr hervorleuchteten als die, deren Kerzen durch Gottes Macht aufgeflammt waren?«

Die Szene, wie immer sie sich ereignet haben mag, hat etwas Rührendes. Die Irrgläubigen sind ganz offensichtlich Arianer, denn an römische Heiden braucht man in dem kleinen Kuchl wohl kaum zu denken, und gab es sie, so hätten sie sich gewiß nicht in die Kirche begeben. Auch ist das Wort von dem allen gemeinsamen Gott ja nicht auf die an viele Götter glaubenden Nichtchristen anzuwenden, sondern eben nur auf die christlichen Arianer. Eugippius deutet an, daß Severin die Gemeinde zur Einmütigkeit ermahnte und ihnen klarmachte, auch die Arianer würden in den kommenden schweren Zeiten sich als rechte Christen zu erweisen haben und für Gott Opfer bringen müssen.

Eine weitere ökumenische Initiative Severins ist vermutlich von noch größerer Bedeutung. Er organisiert längs des ganzen Stromes und bis tief hinein in die Inn- und Salzachgegend Hilfslieferungen, ja eine Art Hilfswerk auf Gegenseitigkeit. Beteiligt waren die meist befestigten Ortschaften, und man gewährte sich gegenseitig Unterstützung nach den damals sehr häufigen Überschwemmungen, nach Überfällen oder nach katastrophalem Heuschreckenfraß, wie er ja bis ins zwanzigste Jahrhundert auch in Europa immer wieder vorkam. Ganz offensichtlich erkennen alle Gemeinwesen seine Autorität an, bringen in durchaus modernem Sinn Liebesgaben-sendungen (Lebensmittel und Kleider) zusammen. Schwierigkeiten bereitet lediglich die Transportfrage. Friert beispielsweise die Donau zu, so ist der wichtigste Verkehrsweg unpassierbar, und gelegentlich verlangen die offenbar ebenfalls bedürftigen germanischen Raubtrupps die gesammelten Kleidungsstücke für sich.

Schließlich war Severins Hilfsorganisation so fest etabliert, daß die Gemeinden ihm von vornherein einen Zehnten ablieferten, den er für wohltätige Zwecke verwenden konnte. Er revanchierte sich dadurch, daß er für die führungslosen und in gewissem Sinn auch unmündigen Bürger dieser kleinen Gemeinschaften auch heikle diplomatische Missionen unternahm. Einmal traf er – wohlweislich *vor* der Stadt Passau – mit dem Alamannenfürsten Gibuld (Gibold) zusammen, den die Lebensbeschreibung als König bezeichnet. Daß er sich den Eintritt in die Zweiflüssestadt dennoch nicht zu erzwingen wagte, ist wohl nur der Autorität des Heiligen zuzuschreiben, den Gibuld (Gibold) geradezu gefürchtet zu haben scheint: »[Severin] redete dann mit so fester Entschlossenheit auf den König ein, daß dieser vor ihm ganz heftig zu zittern anfing ... Als er dann dem Gottesdiener anheimstellte zu verlangen, was er wolle, bat ihn der fromme Lehrmeister, er möge lieber für sein eigenes Wohl Sorge treffen, seine Leute von der Verwüstung römischen Gebietes abhalten und die Gefangenen, die seine Truppen in Gewahrsam hielten, ohne Lösegeld freilassen.«

Dies gelingt tatsächlich, wenn auch nach einigen Verzögerungen, weil der entsandte Hilfsgeistliche namens Amantius sich erst zum König selbst wagt, als ihm Severin im Traum erscheint und ihn an seine Pflicht mahnt. Severin erreicht also in kleinerem Maß, aber im Prinzip auf die gleiche Weise, jene Linderung des Kriegselends, die auch Epiphanius von Pavia von dem Burgunderkönig erlangt: die Heimkehr der Verschleppten. Diese Verschleppungen sind eine der traurigsten Begleiterscheinungen des militärischen Geschehens, und kaum je haben sich Geschichtsschreiber mit ihnen beschäftigt. Seit dem frühen Mittelalter, ja seit den Hunnenkriegen waren es in erster Linie die in gewissem Sinn über den Parteien stehenden Geistlichen, die sich dem so schwierigen, oft undankbaren und keineswegs immer erfolgreichen Geschäft widmeten, die beklagenswerten Opfer dieser Unsitte freizubekommen, zuerst, wie wir sehen, im unmittelbaren Kontakt mit den räuberischen Königen, später dann als Unterhändler mit den mohammedanischen Seeräubern der Barbareskenstädte Algier, Tunis, Oran und wie sie alle hießen.

Trotz dieser Aktivitäten, die Severin und der Kirche alle Ehre machen, gab sich der Heilige nicht der Hoffnung hin, für alle Zeiten Unheil abwenden zu können. Er wußte von den chaotischen Verhältnissen, die nicht nur der Untergang der Römermacht, sondern über diesen hinaus auch noch der Tod Attilas heraufbeschworen hatte. Dessen Söhne lieferten den einstigen Verbündeten blutige Schlachten in Ungarn und im heutigen Rumänien, wodurch die bis dahin durch Walamer, Ardarich und andere kluge Fürsten an den Hunnenhof gebundenen Germanenvölker, denen nun Ordnung und straffe Führung fehlten, zu reinen Raubscharen geworden waren.

Nur im Raum Passau wurden die römischen Wälle noch ausgebessert und taten römische Soldaten Dienst, aber ihr Sold kam nicht mehr aus Italien, weil die Boten unterwegs erschlagen wurden, und auch Passau konnte nur noch einmal mit letzter Kraft gegen die Alamannen gehalten werden, dann mußte Severin gegen eine starke Opposition, der sich auch Priester anschlossen, den Umzug der Bevölkerung nach Lorch in die Wege leiten. Einer der Priester tat den unmutigen und in seiner Unverblümtheit beinahe komischen Ausspruch, der heilige Mann solle doch allein verschwinden, dann sei endlich mit dem ewigen Fasten und Beten Schluß. Eugippius versäumt nicht zu bemerken, daß dieser Unbotmäßige bald darauf bei der Eroberung Passaus ums Leben kam.

Lorch, heute ein Stadtteil von Enns, war als Lauriacum schon eine wichtige keltische Siedlung und danach der militärisch wichtigste Punkt an der römischen Donaugrenze auf heute österreichischem Gebiet. In den Markomannenkriegen des Kaisers Mark Aurel hatte sich Lauriacum als Stützpunkt bewährt und war zu einem großen Militärlager mit einer ausgedehnten Zivilstadt geworden. Die Zweite Legion hatte hier ihren Standort, ebenso die römische Donauflotte.

Das Christentum hatte hier, wohl von den römischen Soldaten selbst ins Land gebracht, sehr früh Fuß gefaßt, und da auf römischem Boden häufig schriftliche Überlieferungen anzutreffen sind, ist das Martyrium des heiligen Florian im Jahr 304 auch einwandfrei belegt. Severin führte also die Menschen, für die er sich verantwortlich fühlte, in eine alte und feste Bastion des Römerreiches und des Christentums zurück, in eine Stadt, die in den Grenzkriegen des vierten Jahrhunderts, also lange vor seinen Lebzeiten, zwar wiederholt zerstört, aber auch immer wieder aufgebaut worden war.

Nördlich der Donau waren die Rugier vorübergehend seßhaft geworden. Ihr Hauptort war Krems, und der dort residierende König Fewa, in lateinischen Schriften Feletheus genannt, hörte wie schon die Alamannen und andere in erstaunlichem Maße auf Severin – auch das ein Umstand, der sich am einfachsten daraus erklären läßt, daß die mit den Hunnen verbündeten Rugier Severin schon lange kannten, ehe er nach Lorch kam.

Ein merkwürdiges und für unser Zeitbild sehr aufschlußreiches Ringen um die Menschen begann. Fewa erfuhr natürlich, daß die Bewohner der gefährdeten Orte zwischen Passau und der Ennsmündung sich in Lauriacum wie in einer Fluchtburg zusammengefunden hatten. Daß sie alle Christen waren, störte ihn ganz offensichtlich nicht. Daß sie Katholiken waren, die Rugier hingegen – soweit überhaupt christianisiert – wohl Arianer, scheint ihm noch weniger ausgemacht zu haben. Er wollte die in den verschiedensten handwerklichen Fähigkeiten bewanderten, kultivierten Stadtbewohner keltisch-römischen Blutes auf seine Ortschaften, auf die ihm botmäßigen Städte und Dörfer nördlich der Donau verteilen.

Severin wußte natürlich, daß seine Schäflein nicht umgebracht werden sollten, und er wußte auch, genauer als seine Schutzbefohlenen, daß auf die Dauer Alamannen oder Rugier die Oberhand auch über die letzten Festungen an der Donau gewinnen würden. Also einigte er sich mit dem König und dessen kluger Frau Giso in persönlich geführten Verhandlungen auf eine Mittellösung. Fewa verzichtete auf eine gewaltsame Verschleppung, die letztlich zur Versklavung der Heimatvertriebenen geführt hätte, und erklärte sich mit freiwilliger Umsiedlung einverstanden; die verschiedenen Umsiedlergruppen erhielten offenbar eine gewisse Mitsprachemöglichkeit oder jedenfalls die Zusicherung, dem König untertan zu sein und nicht rechtlose Sklaven irgendeines bessergestellten Rugiers.

Seiner Gemeinde weitgehend beraubt, aber auch seiner schweren Verantwortung ledig, zieht sich Severin in das donaunahe Kloster von Favianis zurück, von dem aus er Jahre zuvor seine Missions- und Hirtenwanderung im Donauland begonnen hatte.

Gewiß ist er nicht der Apostel Noricums zu nennen, denn dieses sogenannte Ufernoricum war im fünften Jahrhundert bereits so vollständig christianisiert, daß nur noch die Auseinandersetzung mit den Arianern ausstand. Severin hat das Christentum also nicht nach Ufernoricum gebracht, aber er hat die Christen gerettet und an vielen bedrohten Punkten Kirchen, Priester und die bereits gewachsene christliche Tradition gestärkt. Wir wissen nicht, ob der zutiefst gläubige, von der Macht des Gebetes bedingungslos überzeugte Severin zweckorientiert dachte. Aber er hat sich immer wieder als Realpolitiker gezeigt, er hat mutig die persönliche Konfrontation mit den Machthabern gesucht, er hat bei manchen Barbarenstämmen nicht nur den alten, sondern auch den nachfolgenden jungen König beraten und sich auch diesen außerhalb des Römerreiches lebenden, an den Dauerkrieg gewöhnten Völkerschaften als Autorität präsentiert.

Über die Lage jenes Favianis, wo Severin schließlich aus dem tätigen Leben ins kontemplative Dasein überwechselte, hat sich so mancher Forscher Gedanken gemacht, zumal wir ja leider von keinem anderen frommen Mann dieses Jahrhunderts einen auch nur einigermaßen vergleichbaren Lebensbericht besitzen. Die alte Gleichsetzung von Favianis mit Mautern, bis vor hundert Jahren noch die herrschende Ansicht, läßt sich angesichts neuer Ausgrabungen im Wiener Raum, vor allem unter der Jakobskirche in Heiligenstadt (einem Wiener Donaubezirk), nicht mehr aufrechterhalten, vielmehr hat man gute Gründe, den energischen Heiligen bereits als »Wiener« anzusehen. Und wie so mancher Wiener späterer Jahrhunderte hat er auch eine durchaus unklare Herkunft. Nach allem, was man von ihm weiß (und im Hinblick auf seine sorgfältige Geheimhaltung anderer Fakten), war er wohl kein Römer, nicht einmal ein Abkömmling etwa einer Offiziersfamilie aus einer pannonischen Provinz. Seine sichere Beherrschung des Gotischen und wohl auch des herulischen Dialekts, seine Statur, seine robuste Gesundheit, seine ganze zugleich tatkräftige, aber auch grüblerische Wesensart sowie seine nüchterne Einschätzung der Germanen lassen kaum eine andere Möglichkeit zu, als auch ihm zumindest einen germanischen Elternteil zuzuschreiben (einer der Punkte, in denen man Kaphahns Buch *Zwischen Antike und Mittelalter* recht geben muß). Daß dieser aus dem Südosten die Donau heraufgekommene Mann daran dachte, seinen beschaulichen Lebensabend im Wiener Raum zu verbringen und Favianis daher im Großbereich der heutigen Stadt Wien zu suchen ist, ist ungleich logischer als die Annahme, Severin habe sich für sein Alter einen Platz unmittelbar gegenüber der am anderen Donauufer residierenden »bösen Giso« gewählt.

Die städtischen Zentren, wo Severin gewirkt hatte, erlitten das Schicksal, das er ihnen vorausgesagt hatte und das mitzuerleiden er sich nicht verpflichtet fühlte – hatte er die Christen seines Wanderbezirks doch rechtzeitig gewarnt und ermahnt. Außerdem machte er sich, wie viele Gespräche beweisen, auch eine verhältnismäßig genaue Vorstellung von dem, was aus West und Ost, von Alamannen wie Rugiern, auf das einstige römische Alpenvorland zukommen werde. Einem Kaufmann, der Severin bat, er möge sich doch bei König Fewa für ihn verwenden, damit dieser ihm den Handel mit den Rugiern und das Betreten des Rugiergebietes erlaube, gab Severin unverblümt zu verstehen, daß man sich um solche Dinge nicht mehr zu sorgen brauche: Schon in den nächsten Jahren würden Verhältnisse eintreten, die jeglichen Handelsverkehr ohnedies illusorisch machten. Daß er sich, mit all diesem Wissen belastet, in unmittelbarer Nähe König Fewas zur Ruhe gesetzt haben soll, ist weit weniger wahrscheinlich als ein Rückzug ans Wiener Donauknie, an die landschaftliche und politische Grenze zu jenem Pannonien, aus dem er einst gekommen war.

Dort konnte Severin auch noch mitverfolgen, wie es jenen Orten erging, in denen trotz seiner Ermahnungen christliche Einwohner zurückgeblieben waren.

»Als seine geistlichen Brüder den heiligen Mann fragten, warum er so sehr weine, entgegnete er: ›Ich erkenne, daß diesen Ort, wenn ich nun von ihm scheide, bald ein vernichtender Schlag ereilen wird; Christi heilige Stätten, ich vermag es nur unter Seufzen vorzubringen, werden weit und breit von Menschenblut triefen, und auch diese Stelle wird man entweihen.‹ Er sagte dies nämlich in der Taufkapelle [von Passau].

Dann begab er sich auf einem Donauschiff stromabwärts zu seinem alten Kloster. Es war dies das größte von allen und lag in einer Entfernung von mehr als hundert Meilen bei der Stadtmauer von Favianis. Er war kaum abgefahren, da stürmte Hunimund in Begleitung einiger weniger Barbaren in die Stadt Batavis (Passau), wie es der Heilige vorausgesagt hatte. Und während fast die ganze Einwohnerschaft mit Erntearbeiten vollauf zu tun hatte, hieb der Feind die vierzig Wachsoldaten des Ortes nieder, die zum Schutze der Mauern zurückgeblieben waren.«

Die Donau machte wohl als Verkehrsweg die intensive Wirksamkeit des Heiligen erst möglich. Die Donau- und die Salzachschiffer, dazu noch die Schiffahrt auf dem Inn, boten diesem auch organisatorisch außerordentlich begabten Geistlichen das, was man heute Infrastruktur nennen würde und was im frühen Mittelalter naturgemäß noch weitgehend fehlte. (Ja, es gibt sogar eine gut belegte Theorie, die auch den Niedergang des Römerreiches in Beziehung zu den gewaltigen Entfernungen setzt, die von der verfügbaren Militärmacht nicht mehr bewältigt werden konnten.) Severin lehnte, wie so mancher Tatmensch seiner Art, die Bischofswürde ab, die zu jenen Zeiten mehr *per acclamationem* als von den Kirchenoberen verliehen wurde. Sein Ruf war so groß, daß man von Schwaben bis nach Pannonien von ihm sprach, und in der allgemeinen Auflösung aller Ordnungen mußte er mit seiner starken Persönlichkeit und seinen ausgezeichneten Beziehungen zu den Germanenstämmen den von den Legionen verlassenen Städten und Landschaften als die Rettung, als ein von Gott gesandter Helfer in der Not erscheinen.

Solch einem Mann wird in der Not alles geglaubt, und der Gläubigste von allen war offensichtlich Eugippius, Severins Biograph, denn er erzählt uns die Geschichte von einem Unbekannten, der auf einer schier endlosen Reise aus dem Orient Reliquien nach Favianis brachte, die älter waren als die der Apostel ....

»Der hochheilige Severin las einst im Kloster zu Favianis das Evangelium. Nach Verrichtung eines Gebetes stand er auf, ließ sich eilends ein Boot fahrbereit machen und sprach zu aller Staunen: ›Der Name des Herrn sei gepriesen: Wir müssen den Reliquien heiliger Glaubenshelden entgegenziehen.‹ Unverzüglich setzte man über die Donau. Auf dem jenseitigen Ufer fanden sie einen Mann sitzen, der ihnen die inständige Bitte vortrug, man möge ihn zu dem Gottesdiener geleiten, dessen Ruhm überall verbreitet sei und zu dem er schon seit geraumer Zeit zu gelangen wünsche. Daraufhin zeigte man ihm sofort den Diener Christi [das heißt Severin]. Dem übergab er in aller Demut die Überreste des heiligen Johannes des Täufers (!), die er lange bei sich verwahrt hatte. Der Gottesdiener nahm sie mit geziemender Ehrfurcht in Empfang und weihte die Kirche für den priesterli-

110

chen Opferdienst; so war dem Gotteshaus, wie er es geweissagt hatte, des heiligen Johannes Segen von selbst zuteil geworden.« Man muß es dem Mittelalter zugute halten, daß es glaubte, wo niemand wissen konnte, und hoffte, wo eigentlich nichts mehr zur Hoffnung berechtigte. Wenn man Severin, dessen Beziehungen bis Rom und Byzanz reichten und der als Diplomat ebenso Bewundernswertes vollbrachte wie als Wanderbischof, Gebeine von Heiligen aus der Hauptstadt des römischen Ostreiches schickte, so war dies eine jener Gunstbezeugungen, mit denen die Kaiser dieser Zeit schon darum nicht sparten, weil sie nichts kosteten. Und der Isaurier Zenon, vom Räuberhauptmann zum Kaiser aufgestiegen, hatte erst recht keinen Grund, dem für Ostrom so wichtigen Friedensstifter an der Donau Reliquien zu verweigern, die auf dem Balkan oder in Anatolien leicht zu beschaffen waren. Folglich darf man wohl Schenkungen wie jene der Reliquien der Heiligen Protasius und Gervasius als historisch betrachten. Der Unbekannte aber, der am nördlichen Donauufer herumirrt und nach Severin sucht, weil er ihm Gebeine eines unter Herodes Getöteten überreichen will, wird selbst von Hagiographen ins Reich der Legende verwiesen. Über die Donau zu fahren, um einen Wanderer aus dem Nahen Osten zu treffen, ist natürlich für Mautern und Krems weniger denkbar als für Favianis bei Wien, wo im Marchfeld die Handelswege aus dem Osten auf die bei Wien von Nordwest nach Südost verlaufende Donau trafen. Die Kirche, die Severin über den ihm hier von einem Unbekannten überbrachten Reliquien errichten ließ, war natürlich Johannes dem Täufer geweiht und kann mit jener Kirche identisch sein, die bis ins dreizehnte Jahrhundert vor dem Wiener Werdertor stand.

Lauriacum (Lorch) hielt sich trotz aller Barbareneinfälle noch jahrelang, was Severins Voraussicht bestätigte. Das alte römische Militärlager bot selbst in unruhigen Zeiten einen gewissen Schutz, wenn man auch annehmen muß, daß die Zivilstadt wiederholt geplündert wurde. Für die kirchliche Organisation war ein so fester Platz von größter Bedeutung. Severin hatte in Lauriacum (Lorch) einen Mitstreiter und Helfer namens Constantius, den Eugippius einmal *pontifex* nennt. Er verleiht ihm damit eine altrömische Priesterwürde, die seit dem 5. Jahrhundert auch als Bezeichnung hochgestellter christlicher Kleriker dient, nennt ihn im übrigen aber *episcopus,* also Bischof. Wir dürfen daraus schließen, daß dieser Constantius eine besondere Rolle spielte, eben weil er

seinen Sitz im festen Lorch hatte und an der unruhigen Donaugrenze der einzige Hort der Sicherheit war – zumindest bis zum
Auftreten des heiligen Severin, der, die Donau auf- und abfah-
rend, ohne Bindung an einen festen Diözesenmittelpunkt, die
Menschen des gesamten bedrohten Raumes beriet, beruhigte und
führte.

Eugippius erzählt uns eine von vielen Wunderberichten durchsetzte Geschichte, deren möglicher historischer Wahrheits- oder
zumindest Wahrscheinlichkeitskern uns ungleich stärker anrührt
als all die nachträglich leicht einzufügenden Voraussagen, Erwek-
kungen, Kerzenwunder, ganz zu schweigen von der Ölvermeh-
rung und anderem, was die neapolitanischen Mönche gebraucht
haben mögen, um an Severins Erwählung zu glauben. Für uns ist
Severin am größten dort, wo er sich selbst als machtlos ansieht, in
dem Bemühen, sich als Einzelner gegen ganze Völker zu stemmen
und inmitten einer sich auflösenden Ordnung neuen Gesetzen
Achtung zu verschaffen. Kaum jemals ist die Kraft eines Einzelnen
so deutlich zutage getreten, die Kraft, die ein unbedingter Glaube
einem Menschen inmitten der größten Nöte gibt. Und niemals ist
einer noch jungen, ihre Bewährung erst erlebenden Religion besser gedient worden als durch diesen klugen und selbstsicheren
Mann, der aus seinen Klostererfahrungen von den beruhigenden
und festigenden Wirkungen der Ordnung wußte. Was immer er
tat, hatte neben dem religiösen auch noch einen pädagogischen
Sinn, was immer er befahl, war nicht nur religiöse Übung, sondern
auch Stärkung des Charakters, der Zuversicht, des Gottver-
trauens.

Aus allem, was Severin ins Werk setzte, läßt sich die besondere
Lage der jungen Kirche an den Rändern des Römerreiches erkennen. Die letzten Legionäre waren unwillig geworden, sie empfanden die Gegenden, die sie verteidigen sollten, als Fremde und
wollten nach Hause, zu ihren Familien, die in jenen unruhigen
Zeiten auch schon bedroht waren. Odoaker hatte in Italien neue
Verhältnisse geschaffen, die in den Grenzsoldaten den Wunsch
weckten, dieses neue Leben mitzuleben, bei den Landverteilun-
gen mitzusprechen, die eigenen Ansprüche anzumelden und be-
friedigt zu sehen. Severin mußte also aus den zurückgebliebenen
Bürgern Soldaten machen, wozu er sie erst einmal fasten ließ. Und
er mußte das Gemeinschaftsgefühl steigern, einen neuen Zusammenhalt schaffen, in dem jeder begriff, daß nun einer für den

anderen dasein müsse, weil es die Schutzmacht nicht mehr gab. Dazu eigneten sich abendliche Andachten ungleich besser als alle Ermahnungen bei Tag.

Als Severin sich schließlich in sein Kloster zurückzog, an die Donau bei Wien, wo ein Bruder des Rugierkönigs Fewa die Macht ausübte, gab es für ihn nicht mehr viel zu tun. Odoaker hatte nun die Macht über Italien. Die Germanen an der Donau waren aus wirtschaftlichen Gründen an der Einkehr stabiler Verhältnisse interessiert. »Ferderuchus hatte«, schreibt Eugippius, »von seinem Bruder, dem Rugierkönig Fewa, eine der wenigen Ortschaften erhalten, die am Strand der Donau übriggeblieben waren (!), und zwar die Stadt Favianis, unweit derer sich der heilige Severin gewöhnlich aufhielt. Einmal stattete ihm dieser Ferderuchus, wie er es öfter tat (!), einen Besuch ab, und der Streiter Christi [Severin] hub an, recht eindringlich von seinem bevorstehenden Abgang ins Jenseits zu sprechen, wobei er sich zu ihm in inständiger Bitte folgendermaßen äußerte: ›Nimm zur Kenntnis‹, sagte er, ›daß ich alsbald die Reise zum Herrn antreten werde; deshalb beachte meine Mahnung und sei auf der Hut vor dem Versuche, nach meinem Hinscheiden etwas von den mir anvertrauten Dingen anzutasten und dich etwa an der Habe der Notleidenden und Gefangenen zu vergreifen: Du würdest sonst den Zorn Gottes – was fernbleiben möge – wegen eines solchen blindverwegenen Tuns zu fühlen bekommen.‹

Einer solchen Ermahnung war aber Ferderuchus nicht gewärtig, und er erwiderte betroffen: ›Weshalb bringst du mich durch eine solchermaßen beschwörende Rede aus der Fassung? Ist es doch gar nicht mein Wunsch, einen so starken Beistand zu verlieren. Es geziemt sich viel mehr für mich, deine Wohltätigkeit, die alle kennen, zu vermehren und nicht zu mindern, damit auch ich mir die Beschirmung durch dein ständiges Gebet verdiene wie mein Vater Flaccitheus, der es aus Erfahrung wußte, daß ihm dein verdienstliches Wirken und dein heiliges Wesen stets Hilfe brachten.‹ Ferderuchus erhielt zur Antwort: ›Was immer der Anlaß sei, aus dem du meiner kleinen Klause einen Schaden würdest zufügen wollen: Du wirst ungesäumt an dieser Stelle mein Wort bestätigt finden und späterhin eine Strafe erleiden, die ich dir nicht wünsche!‹

Da versprach Ferderuchus, sich nach den Fingerzeigen des Dieners Christi [Severins] zu richten, und kehrte heim.«

Dieses Gespräch und andere, durchaus ähnliche Szenen nicht nur zwischen Severin, sondern auch zwischen anderen Wanderbischöfen und ihren germanischen Widersachern, machen deutlich, daß diese Gottesmänner von einem unbändigen Glauben erfüllt waren, daß diesem Glauben aber – zumindest stellen es die Verfasser der Heiligenviten so dar – auf der anderen Seite eine ebenso deutlich ausgeprägte Furcht gegenüberstand. Die Autorität starker Persönlichkeiten wie eines Emmeram, Corbinian, Columban und vor allem Severin beruhte auf Wirkungen, die wir heute magisch nennen würden und die bei den Wandervölkern der Germanen, Hunnen, Alanen und Awaren ungleich nachhaltigere Eindrücke hinterließen, als jede nur intellektuelle Werbung für den neuen Glauben es je vermocht hätte.

Wenn Attila an der Spitze einer siegreichen und kampflustigen Armee vor Papst Leo zurückwich, der ihm vor Mantua schutzlos entgegentrat, dann war das nicht durch aufkeimende Religiosität im Herzen des Hunnenkönigs zu erklären, sondern ganz einfach durch die abergläubische Angst vor diesem in einen prächtigen Ornat gekleideten, mit den Insignien der Bischöfe von Rom unter dem weiten Himmel heranziehenden Kirchenfürsten, der ja wohl unsichtbare Helfer haben mußte, sonst wären sein Tun, sein Mut, seine Kühnheit ja unerklärlich. In diesem Sinn waren die Glaubensboten auch in den christlichen Jahrhunderten der späten Völkerwanderungszeit und der frühen Frankenherrschaft in der Lage heutiger Missionare bei sogenannten primitiven Völkerschaften, und die Angst, die in den Worten des Königsbruders Ferderuchus erkennbar ist, unterscheidet sich von der abergläubischen Furcht eines Negerhäuptlings aus dem Kolonialzeitalter nur um Nuancen.

»Es war der fünfte Januar [des Jahres 482], da befiel den heiligen Severin ein leichtes Stechen in der Seite. Dies hielt drei Tage lang an; da ersuchte er um die Mitternachtszeit die Brüder, sich bei ihm einzufinden. Er erinnerte sie an seine Bitte hinsichtlich seiner irdischen Hülle (nämlich sie, falls sie den Ort aufgäben, in einem Holzsarg mitzunehmen), stärkte sie durch väterliche Belehrungen und führte dabei mit wundersam eindrucksvollen Worten folgende Gedanken aus ...«

Eugippius hat dieses Vermächtnis offensichtlich besonders wortgetreu, aber für uns zu ausführlich wiedergegeben. Severin läßt erkennen, daß er für die kommenden Zeiten nicht nur Barbarensturm und chaotische Verhältnisse erwartet, sondern auch einen bedenklichen Rückgang der Klosterdisziplin und des inneren Lebens der Kirche, eine Erwartung, die sich bestätigt und die großen Klosterreformen des Mittelalters auslöst.

»Nach dieser erbaulichen Ansprache forderte er alle der Reihe nach auf, zum Kuß an ihn heranzutreten, und empfing hierauf die Heilsspende des Abendmahls. Streng verwehrte er es ihnen zu weinen; dann machte er mit ausgestreckter Hand über seinen ganzen Körper das Kreuzeszeichen und hieß sie einen Psalm singen. Allein sie zögerten im Übermaß ihrer Betrübnis, und so begann er denn selbst den Psalm anzustimmen ... Und am 8. Januar entschlief er sanft im Herrn und wurde beigesetzt.«

Es kam, was kommen mußte. Ferderuchus, der haltlose Königsbruder, begann sogleich zu plündern. Zuerst sandte er Knechte vor, weil er den Zorn des Christengottes fürchtete, schließlich aber raubte er selbst, weil es kein anderer wagte, das kleine Kloster Favianis bis auf die Mauern aus. Vor den Rugierkriegen, die Odoaker nun energisch und siegreich führte, wanderten die Mönche, aber auch große Teile der Bevölkerung nach Italien. Es war ein umfassender Rückzug der Kelto-Romanen aus den Alpengauen, die nun den Germanen überlassen blieben. Die Freigebigkeit einer reichen Witwe gestattete es, für Severins irdische Hülle ein Grabmal zwischen Puteoli (Pozzuoli) und Neapel zu errichten; einige Reliquien wurden allerdings Papst Gregor dem Großen auf dessen Bitten hin überlassen.

Die Schicksale des Severin-Leichnams und seine Wundertätigkeit sind beinahe eine neue Geschichte für sich. »Sechs Jahre nach seinem Tod«, schreibt das *Heiligenlexikon* von Stadler-Heim-Ginal, »zog die römische Bevölkerung des Landes nach Italien. Der Leichnam des Heiligen wurde nach gesungener Vesper (in Favianis) ausgegraben und zur Verwunderung aller unversehrt und glänzend gefunden. Aus der Gruft stieg ein süßer Wohlgeruch auf. Bei der Überführung geschahen zahlreiche Wunder. Kranke, welche den Sarg oder auch nur den Wagen, auf welchem derselbe lag, berührten, wurden gesund. Man brachte den heiligen Leib zuerst nach Montefeltre bei Urbino und von dort in das Lucullische Kastell zwischen Puteoli und Neapel. Eine vornehme Frau namens Barberina richtete hier ein Kloster für sie [d. h. für Severins Jünger] ein.«

Diese *femina illustrissima* des Eugippius ist keine andere als

Barberia oder Barberina, die Witwe des Orestes, die Mutter des letzten Kaisers Romulus, und ihr großer Reichtum, der sie zur Errichtung eines Mausoleums und eines Klosters befähigt, stammt aus dem Hunnengold ihres Mannes, des Patricius und ehemaligen Geheimschreibers bei König Attila. Auch diese letzte Wohltat für den Heiligen weist auf seine geheimnisvolle Herkunft hin, auf die pannonische Wurzel seiner Existenz.

Die Ungläubigen, denen Severin bei Lebzeiten so mannhaft entgegentrat, schienen ihn über den irdischen Tod hinaus zu verfolgen. Sarazenen überfielen das küstennahe Kloster, das Barberina erbaut hatte, so daß man die Gebeine Severins nach Neapel retten mußte, und das Kloster bei Wien, aber auch die Kirche, die er für Johannes den Täufer erbaut hatte, wurden Opfer der Türkenkriege.

Passau, in dessen früher Geschichte Severin eine so bedeutende Rolle gespielt hat, bemühte sich ebenfalls sehr um sein Gedenken, obwohl Severin, wenn auch vermutlich selbst ein hochgeborener Germane, die Stadt an Inn und Donau gegen ihre germanischen Angreifer nicht hatte retten können. Das Passauer Bistum sicherte sich bereits im Jahr 903, also noch vor der großen Schlacht auf dem Lechfeld, eine Abschrift der Severins-Vita von Eugippius, die erste Handschrift dieser Art, die auf deutschem Boden verwahrt wurde. Papst Gregor erbaute noch selbst eine Kirche zur Verehrung des heiligen Severin (San Matteo in Merulana), und die Gebeine des Heiligen ruhten seit dem Ende der Seeräubergefahr wieder nahe der Küste in der Pfarrkirche Fratta maggiore des Städtchens Aversa, das nicht antiken Ursprungs ist, sondern eine normannische Gründung aus dem Jahr 1030.

Von den vielen Menschen, die heute, vor allem an milden Abenden, den Weinort Sievering an den Hängen des Wienerwalds besuchen, einen der reizvollen westlichen Bezirke von Wien, denkt gewiß keiner daran, daß der weltberühmte, mit der traditionellen Wiener Heurigenseligkeit verknüpfte Name vielleicht nichts anderes ist als eine Verballhornung von Severin. Dutzende von Gedichten, Erzählungen, Romanen und Dramen sind über den »Apostel von Noricum« geschrieben worden, über den Mönch von Sievering (*Johann Nepomuk Vogl*), über Severin und Odoaker, Severin und die Königin (!) der Rugier. Und Richard von Kralik, der sein Gelehrtenleben zuvörderst dem Nibelungenlied gewidmet hat, brachte den Heiligen, der so emsig im Nibelungengau hin- und herfuhr, mit der alten Burgundersage in Verbindung (*Das Donaugold des heiligen Severin*, ein Bühnenstück aus dem Jahr 1906). Von all diesen frommen Dichtungen hat jedoch nur Peter Dörflers handfest gebauter Roman *Severin, der Seher von Noricum* eine größere Öffentlichkeit erreicht. Die martialischen Gestalten seiner Zeit, Odoaker, Theoderich, Attila und erst recht die Frauen von Galla Placidia bis Krimhild verdunkelten das Bild eines Mannes, der neben den vielen hohen Gaben und seiner unermüdlichen Energie auch manchen Widerspruch in sich barg und zumindest das eine große Rätsel seiner Herkunft. Es fällt auf, wie oft Severin in Eugippius' Schilderung nicht zürnt, wie etwa Columban gezürnt hätte, sondern weint. Nicht selten hat man den Eindruck, alles, was an Üblem eintrifft, ist Severin seit langem nur allzu vertraut, als käme er aus einer schrecklichen, kriegerischen und gnadenlosen Welt. Daß er Germane war, mit den Großen der Germanenstämme von gleich zu gleich verkehrte und sich fließend mit ihnen unterhielt, scheint heute festzustehen. Aber wie kam es, daß Odoaker, der Sohn des Hunnenfürsten Edekon, daß Attilas Geheimschreiber Orestes, daß die Fürsten der Alamannen, Heruler und Rugier zu Severin kamen oder ihn empfingen, als sei er einer der Ihren, als Berater, Freund und Warner, als Seher auch für sie, die stets an die Seherinnen der Germanenstämme geglaubt hatten?

Wir werden es nicht mehr ergründen; allem Anschein nach kräftig, gesund und robust wanderte der große Unbekannte durch eine Welt, die ihm offensichtlich nur zu genau bekannt war, versöhnte die Christen der verschiedenen Glaubensmeinungen und rettete jene, die in ihrer Beschränktheit die Furchtbarkeit der Weltstunde nicht erkennen konnten. Nicht der Apostel von Noricum, doch ein Seher, ein Wissender inmitten einer unwissenden, preisgegebenen Bevölkerung, das war er gewiß, und es läßt sich kaum ein schwereres Amt, kaum größere Verantwortung denken.

Das Völkertreffen
am Rhein

In einem Kontinent ohne Straßen haben die Flüsse eine Rolle gespielt, die wir uns heute gar nicht mehr vorstellen können. Es widerfährt uns, daß wir im Verkehrsgewühl die Donau oder den Rhein überqueren, ohne den Fluß selbst zur Kenntnis zu nehmen, daß wir den Elbtunnel benutzen oder bei der Rhône-Überquerung nur Blicke für den malerisch-unvollendeten Pont d'Avignon haben. Und doch waren es diese großen Wasserwege, waren es Rhône und Rhein, Donau und Elbe, an denen jenes Gemisch der Stämme entstand, sich jener Aufmarsch der Völker vollzog, aus dem die Deutschen hervorgingen.

In den weiten Ebenen östlich von Oder und Weichsel verliefen die Völkerbewegungen mit einer gewissen Geschlossenheit, blieben übersichtlich und sind heute im ganzen einigermaßen bekannt: das zaudernde Verweilen der Nordgermanen in den Flußmündungsgebieten, der neue Aufbruch nach Südosten, der Einbruch ins Römerreich aus dem pontischen Raum und aus den böhmisch-ungarischen Gebirgen. Aber es gab auch Germanenstämme, die nicht in den Südosten, sondern ins Herz des heutigen deutschen Gebietes zogen, auf die Elbe zu, und die sich dann nach Westen und Südwesten ablenken ließen; dort aber wurde der Raum bald eng.

Der Handel der Griechen, Etrusker und Kelten hat – das wissen wir aus zahlreichen Funden – die Donau als Ost-West-Weg benutzt und Rhône, Saône, Aare und Rhein zur Süd-Nord-Durchquerung Mitteleuropas. Der vor- und frühgeschichtliche Handel ist in gewissem Sinn ein Wunder, in einem anderen Sinn eine Selbstverständlichkeit, und wären die Kaufleute auf den Gedanken gekommen, ihre Wege, Lager, Tauschplätze, Märkte und Marschetappen aufzuschreiben, wie dies später beim Nahost- und Asienhandel geschah, so besäßen wir eine Germanienkenntnis, die selbst Tacitus' so oft zitierte *Germania* entbehrlich machte. Das Schlimme ist nur: Diese durchaus nicht dummen, sondern wagemutigen, ordentlichen und des Schreibens kundigen Männer haben weiß Gott was getan, um ihre Waren an den Mann zu bringen und danach wieder mit heiler Haut oder gar mit Rückfracht heimzukehren, nur geographische Interessen hatten sie nicht. Und statt ihr Wissen über Mitteleuropa aufzuzeichnen und zu verbreiten, streuten sie die schauerlichsten Märchen aus über die Wohngebiete der sogenannten oder tatsächlich barbarischen Völker, um ihre Konkurrenten um so sicherer von diesen Absatzmärkten und Bezugsquellen fernzuhalten. Eines dieser Abschreckungsmärchen erzählt uns Herodot: Die ungeheuren Schwärme von Mörderbienen an der unteren Donau ...

Der griechische Dichter Homer (oder wer immer um 725 v. Chr. *Ilias* und *Odyssee* ihre letzte Form gab) kannte die Donau offensichtlich noch nicht. Erst seit etwa 700 v. Chr. trat sie ins Blickfeld der Griechen, die zunächst allerdings nur ihren Unterlauf kennenlernten, den sie mit seinem ursprünglich thrakischen Namen als *Istros* bezeichneten. Aus *Istros* wurde sehr viel später latinisiert *Ister* oder *Hister*. Hesiod, ein anderer griechischer Epiker (um 700 v. Chr.), bezeichnet den *Istros* bereits als einen der größten Ströme der Erde. Für Herodot, den »Vater der Geschichte« (vor 480 bis nach 430 v. Chr.), bildete der *Istros* gleichsam das nördliche Gegengewicht zum Nil. Die anscheinend keltische Bezeichnung *Danuvius* (später auch *Danubius*) findet sich erstmals bei Cäsar (100–44 v. Chr.) belegt. Schon für Sallust sind *Danuvius* und *Hister* ein einziger Strom, doch Plinius der Ältere (23–79 n. Chr.) unterscheidet wieder zwischen Donau-Ober- und -Mittellauf *(Danuvius)* und Donau-Unterlauf *(Hister)*. Erst der nachmalige Kaiser Tiberius (Kaiser 14–37 n. Chr.) entdeckte als römischer Praetor 15 v. Chr. die Donauquellen im Schwarzwaldgebiet.

Der Handel im Donauraum war fast so alt wie die Kenntnis des Donau-Unterlaufes seitens der Griechen. Bereits vor 600 v. Chr. gründeten die Milesier südlich der Donaumündung die Kolonie *Istria*. Vielleicht waren es überhaupt der milesischen und megarischen Schwarzmeer-Kolonisation vorauseilende Kaufleute, die die erste Kunde von der Existenz des mächtigen *Istros* überbrachten.

Donaulande und Rheinlande hatten also uralten Handel, hatten seßhafte Bevölkerung in stetiger Handelsverbindung mit der Mittelmeerkultur, lange bevor die Wissenschaft von diesen Verhältnissen Notiz nahm. Die ersten Geographen begingen sogar massive Irrtümer – Irrtümer von einer Größenordnung, die jeden

Kaufmann ruiniert hätten. Möglich also, daß die Kaufleute besser Bescheid wußten als die Gelehrten.

In den Stromtälern entstanden Siedlungen, bildeten sich Ballungszentren und damit Hindernisse für Durch- und Zuwanderer. Die Verhältnisse lagen demnach vollkommen anders als im östlichen Mitteleuropa oder in Osteuropa, wo man Germanenspeere inmitten ungeheurer Einöden fand, die ihnen zumindest damals gewiß niemand streitig machte. Die Germanen, die zum Rhein wollten, ohne zu ahnen, welche Symbolträchtigkeit er dereinst für die Deutschen gewinnen sollte, begaben sich schnurstracks in eine Zone höherer Kultur, in einen schon in vorrömischer Zeit durchaus kultivierten Bereich. Eine keltisch-illyrische Mischbevölkerung hatte hier andere seßhafte Gruppen assimiliert und nahm weiterhin Zuwanderer aus dem Mittelmeerraum auf.

Diese ansässige Bevölkerung war an vielen Orten aber auch stark genug und in ihren Städten hinreichend geschützt, um schwächere germanische Einwanderergruppen zu integrieren. Denn diese Germanen, noch ohne staatliche Organisation und ohne Zusammenhalt, traten ja nicht immer und überall mit der gleichen Schlagkraft auf. Diese war vielmehr einerseits durch die rein zahlenmäßige Stärke des Wanderstammes bestimmt, andererseits aber durch das Vorhandensein einer energischen und umsichtigen Führungsschicht. Hatte sich diese verbraucht wie etwa bei den Cheruskern, dann sank oft ein ganzes Volk aus einer starken geschichtlichen Position wieder ab und ging sogar unter. Es entstanden Splittervölker, deren Erforschung zu den schwierigsten, wenn auch reizvollsten Herausforderungen an jene Gelehrte zählt, die es sich zum Ziel gesetzt haben, Licht in das dunkle Zeitalter der Völkerwanderung zu bringen. Diese Splittergruppen bewirken, daß uns spätantike wie frühmittelalterliche Geographen, Historiker und Chronisten eine derartige Fülle von Namen übermitteln, daß man im 19. Jahrhundert jede Menge zu tun hatte, um sie alle auch nur listenmäßig zu erfassen.

Diese integrierten Germanen an den – wie Hieronymus sich ausdrückt – »halbbarbarischen« Ufern des Rheins waren genaugenommen die ersten Christen der deutschen Geschichte, nur ist es schwierig, ihrer habhaft zu werden. Die Namen werden naturgemäß latinisiert; Erwähnungen, Grabsteine, Heiligenviten lassen uns nicht über Mutmaßungen hinauskommen. Da Nîmes und Trier die größten Städte Galliens waren, da die germanische Infil-

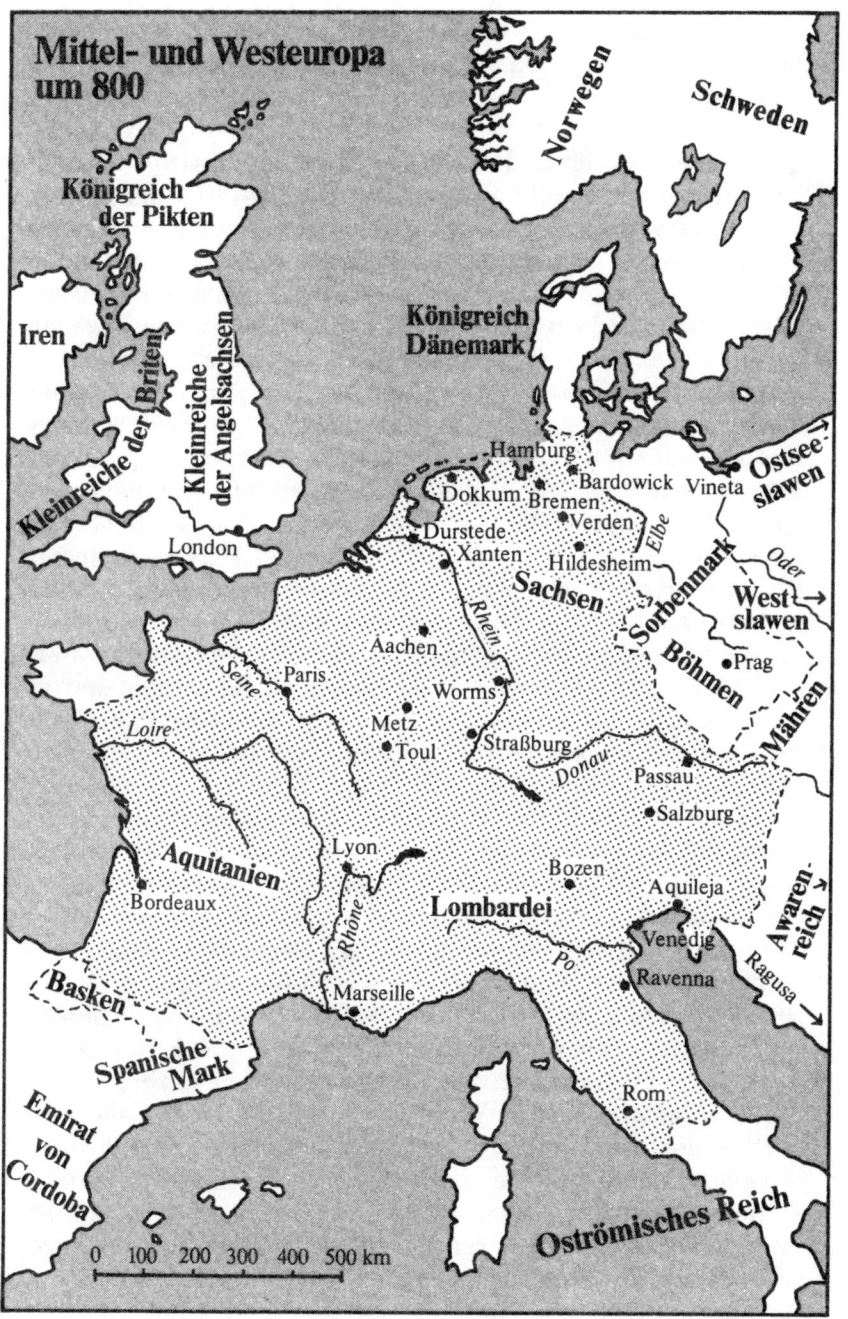

Mittel- und Westeuropa um 800

Königreich der Pikten

Iren

Schweden

Norwegen

Königreich Dänemark

Kleinreiche der Briten

Kleinreiche der Angelsachsen

London

Hamburg
Dokkum
Bardowick
Vineta
Ostsee slawen

Bremen
Verden
Durstede
Xanten
Hildesheim
Sachsen
Elbe
Sorbenmark
Oder
West slawen

Aachen
Rhein
Böhmen
Prag

Paris
Seine
Worms
Metz
Toul
Straßburg
Donau
Mähren

Loire
Passau
Salzburg

Aquitanien
Lyon
Bozen
Aquileja
Awaren- reich

Bordeaux
Rhône
Lombardei
Venedig
Ragusa

Basken
Po
Ravenna

Spanische Mark
Marseille

Emirat von Cordoba
Rom

Oströmisches Reich

0 100 200 300 400 500 km

tration bis Reims und Metz drang und natürlich auch Köln, Straßburg, Tongern, Mainz und andere wichtige Orte dieses Raumes erreichte, vollzog sich hier wohl schon im späten zweiten, mit Sicherheit aber im dritten Jahrhundert eine germanisch-christliche Begegnung, ohne daß wir über sie viel zu sagen wüßten. Immerhin gibt es wichtige Anhaltspunkte, Männer der Kirche, deren Existenz durch einwandfreie Zeugnisse belegt und durch ihre eigenen Werke relativ gut bekannt ist. Unter ihnen steht an erster Stelle Bischof Irenäus von Lyon, der vermutlich im Jahr 202 das Martyrium erlitt und nach seinem frühesten Zeitansatz um 115 am griechisch besiedelten Westrand Kleinasiens zur Welt kam.

Irenäus reiste schon 168 oder vorher nach Rom, wurde dann Weihbischof bei dem später als heilig angesehenen Bischof Pothinus und war seit 177 als Bischof von Lyon Haupt einer vorwiegend griechischen Gemeinde, in der Kaufleute und Fernhändler ein wenn auch zahlenmäßig nicht sehr starkes, aber wirtschaftlich gewichtiges Stadtpatriziat bildeten. Irenäus' Wirken erstreckte sich weit über Lyon hinaus. Er bekämpfte Irrlehren und bat in vielen Briefen den Papst um Verständnis für die jungen Christengemeinden auf gallischem und germanischem Boden. Es sei für den neuen Glauben doch recht unwichtig, wann gefastet und an welchen Tagen gefeiert werde, Hauptsache, das Christentum werde nicht nur angenommen, sondern auch Teil des wirklichen Lebens in all diesen großen und kleinen Städten.

»Daher ist es«, schreibt der große Kirchenhistoriker Adolf von Harnack, »vorausgesetzt, daß sich Irenäus korrekt ausgedrückt hat, gewiß, daß in den größten germanischen Römerstädten ... bereits um das Jahr 185 Gemeinden mit Bischöfen waren.«

Eine zweite Frage ist, wie groß diese Gemeinden waren, dies insbesondere im Vergleich zur jeweiligen Gesamtsiedlung. Waren die Römerstädte am Rhein schon so gut wie völlig christianisiert, wie Irenäus es behauptete, oder bildeten die Christen nur kleine, zähe Inseln in einer überwiegend heidnischen Bevölkerung?

Die Frage läßt sich, je nach der zufälligen Quellenlage, nur punktweise beantworten, denn wenn wir auch von Konzilien wissen, deren Teilnehmer nach ihren Bischofssitzen aufgezählt werden, so sagt das ja noch nichts darüber, wie groß die einzelnen Gemeinden tatsächlich waren. Zwar darf man annehmen, daß es nicht gerade unbedeutende Gemeinden waren, die einen Bischof hatten, und daß sich eine Gemeinde, der ein Bischof vorstand, auch einer gewissen Stabilität erfreute, so daß es zur Bildung von Traditionen kam, die man anhand von Bischofslisten verfolgen kann. Aber was hat man sich unter einem *conventiculum ritus christiani* vorzustellen? Sind hier erst winzige Zellen gemeint (die betreffende Bemerkung Ammians bezieht sich auf das Jahr 355)? Eine genauere Prüfung der Stelle (Ammianus Marcellinus 15, 5) zeigt allerdings, daß Verallgemeinerungen bedenklich wären. Ammian, selbst keineswegs Christ, berichtet über den Tod des Usurpators Silvanus, eines romanisierten Franken, der sich, zum Oberkommandierenden in Gallien ernannt, hatte zum Kaiser ausrufen lassen, so daß man einen Mordanschlag gegen ihn plante:

»Nachdem das Geschäft [d. h. der Mordplan] auf solche Weise abgeschlossen war – die Vermittlung übernahmen einige einfache Soldaten, die durch ihre Anonymität besonders dafür geeignet schienen und denen die hohe Belohnung ins Auge stach –, brach beim ersten Morgenrot plötzlich ein bewaffneter Haufe vor und machte kühn, wie es solche zweifelhaften Lagen gewöhnlich mit sich bringen, die Wachtposten nieder. Sodann drangen sie in den Palast, holten Silvanus, der sich in seiner Angst in eine kleine Kapelle geflüchtet hatte und sich in den Versammlungsraum der Christen retten wollte, heraus und machten ihn mit zahlreichen Schwerthieben nieder. So fand ein hochverdienter General den Tod, lediglich aus Furcht vor Intrigen.«

Das geschah in Köln. Es gab also dort einen Palast, in dem Palast eine christliche Kapelle wie in späteren Palästen rein christlicher Zeitalter und neben der Kapelle noch einen Versammlungsraum für die Christengemeinde, der nicht der einzige in Köln gewesen sein muß. Auch Bonitus, Silvanus' fränkischer Vater, wird als verdienter Heerführer bezeichnet, ja Ammianus Marcellinus rühmt seine Heldentaten. Muß man daraus wirklich folgern, wie Harnack, der mit dem ganzen Gewicht seiner Autorität aus all dem folgenden Schluß zieht: »Diese Nachricht genügt, um das Christentum in ganz Germanien als sehr gering vorzustellen.«?

Schon dreizehn Jahre später ereignet sich in dem von Köln nur zweihundert Kilometer entfernten Mainz ein Alamannenüberfall, der den Umstand nutzt, daß die Bevölkerung so gut wie ausschließlich christlich ist:

»Etwa zur nämlichen Zeit [368] war Valentinian mit aller Vorsicht, wie er selbst meinte, zu einem Kriegszug ausgerückt, als sich ein alamannischer Königssproß namens Rando nach einem lange vorbereiteten Plane heimlich mit einer leichtbewaffneten Räuberschar in das von Truppen entblößte *Moguntiacum* (Mainz) einschlich. Zufällig (?) kam er mitten in die Feier eines Jahresfestes, welches die christliche Gemeinde beging, und konnte so ohne jede Schwierigkeit und ohne auf Verteidigung zu treffen Männer und Frauen jeglichen Standes sowie beträchtlichen Hausrat hinwegführen« (Ammianus Marcellinus).

Die große Christengemeinde von Mainz verleitet so manchen Chronisten sogar zu Übertreibungen, etwa wenn Hieronymus zu erzählen weiß, bei einem Germanenüberfall zu Beginn des fünften Jahrhunderts seien in einer Mainzer Kirche mehrere tausend Menschen erschlagen worden. Eine Kirche dieser Größenordnung gab es zu Hieronymus' Zeit (um 348–420) weder in Mittel- noch in Westeuropa. Hieronymus übertreibt hier oder ist vielleicht auch selbst nur einem ungenauen Bericht aufgesessen. Immerhin können sich ja Tausende von Christen zu einer Kirche geflüchtet haben, ohne daß das Gotteshaus sie alle zu fassen vermochte.

Da damals auch Trier, das zu dieser Zeit als kaiserliche Residenz seine bauliche und kulturelle Blüte erlebte, seine zweite christliche Kirche erhielt, dürfen wir annehmen, daß das vierte Jahrhundert – jenes Jahrhundert, in dem Konstantin der Große die Wende zum Christentum herbeiführte – auch für die unter römischer Botmäßigkeit oder als Föderaten auf römischem Boden lebenden Germanen den Durchbruch des Christentums brachte. Trier nahm für die ganze germanische Kirchengeschichte eine Schlüsselposition ein. Hier begegneten sich die Einflüsse aus dem Südwesten und aus dem Südosten, die Ausstrahlungen aus dem Raum Arles-Valence-Lyon, wo griechische Händler das Christentum propagierten, und aus Aquileja, von wo das Christentum über die Alpen und den Rhein hinab vordrang. *Augusta Treverorum*, wie die Stadt lateinisch hieß, war zunächst nur eine weniger wichtige römische Befestigungsanlage gewesen, hatte dann aber durch den Moselhandel beträchtlichen Aufschwung genommen und sich zu beiden Seiten des Flusses ausgebreitet. Wiederum also hatte ein Wasserweg über die Bedeutung der Stadt entschieden.

Trier war der gewöhnliche Aufenthaltsort von Feldherren und Kaisern, die am Rhein residierten oder Krieg führten, erlangte bald aber auch durch seine Schulen besonderen Ruf, und diese Ansammlung von Intellektuellen bereitete naturgemäß den Boden auch für die christliche Lehre. Einer der berühmtesten, vielleicht der berühmteste der dort wirkenden Lehrer überhaupt, war Athanasius von Alexandrien, der Kirchenlehrer und Hauptgegner der arianischen Lehre. Infolge seiner Auseinandersetzungen mit dieser hatte er Alexandria verlassen müssen – dies unter dem Vorwand, er habe sich mit einer stadtbekannten Kurtisane eingelassen – und war über Mailand nach Trier gelangt, wo er sich mindestens achtundzwanzig Monate (nach anderen Quellen gar sieben Jahre) aufhielt und bedeutende Schriften verfaßte. Der unbeugsame Gegner jenes arianischen Christentums, das sich gerade anschickte, die ostgermanischen Völker zu erobern, hat ganz offensichtlich die Chance nicht erkannt, die sich ihm hier bot. Er kämpfte ein Leben lang unbeugsam gegen den Arianismus und mußte mindestens fünfmal fliehen, weil die römischen Kaiser, voran Konstantin der Große und Konstantius, selbstverständlich an der Einheit und am guten Auskommen ihrer christlichen Untertanen interessiert waren. Konstantin der Große hatte das Christentum zum Sieg geführt, um den religiösen Frieden in seinem großen Reich herzustellen, nicht um ihn durch neuen Klerikerstreit zu gefährden. Athanasius, überzeugt, ja fanatisch, der vielleicht bedeutendste Verfechter des Glaubens an einen dreifaltigen Gott, ließ sich durch solche Rücksichten jedoch nicht von seinem Weg abbringen. Lieber nahm er es in Kauf, immer wieder die Stätte seines Wirkens wechseln zu müssen. Dennoch erreichte er ein hohes Alter. Er war beinahe achtzig Jahre alt, als er 373 starb.

Auffällig ist, mit welcher Hartnäckigkeit sich Legenden über das früheste Christentum in Trier gehalten haben. Die Stadt, die man ein germanisches Rom genannt hat, eine Stadt, die von Kelten (Galliern), Römern und Germanen geschaffen wurde, soll als ersten Bischof einen Jünger des heiligen Petrus gehabt haben; ja, in typisch mittelalterlicher Übertreibung knüpft die Sage eine noch intimere Verbindung zwischen Trier und dem Neuen Testament, denn Maternus soll niemand anderer gewesen sein als jener Jüngling, den Jesus am Stadttor von Naim von den Toten auferweckte. Drei heilige Männer missionierten im Elsaß und im Rheinland: Eucharius (den die Trierer Bischofslisten an erster Stelle nennen), Valerius und eben Maternus. Sie hätten sich die Diözesen Tongern, Köln und Trier gleichsam in einem Turnus aufgeteilt, allerdings sei Maternus durch ein Wunder imstande gewesen, in allen drei Bischofsstädten zugleich die Messe zu lesen. Ein Maternus ist

313 auf einem Konzil zu Rom und 314 auf einem zu Arles geschichtlich bezeugt; mehr weiß man nicht von ihm.

Fester wird der Boden, auf dem wir uns bewegen, wenn wir die Legende von irgendwelchen unmittelbaren Beziehungen zwischen dem Apostel Petrus und den ersten Bischöfen zu Trier fallen lassen. Sie ist vermutlich eine jener gutgemeinten Erfindungen, durch die Kleriker des frühen Mittelalters ihrer Stadt und deren Bistum eine gewisse Überlegenheit, einen zumindest historischen Vorrang vor anderen zu geben versuchten. Insbesondere die Rivalität mit dem nahen Metz dürfte zeitweise zu solch einem Legendenkrieg geführt haben. Man nahm es mit der historischen Wahrheit nicht so genau. Schon im Altertum pflegten sich zum Beispiel Dynastien durch angebliche Abstammung von irgendeiner Gottheit zu legitimieren. In christlicher Zeit fuhr man damit fröhlich fort, indem man sich nun auf Persönlichkeiten der christlichen Überlieferung berief. So führte der Kirchenstaat seine Daseinsberechtigung auf die angebliche »konstantinische Schenkung« zurück, und Bischofsstädte mußten ihren Apostel oder Apostelschüler haben.

Halten wir uns an die Dokumente, die uns das Konzil in Arles bewahrt hat, so findet sich ein Bischof Agritius aus Trier. Er muß eine besonders geachtete Persönlichkeit gewesen sein, unterzeichnete er doch unmittelbar nach dem Gastgeber-Bischof von Arles. Es gibt auch ein Diplom, in dem Papst Silvester I. (314–335) eben diesen Agritius zum Primas von Gallien und Germanien ernennt.

Tatsächlich spielte Trier zu Agritius' Zeit eine besonders wichtige Rolle. Schon Constantius Chlorus hatte hier residert und von hier aus Gallien, Britannien und Spanien regiert. Sein Sohn Konstantin der Große hatte zehn Jahre lang seine Residenz in Trier, und Kaiserin Helena, Konstantins Mutter, blieb der Stadt so sehr gewogen, daß sie nicht nur für profane Projekte, sondern insbesondere für christliche Kultbauten großzügig Mittel zur Verfügung stellte. Die Rhetorenschule, wie man damals die Universitäten nannte, übte eine außerordentliche Anziehungskraft auf wandernde Gelehrte aus, die zwar nicht alle Christen waren, aber jedenfalls in Trier mit einem auch geistig starken Christentum auf deutschem Boden konfrontiert wurden. Und diese Auseinandersetzung wiederum war es, die lernbegierige und aufgeschlossene Jugendliche (freilich nur aus der damaligen Oberschicht) nach Trier führte. Die Oberschicht aber war inzwischen stark mit Germanen durchsetzt, wie sämtliche historischen Zeugnisse aus der damaligen Zeit erkennen lassen. Längst war man über die erste Generation germanischer Offiziere, ja Heerführer in römischen Diensten, hinaus. Es gab Söhne germanischer Abstammung, doch lateinischen Bildungsanspruchs überall zwischen Konstantinopel und Nîmes, aber natürlich auch viele Gallier, die durch das Stadtpatriziat und seine wirtschaftliche Bedeutung in gehobene Positionen gelangt waren. Die Missionsbischöfe jener Zeit betonen, daß sie keltisch, also im Idiom der Gallier unter römischer Herrschaft, predigen mußten, und daß sie immer wieder auf noch heidnische Germanen stießen.

Neben Athanasius, der mehr oder minder unfreiwillig nach Trier kam, besuchten Claudius Mamertinus und andere Panegyriker wie Ursulus und Harmonius die Stadt. Mamertinus scheint sich hier länger aufgehalten zu haben, denn von ihm sind Lobreden auf Maximinian, den Mitregenten Diokletians, bekannt, die er am 21. April 289 und im Jahr 291 gehalten hat. Er schmeichelte dem heidnischen Kaiser so hemmungslos, daß die beiden in eine Redensammlung aufgenommenen Ansprachen historisch keinen besonderen Wert besitzen. Da aber Diokletian einer der härtesten Christenverfolger war, ist aus diesem Umstand zu schließen, daß zumindest die Rednerschule damals noch nicht christlich beeinflußt war, obwohl es in Trier bereits christliche Bischöfe gab. Mamertinus war übrigens kein Germane, sondern Gallier. Der bedeutendste Besucher Triers bleibt jedoch der heilige Hieronymus, der vermutlich aus Laibach stammende große Kirchenlehrer, Übersetzer des Alten Testaments und Kommentator der prophetischen Bücher. Dieser wohlhabende und hochgebildete Mann reiste stets in Begleitung von Freunden und durchmaß den Mittelmeerraum so häufig in allen Richtungen, daß allein das schon eine bemerkenswerte Leistung war. In Trier weilte er bald nach seiner Bekehrung in Rom, gemeinsam mit seinem Freund Bonosus. Hieronymus war zwar von christlichen Eltern geboren worden, hatte aber erst spät zu seiner Berufung gefunden und sich als reicher Jüngling in Rom noch recht heidnischen Genüssen hingegeben. Die Bischofsstadt Trier war eine der ersten Stationen auf seinem langen Weg durch die frühchristliche Welt.

Als Hieronymus nach Trier kam, war dort ein Bischof namens Maximinus tätig. Auch er hatte noch den hohen Rang, den man Agritius eingeräumt hatte, denn er unterzeichnete auf dem Konzil von Serdica (Sofia) im Jahr 344 ebenfalls unmittelbar nach dem Gastgeber-Bischof. Agritius wie Maximinus hatten ihren härtesten Kampf gegen die heidnischen Traditionen in der Moselresidenz zu führen, die sich uns damit und mit allem, was wir über die Rednerschule wissen, als ein interessantes Kuriosum darstellt. Bestand hier doch unter den Augen von Kaisern, Feldherren und Statthaltern Jahrzehnte, wenn nicht gar Jahrhunderte hindurch, ein Zentrum sowohl heidnischer wie christlicher Wissenschaft und Lehre, und die Auseinandersetzungen zwischen den beiden Lagern wurden offensichtlich nur am Rednerpult ausgetragen. Einer der Helfer, mit denen Agritius gegen die heidnische Bildung antrat, war Lucius Caecilius Firmianus Lactantius, ein christlicher Popularphilosoph, der zwar noch ziemlich vage theologische Vorstellungen hatte, aber ein so wohlgeschliffenes Latein schrieb, daß man ihm den Ehrentitel eines Cicero Christianus beilegte. Er unterrichtete um 312 Konstantins des Großen Sohn Crispus und wurde vor allem durch sein unmittelbar nach den großen diokletianischen Verfolgungen verfaßtes Werk *De mortibus persecutorum* (»Vom Sterben der Verfolger«) bekannt. Darin schildert er, wie elend all jene zugrunde gingen, die das Christentum verfolgten, und womit sie ein so schlimmes Ende verdient hätten. Die Schrift, eine der ältesten der christlich-lateinischen Literatur, ist eine Hauptquelle über die diokletianischen Verfolgungen. Lactantius, der aus Nordafrika stammte, erreichte ein hohes Alter und starb wohl erst um 340. Er erlebte es also noch, daß sein Schüler Crispus vom eigenen Vater, dem großen Konstantin, umgebracht wurde ...

Trier erweist sich damit als ein Zentrum von großer Anziehungskraft. Gelehrte und Männer der Kirche kommen aus allen Himmelsrichtungen, von Alexandria in Ägypten ebenso wie aus Dalmatien, aus Nordafrika, Kleinasien und natürlich aus dem nahen Gallien. Maximinus, Agritius' Nachfolger, und der wiederum auf ihn folgende Paulinus waren aus Aquitanien, dem heutigen Südwestfrankreich, nach Trier gekommen. Maximinus entstammte einer wohlhabenden Familie aus Silly, wurde Schüler des Agritius und war – im Gegensatz zu dem mehr schriftstellerisch begabten Lactantius – ein hervorragender Kanzelredner. Wenn er predigte, vermochte die Kirche das Volk nicht zu fassen. Seine Zeit, die Mitte des vierten Jahrhunderts, hatte also den vollen Durchbruch des Christentums in Trier gebracht, wenn auch Maximinus noch heftige Kämpfe gegen abweichende Lehren auszufechten hatte. Man schreibt es seinem Einfluß auf Kaiser Konstantin II. zu, daß das Römerreich nicht von oben herab arianisiert wurde – mit anderen Worten: Maximinus, Bischof von Trier, hat das arianisch-germanische Christentum um die sichere Herrschaft gebracht und damit vielleicht den Katholizismus gerettet. Ohne ihn hätte möglicherweise Deutschland einen von Rom ebenso abweichenden christlichen Glauben, wie dies in vielen slawischen Ländern der Fall war und blieb, weil die Ostkirche sich abspaltete.

Wegen eines Meinungsstreites mit seinem Kölner Amtsbruder Euphrates mußte Maximinus 346 eine Nationalsynode einberufen. Sie war die erste Nationalsynode auf deutschem Boden und führte zur Verurteilung des Euphrates, der sein hohes Amt verlor. Euphrates war ein verkappter Arianer, das heißt, er bemühte sich um einen Mittelweg, um eine Duldung des Arianismus, so wie dies ja auch der große Ulfilas als Gotenbischof getan hatte. Am Rhein aber hatte man für Kompromisse in Glaubensdingen nie viel übrig gehabt, und die Bischöfe von Tongern und anderen Städten gingen sehr entschlossen gegen Euphrates vor.

Dies war die zweite Front gegen den Arianismus, die von Trier aus aufgerichtet wurde, und wenn auch Maximinus mit seinem starken Einfluß auf den Kaiserhof die großen Entscheidungen schon herbeigeführt hatte, so ist der Streit mit Euphrates doch zweifellos mehr als eine lokale Episode. Euphrates nämlich war ein bedeutender und angesehener Kirchenfürst. Nach der Einigungssynode von Serdica (Sofia) 343/44 war ihm die ehrenvolle Pflicht zuteil geworden, gemeinsam mit einem Amtsbruder die Beschlüsse der Versammlung nach Antiochia zu bringen und dem Kaiser zu unterbreiten. In jener Residenz hatte er eine der häufig von reisenden Prälaten berichteten sexuellen Versuchungen: In seinem Schlafgemach befand sich plötzlich eine hübsche Dirne. Euphrates aber, schon recht betagt, rief den Himmel zu Hilfe und sündigte nicht. Doch seine Standhaftigkeit wog wenig. Seine Toleranz gegenüber Andersgläubigen führte dennoch dazu, daß man ihn absetzte. Seiner Ämter und Würden ledig, irrte er durch seine frühere Diözese und kam schließlich im Rhein um, doch nicht einmal der Strom wollte ihn behalten. Vielmehr berichtet die Sage, voll Abscheu vor dem Leichnam des Abtrünnigen habe der Fluß die Insel Volmerswerth entstehen lassen, auf der man Euphrates begrub.

Der heute vergessene Glaubensstreit gegen den Arianismus

beherrschte auch das Leben des heiligen Paulinus von Trier, nun aber waren es die Vertreter der katholischen Kirche, die zurückweichen mußten, weil der Kaiser – Konstantius II. (337–361) – dem Arianismus zuneigte und die Vereinheitlichung der Religionen in seinem Reichsteil auf dieser Basis anstrebte. Es ging dabei nicht nur um Lehren, sondern auch um Personen, vor allem um den unbeugsamen Athanasius, der freilich unbeugsam blieb und jeder Verurteilung trotzte.

Der angesehene Bischof von Trier sollte 351 als erster eine derartige Verurteilung unterzeichnen, aber Paulinus weigerte sich, und damit war nun natürlich er selbst aufs äußerste gefährdet, obwohl der Kaiser, der im Augenblick andere Sorgen hatte, nicht sofort gegen ihn vorging. Zwei Jahre später, auf einer neuen Bischofsversammlung in Arles, wo Konstantius residierte, wurde unter seinen Augen und auf stärksten Druck schließlich Athanasius von der Mehrheit der Bischöfe verurteilt, was einem Bekenntnis zum Arianismus gleichkam, auch wenn es nur, wie jenes Dokument betont, »um des Friedens willen« erfolgte. Paulinus verlor sein Amt, ging ins Exil nach Kleinasien und starb fünf Jahre später, wie man sagte, an den Entbehrungen des Flüchtlingslebens. Seine Enthauptung ist eine Legende.

Für uns ist wichtig, daß Paulinus, obwohl er nur kurz in Trier amtierte, sich mit größter Intensität der Bekehrung des Landvolkes widmete, also der Christianisierung der im Moselland wohnenden Germanen. Wie es scheint, hatte er schon zuvor Missionsarbeit geleistet; einer seiner damaligen Gefährten hieß Castor und wurde heiliggesprochen. Aber auch die Namen anderer Mit-Missionare sind bekannt. Ihre Aufgabe war besonders schwierig, weil die ins Moselland abgedrängten Ubier noch ihren Muttergöttinnen anhingen.

So fiel es ihnen selbstverständlich schwer, Gottvater und Gottsohn zu akzeptieren, und die Missionare des Paulinus, Castor, Lubentius und Quiriacus sahen oft keinen anderen Ausweg, als sich auf Maria, die Mutter Jesu, zu berufen, die allerdings erst sehr viel später (431) in Ephesus den Titel »Gottesmutter« erhielt.

Castor sonderte sich bald ab. Zwar war er Schüler des großen Bischofs Maximinus, doch liebte er mehr das kontemplative Leben als die Diözesanarbeit, und er predigte, moselabwärts ziehend, den teils romanisierten, teils germanischen Bauern des Landes, ehe er sich in einer Höhle bei Karden unweit von Koblenz als

Einsiedler niederließ und dort bald von Gläubigen oder Trostsuchenden aufgesucht wurde.

Paulinus begann sein Bischofsamt hingegen damit, daß er die Gebeine des in seiner Heimat Aquitanien gestorbenen Maximinus nach Trier bringen ließ. Sie wurden in der Basilika Sankt Johannes beigesetzt und diese in Sankt Maximin umbenannt, ein Vorgang, der interessante Aufschlüsse über das damals noch recht einfache Verfahren zuläßt, durch das ein verdienter kirchlicher Würdenträger zum Heiligen wurde.

Mit den Gebeinen des in der Verbannung gestorbenen Paulinus hatte es Bischof Felix von Trier (386–398) wesentlich schwerer. Sie ruhten schließlich nicht im nahen Aquitanien, und Paulinus war auch im Streit mit der Kirche verstorben. Bischof Felix selbst aber hatte lange Zeit einer Irrlehre zugeneigt und sah es darum als einen Akt der Sühne und Wiedergutmachung an, daß er die schwierige und kostspielige Heimführung der Gebeine des Paulinus energisch betrieb. Sie trafen schließlich in einem Sarg aus Zypressenholz in Trier ein. Dieser wurde an vier Ketten im Gotteshaus aufgehängt und war bis zum Jahr 893 so für alle Gläubigen sichtbar. Dann aber erreichten normannische Seeräuber, welche auf den Flüssen ins Landesinnere vorgedrungen waren, die Stadt Trier und durchhieben die Ketten.

Paulinus' Sarg wurde zweimal geöffnet, wobei die erste Öffnung im Spätmittelalter nur ergab, daß der Tote nicht enthauptet worden war. Die zweite Öffnung erfolgte vor etwa hundert Jahren und war von ersten eingehenderen Untersuchungen begleitet. Diese ergaben für den Sarg, daß er aus dem Holz eines Nadelbaumes gefertigt ist, der in Europa nicht vorkommt, und brachte auch andere Hinweise auf die Echtheit der Reliquien.

Die Bischöfe aus Aquitanien begründeten in Trier eine starke, im Lauf der Jahrhunderte wohl unterbrochene, aber nicht aufgehobene Tradition, die schließlich einen rheinischen Heiligen hervorbrachte, den noch heute jeder kennt: Sankt Goar, damals Gawari geschrieben und gesprochen.

»In den Tagen des Frankenkönigs Childebert (511–558), der ein Sohn König Chlodovechs war, lebte ein verehrungswürdiger Mann mit Namen Goar. Er stammte aus Aquitanien, sein Vater hieß Georgius und seine Mutter Valeria. Er hatte ein redliches Gemüt, war stattlich anzusehen, von demütigem Sinn, in seinem Lebenswandel rein und keusch, vollkommen im Glauben, mit allen christlichen Tugenden geziert. Durch fortgesetztes Beten und Fasten hatte er es soweit gebracht, daß er die Geheimnisse der Zukunft vorauszusehen vermochte. Es geschah nun, daß er auszog nach den Wohnplätzen der Germanen und am Rhein, nicht weit von Trier, an eine Stelle kam, wo ein Flüßchen ist, Wokara genannt. Dort baute er mit Zustimmung des Bischofs Felicius ein kleines Kirchlein und barg die Reliquien vieler Heiliger an dieser Stätte, nämlich der heiligen Maria, der Mutter Gottes, des Täufers Johannes, der zwölf Apostel und noch vieler anderer Heiligen.«

Die naive Erzählung eines Mönches aus dem alten Kloster Prüm berichtet dann von der Bekehrung vieler Heiden, bei denen es sich im sechsten Jahrhundert ja nur noch um Germanen gehandelt haben kann, denn die römischen Soldaten waren längst mit ihren Familien abgezogen. Goar wird als gastfrei geschildert; er nahm Wanderer bei sich auf und bewirtete sie, und da diese ja nicht immer erst mittags ankamen, konnte es geschehen, daß schon am Morgen vor der Klause gegessen und getrunken wurde. An Wein wird es am Rhein wohl nicht gefehlt haben.

Solches Treiben erweckt immer Mißtrauen. Der Trierer Bischof Rusticus sendet zwei Kleriker zu Nachforschungen aus, die alle Gerüchte bestätigt finden, und lädt Goar vor sein Gericht. Auf der Reise nach Trier ereignen sich einige kleinere Wunder, bei seinem Auftreten vor Rusticus hängt Goar seine Mütze an einen Sonnen-strahl, und als endlich in der berühmten Trierer Marmorschale für die ausgesetzten Kinder ein drei Tage alter Säugling gebracht wird, dessen Vater und Mutter unbekannt sind, bringt der Heilige das Neugeborene durch ein Wunder zu der klaren Aussage: »Der Bischof Rusticus hier ist mein Vater, und meine Mutter ist die Dame Aflagia.«

Rusticus bekannte, daß dies stimme, und schwor, Buße zu tun, wozu ihn auch Goar ermahnte. Natürlich blieb der Vorfall nicht geheim. Schließlich wird nicht alle Tage ein Bischof auf diese Weise heimlicher Liebesbeziehungen überführt, und der Frankenkönig Sigibert (561–575) interessierte sich für den heiligen Mann, vor allem aber wohl für die Vorgänge in Trier.

Sowie Goar vor ihm erschien, befragte er ihn der Reihe nach über alles, was geschehen war, über die Boten, die wilden Tiere [die Goar gemolken hatte], über den Bischof und den sprechenden Säugling. Der Heilige aber gab ihm auf seine Fragen keine Antwort, und erst, als Sigibert I. ihm drohte, ließ er ihn erzählen, was er wisse, und bestätigte es mit ausweichenden Worten. Darauf wollte der König *ihn* zum Bischof von Trier einsetzen, aber Goar weigerte sich, kehrte in seine Klause zurück und gab erst sieben Jahre später wieder Nachricht von sich, denn es erschien ihm unmöglich und sündhaft, sich bei Lebzeiten eines Bischofs auf dessen Stuhl zu setzen. Nach diesen sieben Jahren sagte Goar sein Ende voraus und erbat sich zwei königliche Boten, die er benannte, für den Fall seiner Todeskrankheit.

»Es geschah aber«, so schließt die alte Lebensbeschreibung, »als drei Jahre und drei Monate vergangen waren, daß der Heilige, von einem heftigen Fieber ergriffen, in hohem Greisenalter, nachdem Agrippinus, Eusebius und viele andere Priester und Gottesknechte zu ihm gekommen waren, an demselben Orte, wo er seine Zelle gebaut hatte, in Frieden heimging, am sechsten Tage des Monats Juli. Seinen Leichnam bestatteten Agrippinus und Eusebius und viele andere Geistliche und Laien unter hohen Ehren an dem Orte am Rheinufer, wo das Flüßchen Lohbach ist. Hier läßt unser Herr Jesus Christus, Gottes Sohn, an allen Gläubigen, die dort beten, viele Wunder geschehen ...«

Die Legende enthält eine Reihe häufiger Motive, wie das Melken der Hirschkühe oder die prophetische Gabe, die seit Severin beinahe allen Heiligen zugeschrieben werden, welche im germanischen Lebensbereich wirken, weil bei den Germanen ja Seherinnen in so hohem Ansehen standen. Die Handbücher und Geschichtsschreiber gehen mit dem liebenswürdigen Patron der Rheinschiffer nicht sehr freundlich um. Obwohl die Vita durch die Nennung der Herrscher seiner Zeit und der Trierer Bischöfe eindeutige Hinweise auf das sechste Jahrhundert gibt, nennt das sonst so brauchbare *Handbuch der Namen und Heiligen* von Otto Wimmer den 6. Juli 508 als Todestag. Wetzer und Weltes *Kirchenlexikon* nimmt glaubhafter das Jahr 575 als Todesjahr an und bezeichnet Goar als einen erfolgreichen Missionar am Mittelrhein. Sein Leichnam ging in der Reformation verloren, doch werden einzelne Reliquien in Sankt Castor zu Koblenz aufbewahrt.

Natürlich gibt es in diesen alten Geschichten Ungereimtheiten, historische Unmöglichkeiten, Widersprüche und Absurdes, aber niemand wird sie darum entbehren wollen. Kein vernünftiger Katholik wird glauben, daß im sechsten Jahrhundert am Rhein echte Reliquien der Mutter Maria oder Johannes des Täufers auftauchen konnten, oder daß ein Einzelner Reliquien aller zwölf

Apostel zusammenbrachte, die bekanntlich an den verschiedensten Punkten der Alten Welt starben. Da ist ja noch der Unbekannte wahrscheinlicher, der, aus Pannonien kommend, am Donauufer einen Reliquienschatz für den heiligen Severin bereithatte. Auch die in der Klosterniederschrift genannten Herrscher kollidieren mit der Trierer Bischofsliste, und eine Mütze oder eine *cappa* (Mantel) an einen Lichtstrahl zu hängen, ist ein Taschenspielerstückchen, für das sich ein Heiliger zu gut sein sollte.

Sankt Goar und seine Geschichte aber haben etwas sehr Wesentliches an sich: Sie zeigen uns das sich herausbildende rheinische Lebensgefühl in seinen Anfängen, lassen aber auch die Widerstände erkennen, auf die es stößt. Den strengen und altehrwürdigen Traditionen des Bistums Trier, in dem die lateinische Gelehrsamkeit fugenlos in die christliche Missions- und Diözesanarbeit übergeht, tritt gleichsam aus dem Nichts ein Klausner entgegen. Gewiß, er kommt, wie die Bischöfe von Trier, aus Aquitanien, aber dieses Aquitanien war damals sehr groß. Es reichte von den Pyrenäen bis nach Orléans, und der Mönch, dem wir die Aufzeichnung der *Goars-Vita* verdanken, kam vermutlich auch von dort, jedenfalls mischte er viel Altfranzösisches in sein Latein. Die in ihrer Naivität köstlich zupackende Geschichte setzt das asketische Pharisäertum der etablierten Prälaten (die gleichwohl heimlich Kinder zeugen und diese aussetzen lassen) gegen die offene Lebensbejahung des kleinen Volkes, der Weinbauern und der Schiffer. Der Rhein brachte stets allerlei Volk an seine halbbarbarischen Ufer, aber dank der besänftigenden Wirkung dieser freundlichen Gestade blieb es eben doch bei einer nur halben Barbarei. Die Römer verbrüderten sich hier so vollständig wie sonst nirgends auf deutschem Boden mit den Ansässigen und schoben die Zone ihrer Kastelle und Handelsinteressen aus dem west-östlich verlaufenden Limesgrenzraum in energischem Vorstoß nach Norden vor, weil der Rheinlauf dies vorzeichnete. Die Germanen stellten zwar am Rhein und sogar westlich von ihm reichlicher als anderswo ihre Matronendenkmäler auf; ihren Kult der Muttergottheiten, der Ubier und Sugambrer lange zu so unerbittlichen Gegnern der Römer machte, ließen sie in späteren christlichen Zeiten schließlich in die Muttergottesverehrung münden.

Das kurioseste Beispiel von den Wirkungen der Rheinlande auf die wilden Gemüter und die barbarischen Gewohnheiten einzelner Völker und Stämme boten aber die damals allgemein gefürchteten Hunnen, die unter anderem Trier so furchtbar verheerten. Nach den ersten Burgunderüberfällen auf heute belgisches Gebiet von Aëtius ins Land gerufen, züchtigten sie die Burgunder nicht nur, sondern kehrten in den vierziger Jahren des fünften Jahrhunderts aus eigenem Antrieb an den Rhein zurück, um die Burgunder noch einmal, und nun auf eigene Rechnung, zu bekriegen. Was von den Burgundern blieb, war so schwach, daß die fürsorglichen Römer (als die für das Strafgericht letztlich Verantwortlichen) die Umsiedlung ins heutige Burgund nordwestlich des Genfer Sees in die Wege leiteten. Die Hunnen aber – und darum erzähle ich die Geschichte – kehrten zu einem Gutteil nicht unter die Fuchtel Attilas nach Pannonien zurück, sondern ließen sich als wohlhabende Deserteure in den freigewordenen Hofstätten der Burgunder am Rhein nieder.

Gewiß hängt es nicht damit zusammen, wenn die Deutschen zwischen 1914 und 1918 von der Agentur Reuter und anderen gelegentlich als Hunnen bezeichnet wurden. Und zweifellos wurden die insgesamt wohl kaum mehr als dreitausend hunnischen Einwanderer von der starken Uferbevölkerung relativ schnell aufgesogen, wie andere Völkerschaften vorher und nachher. Es gab auch einzelne hunnische Rückwanderer, die ihrem König dann erzählten, warum es am Rhein so schön sei, woraufhin dann Attila (so würde es vielleicht eine Legende mit einiger Phantasie darstellen) alle seine Mannen zusammenrief und mit ihnen nach Westen aufbrach, über den Rhein hinweg bis zu den Katalaunischen Feldern.

Sankt Goar jedoch ist keine Erfindung. Er wurde nur zum Sammelpunkt einer Reihe verschiedener Traditionen, die in der mündlichen Überlieferung die eine oder andere Veränderung erfuhren. Mit Geschichten ist es eben ein wenig anders als mit Marmor. Die uralte Marmorschale von Trier mit der segensreichen Funktion, ausgesetzte Neugeborene der öffentlichen Fürsorge zu überantworten, diese Marmorschale jedenfalls gibt es noch. Sie wurde von König Pippin in das Kloster Prüm gebracht, wo sie das Wasser aus dem Marmorrund schöpfen konnten. Das fatale Requisit der Goar-Legende hatte damit eine unverdächtige Funktion gefunden, mag aber die Brüder immer wieder an Sankt Goar und an die heimlichen Sünden eines hochfahrenden Kirchenfürsten ·erinnert haben.

Die eiserne Zunge

»Und als der Tag der Pfingsten erfüllt war«, lesen wir in der Apostelgeschichte des Evangelisten Lukas, »waren sie alle beieinander an einem Ort. Und es erhob sich plötzlich ein Brausen vom Himmel wie das eines gewaltigen Windes und erfüllte das ganze Haus, da sie saßen. Und es erschienen ihnen Zungen, zerteilt, wie von Feuer, setzten sich auf einen jeden von ihnen, und sie wurden alle voll des Heiligen Geistes und fingen an in allen Sprachen zu predigen, wie der Geist es ihnen eingab.«

Dies ist das nicht zu bezweifelnde schriftliche Zeugnis über den Beginn der Weltmission, und Lukas schildert weiter, wie es zum Auszug der Apostel in alle Himmelsrichtungen kommt und wie Stephanus der erste Märtyrer wird. Märtyrertum und Mission stehen von diesem ersten Augenblick an in untrennbarem Zusammenhang, und die gleichsam freiwilligen, aktiven Märtyrer-Missionare unter fremden Völkern treten fortan gleichberechtigt neben die Männer und Frauen, die später in den Verfolgungen des Christentums den Märtyrertod erleiden.

Es gibt aber noch eine weitere Folge dieser pfingstlichen Aktivität, dieser Befehle des Heiligen Geistes, der die Seinen hinausschickt unter die Völker und sie darum mit allen Sprachen begabt hat: Die Missionare werden, von »heiligem Zorn« erfaßt, Gewalt anwenden und Gewalt erleiden müssen; sie werden heidnische Heiligtümer zerstören, verbrennen, auf alle Arten vernichten, und sie werden Fürsten finden, die ihnen bei diesem gewaltigen Werk mit ihren Armeen zur Seite stehen. Man hat dafür viele inzwischen allzu bekanntgewordene Formeln gefunden. Beispielsweise sprach man von einer Ausbreitung der Lehre mit Feuer und Schwert, die natürlich in tiefem Widerspruch zu der vom Christentum gebotenen Güte, Friedfertigkeit und Nächstenliebe steht. Und man hat, an die Schilderung des Pfingstwunders mit den vom Himmel herniederschwebenden Feuerzungen anknüpfend, die Schwerter christlicher Eroberer »eiserne Zungen« genannt, weil sie es nun waren, durch die der Glaube verbreitet wurde.

Es gehört zu den überraschendsten Tatsachen der Weltgeschichte, daß mächtige germanische Völker, die niemand dazu hätte zwingen können, das Christentum angenommen haben, allen voran die Goten, die klügsten, begabtesten und energischsten unter allen germanischen Stämmen, ein Volk mit einer starken Oberschicht, mit einem erprobten Herrscherhaus, mit frühen Tendenzen zur Staatenbildung. Als es keine andere Macht in Europa gab als diese wandernden Germanen, als das Römerreich längst von Soldtruppen gehalten und von schwachen Kaisern mehr verwaltet als regiert wurde, wandten diese Goten sich ausnahmslos dem Christentum zu, wenn auch meist in dessen arianischer Form. Die zahlenmäßig größten Germanenvölker – Völker, die generationenlang Roms härteste Gegner oder anspruchsvollste Verbündete waren – glitten gleichsam ins Christentum hinüber, wobei man nur dann und wann den Namen eines Missionars erfährt, und ohne daß von nennenswerten Blutopfern unter diesen christlichen Glaubensboten die Rede sein kann. Hätten sie alle sich widersetzt, diese Goten, Vandalen, Franken und Sueben, wären nicht nur sie keine Christen geworden, sondern sie hätten in den Jahren ihrer Übermacht das Christentum auch aus den anderen Ländern vertrieben, statt in Theoderich dem Großen den bedeutendsten Herrscher arianischer Konfession hervorzubringen, dessen herrliche Bauten in Ravenna von seiner religiösen Überzeugung künden. Und die wenigen Stämme, die sich dem Christentum verweigern, erscheinen auch im großen Völkergeschiebe der Wanderungen als starrköpfige Sonderlinge, als barbarische Randerscheinungen, die selbst unter Germanen nur noch bedingte Achtung genießen oder aber ausschließlich für kriegerische Sonderaufgaben eingesetzt werden: der rücksichtslos kämpfende Stamm der Heruler etwa oder die sich bisweilen wie eine Mordbande gebärdenden Thüringer.

Das Phänomen ist nicht hinreichend dadurch erklärt, daß manche Völker vielleicht aus politischen Gründen weniger Anlaß sahen, sich dem Christentum zu widersetzen. Beispielsweise kämpften die Vandalen mit größter Härte gegen die ihnen nicht zusagende römisch-katholische Form des Christentums und setzten ihren Arianismus dagegen, und das Generationen hindurch und auf dem fremden Boden Nordafrikas, wo die Vandalen weder religiöse noch andere lokale Traditionen zu verteidigen hatten. Theoderich der Große dagegen duldete die gleichen Gegensätze auf dem

Boden Italiens während seiner ganzen Regierungszeit und verfolgte nur Einzelpersonen, die er für Hochverräter halten mußte, dachte aber nie daran, mit Feuer und Schwert gegen die katholischen Römer insgesamt vorzugehen. Die Germanen konnten also unter gewissen Voraussetzungen und Notwendigkeiten sehr wohl aus religiösen Gründen zur Waffe greifen, sie konnten aber auch in entsprechenden Situationen auf Gewalt verzichten. Einen Religionskrieg großen Stils zwischen Germanen aber gab es nie, bis sich 772 die Sachsen gezwungen sahen, sich – mit dem Thorshammer auf der Brust – gegen Karl den Großen zur Wehr zu setzen. Das Wohngebiet der Sachsen läßt sich – mit heutigen geographischen Bezeichnungen und Ortsnamen – etwa wie folgt umschreiben: Im Norden grenzte es an die noch heidnischen Dänen. Die Grenzlinie, die nur wenig später (9.–10. Jahrhundert) durch ein Wallsystem (Danewerk) markiert wurde, verlief noch ein wenig weiter südlich davon quer über die Halbinsel Jütland, etwa zwischen Heide (Holstein) und Kiel. Der bedeutende Handelshafen Haithabu im Raum der heutigen Stadt Schleswig war dänisch, aber erst im Entstehen, der Schiffsschleppweg von der Nord- zur Ostsee vermutlich exterritorial. Die Grenze gegen die ebenfalls heidnischen Slawen – die allerdings andere Götter verehrten als die Sachsen – verlief hart östlich von Kiel nach Süden und traf zwischen Bardowick (Ilmenau) und der Jeetze-Einmündung auf die Elbe. Elbaufwärts verlief sie dann weiter bis zur Saale und an dieser entlang. Lübeck war eine slawische Stadt, Bardowick ein bedeutender sächsischer Handelsplatz.

Zwischen den heutigen Städten Halle und Naumburg beschreibt die Saale eine Ausbuchtung nach Osten. Diese bildete die Südostecke des Sachsenlandes; die Grenze gegen das Fränkische Reich verlief von dort aus durch die stark bewaldeten Mittelgebirge im großen ganzen nach Westen. Diese Mittelgebirge waren streckenweise eine Art Niemandsland – waren sie doch kaum passierbar, zumindest nicht für größere Heerzüge. Diese Südgrenze beschrieb einen Südbogen um das Rothaargebirge herum, das den südwestlichsten Punkt des Sachsengebietes bezeichnet. Von hier zog sich die Westgrenze der Sachsen sechzig (auf der Höhe von Köln), manchmal aber auch nur fünfzehn Kilometer (zwischen Wesel und Emmerich) vom Rhein entfernt, nach Norden und verlief dann westlich der Ems zur Küste.

Zwar waren diese Grenzen nicht scharf festgelegt, und sie

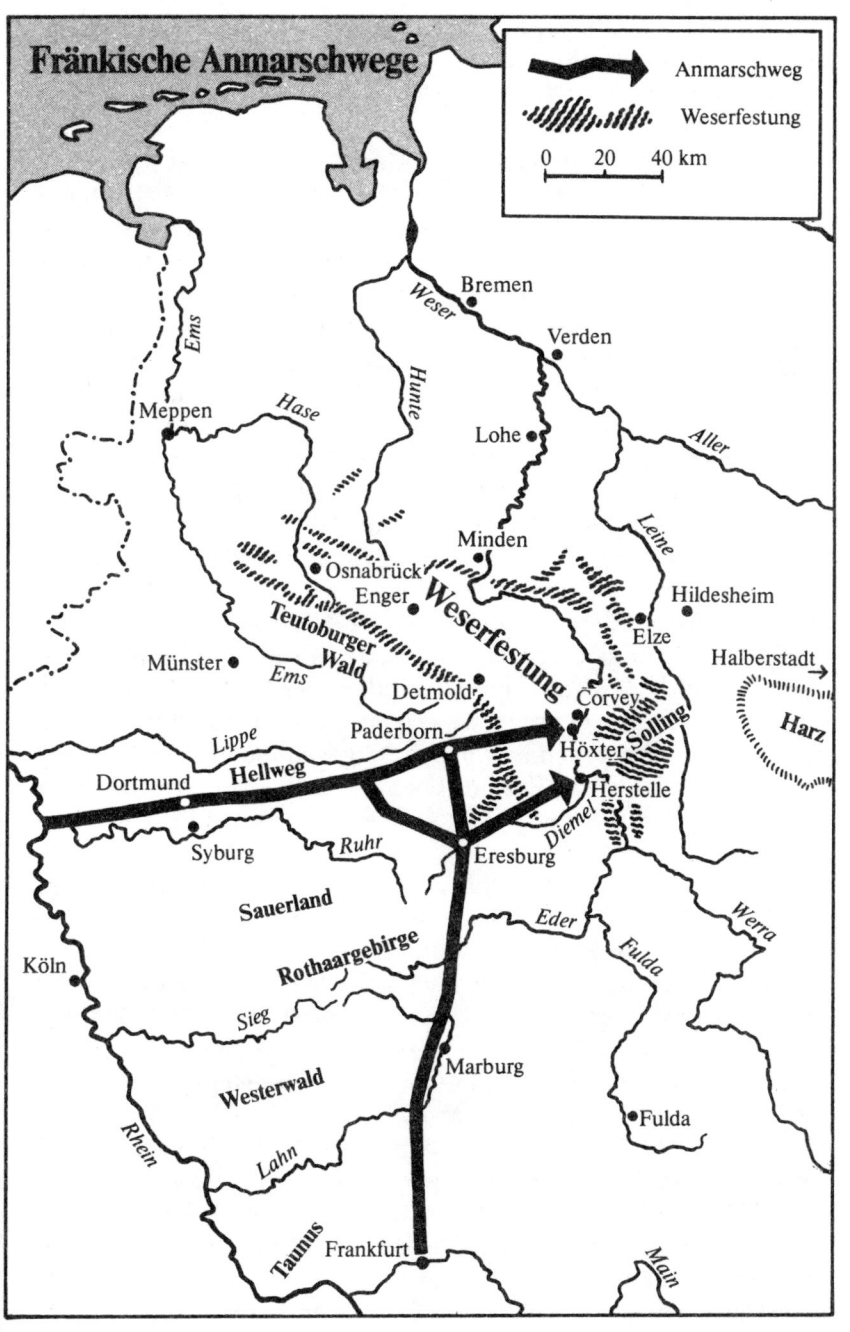

Fränkische Anmarschwege

Anmarschweg
Weserfestung

0 20 40 km

Bremen
Verden
Weser
Hunte
Meppen
Ems
Hase
Lohe
Aller
Minden
Osnabrück
Enger
Leine
Hildesheim
Weserfestung
Teutoburger
Wald
Elze
Ems
Münster
Detmold
Halberstadt
Corvey
Solling
Harz
Paderborn
Höxter
Lippe
Dortmund
Hellweg
Herstelle
Syburg
Ruhr
Diemel
Sauerland
Eresburg
Rothaargebirge
Eder
Fulda
Werra
Köln
Sieg
Westerwald
Marburg
Rhein
Lahn
Fulda
Taunus
Frankfurt
Main

veränderten sich zudem ständig, weil die Sachsen immer wieder hervorbrachen und Überfälle auf fränkische Siedlungen und Handelswege verübten. Doch gab es einen festen Kern, eine Art »inneren Befestigungsring«, die von der Forschung erst in unserem Jahrhundert erkannte sogenannte Weserfestung. Allerdings handelte es sich dabei keineswegs um einen planvollen Verbund von Menschenhand geschaffener Befestigungswerke; sämtliche Krieger vom wehrtechnischen Entwicklungsstand der damaligen Sachsen legten vor allem größten Wert auf natürliche Geländevorteile. So war denn auch diese »Weserfestung« einfach ein natürliches System von Anhöhen und Wäldern. Sie bestand aus dem Teutoburger Wald, aus dem Solling (südlich vom heutigen Holzminden) sowie dem Wiehengebirge und dem Weserbergland bis hin zur Leine. Nach Norden hin hatte diese »Festung« gegen die Slawen, nach Westen und Süden hin vor den Franken Schutz zu bieten. In Anbetracht der militärischen Gegebenheiten jener Zeit war diese Position recht günstig. Die Sachsen konnten nicht in die Zange genommen werden, ihr Wohn- und Aktionsbereich war im Osten und Norden durch heidnische Nachbarn geschützt, die zwar ihrerseits gelegentliche Konflikte mit den Sachsen hatten, jedoch kaum als natürliche Verbündete der Franken in Betracht kamen: Immerhin konnten sie sich ausrechnen, daß die wehrhaften Sachsen ihnen den besten Schutz gegen die mächtige Expansion des Fränkischen Reiches boten, und daß sie selbst Ziel der fränkischen Eroberungspolitik sein würden, sobald die Sachsen einmal geschlagen waren.

Da vor den Karolingern bei den Franken sehr unruhige innere Verhältnisse herrschten und schließlich Karl Martell an mehreren Fronten zugleich kämpfen mußte, blieben die heidnischen Sachsen ziemlich lange unbehelligt. Zwar hatte Karl Martell schon 722 bis 724 gegen Friesen und Sachsen gekämpft, doch dann nahmen 728 bis 730 Alamannen und Bayern seine Aufmerksamkeit in Anspruch, und schließlich mußte er 732 die Südwestgrenze seines Reiches gegen ein unter Abd ar-Rachman aus dem damals islamischen Spanien über die Pyrenäen bis in die Gegend von Tours und Poitiers vorgedrungenes Araberheer verteidigen. Zwischen 724 und 772, dem Jahr, in dem Karl Martells Enkel Karl der Große den Sachsenkrieg begann, hatten die Sachsen mithin kaum einen Gegner zu fürchten und lebten ihrer Religion, folgten ihren eigenen Gesetzen, kapselten sich aber durchaus anderen Völkern gegenüber nicht ab. Vielmehr brachten sie fremden Besuchern eine Achtung entgegen, die es sogar den ersten Missionaren ermöglichte, bis in ihre »Weserfestung« vorzudringen.

Wie wir sahen, entwickelte die christliche Mission gleichsam eine eigene, innere Dynamik. Was mit dem Pfingstwunder der feurigen Zungen begonnen hatte, setzte sich in Irland, England und Aquitanien in staunenerregender Weise fort. Selbst wenn man vermuten kann (dies gilt etwa für Trier), daß sich familiäre Beziehungen und Traditionen herausbildeten, daß – mit anderen Worten – ein Edler aus Aquitanien andere nachzog oder nachkommen ließ, weil schließlich ein blühendes Bistum für zweite und dritte Söhne verwandter Familien eine erstrebenswerte Versorgung darstellte, so war, aufs Ganze gesehen, die Schwungkraft der von Westen nach Osten fortschreitenden Mission doch spontan aus der Begegnung mit einem neuen Glauben geboren. Das Christentum war ja auch Kelten und Angelsachsen noch neu und als Erlebnis so jung und stark, daß sie alle – wie laut Apostelgeschichte die Jünger Jesu – »in Zungen« zu reden begannen und ihre neue Erfahrung zu den Heiden am Rand der christlichen Machtzone hinaustragen wollten.

Wir finden Heilige, die sich in ihrer Begeisterung auch nicht dadurch beirren ließen, daß sie die Sprache der zu Bekehrenden nicht sprachen; sie nahmen eben einen jungen Bruder mit sich, der beider Sprachen mächtig war. Aber wir stehen auch vor dem Phänomen, daß die Angelsachsen ihr eigenes junges Christentum über den Ärmelkanal tragen, zu den in Norddeutschland lebenden stammesverwandten Sachsen, deren Sprache damals dem Altsächsischen, das auf der britischen Insel gesprochen wurde, noch sehr ähnlich gewesen sein muß.

Das angelsächsische England wurde verhältnismäßig schnell christianisiert. Der Inselcharakter Englands hat hier die Invasion vom Festland keineswegs aufgehalten. Parallel mit der Christianisierung der englischen Kleinreiche ging eine Abdrängung der Kelten nach Westen, nach Cornwall, vor sich, der schließlich die Keltenauswanderung in die Bretagne folgte.

Es war der Abt des Sankt-Andreas-Klosters zu Rom, ein Prälat namens Augustinus, den Papst Gregor I., der Große, im Jahr 596 mit vierzig Mönchen zur Christianisierung Englands aussandte. Die Landung in der heutigen Grafschaft Kent, also unweit der Themsemündung, erfolgte wohl erst 597, und wie viele Mönche

Augustinus wirklich begleiteten, ist umstritten. König Ethelbert empfing sie freundlich und trat bald darauf zum Christentum über, was darauf schließen läßt, daß man in Rom schon gewußt hatte, England sei reif für eine erfolgreiche Mission. Augustinus wurde der erste Erzbischof von Canterbury und erhielt in Arles seine Bestätigung als Oberhirte ganz Englands.

Den Abschluß dieser schnellen und gradlinigen Missionsarbeit brachte die Christianisierung der beiden Sussex, die für damalige Verkehrsverhältnisse ziemlich isoliert liegenden, nur zum Meer hin offenen Grafschaften im südlichen England. Hier war es nicht mehr Augustinus, sondern bereits ein Brite, der die Missionsarbeit leistete, nämlich Wilfrith, Bischof von York. Augustinus war 604 gestorben, Wilfrith kam erst 634 zur Welt und lebte bis 709. Er hatte, wie so viele andere Gottesmänner dieser Jahrhunderte, bereits unter dem Streit der verschiedenen Lehrmeinungen innerhalb der Kirche sehr zu leiden, war zeitweise gefangengesetzt und ging schließlich nach Sussex in die Verbannung, wo er die Menschen, zwischen die er nur gezwungenermaßen geraten war, nicht nur für das Christentum gewann, sondern ihnen auch bessere Methoden des Fischfangs beibrachte. Er hatte diese offenbar schon als junger Mönch auf der heiligen Klosterinsel Lindisfarne kennengelernt, die nur bei Ebbe trockenen Fußes erreicht werden kann.

Der Hauptkampf Wilfriths galt der irischen Kirche mit ihren von der römischen Liturgie abweichenden Bräuchen, und mindestens eine Romreise diente dazu, ihm in diesem schweren Kampf den Rücken zu stärken. Insgesamt scheint er dreimal in Rom gewesen zu sein, das letzte Mal sechs Jahre vor seinem Tod.

Die Beweglichkeit dieser Gottesmänner setzt uns immer wieder in Erstaunen, hat aber für die Bewohner der britischen Inseln nichts Sensationelles. Die frommen Männer Irlands und Englands suchten ja zu Schiff die Einsamkeit, die auf dem Kontinent eine Klause im Wald gewährte, und wir haben ziemlich sichere Kunde von christlichen Mönchen und Missionaren, die tatsächlich zu Schiff nicht nur die Arann-Inseln vor der Galwaybucht (Westküste Irlands), die Ålandinseln (im Bottnischen Meerbusen) und die Färöer-Inseln im Nordatlantik, sondern sogar Island erreichten. Als die heidnischen Norweger auf Island landeten, fanden sie auf einem Vulkaninselchen (Vestmannaeyjar) an der Südküste Kapuzenmänner, die sie Westmänner nannten, denen sie aber nichts zuleide taten, sondern die sich selbst wieder in ihre Schiffe begaben, weil sie nicht glaubten, ihr heiligmäßiges Leben in der unmittelbaren Nachbarschaft mit Heiden fortführen zu können. Ja, Sankt Brandan soll mit seinen Gefährten mindestens bis zur Doggerbank in der Nordsee, wenn nicht gar bis nach Amerika, gelangt sein; jedenfalls behaupten nicht wenige Bücher über diesen wunderlichen Missionar, sein Eifer, das Christentum zu verbreiten, habe ihn quer über den Ozean geführt.

Der Hauptstoß der angelsächsischen Mission ging jedoch, ähnlich wie bei den etwas früher ausschwärmenden Iren, in Richtung auf den Kontinent, und während die Iren durch Frankreich in den Süden Deutschlands vordrangen (vgl. Columban S. 62 ff.), trieb es die Angelsachsen begreiflicherweise zu jenen heidnischen Stämmen an der Deutschen Bucht und im Nordosten des Frankenreiches, die ihre Sprache verstanden. Es ist nicht auszuschließen, daß die erstaunliche Missionswelle des Islam, die Eroberungen der Araber, die Mohammeds Religion bis nach Spanien brachten und zur Herrschaft führten, eine missionarische Gegenbewegung der Christen auslöste, insbesondere unter den Angelsachsen, die zwar erst im siebenten Jahrhundert Christen geworden waren, aber seit tausend Jahren Schiffahrtsverbindungen zum Mittelmeerraum unterhielten, ja sogar noch viel länger, wenn man die Kelten in Cornwall dazunimmt. Für die Briten bedeutete der Verlust Spaniens an den Islam schon damals mehr als für die zur Mitte des Kontinents hin orientierten Franken oder Alamannen.

Zwei Namen, die bis heute jeder kennt, und ein dritter, der nicht vergessen werden sollte, kennzeichnen diese anhaltende, selbstlose Bemühung um eine neue Zukunft des Christentums, das – bedachte man den Schwung der arabischen Eroberung – seine Ausgangsbasis, den Mittelmeerraum, inzwischen zur Hälfte verloren, Europa aber noch nicht völlig für sich gewonnen hatte. Es sind die Heiligen Willibrord und Bonifatius sowie der weniger bekannte, vor Bonifatius wirkende Lebuin, auch Lafwin, Liebwin, bisweilen sogar noch anders geschrieben.

Willibrord entstammte wie sein Lehrer Wilfrith einer adeligen angelsächsischen Familie und wurde 658 geboren. Im Kloster Ripon, dem Wilfrith vorstand, lernte er das Christentum römischer Observanz kennen, ging dann aber auch nach Irland, was verwundert, denn dort saßen Wilfriths Gegner. Willibrord wollte in dem Kloster Ratmelsigi (heute Mellefont bei Drogheda im östlichen Irland) auch die irischen kirchlichen Traditionen kennenlernen und machte sich schließlich um 690, also zweiunddreißig Jahre alt, mit einem Dutzend gleichgesinnter Gefährten zu seiner großen Missionsreise auf. Sie führte ihn in den Grenzraum zwischen Friesen und Sachsen, ins nördliche Holland und auf die Inseln, doch zeigt eine Karte, die Heinz Löwe ausgearbeitet hat, daß das Tätigkeitsgebiet Willibrords und seiner Gefährten (unter denen die beiden Ewald nach ihm die bedeutendsten waren) praktisch das ganze Gebiet des heutigen Königreichs der Niederlande umfaßte und bis zum Rhein nach Süden reichte.

Es läßt sich kaum eine schwierigere Aufgabe denken, als den Friesenstamm für das Christentum zu gewinnen. Erstens standen die Friesen allen Neuerungen und allem Fremden von vornherein mißtrauisch gegenüber, waren sie doch das einzige germanische Volk des später deutschen Bereichs, das seine Wohnsitze in Jahrtausenden nicht verändert hatte. Sie saßen seit vorrömischen Zeiten zwischen Flandern und Dänemark, so wie die alten Pruzzen an der Bernsteinküste bei der Weichselmündung, und wie dieses baltische Volk setzten auch die germanischen Friesen der christlichen Religion hartnäckigen Widerstand entgegen. Sie vermuteten – nicht zu Unrecht – einen Zusammenhang zwischen Christentum und Frankenherrschaft und ahnten wohl, daß die große Organisation der christlichen Kirche sie nach und nach aus ihrer selbstgewählten Isolierung herauslösen würde. Ihre tiefe Abneigung gegen die Franken war der zweite Grund, der die Mission bei den Friesen erschwerte, ja zeitweise völlig zum Erliegen brachte, und wenn es dennoch – mit Willibrord und seinen Gefährten – Männer gab, die dieses gefährliche und nicht sehr aussichtsreiche Beginnen auf sich nahmen, so hatte das seinen Grund in Ermutigungen, die schon Wilfrith, Willibrords Lehrer, zuteil geworden waren.

Wilfrith, Bischof von York, war auf einer seiner Romreisen an der Rheinmündung mit dem Friesenfürsten Algis zusammengetroffen. Die Friesen hatten seit dem vierten Jahrhundert eine staatliche Organisation, wenn auch die Bezeichnung König, die man gelegentlich auf ihre Stammeshäupter anwendet, zweifellos zu hoch gegriffen ist. Fürst Algis jedenfalls scheint in Utrecht residiert zu haben; er nahm den Bischof aus England mit größter Höflichkeit, ja Ehrerbietung auf und bat ihn, sich für die Freiheit der Friesen einzusetzen. Algis hatte das Problem demnach deutlich erkannt und strebte offenbar eine Direktverbindung zu Rom an, die ihn von der fränkischen Mission unabhängig gemacht hätte. Wie klug und weitblickend dies war, erkennen wir aus historischen Parallelen im Osten Deutschlands: Welchen Rückhalt empfing Polen von den Tagen seiner ersten Fürsten an bis heute durch seine gute und unmittelbare Verbindung zum Papst!

Wilfrith hatte zweifellos erkannt, worauf es Algis ankam, und wenn Radbod, Algis' heidnisch gesinnter Nachfolger, den britischen Missionaren die Arbeit in Friesland gestattete, dann bedeutet das, daß er sich das politische Ziel seines Vorgängers zu eigen gemacht hatte – er ließ nur keine fränkischen Schutztruppen ins Land, die Missionare mußten schutzlos und auf sich selbst gestellt arbeiten.

Außer Wilfrith erzielten Egbert, ein englischer Mönch aus adliger Familie, und ein zweiter Glaubensbote namens Wigbert gewisse Erfolge bei den Friesen, doch ist von ihrem Leben und Wirken nichts Näheres bekannt. Immerhin scheint Egbert dem aus Northumberland stammenden Willibrord und dessen Gefährten wichtige Hinweise gegeben zu haben. Das Problem erwies sich vom ersten Augenblick an als hochpolitisch, und es währte nicht lang, da hatte Willibrord erste Auseinandersetzungen mit Pippin II. (»dem Mittleren«), dem Vater Karl Martells; er reiste nach Rom, um dem Papst zu berichten, und sich seinen Missionsauftrag bestätigen zu lassen. Pippin hatte inzwischen einen anderen zum Führer der Missionarsgruppe ernannt, nämlich Suitbert, der sich später als Wanderbischof an der Lippe und an der Ruhr noch hohe Verdienste erwerben sollte.

Erst im Jahr 696 konnte Willibrord seine Arbeit bei den Friesen wiederaufnehmen. Von dieser Zeit an befand er sich vermutlich in Übereinstimmung mit den Absichten Pippins, da er wohl eingesehen hatte, daß ohne fränkische Hilfe dauernde Erfolge in Friesland nicht zu erzielen waren. Während Suitbert seine Tätigkeit ins Sachsengebiet verlegte, trat Willibrord wieder an die Spitze der Missionsarbeit bei den Friesen. Sein Bistum Wiltaburg (Utrecht) wurde zum Stützpunkt dieser neuen Aktivitäten, der fränkische Sieg über die Friesen bei Dorestad (Wijk bij Duurstede am Lek) im Jahr 689 gab ihnen den militärischen Schutz. Pippin, der von mindestens drei Frauen eine ganze Anzahl meist wohlgeratener Kinder hatte, verlangte beim Friedensschluß, daß sein Sohn Grimoald die friesische Prinzessin Theudesinde zur Frau erhielte. Sie trat auch zum Christenglauben über, der alte

Radbod aber blieb Heide und wartete nur auf eine Gelegenheit, die fränkischen Fesseln wieder abzustreifen.

Die Auseinandersetzung zwischen Christentum und Heidentum nahm alsbald dramatische Formen an. Grimoald, der als »ein Mann von großer Milde, voll Güte und Freundlichkeit und eifrig im Gebet« geschildert wird, erhielt nach dem Tod seines älteren Bruders Drogo die Statthalterschaft über die Champagne. Als sein Vater Pippin schwer erkrankte und unweit Lüttichs in einem kleinen Ort an der Maas gepflegt wurde, besuchte Grimoald ihn und betete danach in der Sankt-Lamberts-Kirche für seinen Vater. Das bot einem Heiden namens Rantgar, vermutlich ein Friese, die Gelegenheit, Grimoald zu überfallen und zu töten. Bald darauf, am 16. Dezember 714, starb auch Pippin, und der zähe Radbod schlug wieder los.

Der Vorgang zeigt, wieviel für Völker wie die Friesen die Autorität eines einzelnen Mannes, eines Fürsten wie Pippin II., bedeutete. Vorher, als Pippin noch lebte, war Radbod schon nahe daran gewesen, sich taufen zu lassen. Ein Prediger aus Sens hatte besonders große Erfolge bei den Friesen. Es handelte sich um einen Bischof – vielleicht auch nur Wanderbischof – namens Wulfram, und die Taufe Radbods war nur aufgeschoben worden, weil der Friesenfürst sich von einer Taufe durch den Angelsachsen Willibrord und dessen gute römische Beziehungen mehr Unabhängigkeit für sein Land versprach. Da kam mit dem Tod Pippins ein Ereignis von besonderem Gewicht dazwischen, dazu wohl auch eine unbedachte Aktion des allzu eifrigen Willibrord. Dieser drang tief in das Friesenland ein, setzte zu der Felseninsel Helgoland über und störte dort ein heidnisches Fest, indem er heilige Rinder tötete und aus einem heiligen Quell das Wasser für die Taufe von drei Bekehrungswilligen schöpfte. Willibrord hätte sein Leben verloren, wäre nicht ein Gottesurteil zu seinen Gunsten ausgefallen.

Wie viele andere Völker am Meer, hatten die Friesen eine gewisse Scheu davor, selbst über Leben und Tod zu entscheiden. Während des gesamten Altertums und auch noch im Mittelalter finden wir darum bei ihnen Ordale, also »Prüfungen« verschiedenster Art, die den Willen der Gottheit und damit Schuld oder Unschuld des Angeklagten beweisen sollten. Bei einem Mann wie Willibrord, der waffenlos gekommen war und niemanden beleidigt oder bestohlen hatte, wollte man herausfinden, ob tatsächlich ein

Gott hinter ihm stand und wie sehr der auf Helgoland verehrte Gott Forseti, der Sohn des Baldr (Baldur) und der Nanna, gekränkt war. Der dreimalige Losentscheid fiel stets zugunsten Willibrords aus. Die Friesen gelangten daher zu der Überzeugung, daß eine übernatürliche Macht hinter ihm stehe, und ließen ihn ziehen.

Die Konfrontation zwischen Christentum und Heidentum im Allerheiligsten der Heiden zeugt zwar vom Mut Willibrords, war aber geeignet, die Heiden des Friesenlandes zu aktivem Widerstand zu mobilisieren. Politisch klug war solch ein Übergriff darum wohl nicht. Die Friesen andererseits bewiesen dadurch, daß sie Willibrord nicht zum Märtyrer machten, sondern ihn ziehen ließen, zweifellos mehr Weitblick.

Eine vieldiskutierte Frage ist, ob die Forseti-Insel wirklich Helgoland war. Hemling nennt sie Fositasland und fügt kurzerhand in Klammern »Helgoland« hinzu, Alberdingk Thijm wiederum spricht von der »Insel Farria (Helgoland)« ohne die anderen Zuschreibungen – Texel, Ameland u. a. – überhaupt zu erwähnen. Da wir aber wissen, daß die Friesen schon in vorrömischer Zeit an der Deutschen Bucht siedelten, hat die heute wohl allgemeine Tendenz, jenes Forseti-Land mit der kleinen Insel mitten in der großen Bucht gleichzusetzen, auch die größte Wahrscheinlichkeit für sich: Schon Pytheas von Massalia nämlich, der zwischen 350 und 320 v. Chr. England umsegelte und bis nach Südnorwegen gelangte, weiß von einer »heiligen Insel« zu berichten, und alles an seiner Beschreibung spricht für Helgoland. So erzählt Pytheas, daß »die Guitonen, ein germanischer Stamm, im Wattgebiet des Meeres wohnen, das . . . sich 6000 Stadien weit erstreckt. Von dort soll man eine eintägige Segelfahrt zur Insel Abalus haben. Auf dieser spülen die Wogen im Frühjahr Bernstein an, der ein Auswurf des verdichteten Meeres ist.«

Pytheas' Bericht, in dem erstmals vom Einfluß des Mondes auf Ebbe und Flut die Rede ist, desgleichen aber auch von dem Getränk Met, ganz zu schweigen von einer Reihe wichtiger Mitteilungen über den vorgeschichtlichen Handelsverkehr im Nordseebereich, hat Abalus ein für allemal ins Gespräch gebracht. Da damals nicht nur Ostsee-, sondern auch Nordseebernstein gewonnen wurde, spricht nichts dagegen, Helgoland als die Insel anzusehen, die auch noch in Willibrords Tagen ein heidnischer Kultplatz war.

Inseln waren für kultische Zwecke auch darum besonders geeignet, weil sie leicht neutralisiert werden konnten: Im Mittelmeer gab es solche entmilitarisierten Inseln, auf denen jeder Händler sicher war (Delos), in der Nordsee hatten offenbar die kriegerischen Germanen Helgoland als auffälligste Insel der ganzen Zone zur gemeinsamen, ihnen allen heiligen Insel erhoben, und das schon tausend Jahre vor Willibrord! Dies alles muß man sich vor Augen halten, um zu begreifen, an welch mächtige Tradition der Heilige möglicherweise rührte, gegen welchen uralten und allen Nordsee-Anrainervölkern heiligen Bezirk er verstieß, als er die Kühe des Forseti tötete und aus dem Quell, dem man nur stumm Wasser entnehmen durfte, Taufwasser schöpfte und dazu christliche Gebete sprach!

Im altnordischen *Grimnirlied* lautet eine Zeile, die sich auf den Gott Forseti bezieht, »Glastheim heißt der zehnte Saal [seines Palastes]«, und wenig später sagt das Lied: »Forseti wohnt dort viele Tage und stillt allen Streit.« Glastheim (vom germanischen *gless* für Bernstein) heißt aber nichts anderes als Bernsteinhaus. Und die Tatsache, daß Gott Forseti der Streitschlichter, also sozusagen der Justizminister unter den germanischen Göttern war, hat Willibrord vielleicht das Leben gerettet. Bei einer Kränkung des Kriegsgottes wäre er vielleicht nicht so glimpflich davongekommen.

Radbod lebte nur fünf Jahre länger als Pippin II., aber in dieser kurzen Zeit nahm er für alles Rache, was er von den kriegstüchtigen Franken hatte hinnehmen müssen. Obwohl schon selbst ein alter Mann, suchte er, als müsse alles von neuem beginnen, das ganze Land gewaltsam für die alte, angestammte Religion zurückzugewinnen. Westfriesland wurde zurückerobert, die Kirchen zerstört, die Missionare vertrieben. Sogar Utrecht, Willibrords Bischofssitz, mußte aufgegeben werden.

Erst als dieser alte Recke im Jahr 719 starb, gewannen die Franken – und mit ihnen das Christentum – wieder die Oberhand. Radbod aber fiel – dies meinten jedenfalls Willibrord und seine Mitstreiter – der ewigen Verdammnis anheim. Genau das aber soll er gewollt haben. Als man ihn schließlich taufen wollte und ihm zuvor auseinandersetzte, seine heidnischen Vorfahren säßen im tiefsten Höllenpfuhl, lehnte er die Taufe mit dem Bemerken ab, nach seinem Tode wolle er lieber mit seinen Ahnen vereint sein als mit all den frommen Christen. Es ist nicht verwunderlich, daß es Schriftsteller reizte, einen solchen Charakter in Romanen zu verewigen, und der Kampf seines Volkes gegen die übermächtigen Franken ist bis heute unvergessen.

Nach diesen fünf schwersten Jahren in Willibrords Leben begann die Mission neu. Sie begann auf den geschwärzten Trümmern der ersten Kirchen und war von der Hoffnung getragen, König Algis II. werde eher die Politik seines Namensvorgängers als die Radbods weiterführen. Doch was immer man an Hoffnungen hegen mochte – der martialische Beiname des energischen Karl Martell (»der Hammer«) sagte den Friesen, was sie von ihm zu erwarten hätten: Karl »der Hammer« benahm sich in ihren Gauen wie ein erzürnter Donnergott und sicherte dem Frankenreich vor allem den Besitz der Provinzen im Bereich der heutigen Niederlande: Utrecht, Gelderland und Limburg. Der Kranz der neuen Kirchen begann bei Nieuwport an der flandrischen Küste und zog sich bis zu den Inseln vor der Zuidersee nach Nordosten.

Das Land der Friesen blieb aber ein schwieriger Boden, und die Franken verfuhren mit ihren nur gezwungenermaßen zu Christen gewordenen Nachbarn im Nordosten auch nicht gerade glimpflich. Auf Algis II. folgte Poppo, den Karl Martell im Jahr 734 vernichtend schlug. Poppo konnte nicht mit seinen letzten Getreuen fliehen wie einst Radbod, sondern starb auf dem Schlachtfeld. Eine lange Reihe getöteter Missionare war die Antwort der Friesen: 754 wurde sogar Bischof Eoban von Utrecht ein Opfer dieser unbeugsamen heidnischen Krieger und im selben Jahr 754 kein Geringerer als Bonifatius – der Apostel der Deutschen. Willibrord hatte, als er sein Ende nahe fühlte, diesem das Bistum Utrecht angeboten und damit die gesamte Aufgabe der Friesenmission; Bonifatius hatte dies wegen anderer wichtiger Pflichten ausgeschlagen, war später aber doch zu den Friesen gewandert.

Von Willibrords fünfzigjähriger Arbeit bei den Friesen hat trotz aller Wirren sehr vieles sein blutiges Jahrhundert überdauert. Einiges blieb sogar das ganze Mittelalter hindurch lebendig, vor allem die 698 von dem Heiligen begründete Benediktinerabtei von Echternach, einem der meistbesuchten Wallfahrtsorte des Großherzogtums Luxemburg. Der Klostergrund war eine Schenkung der heiligen Irmina, einer Tochter König Dagoberts II., die dem zu Trier gehörenden Kloster Oeren als Äbtissin vorstand. Sie hatte ein kleines Landgut an der Sauer, auf dem bereits ein winziger Klosterbau stand, und stellte Willibrord anheim, hier sein großes Missionskloster zu errichten, auf das er sich stützen könne –

Utrecht ging ja, wie die Wechselfälle der Friesenkriege zeigten, bei Angriffen aus dem Norden und Nordosten immer wieder sehr schnell verloren.

Nach seinem Tod im Jahr 739 wurde Willibrord darum auch in Echternach beigesetzt; sein Nachfolger in der Abtswürde war wiederum ein Brite, der heilige Adalbert, der auch die Bürde der weiteren Mission im friesischen Holland auf sich nahm. Die Pilgerfahrten nach Echternach brachten der Abtei bald beträchtlichen Reichtum, und dieser wiederum erweckte die Begierde benachbarter Adliger. So fiel die Abtswürde in die Hände von Laien, da das Haus der späteren Herzöge von Lothringen seine Söhne – soweit diese nicht anderweitige Ehren und Einkünfte sammelten – zu Äbten von Echternach machte und ihnen so die Pfründe der Abtei verschaffte. 963 wurde der letzte dieser Laienäbte dann erster Graf von Luxemburg, und Kaiser Otto I. gab die Abtei schließlich den Benediktinern zurück. Das war 971, und mit diesem Jahr begann eine neue Blüte des alten Klosters, in dem später nicht nur eine Lebensgeschichte Willibrords in Versen geschrieben wurde, sondern auch Viten der heiligen Irmina, weiterhin aller Heiligen, von denen sich im Kloster Reliquien befanden; schließlich sogar noch, um die Verbindung mit Trier zu betonen, eine Lebensgeschichte des heiligen Lutwin von Trier.

Die hohen Einkünfte, die das Andenken Willibrords und der Pilgerstrom dem Kloster brachten, waren der Klosterdisziplin nicht förderlich. Unter Abt Jacob von Fay, am Vorabend der Französischen Revolution, war die Abtei ein recht unheiliger Ort geworden; die Willibrordskirche verfiel und wurde erst 1862–1868 in mühsamer Restaurierungsarbeit vor dem Untergang gerettet. Angesichts des Ruhmes, den Echternach mehr als tausend Jahre hindurch genoß, ist dies verwunderlich – gründete sich der Ruf des Klosters doch nicht nur auf den heiligen Willibrord, sondern auf die wundertätigen Heilungen, die man mit Willibrords Grab in Verbindung brachte: Heilungen von Nervenleiden, insbesondere von der Epilepsie mit ihren schrecklichen Begleiterscheinungen.

Vielleicht ist die berühmte Echternacher Springprozession einer der Gründe dafür, daß Willibrord als Fürbitter gegen die genannten Leiden angerufen wird, denn eine direkte Beziehung des Friesenapostels zu dieser Gruppe von Krankheiten ist aus seinem Leben nicht erkennbar. Der Ursprung dieser jeden Pfingstdienstag stattfindenden, seltsamen Prozession ist ungewiß. Manche führen sie auf die Errettung von einer Tierseuche in karolingischer Zeit zurück, manche auf die später erfolgte Rettung vom Veitstanz. »Sie nimmt ihren Ausgangspunkt auf dem rechten Ufer der Sauer bei einem Steinkreuz, wo früher die Willibrordslinde stand. Der Klerus stimmt zuerst auf der Brücke die Willibrordslitanei an und schreitet langsam vorwärts; es folgen die Pilger, nach dem Geschlecht in Gruppen geteilt, in Reihen von je vier bis sechs, die sich an den Händen fassen oder durch Tücher aneinander halten. Sobald die Musik die uralte Weise des Tanzes anstimmt, erfaßt den Pilgerzug, in welchen beim langsamen Fortschreiten immer mehr und mehr Teilnehmer eintreten, allmählich eine rhythmische Bewegung, welche von ferne das Bild eines wogenden Meeres bietet. Der Tanz ist ein kadenzierter Sprung: fünf Schritte vorwärts und zwei zurück oder drei vorwärts und einer zurück. In heiligem Ernst und tiefer Sammlung, die auch die Zuschauer ergreifen, bewegt sich der Zug durch die Straßen der Stadt, umzieht in der Kirche das Grab des Heiligen und endet auf dem früheren Kirchhof.

Dort wird das hölzerne Kreuz dreimal umsprungen. Mehr als zwei Stunden sind nötig, um den 1225 Schritte langen Weg in dieser Weise zurückzulegen. Die Zahl der Tänzer bewegt sich zwischen siebentausend und neuntausend. Unzählbar ist die Menge der Beter und Zuschauer. Ein Hochamt beschließt die Feier« (Hermann Streber in *Herders Kirchenlexikon*).

Immer, wenn politische Ereignisse den Klosterfrieden und die kleinstädtische Ruhe von Echternach gefährdeten, artete die alte Prozession aus, und die große Französische Revolution brachte sogar eine jahrelange Unterbrechung der klösterlichen Existenz und des Pilgerbetriebes. Nicht selten mußte die Kirche selbst einschreiten, wenn diese Männlein und Weiblein im Springtanz vereinende Prozession zu Unschicklichkeiten führte oder eine Geheilte sich in ihrer Freude gar ihrer Kleider entledigte.

Doch hatte diese Form der Heiligenverehrung zweifellos eine einzigartige Wirkung, ist doch der Tanz ein uraltes Ausdrucksmittel des Menschen und gehört wohl schon seit Jahrzehntausenden vor der christlichen Zeitrechnung zum festen Bestandteil kultischer Riten. Außerdem blieb diese Springprozession nicht ohne Parallelen in anderen Orten, in anderen Ländern, ohne daß man freilich von regelrechten Nachahmungen sprechen müßte. Vor allem in Notzeiten, während und nach den großen Seuchen des

Mittelalters, gab es ganze Städtebünde (etwa in den Ardennen), die sich dieser Prozession anschlossen und daraus eine beschwörende gemeinsame Veranstaltung machten. Angesichts dieser Entwicklung spielt es heute keine Rolle mehr, daß es vermutlich nicht Willibrord selbst war, der diese Springprozession einführte oder anregte, sondern daß sie in der Vita eines seiner Zeitgenossen erstmals erwähnt wird: im Bericht über das Leben des heiligen Aldhelm (gestorben am 25. Mai 709), eines frommen Dichters, der dem Königshaus von Wessex entstammte und, anders als Willibrord, seine britische Heimat nie verlassen hatte. Dieser kluge Abt von Malmesbury und erste Bischof von Sherborne gilt seinerseits als Heiliger. Er verfaßte eine Reihe frommer Dichtungen, darunter ein poetisches Lob der Jungfräulichkeit, das er an eine Äbtissin seiner Zeit richtete, und verbrachte, geschützt durch nahe Verwandtschaft mit König Ina von Essex, ein – zumindest dem äußeren Anschein nach – konfliktfreies, beschauliches Leben im milden Süden der britischen Insel. So bietet er ein seltsames Gegenbild zu all den Glaubenskämpfern, die Südengland zur gleichen Zeit auf den Kontinent entsandte: zu den beiden Ewald, zu Willibrord, zu Lebuin – ja bis hin zu der überragenden Gestalt des »Apostels der Deutschen«: *Bonifatius*.

Auch auf dem Festland, im Frankenreich, war kein Ende der Fehden abzusehen, die jeder gegen jeden ausfocht, so christlich man sich bei den Franken auch sonst gab. So bestand kein Unterschied zwischen Radbod und Poppo auf der einen und ihren Bezwingern auf der anderen Seite – kein Unterschied jedenfalls, was Intrigen und Verbrechen jeder Art anging. Ja, man mußte sogar einräumen, daß die heidnischen Friesen und Sachsen ihrem angestammten, wenn auch in mancher Hinsicht recht rauhen Ehrenkodex ungleich konsequenter gehorchten als die doch allesamt getauften und eifrig die Kirchen besuchenden fränkischen Herren und Damen der christlichen Ethik.

Darum wundert es uns nicht, daß der Streit um Erbe und Nachruhm des großen Willibrord schon entflammte, als der Heilige noch kaum beigesetzt war, und daß es die edelsten Namen der rheinischen Kirchenorganisation waren, die sich an diesem traurigen Wettstreit beteiligten.

So sieht sich Bonifatius schon bald nach Willibrords Tod genötigt, »dem ehrwürdigen und liebenswerten, mit dem Vorzug apostolischer Würde ausgestatteten Herrn Papst Stephanus« einen langen Brief zu schreiben, und zwar in seiner Eigenschaft als »Beauftragter oder Sendbote der katholischen und apostolischen Kirche Roms für Germanien«.

Bonifatius erinnert an Willibrord, betont seine sächsische Herkunft *(generis Saxonum)* und deutet damit schon an, daß die angelsächsischen Glaubensboten aus England sich in höherem Maß zur Sachsen- und Friesenmission berufen fühlten als die Franken, und es auch waren. Nach einem kurzen Lebensabriß Willibrords spricht Bonifatius vom Hinscheiden des Friesenapostels, von der Vakanz seines von Papst Sergius gestifteten Bischofssitzes und fährt dann wörtlich fort:

»Der Frankenfürst Karlmann aber hat mir diesen Bischofssitz anvertraut, um dort einen Bischof einzusetzen und zu weihen, was ich auch getan habe. Nun aber nimmt der Bischof von Köln [er hieß Hildegar und fiel 753 gegen die Sachsen] diesen Bischofssitz . . . für sich in Anspruch und behauptet, er stehe ihm zu wegen der Grundmauern einer von den Heiden zerstörten kleinen Kirche, die Willibrord bis auf den Boden zerstört in der Burg Utrecht vorgefunden hatte und nun in eigener Arbeit von Grund auf erbaute und dem heiligen Martin zu Ehren weihte. Weiter berichtet er, von dem alten Frankenkönig Dagobert [623–639] sei die Burg Utrecht samt der zerstörten Kirche zum Sprengel der Kölner Kirche geschlagen worden, dies unter der Bedingung, daß der Bischof von Köln das Volk der Friesen zum Glauben Christi bekehre und bei ihnen als Prediger wirke, was er aber nicht getan hat. Er hat nicht gepredigt und die Friesen nicht zum Glauben Christi bekehrt, sondern das Friesenvolk blieb heidnisch, bis Papst Sergius den erwähnten Knecht Gottes Willibrord zu dem erwähnten Volk sandte, um ihm zu predigen, und dieser hat, wie oben bemerkt, die Friesen zum Glauben Christi bekehrt. Und nun will der Bischof von Köln den Bischofssitz des erwähnten Predigers Willibrord sich zueignen . . . Ich gab ihm meiner Überzeugung entsprechend den Bescheid, daß ein Gebot des apostolischen Stuhles, die Weihung und Beauftragung des ehrwürdigen Predigers Willibrord durch den Papst Sergius . . . von größerer Bedeutung und stärkerem Gewicht sein müsse . . . als die herausgerissenen Grundmauern eines zerstörten Kirchleins, die von den Heiden zertreten und durch die Gleichgültigkeit der Bischöfe aufgegeben worden sind. Aber er [Bischof Hildegar] ist damit nicht einverstanden . . .«

Bonifatius bittet den Papst, zu entscheiden, aber im Grunde ist ja nur der Bericht wichtig, denn es geht längst nicht mehr um die Friesen, sondern um fränkische Königsmacht und päpstlichen Einfluß. Willibrord wie Bonifatius hatten trotz aller Mühen und Rückschläge persönliche Autorität bei den heidnischen Fürsten erworben, mit denen sie sprechen konnten und die in ihnen das Christentum verkörpert fanden. Das Beispiel, das die fränkischen Fürsten gaben, stieß die Heiden dagegen eher ab. Da bot sich der unmittelbare Kontakt zum fernen Rom als ein nicht nur religiöser, sondern auch politischer Ausweg an – ein Ausweg, den die hart bedrängten, die fränkische Übermacht erkennenden Friesen letztlich als das kleinere Übel ansahen und beschreiten wollten. Aber Pippin II. und Karl Martell hatten nicht verlustreiche Feldzüge geführt, um neue Territorien für den Papst zu gewinnen, sondern um das Frankenreich bis zur Nordseeküste an der Deutschen Bucht auszudehnen. Man sieht also aus diesem einen bezeichnenden Brief, wo die Fäden zusammenliefen, wo sie gezogen wurden und wie sehr Mission und Politik einander berührten, ja durchdrangen – nicht etwa nur an der Nordsee, sondern überall dort, wo Mönche und Ritter nebeneinander vordrangen, sei es gegen Sachsen, Slawen, Pruzzen oder Litauer.

Dermaßen im Schatten Willibrords und Bonifatius' stehend, daß ihn unsere Heiligenlexika gar nicht aufführen, zählt *Lebuin* zu einer zweiten Welle angelsächsischer Missionare, die durch die Erfolge, aber auch durch den Märtyrerruhm ihrer Vorgänger angespornt, auf den Kontinent kamen. Lebuin hieß eigentlich altsächsisch Liafwin, stammte von angelsächsischen Eltern ab und ging schon bald nach der Priesterweihe nach Utrecht, so daß man annehmen darf, er sei etwa 735 zur Welt gekommen.

Das Bistum Utrecht war nach wie vor Ausgangsbasis für alle missionarischen Bemühungen bei Friesen und Sachsen im Nordwesten des friesisch-sächsischen Raumes. Ja, Utrecht kann im heutigen Sinn als eine Etappe verstanden werden, denn trotz aller Erfolge, die vielleicht in kriegsmüden Zeiten erzielt worden waren, konnte es durchaus vorkommen, daß die christlichen Missionare bei den Söhnen der von ihnen Getauften schon wieder auf heftigen Widerstand stießen.

Geleitet wurde die nun schon Jahrzehnte während Missionsarbeit von Abt Gregor, dem Vorsteher am Sankt-Martins-Münster zu Utrecht, der aber gemeinhin als Bischof Gregor von Utrecht bezeichnet wird und einen Weihbischof (bzw. Wanderbischof) zur

Seite hatte. Gregor war ein Merowinger, ein Urenkel König Dagoberts II.

Auf einer Reise traf Bonifatius im Kloster Pfalzel bei Trier auf den
vierzehnjährigen Gregor und beeindruckte den Knaben aus königlichem Geschlecht so sehr, daß dieser nicht mehr zu halten war und
den Heiligen fortan zunächst wie ein Knappe, dann als Schüler und
schließlich als Freund begleitete. Gregor nahm an den heikelsten
Verhandlungen teil, machte Romreisen mit und übernahm kurz vor
Bonifatius' Tod die Verwaltung des Bistums Utrecht. Lebuin traf
somit in Utrecht auf einen engen Vertrauten des großen Missionars
und konnte schon hier eine Menge über Bonifatius erfahren.

Die Schule von Sankt Martin, die Gregor leitete, hatte zwar den
besonderen Charakter eines Internats für angehende Missionare
angenommen, doch wurde sie keineswegs nur von angehenden
Priestern besucht, sondern (wohl nicht zuletzt mangels anderer
Schulen) auch von jungen Männern aus adligen oder zumindest
freien Familien der Franken, Friesen und Sachsen, ja sogar der
Angeln jenseits der Eider-Grenze. Sogar hoffnungsvolle Jünglinge
aus Schwaben und Bayern sollen den weiten Weg nach Utrecht
nicht gescheut haben, um Bildung zu erwerben und ihren Glauben
zu festigen.

Es ist darum nicht sehr verwunderlich, daß Lebuin an dieser
Schule einen Gefährten fand, der wie er aus England stammte und
bereit war, den Weg zu den Heiden anzutreten. Es war dies ein
Priester namens Marchelm, der in den lateinischen Urkunden als
Marcellin erscheint. Beide erbaten von Gregor die Erlaubnis, im
Raum der Gelderschen Ijssel (eines Rhein-Mündungsarmes) predigen und taufen zu dürfen, also im Raum von Deventer, heute
Overijssel genannt. Die Geldersche Ijssel mag damals noch immer
eine Art Grenze zwischen Christen im Westen und Heiden im Osten
gebildet haben, eine Grenze, die von Utrecht nur siebzig Kilometer
entfernt war.

Wie so oft, zeigten sich die Frauen dem neuen Glauben geneigter.
Die beiden jungen Priester fanden die Unterstützung einer Friesin
namens Abachilda. Sie und einige andere Neubekehrte halfen den
Missionaren, eine erste Kirche zu erbauen und eine kleine Wohnung für Lebuin. Doch brachen aus dem sächsischen Hinterland
immer wieder Heiden vor und gefährdeten die Mission. Dies
veranlaßte Lebuin schließlich, nach dem Vorbild Willibrords die
direkte Konfrontation zu suchen.

Die *Vita Lebuini* sagt dazu:

»4. Die alten Sachsen hatten keinen König, sondern ihre Gaue waren Häuptlingen unterstellt; und es war Sitte, daß sie einmal jährlich eine allgemeine Versammlung mitten im Sachsenland an der Weser bei einem Ort abhielten, der Marklo heißt. Dort kamen alle Häuptlinge zusammen, dazu aus jedem Gau 12 ausgewählte Edle sowie ebenso viele Freie und Halbfreie. Dort erneuerten sie die Gesetze, saßen über bedeutende Sachen zu Gericht und entschieden bei diesen gemeinsamen Versammlungen, was sie das Jahr über in Krieg und Frieden unternehmen wollten.«

Der junge Lebuin erweist sich kaum minder mutig als der alte Willibrord: Dort, wo alle Heiden zusammenkommen – zu welchem Zweck auch immer –, dort war dieses unbeugsame Volk der Küsten und der unendlichen Wälder vielleicht am besten zu fassen. Vergessen wir auch nicht, daß die Missionspriester alle zu diskutieren gelernt hatten und daß sie ihr Wissen und die Überlegenheit des Christenglaubens in solchen Streitgesprächen beweisen wollten, die im ganzen Mittelalter bis herauf in die Reformationszeit eine große Rolle spielen.

»5. Der vorhergenannte Folcbert hatte einen Sohn namens Helco, der mit anderen jungen Männern zur bevorstehenden Versammlung dorthin reisen sollte. Als sich der Vater eines frühen Morgens mit seinem Sohne unterhielt, sagte er unter anderem: ›Ich bin in Sorge um meinen lieben Wine‹ – so nannte er nämlich Lebuin gewöhnlich –, ›er könnte vielleicht auf Leute stoßen, die ihn hassen und ihn entweder selbst umbringen oder Leute zur Versammlung mitnehmen, die ihn töten sollten.‹ Als sie noch so sprachen, begannen die Hunde im Hof zu bellen und wild auf einen Ankömmling loszufahren. Helco ging zur Tür, um nachzusehen, welcher Fremde gekommen sei, und siehe da, da stand der heilige Lebuin umringt von den Hunden und wehrte sie mit einem Stock ab. Helco lief hinzu, vertrieb die Hunde und brachte den Mann voll Freude zum Vater. Sie begrüßten einander lebhaft, und als sie sich dann niedersetzten, sagte Folcbert zum Manne Gottes: ›Es trifft sich gut, mein lieber Wini, daß du gekommen bist, sehr gut sogar; ich wollte dich ohnedies schon sehen, um mit dir reden zu können. Wohin willst du jetzt weiter wandern?‹ Der Mann Gottes antwortete: ›Ich beabsichtige, zur Versammlung der Sachsen zu reisen.‹ Folcbert erwiderte: ›Vielen von uns, mein lieber Wini, bist du lieb; und besonders ich finde das, was du gewöhnlich erzählst, sehr schön. Ich höre aber auch, daß so manche ungebärdige junge Leute dich schmähen und dir drohen. Höre mich bitte an und gehe ihnen aus dem Wege! Reise nicht zur Versammlung, sondern kehre in dein Haus zu deinem Freund Davo zurück! Wenn diese Versammlung dann vorüber ist, wird die Fahrt weniger gefahrvoll sein; in Sicherheit kannst du dann zu uns kommen, und wir werden für deine Worte ein bereites Herz haben.‹ Der Mann Gottes antwortete: ›Ich kann nicht anders, ich muß zu dieser Versammlung gehen, denn Jesus Christus selbst hat mir aufgetragen, daß ich den Sachsen dort seine Botschaft verkünde.‹ Da sagte er: ›Du wirst ihnen nicht entkommen!‹ ›Ich werde sehr wohl entkommen‹, erwiderte jener, ›da mich der schützen wird, der mich gesandt hat.‹ Da er ihn nicht überzeugen konnte, entließ er ihn.«

Der uns bekannte Verfasser der *Vita Lebuini antiqua* hat vermutlich einen Bericht Lebuins selbst (oder die Erzählung des Marcellin) seiner kurzen Lebensbeschreibung zugrunde legen können, die in ihrer Farbigkeit und lebhaften Darstellung den Charakter eines Augenzeugenberichts gewinnt:

»6. So war der Tag der anberaumten Versammlung gekommen: Es kamen die Häuptlinge, und auch die anderen, die da sein sollten, waren anwesend. Als sie sich gemeinsam versammelt hatten, flehten sie der Sitte nach zuerst zu den Göttern, baten um deren Schutz für ihr Vaterland und daß sie ihnen die Kraft geben möchten, bei dieser Zusammenkunft Entschlüsse zu fassen, die ihnen vorteilhaft und den Göttern genehm wären. Dann reihten sie sich zu einem großen Kreis und die Reden begannen. Doch siehe, plötzlich stand der heilige Lebuin mitten unter ihnen, angetan mit dem Priesterkleid, das Kreuz – wie es heißt – und das Evangelium in den Händen, und rief mit erhobener Stimme: ›Hört, hört! Ich bin ein Bote des allmächtigen Gottes, sein Gebot überbringe ich euch Sachsen.‹ Alle verstummten, überrascht von den Worten und dem ungewöhnlichen Äußeren des Mannes. Der Mann Gottes setzte seine Rede fort und sagte: ›Das ist die Botschaft Gottes, des Königs des Himmels und der Erde, und seines Sohnes Jesus Christus an euch: Wenn ihr die Seinen sein und das tun wollt, was er euch durch seine Diener aufträgt, wird er euch soviel Gutes erweisen, wie ihr es nie zuvor gehört habt.‹ Er fügte dann noch hinzu: ›So wie ihr, Sachsen, bis jetzt keinen König über euch gehabt habt, wird es auch in Zukunft keinen König geben, der

157

euch beherrschen und unterwerfen kann. Wenn ihr aber nicht die Seinen werden wollt, hört seinen Spruch an euch: Im Nachbarland steht ein König bereit, in euer Land einzudringen, es zu plündern und zu verwüsten, in vielen Kriegen euch aufzureiben, in die Verbannung zu schleppen, zu enterben und zu töten und euer Erbteil zu geben, wem er will; ihm und seinen Nachkommen werdet ihr dann unterworfen sein.‹ Da hielten sie nicht länger still; es erhob sich ein Lärmen und sie schrien: ›Hier, hier ist ja jener hergelaufene Betrüger, der mit seinen verrückten Phantastereien durch unser Land zieht; schnell, packt und steinigt ihn!‹ Ungeachtet des Einspruchs jener, die größere Einsicht besaßen, liefen sie in den benachbarten Hain und spitzten die von dort mitgenommenen Pfähle zu, um ihn, wie es bei ihnen Sitte war, damit zu töten. Zurückgekehrt, bildeten sie einen Kreis um ihn, doch plötzlich war er verschwunden, wiewohl er mitten unter ihnen gestanden hatte. Da waren die einen verwirrt, die anderen, die sie vorher abzuhalten versucht hatten, empört, alle aber verurteilten, was geschehen war. Da schwang sich ein Redner namens Buto hoch auf einen Baumstumpf und rief allen zu: ›Hört meine Worte und urteilt. Wenn die Normannen, Slawen, Friesen oder sonst Leute von einem beliebigen Stamm Boten zu uns schicken, nehmen wir sie friedlich auf und hören sie ruhig an. Nun aber ist Gottes Bote zu uns gekommen, und siehe, mit wieviel Unrecht haben wir ihn verfolgt! Glaubt doch, daß seine Worte ebenso wahr sind wie er unseren Verfolgungen leicht entkommen konnte; und das, was er uns angedroht hat, wird sicher eintreten!‹ Daher beschlossen sie, von Reue ergriffen, niemand dürfe dem Boten Gottes etwas antun, wenn er fortan irgendwo auftauche; er sollte vielmehr in Frieden entlassen werden, wohin auch immer er gehen wolle. Danach setzten sie die begonnenen Beratungen untereinander fort.«

Es ist die zweite Rettung eines Glaubensboten dadurch, daß sich die Heiden in offener Versammlung auf ihre eigenen Gesetze besinnen und diese anwenden, obwohl der Fremde sie herausgefordert hat. Die Duplizität der Fälle Willibrords und Lebuins ist auffällig und wohl kein Zufall. Natürlich betreffen sie Ausnahmesituationen, einmal, auf Helgoland, ein religiöses Fest, das andere Mal, in Marklo, das Allthing, die feierliche Versammlung der Sachsen verschiedener Sippen. Einerseits kann das Auftreten eines Christen bei solchen Gelegenheiten als besondere Provokation empfunden werden, andererseits sind eben stets auch besonnene und kundige Männer anwesend, denen der Ruf der Friesen oder Sachsen und die Geltung der Gesetze wichtiger sind als ein Akt der Lynchjustiz, ein Totschlag, wie er sich tagtäglich in jedem Dorf ereignen konnte und wohl auch oft ereignet hat.

Sehr deutlich tritt auch zutage, daß Lebuin der Versammlung – zweifellos auch darin von Gregor geschult – nur zwei Möglichkeiten eröffnete: Entweder wurde das ganze Volk christlich und blieb einigermaßen selbständig, oder es blieb heidnisch, dann aber kämen die Franken plündernd und verwüstend, um die Einwohner wegzuschleppen und die anderen ihres Erbes zu berauben. Man kann nicht sagen, Lebuin, der Angelsachse, habe irgend etwas beschönigt. Und da diese Worte wohl um 770 gesprochen wurden, denn nach dem Ausbruch des Sachsenkrieges hätte sich Lebuin niemals mehr nach Marklo wagen dürfen, muß man sagen, daß dieser Gottesmann den Heiden ein durchaus realistisches Bild ihrer Zukunft zeichnete.

Zu den Pfählen, die die Sachsen aus einem heiligen Hain holten, um Lebuin zu töten, konnte man lesen, bei den Sachsen sei die Strafe des Pfählens üblich gewesen. Das ist ein Irrtum. Zwar sind von anderen germanischen Völkern, zum Beispiel den Langobarden, einzelne Pfählungen bekannt. Im Falle Lebuins aber ging es um einen Angriff auf einen durch Zauber geschützten Fremden. Waffen durften nicht benutzt werden, wohl aber zugespitztes Holz aus einem Götterhain, eine Vorstellung, die sich bis ins achtzehnte Jahrhundert erhielt, als man den letzten vermeintlichen Vampiren in Ostpreußen solche zugespitzte Pfähle durch die Brust stach.

Nach diesen Ereignissen kehrte Lebuin nach Friesland zurück. Er wurde also nicht verfolgt. Es gab nicht einmal ein paar Heißsporne, die sich an seine Fersen hefteten, um ihn außerhalb von Marklo zu töten.

In Deventer begann Lebuin mit dem Neubau der wohl nur kleinen Kirche und scheint auch seine Wohnung wieder instandgesetzt zu haben, denn er verließ seine Wirkungsstätte am östlichen Ijssel-Ufer nicht mehr, sondern starb hier, vermutlich noch nicht vierzig Jahre alt, vor 776. In diesem Jahr nämlich brachen die Sachsen – in einem der vielen Gegenstöße ihres dreiunddreißigjährigen Krieges – gegen Deventer vor und brannten die Kirche abermals nieder. Sie suchten bei dieser Gelegenheit drei Tage lang nach dem Leichnam des Heiligen, offenbar deshalb, weil auch ihnen inzwischen die Bedeutung der Reliquien bekanntgeworden war, die viele Missionare auf ihren Wanderungen im Heidenland mit sich führten. Lebuins Leichnam wurde jedoch nicht gefunden. Das gelang erst Bischof Ludger, dem Gründer der Benediktinerabtei Helmstedt. Er baute auch, wie uns der Mönch Hucbald in einer späteren Lebensbeschreibung Lebuins berichtet, die so oft zerstörte Kirche von Deventer wieder auf.

Der Apostel der Deutschen

Dort, wo Südengland ganz schmal nach Westen zu ausläuft, wo das Land zwischen dem Kanal von Bristol und dem Ärmelkanal nur noch eine Autostunde breit ist, dort hat England, diese eigenartige, für Europa so wichtige Insel besondere Kraftzentren entwickelt. Hier hatten die vordringenden Angelsachsen die letzten Kelten zusammengetrieben und endlich vor den Burgen von Cornwall, vielleicht auch vor den Rittern der Tafelrunde, haltmachen müssen. Im Schatten des Königs Artus hatte sich das kleine Cornwall mit seinen Hochmooren, der Klippenküste, den tiefen Buchten und den Palmenstränden als ein keltisches Restland gehalten, nachdem Tausende keltischer Bretonen in die Bretagne abgewandert waren, angeführt von tatkräftigen Mönchen, die später dann als Heilige verehrt wurden.

An Cornwalls Schwelle brandete das aristokratische Angelsachsentum in harten Kämpfen gegen einen Wall grundverschiedener Traditionen, eines völlig andersgearteten Lebensgefühls, einer ritterlichen Diesseitigkeit, der die Angelsachsen ihr Gottesstreitertum entgegensetzten. Sie hatten ihre größte Zeit zwischen dem sechsten und dem elften Jahrhundert, dann waren wieder die romanisierten Normannen am Zuge und machten dem angelsächsisch gewordenen England den Garaus.

Dieses halbe Jahrtausend sächsischer Kleinreiche auf britischem Boden war für das Christentum, aber auch für die englische Bildungsgeschichte im allgemeinen, eine so fruchtbare Zeit, daß wir unser kontinentaleuropäisches Mittelalter nur neidvoll mit dem Inselfrieden dieser Mönche in ihren Gelehrtenstuben und an ihren ehrwürdigen Schulen vergleichen können. Eine der berühmtesten Schulstädte Englands war Exeter, und hier bereitete sich Winfried (Wynefried), Sohn eines reichen Adligen, in Studien und in geistlicher Selbstprüfung auf seine große Aufgabe vor. Er war zwischen 672 und 675 zur Welt gekommen und hatte einige Mühe gehabt, seinen Hang zur Religion gegen einen Vater durchzusetzen, der diesen Sohn gern zur Verwaltung seiner Güter herangezogen hätte. Wir wissen heute aufgrund neuerer Forschungen, daß Winfried (der seinen Namen Bonifatius erst später erhielt) wegen seiner außerordentlichen Begabung schon in jungen Jahren die Leitung der Klosterschule Nhutscelle übernahm und die Fächer Latein, Lateinische Poesie und Metrik unterrichtete.

Nhutscelle lag zwischen Winchester und Southampton, also einerseits ältestem Altengland zugewandt, dessen Hauptort lange Winchester war, ehe London es überflügelte, andererseits aber der See, dem Ärmelkanal und damit dem Kontinent. Und noch lange wirkten die Traditionen von Nhutscelle in Bonifatius weiter, selbst als er längst auf gefährlichen Wegen durch das mittlere und nördliche Deutschland reiste. Noch als Missionar mußte er zu Gedichten Stellung nehmen, die seine ehemaligen Schüler ihm in die hessischen Wälder nachsandten. »Selbst in den Nonnenklöstern begehrten strebsame Jungfrauen, durch ihn in die Tiefe heiliger Wissenschaft eingeführt zu werden« (Kessel).

Die Priesterweihe empfing Bonifatius erst mit dreißig Jahren, wie das in seinem Land damals so üblich war, und er hatte schon bald darauf Gelegenheit, seine später so glanzvoll in Erscheinung getretene organisatorische Begabung zu zeigen, als es zwischen König Ina von Wessex und dem Erzbischof von Canterbury zu vermitteln galt. Da es sich dabei um die Beschlüsse einer Synode handelte, die zu ihrem Gültigwerden die Zustimmung aus Canterbury brauchten, war mit dem Erfolg dieser Verhandlungen die Geschicklichkeit des jungen Winfried dem ganzen südenglischen Episkopat offenbar geworden; man prophezeite ihm eine große Zukunft in den Reihen der Kirche.

Es spricht für den jungen Priester, daß er sich nicht dieser sicheren Laufbahn widmete, die vermutlich verhältnismäßig früh zu einem eigenen Bistum geführt hätte, sondern die große Aufgabe erkannte, die dort wartete, wo die Angeln und Sachsen einst hergekommen waren: im heidnischen Norden Deutschlands, an den friesischen Küsten der Nordsee. Gerade in Südengland wußte man genau, daß sich das Christentum bei den Germanen so gut wie ausschließlich auf die Franken und die von ihnen schon seit längerem eroberten Gebiete stützte, und einem gut unterrichteten Priester-Diplomaten wie Winfried mußte natürlich auch bekannt sein, daß eben diese Franken sich keineswegs vorbildlich verhielten. Das Episkopat war in den Händen des Adels, und die Herren aus den großen Familien, die sich auf gute Beziehungen zu den

Höfen berufen konnten, dachten nicht daran, sich irgendeinen Zwang anzutun. Abgesehen aber von diesen Äußerlichkeiten wog es besonders schwer, daß nicht mehr die Berufenen, die Besten, die im Glauben Sichersten die hohen Kirchenämter innehatten, sondern jene Söhne der großen Familien, die man auf diese Weise gut versorgen und mit Einfluß ausstatten wollte.

Die verläßlicheren Nachrichten über Bonifatius' Leben beginnen mit seiner Abreise aus England. Die altehrwürdige Biographie des Mönchs Willibald bringt zwar eine ausführliche Jugendgeschichte mit Einzelheiten sogar über die Kindheit, doch mißt die Wissenschaft diesem Abschnitt nicht viel Bedeutung bei. Später vermag sich Willibald dann nach den Informationen zu richten, die ihm sein Auftraggeber, Bonifatius' Freund Lul und andere Weggefährten des großen Missionars, noch geben konnten, denn Willibald verfaßte sein Werk in der zweiten Hälfte des achten Jahrhunderts, und es ist uns in einer Reihe guter Handschriften überliefert (sie werden nach Freising nun in München, außerdem in Reichenau, Sankt Gallen und an anderen Orten verwahrt). Die *Bonifatius-Vita* muß sehr verbreitet gewesen sein; denn da sie zwischen 769 und 778 entstanden war, bezeugen die guten, vom Beginn des neunten Jahrhunderts stammenden Handschriften eine jahrzehntelange Vorliebe verschiedener Klöster für den Text, der darum immer wieder abgeschrieben wurde.

»Ausgerüstet mit geistlichem Rüstzeug und versehen mit weltlichem Notbedarf, um so der Hilfsmittel dieses und jenes anderen Lebens nicht zu entbehren, reiste er dann [716] mit zwei oder drei Brüdern, die er mitgenommen und deren körperlicher und geistlicher Unterstützung er bedurfte, ab und kam, nachdem er unermeßliche Strecken Landes durchwandert, in der erfreulichen Begleitung der teuren Brüder nach einem Ort, wo Waren zum Verkauf zu Markte gebracht wurden und der bis heute mit seinem alten angelsächsischen Namen Lundevich [London] genannt wird. Nachdem er dort kurze Rast gehalten, bestieg er, den emsigen Schiffern ein seltsamer Fahrgast, mit der Erlaubnis des Schiffsherrn das Schiff, zahlte das Fahrgeld und gelangte bei günstigem Winde nach Dorestad, verweilte dort eine Zeitlang und sagte Tag und Nacht dem Herrn Gott den schuldigen Dank.«

Dorestad ist jenes Wijk bei Duurstede am rechten Rheinufer, das seit Jahrzehnten als wichtiger Handelsplatz der Friesen zwischen den Heiden und den christlichen Franken strittig war und mindestens einmal auch zum Schauplatz einer Schlacht wurde. Bonifatius konnte dort aus nächster Nähe die Macht und die politische wie wirtschaftliche Bedeutung des heidnischen Friesenstamms erkennen, und das im unmittelbaren Vorfeld des Bistums Utrecht.

»Da jedoch damals die Heiden gewaltig anstürmten und feindliche Spaltung zwischen Karl [Martell], dem ruhmreichen Fürsten und Herzog der Franken, und Radbod, dem Friesenkönig, die beiden Völker in Unruhe versetzte, auch ein großer Teil der Kirchen Christi, die früher der Herrschaft der Franken in Friesland unterworfen waren, durch die Verfolgungen Radbods ... verwüstet und zerstört worden war, begab sich der Mann Gottes nach [U]trecht. Er hatte die Schmach und Schande geschaut, daß die Heiden christliche Kirchen niedergebrannt, ihre heidnischen Heiligtümer aber wieder aufgebaut und eingerichtet hatten.

Als er nach einigen Tagen des Wartens mit dem ankommenden König Radbod zusammentraf, versuchte er zu erforschen, ob in den vielen Landschaften und Gegenden des friesischen Landes in Zukunft sich ihm ein Ort zur Predigt eröffnen würde. Denn er hatte in seinem Geist den Beschluß gefaßt, bei einem Teil des [Friesen] Volkes dem Evangelium Eingang zu verschaffen und hier den Samen des Wortes Gottes auszustreuen. Dies wurde dann erst nach dem Verlauf vieler Jahre durch das glorreiche Zeugnis seines Märtyrertodes erhärtet.«

Die Besprechung mit König Radbod hat also offensichtlich wenig oder nichts ergeben, wie auch nicht anders zu erwarten war. Wir wissen ja, daß dieser unbeugsame, konsequente und zweifellos hochbefähigte Fürst der Friesen nicht zwischen fränkischem Einfluß und der Christianisierung zu unterscheiden vermochte, vor allem auch, weil die fränkischen Bischöfe selbst solche Unterschiede nicht gelten lassen wollten. Bonifatius, erst kurz im Land und von der Begegnung mit seinem Hauptwidersacher vielleicht ein wenig eingeschüchtert, entschloß sich, den Winter noch einmal in England zu verbringen.

»Da nun einmal vergeblich ein Ort bewohnt wird, wenn ihm die Frucht der Heiligkeit versagt ist, so verließ auch der heilige Mann, nachdem er sich eine Zeitlang im unfruchtbaren [d. h. für das Christentum unzugänglichen] Land der Friesen aufgehalten hatte und schon der Sommer sowie ein Teil des Herbstes vergangen waren, die ausgedörrten, des Taus himmlischer Befruchtung noch entbehrenden Gestade und wanderte, seine Begleiter mit sich

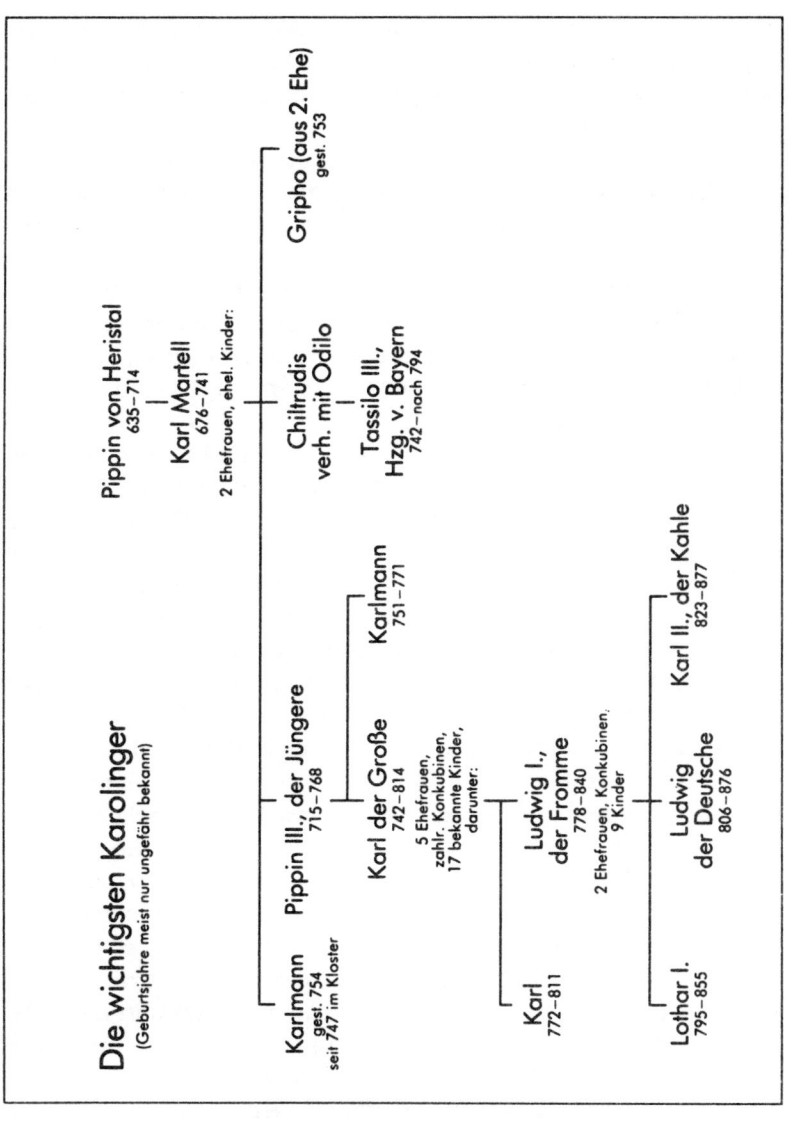

Die wichtigsten Karolinger
(Geburtsjahre meist nur ungefähr bekannt)

Pippin von Heristal
635–714

Karl Martell
676–741

2 Ehefrauen, ehel. Kinder:

Karlmann
gest. 754
seit 747 im Kloster

Pippin III., der Jüngere
715–768

Chiltrudis
verh. mit Odilo

Tassilo III.,
Hzg. v. Bayern
742–nach 794

Gripho (aus 2. Ehe)
gest. 753

Karl der Große
742–814

5 Ehefrauen,
zahlr. Konkubinen,
17 bekannte Kinder,
darunter:

Karlmann
751–771

Karl
772–811

Ludwig I.,
der Fromme
778–840

2 Ehefrauen, Konkubinen,
9 Kinder

Lothar I.
795–855

Ludwig
der Deutsche
806–876

Karl II., der Kahle
823–877

nehmend, nach der heimatlichen Erde zurück, suchte wieder die Abgeschiedenheit seines Klosters auf und verlebte hier, bewillkommnet von der Liebe der freudig bewegten Brüder, den Winter des zweiten Jahres.«

Zu Winfrieds Enttäuschung mochte beigetragen haben, daß auch im karolingischen Reich die Gesamtlage höchst verworren war. Der nur von einer Nebenfrau, also faktisch von einer Mätresse geborene Karl Martell war zweifellos der Fähigste unter allen um die Vormacht ringenden Fürstensöhne, aber seine schöne, aus einem edlen Geschlecht stammende Mutter Alphaida wurde von der legitimen Herrscherin Plektrudis so hemmungslos gehaßt, daß Karl Martell die größten Schwierigkeiten hatte, hinreichende Macht um sich zu sammeln. Seine fränkischen Widersacher scheuten sich nicht, sich mit den heidnischen Friesen zu verbinden, die auf ihren Schiffen den Rhein stromaufwärts fuhren und gemeinsam mit einem fränkischen Heer Karl Martell bei Köln eine schwere Niederlage zufügten. Erst 717, als Bonifatius bereits nach England zurückgekehrt war, vermochte Karl Martell sich durchzusetzen, Plektrudis von seinem Anspruch auf die Nachfolge zu überzeugen und sie zu veranlassen, ihm die Schätze seines Vaters Pippin auszuhändigen. Um sich selbst bedeckt zu halten, suchte Karl Martell einen »Thronfiguranten« (Mühlbacher) aus merowingischem Blut und fand ihn in einem Prinzen namens Chlothar. Wer Chlothars Vater war, ist unbekannt. Doch hatten Merowinger ebenso wie Karolinger fast ausnahmslos auch außereheliche Nachkommen. Sehr oft waren – wie auch noch später in der europäischen Geschichte – diese außerehelichen Söhne den legitimen Nachkommen überlegen. Karl Martell ist eines der überzeugendsten Beispiele dafür.

Bonifatius war also ein wenig zu früh gekommen: In den letzten Lebensjahren Radbods, in den ersten Kampfjahren Karl Martells. Dieser änderte bald die Gesamtlage des Frankenreiches und minderte den Einfluß des fränkischen Klerus, dessen überreichen Besitz er von Anfang an für seine politischen Zwecke und für die auch damals schon kostspielige Rüstung des Reiches hatte heranziehen müssen – Plektrudis hatte ihm ja sein Erbe vorenthalten.

In seinem Heimatkloster mußte Bonifatius Verfall und Tod des von ihm hochverehrten Abtes mitansehen, und es war vielleicht das von dem Biographen ausführlich geschilderte Sterben eines ihm nahestehenden, bedeutenden Mannes, das Bonifatius dazu bewegte, sich erneut der Mission zu widmen. Er hatte immerhin die Macht des Heidentums gesehen, er hatte die Herausforderung kennengelernt, nun wollte er seine Tage nicht im Kloster beschließen. Hinzu kam, daß man ihn nach dem Tod des Abtes drängte, die Nachfolge des Verstorbenen anzutreten; damit wäre eine Entscheidung gefallen, die Bonifatius weniger zugesagt hätte, doch da er das hohe Amt ablehnte, ergab sich ein erneutes Hinausziehen zu den Heiden gleichsam zwangsläufig. Bonifatius bereitete seine Fahrt auch klug vor, indem er diesmal die Route über Rom zu nehmen beschloß und sich von Daniel, dem Abt von Winchester, eine Empfehlung an den Papst mit auf den Weg geben ließ.

»Als aber die Winterszeit vergangen war«, berichtet Willibald, »und des Sommers Hitze entbrannte, nahm er die im vergangenen Jahr unterbrochenen Unternehmungen wieder auf und richtete sein ganzes Bemühen auf die Wiederholung der aufgegebenen Reise ... Dennoch hielten ihn noch einige Zeit lang die Angelegenheiten der zurückbleibenden, ihres Vaters beraubten Brüder auf, auch bereiteten ihm die Liebe der Klagenden und das schmerzliche Leiden aller zeitweilige Hindernisse, so daß sein Gemüt von großer Kümmernis bedrückt war und er nicht wußte, nach welcher Seite er sich wenden sollte ... Endlich sagte er den Brüdern Lebewohl, reiste eiligst ab und kam, nachdem er weite Landstriche durchzogen, zu dem schon oben erwähnten Ort namens Lunde[n]vich. Dort begab er sich sofort an Bord eines Schnellseglers und begann des Meeres unbekannte Pfade zu befahren. Und zur Freude der Schiffer schwellte ein starker Nordwest mächtig die Segel, und mit vollem Winde kam man in glücklicher Fahrt schnell an die Mündung des sogenannten Cuentflusses, die sie ohne noch des Schiffbruchs Gefahren befürchten zu müssen erblickten. Darauf landeten sie wohlbehalten am dürren Gestade und blieben in Cuentavich, bis eine hinlängliche Zahl von Genossen sich mit ihnen vereinigte. Und als sie sich schon gesammelt hatten und bereits des Winters Kälte einzubrechen drohte, reisten sie Tag und Nacht weiter und besuchten viele Kirchen und Heilige, betend, daß es ihnen vergönnt sein möge, unter dem Schutze dessen, der in der Höhe thront, der Alpen schneeige Gipfel zu übersteigen, von den Langobarden eine leidlich milde Behandlung zu erfahren und leichter dem bösen Übermut und der Wildheit der Krieger zu entgehen.«

Der Stil der Heiligenviten ist naturgemäß von Verehrung durchtränkt, ein wenig emphatisch und nicht selten salbungsvoll; dennoch bleibt Willibald eigentlich immer sachlich und meidet all die Unwahrscheinlichkeiten, die in älteren Heiligenerzählungen von größerer Naivität so sehr auffallen. Bonifatius war also nicht lange auf seinem Schnellsegler geblieben. Da es schon Herbst war, hatte er offenbar nicht gewagt, die stürmische Biskaya zu durchqueren, Spanien zu umrunden und den Seeweg nach Ostia zu nehmen. Er überquerte nur den Kanal, landete bei einer heute versunkenen Römerstadt, deren Ruinen man noch bei Etaples (Pas de Calais) sehen kann, und durchquerte mit einigen Zufallsgefährten ganz Frankreich, um die Übergänge über die Westalpen zu gewinnen. Die Langobarden ließen die christlichen Wanderer erwartungsgemäß ungeschoren, und Winfried gelangte in die Stadt der Päpste, wo inzwischen Gregor II. (715–731) residierte. Dies war ein den Franken freundlich gesinnter Papst, der sich von Ostrom zu lösen beabsichtigte und darum eine stabile Verbindung zu den Merowingern suchte, genauer ausgedrückt, zum starken Mann der Merowinger, dem Hausmeier und Feldherrn Karl Martell. Diesem Papst überreichte Winfried-Bonifatius den Empfehlungsbrief und andere Urkunden und wurde von ihm auch sehr häufig zu Gesprächen empfangen, ehe er im Frühjahr 719 den Missionsbrief erhielt. Diesem päpstlichen Schreiben vom 15. Mai 719 ist wenig Konkretes zu entnehmen. Weder werden die Völker im einzelnen genannt, zu denen sich Bonifatius begeben soll, noch werden ihre Wohngebiete umschrieben. Vielmehr gebietet das Dokument, »daß du ... erleuchtet erscheinst, bei allen im Irrtum des Unglaubens befangenen Völkern, zu denen du unter Gottes Geleit gelangen kannst, den Dienst am Reich Gottes unter Anrufung des Namens Christi unseres Herrn und Gottes, von der Wahrheit beflügelt darstellest und im Geist der Tugend, der Nüchternheit und der Liebe die Verkündigung beider Testamente bei den unkundigen Gemütern in angemessener Weise verbreitest«.

Es ist ein Freibrief, und die Wendung »in angemessener Weise« ist eine jener Einschränkungen, wie sie nur der Übereifer, nicht etwa die Trägheit der Missionare nötig machte. Die gewundenen Sätze des römischen Kanzleistils entsprechen dem offiziellen Charakter des Schreibens und des Vorgangs. Es ist ein wenig wie achthundert Jahre später vor den Tagen einer anderen Eroberung, der Conquista in Mittel- und Südamerika: Ein Brief gibt einem

Mann, der noch gar nicht so recht weiß, wohin er sich begeben wird, ein Gebiet im vorhinein in die Hand und legt ihm nahe, daraus das Beste zu machen.

»Als aber der Monat Nisan [April] verstrichen und Jari [Mai] schon die Tore geöffnet, da wurde auch er, nachdem er vom apostolischen Stuhl Segen und Brief erhalten hatte, von dem heiligen Vater ausgesandt, die wilden Völker Germaniens zu besuchen und zu erforschen, ob die unbebauten Gefilde ihrer Herzen von der Pflugschar des Evangeliums zu beackern seien und den Samen der Predigt aufnehmen wollten.« Das ist nun reichlich blumig ausgedrückt, und die »wilden« Germanen hätten – wären sie tatsächlich so wild gewesen, wie Willibald sie sieht – mit dieser Ausdrucksweise herzlich wenig anfangen können. Die volle Naivität des frühen Mittelalters kommt auch in dem Rüstzeug zum Ausdruck, mit dem sich Bonifatius nun auf den Weg macht: »So begab er sich sofort, mit einer großen Menge von Reliquien versehen, samt seinen Mitknechten auf die Rückreise und betrat das Gebiet [Ober-]Italiens, wo er sich an Liodobrand wandte, den vortrefflichen König der Langobarden. Ehrenvoll von ihm aufgenommen, ruhte er dort die von der Reise ermüdeten Glieder aus. Darauf durchwanderte er reichlich beschenkt die bergigen Gegenden und weiten Fruchtebenen des Landes und überstieg die steilen Hochjoche der Alpen.«

Bonifatius kam auf diese Weise zum ersten Mal nach Bayern. Im Mai oder Juni 719 präsentierte sich das Land zwar erst als teilweise christianisiert, es gab noch beträchtliche Gebiete, in denen das Heidentum vorherrschte, und Willibald, der Biograph, spricht darum auch von »unbekannten Gegenden«. Andererseits aber waren in diesem den Alpen und den Paßstraßen nach Italien so nahen Land schon sehr viele katholische Priester am Werk, und Bonifatius sah zunächst keine Veranlassung, sich hier zu betätigen.

Anders war die Lage in Thüringen. Hier, im Herzen Deutschlands, inmitten ausgedehnter Wälder, zwischen den böhmischen Randgebirgen und dem gewaltigen Stock des Harzes, hatte das Heidentum sich standhafter gehalten als auf dem flachen Land. Was Bonifatius aber vor allem zum Eingreifen aufrief, das waren nicht die germanischen Heiden, sondern die zu ihnen in früheren Jahren vorgedrungenen katholischen Priester:

»Der heilige Mann redete in Thüringen nach dem ihm gewordenen Befehl die Stammeshäupter und die Fürsten des ganzen

Volkes mit geistlichen Worten an und rief sie zurück auf den Weg der wahren Erkenntnis und zum Lichte der Einsicht, das sie schon lange und zum größten Teil von schlechten Lehrern verführt, verloren hatten. Aber auch die Geistlichen und Priester wandte er, soweit es in seinen Kräften lag, durch seine evangelischen Reden von den Abwegen der Bosheit wieder dem richtigen Weg der kirchlichen Satzungen zu, ermahnte und belehrte sie. Denn es hatten zwar einige von ihnen den Dienst des allmächtigen Gottes versehen, andere jedoch hatten durch Hurerei die keusche Enthaltsamkeit beschmutzt, die sie als Diener der heiligen Altäre hätten bewahren sollen.«

Hier wird deutlich, wieviel Willibald beschönigt oder verschweigt, obwohl es doch dem menschlichen Bild des Bonifatius nur zuträglich ist, daß auch der abermalige Rückschlag in Thüringen ihn nicht entmutigen konnte. Willibald läßt anklingen, daß die Thüringer schon einmal Christen gewesen waren, und wir wissen auch, daß es mindestens eine christliche Fürstin der Thüringer gegeben hatte und eine relativ lange Zeit, in der die Thüringer wie die Langobarden Arianer waren. Seit aber das christianisierte und römisch durchsetzte Voralpenland die weitgehend noch heidnischen Bayern aufgenommen hatte, waren die langobardisch-thüringischen Beziehungen praktisch unterbunden und die heidnischen Sachsen, die nördlichen Nachbarn der Thüringer, gewannen an Einfluß. Zwei christliche Thüringer-Fürsten mit den Namen Gotzbert und Hethan wurden vertrieben, und die christlichen Priester begannen – soweit sie nicht das Land ebenfalls verließen –, einen seltsamen Mischkult einzuführen, um ihr Leben zu retten und vielleicht auch, um das Gesicht zu wahren. Sie erhoben ihre einheimischen Konkubinen zu Gemahlinnen und beteiligten sich an heidnischen Ritualen, was Bonifatius' Abscheu hervorrufen mußte. Daß die Ermahnungen des aus England kommenden päpstlichen Gesandten unter diesen Umständen irgendwelchen Erfolg hatten, muß bezweifelt werden und wird auch von Willibald bezweifelt, wie seine vorsichtigen Wendungen erkennen lassen.

Das Tragische dieser thüringischen Entwicklung liegt nicht zuletzt darin, daß der schwere Rückschlag das Martyrium des heiligen Kilian und seiner Gefährten nutzlos erscheinen läßt. Dieser Ire war mit dem Presbyter Kolonat und dem Diakon Totnan ins Frankenland gekommen, hatte bei Mainz den Rhein überschritten und in Würzburg Gotzbert angetroffen, einen von dem Frankenkönig Dagobert eingesetzten Fürsten, der aber wie sein ganzes Volk noch im Heidentum verharrte. 686 hatte sich Kilian in Rom die Zustimmung des Papstes für seine Mission im westlichen Thüringen geholt und war vielleicht bei dieser Gelegenheit zum Bischof geweiht worden, weswegen ihn Würzburg in seinen Bischofslisten führt. Mit Gotzbert verstand er sich gut, obwohl er, nach den strengen christlichen Heiratsgeboten, von dem Fürsten einen schweren Verzicht fordern mußte. Gotzbert hatte nach einem bei vielen Völkern heimischen, weil praktischen Brauch, die Witwe seines Bruders geehelicht, was so gut wie alle Erbprobleme löste. Kilian verlangte nun von ihm, diese Ehe aufzugeben und seine Gemahlin zu verlassen. Gotzbert sagte dies zu, unternahm aber vorher noch eine Reise oder einen Feldzug. Die von der Verstoßung bedrohte Geilana, zugleich Schwägerin und Gattin des Fürsten, wartete die Rückkehr Gotzberts nicht ab, sondern handelte. Sie ließ Kilian und seine zwei treuesten Gefährten so heimlich ermorden und alle Kleider so flink verscharren, daß die Untat nur ans Licht kam, weil eine Klausnerin sie beobachtet hatte.

Nach Gotzberts Rückkehr leugnete Geilana alles, doch der Mörder gestand. Dieser Mann, aber auch Geilana selbst, sollen zur Strafe für ihr Verbrechen mit Wahnsinn geschlagen worden sein. Tatsache aber bleibt, daß das Christentum bei den Thüringern den heiligen Kilian nicht nennenswert überlebte. Bonifatius konnte auch später nichts tun, als kraft seiner Vollmachten einen Bischof in Würzburg einzusetzen; er hieß Burchard (Burkard, Burkhard) und war nicht mehr, wie Kilian, ein Wanderbischof, sondern begründete das Bistum Würzburg (wenn auch erst viele Jahre nach diesen Ereignissen, nämlich 741).

Der erste wichtige Erfolg, der sich erst jetzt, nach so vielen Rückschlägen, einstellte, mußte Bonifatius wie ein Wink des Himmels erscheinen: Radbod, der harte und kriegerische Fürst der heidnischen Friesen, starb im Jahr 719. Er war zwar alt gewesen, aber gesund, und da niemand sein genaues Alter gekannt hatte, war dieser Tod unerwartet gekommen. Er eröffnete für Bonifatius neue Möglichkeiten in einem Augenblick, da ihn auch die Lage in Thüringen entmutigt hatte. Der greise Missionsbischof Willibrord in Utrecht bot Bonifatius an, die Arbeit im Friesenland fortzuführen, die großen Chancen wahrzunehmen, die sich nach dem Tod Radbods, angesichts eines friedlich gesinnten Nachfolgers eröffneten.

Wir finden Bonifatius nun immerhin beinahe drei Jahre lang an der Seite Willibrords, aber die Wiedererrichtung der zerstörten Kirchen, die Wiedergewinnung des unter Radbod verlorengegangenen christlichen Einflusses in Friesland befriedigten Bonifatius nicht. Als Karl Martell 722 gegen die Thüringer zog, um die dort übermächtig gewordenen sächsischen Nachbarn zu vertreiben und die fränkische Position wiederherzustellen, folgt der Missionar Bonifatius den fränkischen Truppen über Trier und dann mainaufwärts. 722 wird zu einem Glücksjahr für den Heiligen; er findet in dem jungen Gregor einen verehrungsvoll ergebenen Schüler aus königlichem Geblüt und kann in Thüringen endlich so wirken, wie es ihn seit langem verlangt hatte:

»Er erreichte mit Gottes Hilfe den Ort Amanaburch [Amöneburg], dem zwei Zwillingsbrüder namens Dettic und Deorulf vorstanden, und rief sie zurück von der schändlichen Verehrung der Götzenbilder, der sie, einen Rest vom Namen des Christentums mißbrauchend, anhingen. Auch zog er eine große Menge des Volkes, nachdem er ihnen den richtigen Weg der Erkenntnis gewiesen und sie ihren schrecklichen Irrtum abgelegt hatten, vom sündhaften Aberglauben des Heidentums ab und errichtete, nachdem er eine Schar von Gottesknechten gesammelt hatte, ein kleines Kloster.«

Willibald zieht hier eineinhalb Jahrzehnte fruchtbarster Tätigkeit in wenigen Zeilen zusammen, was angesichts der Ausführlichkeit überrascht, mit der er zuvor die vermutlich weitgehend erfundene Jugendgeschichte des Heiligen erzählte. Offensichtlich hatte der am Rhein schreibende Biograph Schwierigkeiten, sich genauere Unterlagen über die Bekehrungsarbeit bei den Thüringern und Hessen, also aus dem unmittelbaren Vorfeld der kriegerischen Sachsen und kurz vor dem Beginn des großen Sachsenkrieges, zu verschaffen. Auch ist des Bonifatius' eigener Tätigkeitsbericht an den Papst leider verlorengegangen und unauffindbar geblieben, obwohl man weiß, daß ein Priester namens Bynna das Schriftstück sicher nach Rom gebracht hat.

Das Kloster Amöneburg, nach allgemeiner Annahme spätestens 740 als Benediktinerabtei begründet, zeigt durch seine malerische, aber auch wehrhafte Lage auf einem isolierten Basaltkegel über der Ohm deutlich, daß Bonifatius dem Frieden noch nicht traute. Zwar hatte er in Thüringen und Hessen Tausende bekehrt, aber die große Auseinandersetzung mit der heidnischen Hauptmacht – den

Sachsen – stand noch bevor. Errangen sie die Oberhand über die Franken, die bis dahin nur vorsichtig gegen das Sachsenland vorgefühlt hatten, dann war es um die christlichen Bastionen in Thüringen, Hessen und Friesland ebenso geschehen wie um das heute zu Bayern gehörende Ostfranken, wo Bonifatius um diese Zeit die ersten dauerhaften christlichen Einrichtungen schuf.

Der Heilige muß in seinem großen Missionsbericht eine Reihe grundsätzlicher Fragen angeschnitten haben, dazu aber auch praktische Fragen des täglichen kirchlichen Lebens in den neu gewonnenen Gebieten. Der Komplex war für einen Briefwechsel zweifellos zu vielschichtig, und der Papst lud Bonifatius darum ein, nach Rom zu kommen.

Dieser Aufenthalt in Rom währte bis zum Jahr 724 und brachte zwei bemerkenswerte Ergebnisse. Bonifatius konnte dem Papst die heikle Situation darlegen, die zwischen ihm und dem fränkischen Episkopat bestand. Mit Karl Martell verband ihn ein wohlbegründetes Vertrauensverhältnis, wie es oft Jahre hindurch zwischen bedeutenden Persönlichkeiten stabil und ungefährdet besteht. Aber die fränkische Expansion nach Osten und die römische Missionsarbeit von Süden nach Norden waren in ein offenes Konkurrenzverhältnis getreten – kein Wunder, wenn man die Rivalität zwischen Königen und Päpsten bedenkt, die jahrhundertelang die Politik des Reiches kennzeichnen sollte.

Privater und erfreulicher waren die anderen Ergebnisse der vielen Gespräche mit dem Papst. Bonifatius wurde nun in den Bischofsrang erhoben, und zwar als Bischof der deutschen Völker ohne festen Sitz, und leistete dafür den Treueid (was später, in der Reformation, zu der Polemik Anlaß gab: Bonifatius habe damit das ganze Deutschland an Rom ausgeliefert . . .). Da Bonifatius sich noch wenige Jahre zuvor geweigert hatte, die Bischofswürde anzunehmen, weil er noch nicht fünfzig Jahre alt sei, darf man annehmen, daß er 723 oder 724 fünfzig geworden war, wonach er um 673 oder 674 geboren sein müßte. (Diese Altersbeschränkung für Bischöfe findet sich nur in griechischen Kirchenverfassungen und scheint im Abendland niemals wirklich in Geltung gewesen zu sein. Daß Bonifatius sich darauf berief, läßt erkennen, daß er Vorwände brauchte, um sich der Nachfolge Willibrords in Utrecht zu entziehen.)

Nannte der Heilige sich zuvor auch noch Winfried oder Wynefried, so heißt er jetzt nur noch Bonifatius, weshalb man annahm, der Papst habe ihm diesen Namen erst während dieser zweiten Romreise verliehen, doch findet sich der Name Bonifatius bereits in dem Betrauungsschreiben Gregors II. vom 15. Mai 719; er hat also mit der Bischofswürde nichts zu tun. Es ist damals Bonifatius offensichtlich gelungen, den Papst völlig für sich einzunehmen und von der Notwendigkeit ordnenden Eingreifens selbst im fränkischen Bereich zu überzeugen. Denn die Briefe, die Papst Gregor II. an der Jahreswende 724/26 Bonifatius mit auf den Weg nach Norden gibt, lassen an Deutlichkeit nichts zu wünschen übrig.

»Weiters haben Wir«, sagt der Papst in seinem Schreiben vom 4. 12. 724 an Bonifatius, »wegen jenes Bischofs [Gerod von Mainz], der es bisher aus einer gewissen Saumseligkeit heraus unterlassen hatte, bei diesem Volk das Wort der Predigt zu verbreiten und der jetzt dieses Gebiet [Utrecht] als zu seinem Sprengel gehörig für sich in Anspruch nimmt, an den Patricius Karl [Martell], Unsern erlauchten Sohn, ein väterliches Schreiben gerichtet und ihm geraten, diesen in seine Schranken zu weisen. Und Wir sind der Meinung, daß er ihn anweisen wird, seine Ansprüche aufzugeben. Du selbst aber, ob es ihm paßt oder nicht, höre nicht auf, zu predigen, was das Heil erfordert.«

Selbst an die doch noch zu einem guten Teil heidnischen Thüringer schrieb der Papst und trug ihnen unter anderem auf, nicht nur Kirchen zu errichten, sondern auch Wohngebäude für den Bischof und seine Helfer. Dieser Brief ist im Wortlaut erhalten und läßt erkennen, daß der Papst mit feinen Andeutungen – und die Kurie führte stets eine besondere feinsinnige Korrespondenz – seine Bestrebungen gegen die der Franken abgrenzt und von ihnen unterschieden wissen will.

»Seid ihm [Bonifatius] in allem gehorsam, ehrt ihn wie euren Vater und neiget eure Herzen seiner Liebe zu, weil wir ihn nicht ausgeschickt haben, um irgendeinen zeitlichen Gewinn zu erlangen, sondern um eure Seelen zu gewinnen.« Deutlicher konnte sich Gregor II., der soeben väterlich an Karl Martell geschrieben hatte, in diesem Zusammenhang gar nicht ausdrücken.

Nur zu gern wüßte man, wie es mit diesem »Gewinnen der Seelen« beschaffen war. Doch gerade, weil wir so wenig Handfestes über die tägliche nüchterne Missionspraxis erfahren können, sind in den letzten Jahren um so mehr Vermutungen geäußert worden. Dennoch ist man dem Rätsel der Bekehrung nicht viel nähergekommen als die alten Heiligenviten mit ihren frommen Phrasen und ihren Bibelzitaten.

Aus alldem, was man über Willibrord, aber auch über Corbinian und Bonifatius selbst weiß, geht ziemlich deutlich, wenn auch nicht mit letzter Sicherheit, hervor, daß die Missionare einen »Machtkampf der Götter« auszutragen hatten. Gregor von Tours hat uns die Worte überliefert, die der noch heidnische Frankenkönig Chlodwig ausgerufen haben soll, als er vor einer großen Schlacht glaubte, die Walküren würden ihm nicht beistehen, und der Kriegsgott habe ihm seine Hilfe entzogen: »Ich habe meine Götter angerufen, aber, wie ich erfahre, sind sie weit davon entfernt, mir zu helfen. Ich meine daher: ohnmächtig sind sie, da sie denen nicht helfen, die ihnen dienen. Dich nun rufe ich an, und ich verlange, an dich zu glauben; nur entreiße mich aus der Hand meiner Widersacher.«

Willibrord war ins Herz des heidnischen Kults, auf die Insel Helgoland gereist, um die große Konfrontation zu wagen, und Bonifatius hatte dazu Gelegenheit, als er die ihrem Heidentum besonders zäh anhängenden Hessen einmal mehr besuchte, einen Stamm, der politisch bereits unterworfen war, sich aber von seiner angestammten Religion nicht lösen konnte:

»Damals aber empfingen viele Hessen«, schreibt Willibald, »die den katholischen Glauben angenommen hatten und durch die siebenfältige Gnade des Geistes gestärkt worden waren, die Handauflegung; andere aber, deren Geist noch nicht erstarkt war, weigerten sich, des reinen Glaubens unverletzbare Wahrheiten zu empfangen. Einige auch opferten heimlich Bäumen und Quellen, andere taten dies ganz offen. Einige wiederum betrieben teils offen, teils im Geheimen Seherei und Wahrsagerei, Losdeuten und Zauberwesen. Andere dagegen befaßten sich mit Amuletten und Zeichendeuterei oder pflegten die verschiedensten Opfergebräuche, andere wiederum, die schon gesunden Sinnes waren und allem heidnischen Götzendienst entsagt hatten, taten nichts von alledem.

Mit deren Rat und Hilfe unternahm es Bonifatius, eine ungeheure Eiche, die mit ihrem alten, heidnischen Namen Donar-Eiche genannt wurde, in einem Orte, der Geismar hieß, im Beisein der ihn umgebenden Knechte Gottes zu fällen. Als er nun in der

Zuversicht seines standhaften Geistes den Baum zu fällen begonnen hatte, verwünschte ihn die große Menge der anwesenden Heiden im Inneren als Feind ihrer Götter. Als er jedoch die ersten Hiebe gegen den mächtigen Baum geführt hatte, wurde sofort die gewaltige Masse der Eiche von höherem göttlichen Wehen geschüttelt und stürzte mit gebrochener Krone zur Erde. Und wie durch höheren Winkes Kraft barst sie sofort in vier Teile, und vier ungeheuer große Strünke von gleicher Länge stellten sich, ohne daß die umstehenden Brüder etwas dazu getan, dem Auge dar. Als dies die vorher fluchenden Heiden gesehen, wurden sie umgewandelt, ließen von ihrem früheren Lästern ab, priesen Gott und glaubten fortan an ihn. Darauf aber erbaute der hochheilige Bischof, nachdem er sich mit den Brüdern beraten hatte, aus dem Holzwerk dieses Baumes ein Bethaus und weihte es zu Ehren des heiligen Apostels Petrus.«

Willibald schildert damit die bekannteste Episode im Leben des heiligen Bonifatius – eine Szene, die auch von Rethel und anderen Künstlern oft dargestellt wurde. Die Peterskirche von Fritzlar erinnert an den denkwürdigen Tag, und das in der Nähe des Ortes gegründete Benediktinerkloster Buraburg durfte zweiundvierzig Jahre lang die Erinnerung an diesen Sieg über den Donnergott und seinen Hammer wachhalten, ehe im Jahr 774 die Sachsen wiederum vorbrachen und nur das Kirchlein übrigließen.

Denkt man an Männer wie Radbod und Poppo oder an die harten Helden der Völkerwanderungszeit, so wird auch uns klar, daß die Missionare mit massiver Anschaulichkeit werben mußten. Subtilere Argumente verfingen damals noch nicht, und zwar nicht einmal dann, wenn Missionar und Heidenvolk die gleiche Sprache sprachen. »Diese Zeichensetzung«, sagt Haubrichs in seinem Kommentar zu der Szene mit der Donar-Eiche, »hat gewiß ihren Ursprung in dem von den Legenden geschilderten Krafthabitus der spätantiken Märtyrergestalten, jedoch kam sie dem archaischen Denken der paganen [heidnischen] Stämme entgegen, war als erste von allen Formen, die das Christentum anbot, einsichtig und akzeptabel. Das Signum einer numinosen Macht, nicht das Dogma überzeugt: Himmelserscheinungen, Katastrophen und Epidemien können Bekehrungen auslösen ... Dieser Gott ist ein Gott des Schreckens, ein lebendiger, herrschender, kriegerischer Gott wie der des Alten Testaments; man bildet das *numen* [den Inbegriff der göttlichen Wundermacht] mit Schwert, Axt, Schild und Lanze, ja zu Pferd und mit gerecktem Phallus ab.«

Das, was Bonifatius in so vielen Briefen und Berichten beklagte, wurde zu einem letztlich nützlichen Übel: Der Synkretismus, die Vermischung heidnischer und christlicher Vorstellungen, baute jene Brücke des Verständnisses, die keine Bekehrung entbehren kann. Christus erscheint so menschlich und allzumenschlich, so heldisch und irdisch, daß auch die ganze von Rom aus betriebene Mission noch deutlich an arianische Pionierarbeit anknüpft, an die alten germanischen Vorstellungen von Christus, dem Heerkönig.

Nichts wäre schwieriger gewesen, als den Germanen einen leidenden Gott als höchstes Wesen und zur Anbetung zu präsentieren, denn selbst Germanenvölker mit geistig relativ aufgeschlossenen Fürsten wie zum Beispiel die Goten hätten den Übergang zu solch einem aus seiner Leidensfähigkeit heraus siegenden Gott seelisch und geistig nicht vollziehen können. Sie alle führten seit Jahrhunderten Selbstbehauptungskämpfe von allergrößter Härte. Sie hatten die Römer, die Hunnen, abermals die Römer und endlich andere germanische Völker zu Gegnern gehabt. Sie hatten sich aus bitterer Not um Weideplätze, Ackerböden, Siedlungsraum gestritten und einander die Köpfe eingeschlagen – das sollte nun alles umsonst gewesen sein, weil der Größte, der Heiligste eben jener war, der sich wehrlos hatte ans Kreuz schlagen lassen?

Hochgebildete Franken wie Karls des Großen Berater und Kultusminister Alkuin hätten diese schwierige gedankliche Operation allenfalls selbst und für sich nachvollziehen können, aber es wäre unrealistisch und damit schlechteste Politik gewesen, derlei dem Frankenvolk schlechthin zuzumuten. Das Kreuz wird in diesen Jahrhunderten zum Feldzeichen, erstmals bei Konstantin dem Großen, später in den Sachsenkriegen und beim Sieg gegen die Awaren, den Alkuin als einen Sieg des mächtigeren Gottes feiert: »Dieses Reich [der Awaren] hat lange und fest und stark bestanden, doch stärker ist der, der es besiegt hat, dessen machtvoller Hand alle Könige und ihre Reiche unterworfen sind.« Die Macht der Franken, die ja tatsächlich eindrucksvoll aufsteigt, von den Katalaunischen Feldern bis zu den Siegen Karls des Großen, diese aus irdischen Fakten kaum erklärbare Vormacht eines Stammes über alle anderen Völker, von den Arabern bis zu den Awaren, konnte nach den abergläubischen Vorstellungen der damals Europa bevölkernden Menschen nur eine übernatürliche Ursache haben, den besseren Zauber, den mächtigeren Gott.

Der Papst und seine Missionare waren von solchen zweckbestimmten Mißverständnissen naturgemäß nicht betroffen. Der Briefwechsel des Bonifatius mit Gregor II. zeigt ganz deutlich, daß beide nicht nur auf dem Boden der Evangelien standen, sondern auch genaueste Kenntnisse der gesamten kanonischen Überlieferung brauchten, um die nicht immer einfachen Streitfragen der Christianisierung zu beantworten. Aber offensichtlich war auch Bonifatius klar, was er den Germanen zumuten durfte und was nicht, und öfter einmal sichert er sich durch Anfragen in Rom darüber ab, welche Grenzen für ein Entgegenkommen, für eine Milderung der kirchlichen Gesetze und Grundsätze einzuhalten seien. Und Bonifatius ist, trotz aller hohen klassischen Bildung, doch auch selbst in die synkretistischen Mechanismen des frühen Mittelalters verstrickt, wenn er zwar gegen die Amulette wettert, selbst aber mit Reliquien bewaffnet zur Missionsarbeit auszieht.

Für das sehr konkrete religiöse Denken der Germanen ist der ferne Geistgott, der über dem Firmament thront, rein als Vorstellung eine Schwierigkeit. Ideen, Abstraktes müssen auch gesunden Gehirnen erst anerzogen werden, wenn das Volk seine Götter bis dahin in Quellen und Hainen, im Gewitter und auf den Fluren gesucht hatte. Da wurden die Heiligen zu wertvollen Mittlern zwischen der Himmelshöhe und der Erdenschwere. Menschen, von deren Leben und Verhalten man erzählen konnte und die meist auch gegen jene Römer aufgetreten waren, von denen schließlich jeder Germanenstamm irgendwann Übles erfahren hatte.

Der Heiligenkult bot den Missionaren sehr viele wertvolle Möglichkeiten, die über jene des Evangeliums selbst hinausgingen. Die Heiligen waren Menschen, deren Namen man kannte und von denen man zu wissen glaubte, wann und wo sie gelebt hatten. Die Örtlichkeiten lagen in Gegenden, die zum Teil auch den Germanen bekannt waren, und die Heiligenverehrung konnte mit einzelnen Punkten der Landschaft, mit Bauwerken, Bergen, Grotten und Quellen verbunden werden, so wie es den Gewohnheiten und der traditionellen Frömmigkeit der Germanen im allgemeinen auch bis dahin entsprochen hatte.

Die Reliquien brachten ein weiteres Element der Konkretisierung, und wir sind ihnen darum in den Viten des heiligen Severin und anderer großer Missionare auch wiederholt begegnet. Das

178

ganze frühe Mittelalter ist in einer heute nicht mehr vorstellbaren Weise von diesem Kult bestimmt und beeinflußt. Für die Reliquien wurden Kirchen gebaut. Möglichst viele und bedeutende Reliquien zogen die Pilger an und brachten Kirchen und Klöstern nicht nur Ruhm, sondern auch Reichtum. Ohne nennenswerte ärztliche Hilfe, ohne soziale Absicherung, ohne Kenntnisse über den Weltlauf und ohne Einfluß auf das politische Geschehen war die gesamte Bevölkerung auf Wunder und Heiligenmacht angewiesen. Von den Reliquien allein konnte das Heil erwartet werden, sofern man persönlich fromm war, christlich lebte und eifrig betete, oder, wissenschaftlich ausgedrückt: »In der Reliquienfrömmigkeit ergriff der archaische Sakralismus der merowingischen Gesellschaft ein Angebot des spätantiken Christentums und gestaltete es mannigfaltig aus. Diese Heilsträger vermochten die Wünsche der Gläubigen zu erfüllen, sie boten Hilfe und Schutz. Bald war die Reliquie selbst zum magischen Kraftträger geworden, in den Formen nichtelaborierter Frömmigkeit konnte die Funktion der *intercessio* bei Gott, die in der offiziellen Liturgie stets im Vordergrund stand und in der Rezeption der gregorianisch-römischen Liturgie in der zweiten Hälfte des achten Jahrhunderts noch verstärkt wurde, ganz zurücktreten. Damit wurde der Besitz von Reliquien auch für die Zeit, in der man nicht im Bezirk des *locus sacer* (des heiligen Ortes) weilen konnte, wichtig. Sekundärreliquien und Eulogien (z. B. das Meßbrot) werden bereits in der Spätantike gefertigt, ganze Industrien beschäftigen sich am Heiligen Grab mit ihrer Verfertigung. Auf alle erdenkliche Art sucht man das wirksame *Sacrum* zu bewahren und mitzunehmen. Staub vom Grabe des Heiligen wurde gesammelt (und gegessen), Reliquien wurden in Wasser, Wein, Balsam, Öl gebadet, die Essenz in Ampullen abgefüllt (und auch zu Heilzwecken getrunken), das Wachs der am Grabe brennenden *luminaria* wurde verkauft und so weiter.«

Gregor von Tours weiß Erstaunliches über die Wirkungen des Staubes vom Grabe des heiligen Martin zu berichten, von ihrer Kraft gegen die verschiedensten Krankheiten und Übel; er setzt diesen Grabstaub gleich mit dem mittelalterlichen Allheilmittel Theriak und weiß sogar zu berichten, wie ein Langobarde durch die Wunderkraft dieses Staubes seine Berufung zum Priestertum erhielt (wie überhaupt seine zehn Bücher eine Fundgrube köstlichster und herzhafter Anekdoten sind):

»Auf der Reise kamen wir zu der Burg Ivois [Carignan], dort

empfing uns der Diakon Wulfilaich, führte uns in sein Kloster und nahm uns sehr liebevoll auf. Dieses Kloster liegt etwa acht Meilen von der erwähnten Burg auf der Spitze eines Berges. Auf diesem Berge baute Wulfilaich eine große Kirche, die er durch Reliquien des heiligen Martinus und anderer Heiligen verherrlichte. Als wir uns nun dort aufhielten, baten wir ihn, uns doch einiges über seinen segensreichen Eintritt in den geistlichen Stand zu erzählen und wie er überhaupt zum Amt des Geistlichen gelangt sei; denn er war von Geburt ein Langobarde. Aber er konnte uns dies nicht mitteilen, weil er von ganzer Seele danach trachtete, allem eiteln Ruhm zu entfliehen. Doch ich beschwor ihn mit schrecklichen Eiden, versprach zuerst, niemandem mitzuteilen, was er mir erzählen werde, und drang in ihn, mir nicht zu verbergen, wonach ich ihn fragte.

Nachdem er sich sehr lange gesträubt hatte, gab er endlich meinen Bitten und Beschwörungen nach und erzählte mir: ›Als ich noch ein kleiner Knabe war, hörte ich schon den Namen des heiligen Martinus, und obwohl ich noch nicht einmal wußte, ob er ein Märtyrer oder ein Bekenner sei, was er Gutes in der Welt getan, und welchem Land die Gnade zuteil geworden sei, seine heiligen Gebeine im Grab aufzunehmen, feierte ich doch schon ihm zu Ehren Vigilien und gab Almosen, wenn mir etwas Geld in die Hände kam. Als ich älter wurde, legte ich mich auf die Wissenschaften; ich lernte schreiben, ehe ich noch die Reihenfolge der Schriftzeichen wußte. Darauf schloß ich mich dem Abte Aredius an, der mich unterrichtete, und ging mit ihm zu der Kirche des heiligen Martinus. Als wir von dort zurückkehrten, nahm er ein klein wenig Staub von dem heiligen Grabe auf, daß es uns Segen bringen sollte, tat es in eine Kapsel und hing es mir um den Hals. Da wir nun zu Aredius' Kloster im Gebiet von Limoges gekommen waren, nahm er die Kapsel und wollte sie in seinem Betsaale aufstellen, aber der Staub war so angewachsen, daß er nicht nur die ganze Kapsel anfüllte, sondern auch zwischen ihren Spalten hervorquoll, wo immer er einen Ausweg fand. Durch dieses glänzende Wunder entbrannte mein Geist noch mehr, alle meine Hoffnung auf die Kraft dieses Heiligen zu setzen.‹«

Der Erzähler ist Langobarde, also Germane. Die Begegnung mit der Wunderkraft des Grabstaubes ist für ihn ein magisches Ereignis, also etwas Geheimes, eine nur für ihn bestimmte Erfahrung, darum braucht Gregor die »Beschwörung mit schrecklichen Eiden«, um ihn zum Reden zu bringen. Wie ungeheuer mußte darum also der Eindruck sein, wenn öffentlich, vor aller Augen, Hand an eine seit alters ehrwürdige Eiche oder an eine allseits verehrte Säule gelegt wurde, wenn eine Quelle benutzt wurde, auf der ein altes Tabu lag, und dergleichen mehr. Das Christentum, eine Weltreligion mit den herrlichsten heiligen Schriften und einem ganzen Gebäude christlicher Philosophien und Kirchenlehren, mußte sich zu den Germanen herablassen, und die Missionare, hochgebildete Priester, die in ihren heimatlichen Klöstern die Wissenschaften und die alten Sprachen unterrichtet hatten, mußten sich gebärden wie Dorfzauberer, um Erfolg zu haben.

Dies ist eine Lage, in der sich die Missionare aller Kirchen auf allen Kontinenten bis heute befinden; das Besondere besteht für uns nur darin, daß in diesem Fall nicht auf den Fidschi-Inseln und nicht in Feuerland missioniert wird, sondern daß die Barbaren, die »wilden« Germanen, wie die alten Quellen sie nennen, wenige Generationen später das imponierende Gebäude eines Reiches aufrichten werden, das an Konstantin den Großen anknüpft und sich Byzanz ebenbürtig fühlt – kurz, daß sie unsere Vorfahren sind.

Für das Volk scheint alles klar zu sein; unterhalb einer gewissen Bildungsstufe glaubt es noch heute an Amulette, schützt sich durch das Kreuzeszeichen vor Unheil, läßt sich einreden, daß eine bestimmte Anzahl Gebete, an bestimmter Stelle gesprochen, eine genau festliegende Zahl von Fegefeuerstunden erspart und so weiter. Niemand im ganzen weiten Bereich der christlichen Priesterschaft scheint ein ernstliches Interesse gehabt zu haben, irgendwann in den abgelaufenen zwei Jahrtausenden diese Rituale und Mechanismen zu durchbrechen, zu »entzaubern«, dem allgemeinen Niveau der geistigen Kultur Europas anzupassen. Die Grotte von Lourdes und die Donar-Eiche von Hofgeismar stehen in der Überlieferung nebeneinander, nur daß Bonifatius mit dem Leben davonkam, weil die Hessen tatsächlich und fest an den Sieg seines Gottes glaubten, während ein moderner Frevler in der Bernadette-Grotte zu Lourdes vielleicht kaum eine Chance hätte, sein Leben zu retten. Die dort Versammelten glauben nämlich nicht mehr fest genug an ihren Gott, um *ihm* die Rache zu überlassen: Sie würden den Übeltäter lynchen.

Bonifatius und seine Mitstreiter hatten einer in die Gesetzlosigkeit abgleitenden Welt neue Gesetze gegeben, auch wenn uns die Magie, die diese Gesetze mit Kraft erfüllte, im heutigen Bild der christlichen Religion keinen zentralen Platz mehr einzunehmen scheint. Es war wichtig, daß auch die Fürsten an die rächende Kraft des Christengottes glaubten und ihn nicht nur als einen verzeihenden Gott der Liebe verstanden, denn von den verschiedenen fränkischen Höfen, von den Herrscherfamilien der Teilreiche, war die verderblichste Wirkung auf die Bevölkerung des Frankenreiches ausgegangen – auf die Klöster, die Geistlichkeit, die kleinen Leute und sogar auf die Feinde: Denn welcher Heide hätte eine Religion ernstgenommen, die all das Morden und Huren, all die zahlreichen Ehebrüche und Kindestötungen, die Kindesunterschiebungen und Entführungen ungesühnt ließ, Verbrechen, die sich die Merowinger häufiger zuschulden kommen ließen als jedes andere Herrscherhaus Europas.

Als es nach Chlothars Tod um den Besitz der damals schon wichtigen Stadt Paris ging, ergab sich eine heikle Lage, weil Chlothar vier Söhne hinterlassen hatte. Nach sehr viel Unfrieden starb der mächtigste von ihnen, nämlich Charibert, und die drei überlebenden Brüder beschlossen, es wegen Paris nicht zum Kriege kommen zu lassen: Keiner dürfe ohne die Zustimmung der anderen in die Stadt einziehen. Dieser Schwur wurde dadurch bekräftigt, daß alle drei Prinzen ihn auf die Reliquien von gleich drei Heiligen leisteten. Tatsächlich traf sowohl Sigibert als auch Chilperich die Strafe des Himmels, denn keiner von beiden hatte sich an seinen eigenen Schwur gehalten. Der einzige, der die Reliquien respektiert hatte, nämlich Gunthram, erhielt »das ganze Reich Chariberts mit seinen Schätzen« (Gregor VII, 6).

Auch die Frevler hatten an die Reliquien geglaubt, Chilperich zum Beispiel hatte, als er den Schwur brach und ohne Einwilligung der anderen Brüder in Paris einzog, seiner Meinung nach hinreichend vorgesorgt: »Um dem Fluch zu entgehen ... ließ er bei seinem Einzug die Reliquien vieler Heiligen voraustragen; er verlebte die Ostertage unter großen Festlichkeiten in Paris und ließ seinen Sohn taufen, den Ragnemod, der Bischof der Stadt, aus der Taufe hob« (Gregor VI, 27).

Dieser Abwehrzauber zeigt, daß auch ein Königssohn und König wie Chilperich das Christentum – soweit man ihn überhaupt einen Christen nennen will – kaum anders verstand als etwa die Melanesier ihre Kulte. Er vertraute auf eine wertfreie Automatik des Reliquienschutzes: Wer immer die Gebeine der Heiligen in seiner Gewalt hatte, der besaß den stärksten Zauber und war gefeit gegen die Strafe. Doch diese ereilte ihn schließlich doch. Er wurde auf der Jagd bei Chelles ermordet. Aber daß er gehofft hatte, sich mit jenen Reliquien, wie sie damals jeder Fürst ohne sonderliche Mühe an sich bringen konnte, aus dem Vertrag mit seinen Brüdern, ja aus allen Treueschwüren herauszustehlen, zeigt doch, wes Geistes Kinder jene Fürsten waren, die Bischofssitze zu vergeben hatten, Klöster stifteten und gegen die sogenannten Heiden Glaubenskriege führten . . .

Das Europa des Bonifatius wird darum nicht nur von Pilgern und Missionaren durchmessen, die eifrig aus ihrer Heimat nach Rom und von Rom zu den Heiden reisen, sondern auch von den erstaunlichen Wanderzügen der toten Heiligen. Teils war dies erzwungen. Dann nämlich, wenn die Reliquien an einem gefährdeten Ort aufbewahrt wurden, zum Beispiel an der Küste, wo Seeräuber plünderten und mordeten, an Flußufern, wo Normannen mit ihren kleinen Schiffen den Krieg bis ins Landesinnere trugen. Solche Reliquienschätze wurden in höher gelegene, einsame oder leichter zu verteidigende Kirchen und Klöster gebracht, und die betreffenden Orte hatten dann den Ruhm und den Vorteil davon. Aber es gab auch Bischöfe, die ihre Kathedrale mit einem besonderen Schatz von Reliquien auszustatten wünschten, um die Gläubigen anzuziehen und Gottes Segen in höchstem Maße herbeizuzwingen, bis schließlich zwanzig, fünfzig, ja achtzig verschiedene Heilige zumindest mit dem einen oder anderen Knöchelchen, Stäubchen, Stab, Haargelock oder anderen Überresten vertreten waren, die allesamt inventarisiert wurden und oft ebensoviele Heiligenviten entstehen ließen.

Es gibt für Gläubige wie für Ungläubige kaum einen reicheren Schatz mittelalterlicher Erzählungen, mittelalterlicher Traditionen und mittelalterlicher Frömmigkeit als diesen unendlich weiten Bereich der Heiligenverehrung und des Reliquienkultes. Glaubt man, dieses Thema mit billigem Spott abtun zu können, so verschließen sich einem manche wertvollen Einsichten. Versucht man aber, eine hilflose und vielfach geplagte Menschheit zu verstehen, die sehr oft keinen anderen Ausweg wußte als das blinde Vertrauen zu diesen Fürsprechern, dann eröffnet sich uns eine vermeintlich dunkle Zeit in ihrem erschütternden Kinderglauben. Diese Menschen zweifelten nicht an den offenen Booten, die über das Meer kamen und Leichname enthielten, die für sie selbstverständlich die irdischen Hüllen von Heiligen waren; sie wunderten sich nicht, wenn es von diesem oder jenem Heiligen plötzlich drei Hände gab oder gar einen zweiten Kopf. Gott würde wissen, warum das so war. Sie aber hatten andere Sorgen: wie man in Zeiten beständiger Unruhe sein Feld bestellte, Kinder großzog und Abgaben leistete.

Gewiß, es gab spektakuläre Aktionen, etwa wenn die Gebeine des Evangelisten Markus aus Alexandria geraubt und nach Venedig gebracht wurden, oder wenn die Bretagne sich eine ganze Schar sonst völlig unbekannter Heiliger zulegte, weil man dort draußen in den Gefahren der See eines besonderen Schutzes bedurfte. Im ganzen aber waren es die Heiligen mit ihren exemplarischen Lebensläufen und dem, was man von ihnen nach ihrem Tod noch übrigbehalten durfte, die langsam, aber stetig, wie eine stumme Armee, die Götter und Dämonen des mächtigen Heidentums abdrängten und schließlich bezwangen. Die Fürsten waren für die frommen Männer keine große Hilfe; Könige und Königinnen, Prinzen und Prinzessinnen waren wirklich keine erbaulichen Vorbilder, und was Bonifatius bei einer Reihe von Priestern, ja Bischöfen und angeblichen Heiligen feststellen mußte, die ihre Lebensbeschreibungen noch zu Lebzeiten selbst in Auftrag gegeben hatten, mußte ihn mit tiefster Trauer erfüllen. Er schrieb sie sich in seinen Briefen von der Seele, Briefe, die er an den Papst nach Rom richtete, an gleichgesinnte Mitbrüder oder aber auch an die Sünder selbst. Einer der deutlichsten und mutigsten ist nicht an einen Franken gerichtet, sondern an König Aethelbald von Mercia.

Bonifatius beginnt ihn sehr höflich, mit einem großen Lob: »Dem teuersten und in der Liebe zu Christus die übrigen Könige überragenden Herrn König Aethelbald.« Ja, Bonifatius läßt das heikle Schreiben von nicht weniger als sieben Mitbischöfen unterzeichnen und geht dann sehr unverblümt mit dem König ins Gericht, weil dieser nicht nur keine Frau genommen hat, also kein Eheleben führt, sondern sich seine Beischläferinnen vornehmlich aus den Klöstern holt, also nicht nur sündigt, sondern auch Nonnen zur Sünde verleitet. Und Bonifatius schließt mit dem sehr bemerkenswerten Hinweis auf die Moral der heidnischen Völker, die ein Leben wie das des Aethelbald ebenfalls verurteilen würden: »Denn selbst die Heiden, die den wahren Gott nicht kennen, beachten in dieser Sache aus natürlichem Antrieb das, was zum Gesetz gehört und was Gott von Anfang an bestimmt hat, weil sie den eigenen Frauen den Ehebund halten und Hurer und Ehebrecher bestrafen. Denn wenn in Altsachsen ein Mädchen das Haus ihres Vaters durch Buhlerei befleckt oder eine Verheiratete Ehebruch begeht, so zwingt man sie zuweilen, eigenhändig ihrem Leben durch Erhängen ein Ende zu machen, und an dem Platz, wo man die Leiche angezündet und verbrannt hat, hängt man ihren Verführer auf. Zuweilen rotten sich die Weiber zusammen, um sie auszupeitschen, dann führen die Frauen sie unter Rutenstreichen überall in den Dörfern herum, wobei sie ihr die Kleider am Gürtel abschneiden und mit einem kleinen Messer ihr den ganzen Körper zerstechen, und treiben sie, aus vielen Wunden blutend, von Gehöft zu Gehöft.«

Bonifatius fährt ähnlich deutlich fort; angesichts solcher Beispiele seitens der Herrscher und in Anbetracht dessen, daß in unehelichen Kindern die Verworfenheit ihrer Mütter weiterlebe, befürchte er den Niedergang des ganzen Volkes. Es muß unseren Heiligen hart angekommen sein, Heiden als Beispiele des richtigen Verhaltens anzuführen, so wie vor ihm schon Tacitus, weil diesem bei den Germanen genau das gleiche natürliche Rechtsempfinden aufgefallen war, das den Römern seiner Zeit abhandengekommen schien. Für uns wird daraus klar, daß Bonifatius es sich nicht leichtgemacht hat, daß er nicht einfach nach dem Wort und dem Buchstaben urteilte und predigte, sondern daß er als Mann der Tat zwischen Menschen und Taten zu entscheiden vermochte. Und kaum eine andere seiner Äußerungen spricht so für ihn wie dieser lange und ernsthafte, tief besorgte, ja stellenweise beinahe verzweifelte Brief an einen König seines eigenen Volkes, dem er die noch heidnischen Sachsen, die Gegner seiner eigenen Missionsarbeit, als positive Beispiele vorhalten mußte, weil sich im christlichen Frankenreich keine überzeugenden Vorbilder fanden.

Der Weg nach Dokkum

Im Februar des Jahres 731 starb Papst Gregor II., in dem Bonifatius einen verständnisvollen Freund gehabt hatte. Und Verständnis war nötig, denn so manche Gebote der Kirche ließen sich bei den Germanen ganz einfach nicht durchsetzen oder hätten jedem Missionar, der auf ihnen bestand, die größten Schwierigkeiten eingebracht. Unter diesen Geboten stand an erster Stelle die strenge Heiratsregelung der Kirche, die weit über das hinausging, was heutige Gesetzgeber vorschreiben. Findet heute niemand etwas dabei, wenn jemand seine verwitwete Schwägerin zur Frau nimmt, so war dies für das damalige kirchliche Rechtsempfinden undenkbar, weil das Sakrament der Ehe eine der Blutsverwandtschaft gleichwertige Beziehung hergestellt hatte. Eine Schwägerin zu ehelichen, wie es beim germanischen Adel gang und gäbe war, wäre beinahe einer Geschwisterehe gleichgekommen. Andere Eheverbote der Kirche setzten voraus, daß man sich über fünf Generationen zurück über seine Verwandtschaftsverhältnisse im klaren war, und das in einer Zeit ohne Kirchenbücher und bei Völkern, die allenfalls ein Runenalphabet besaßen. Es kostete Bonifatius ein langes Schreiben, um solche Eheverbote zwischen Verwandten auf vier Generationen zu reduzieren, doch wurde diese Erleichterung, die Gregor II. bewilligt hatte, schon wenige Jahre später wieder aufgehoben – ein Beweis dafür, daß man sich in Rom, wo sich das Patriziat von den alten Familien der Stadt herleitete, von den Verhältnissen im germanischen Bereich überhaupt keine Vorstellung machen konnte. Naturgemäß konnten nur die herrschenden Familien der germanischen Stämme überhaupt genealogische Aufzeichnungen vorlegen, die so weit zurückreichten; die Schwierigkeiten, die dabei auftraten, sowie die Feststellung, daß schon Eltern oder Großeltern gegen Gebote der Kirche verstoßen hatten, all dies war nicht dazu angetan, Bonifatius und seinen Helfern die Arbeit zu erleichtern. Als nun der neue Papst, der Syrer Gregor III., in einem Schreiben vom Jahr 732, also kurz nach seinem Amtsantritt, diese Erleichterung nicht nur wieder aufhob, sondern sogar eine Verschärfung anordnete (wonach jeder sich bis zur siebten Generation über seine Verwandtschaftsverhältnisse klar zu sein habe), da hatte dies eigentlich keine praktische Bedeutung mehr. Selbst bei den Franken, die doch schon viel länger seßhaft waren als Hessen, Thüringer, Sachsen und Friesen, ließen sich so lange Geschlechterreihen höchstens für die Merowinger selbst aufstellen, nicht aber für andere Adelsfamilien. Die Vorschrift kennzeichnet nur das Maß an grauer Theorie, dem sich Bonifatius nun gegenübersah, als ein neuer Papst den Thron bestiegen hatte.

Im täglichen Leben bereitete es Probleme, daß Gregor III. strikt untersagte, Pferdefleisch zu essen (»Das darfst du, heiligster Bruder, keinesfalls weiterhin geschehen lassen, vielmehr unterbinde das auf alle möglichen Arten mit Christi Hilfe völlig und lege ihnen die verdiente Buße auf; denn es ist unrein und abscheulich«). Das Verbot galt gleichermaßen für Wildpferde und Hauspferde und beraubte die in rauhen Gegenden lebenden, in ihren Wäldern der Weideflächen entbehrenden Germanenstämme ihres hauptsächlichsten Fleischlieferanten. Das Verbot des Pferdefleisch-Essens blieb nicht nur sehr lange in Kraft, es wurde auch im dreizehnten Jahrhundert noch erneuert; im sechzehnten Jahrhundert galt der Genuß von Pferdefleisch als Beweis der Teufelsbündelei und hexenhaften Verstrickung.

Der Grund dafür lag in der germanischen Gewohnheit, Pferde zu opfern und das Fleisch der geopferten Tiere dann in Festmählern zu verzehren, doch waren diese Opfermähler die Ausnahme und der gewöhnliche Verzehr des Pferdefleisches bei beinahe allen germanischen Völkern von den Alamannen im Süden bis zu den Friesen im Norden die Regel. Eine Unterscheidung zwischen dem damals noch häufigen Wildpferd und dem Hauspferd geht aus dem bekannten Bericht Ekkehardts IV. über das Klosterleben in Sankt Gallen hervor; er spricht vom Genuß des Wildpferd-Fleisches als von etwas durchaus nicht Anstößigem.

Verständlicher erscheint, daß Papst Gregor III. sich gegen Menschenopfer ausspricht und sie als Mord ansieht: »Es wird unter anderen Verbrechen, wie Du gesagt hast, auch dieses in diesen Gegenden begangen, daß einige von den Gläubigen ihre Sklaven an die Heiden zur Opferung verkaufen (!). Wir ersuchen Dich, diese eindringlich zurechtzuweisen und es nicht weiter geschehen zu lassen, denn es ist Verbrechen und Gottlosigkeit.

Denen, die das verbrochen haben, lege also eine Buße auf gleich Mördern.«

Diese Stelle in Nummer achtundzwanzig der Bonifatius-Briefsammlung hat große Bedeutung; sie beweist das Fortbestehen der Menschenopfer bei den Germanen bis in karolingische Zeiten, sie beweist Menschenhandel zwischen Christen und Heiden und die Existenz der Sklaverei auch im christlichen fränkischen Herrschaftsbereich. Bonifatius hatte, da er gegen solche Verbrechen vorgehen mußte, abermals einen Zweifrontenkrieg vor sich.

Den wichtigsten Inhalt dieses Briefes mochte Bonifatius freilich darin erblickt haben, daß Gregor III. ihn zum Erzbischof erhob und ihm das Pallium übersandte, eine Schulterbinde aus weißer oder naturgebleichter Wolle, in die schwarze Kreuze eingewebt waren. Die Verleihung des Palliums an einfache Bischöfe war höchst selten, und Bonifatius war ja auch zugleich mit der Übersendung dieser Ehrung zum Erzbischof erhoben worden (während andere Erzbischöfe um das Pallium ersuchen mußten). Gregor III. sandte jedoch Ausführungsbestimmungen mit, wann und bei welchen Gelegenheiten das Pallium zu tragen sei.

Bonifatius war nun Erzbischof ohne Diözese, ein Missions-Erzbischof, und damit über den ganzen Bereich gesetzt, der als Vorland der Franken, als eben erobertes oder noch zu eroberndes Gebiet die fränkische Politik und die fränkischen Kirchenfürsten in besonderem Maß interessierte. Mit den Heiden konnte man – sofern es die militärische Lage gestattete – kurzen Prozeß machen. Einen vom Papst ernannten und hochgeehrten Missions-Erzbischof jedoch mußte man als Institution ansehen, als ein durchaus unbequemes Hindernis auf dem Weg in den Osten und Nordosten des fränkischen Expansionsgebietes.

Eine andere, weit schwerer zu überblickende Gruppe potentieller Gegner hatte Bonifatius im Klerus vor sich, der in die eroberten Gebiete, etwa nach Bayern, eingesickert war und dort ohne nennenswerte Kontrollen nun so gut lebte, wie dies in einem heidnischen Umland und praktisch ohne Obrigkeit eben möglich war. In vielen Briefen des Heiligen nach Rom und an angelsächsische Vertraute klingt an, daß diese Frage ihn besonders beschäftigte: Wie kam es, daß zwar die Religion gesiegt hatte, daß aber die Diener dieser Religion, die Priester und Mönche, diesen Sieg wieder zunichte machten?

Dennoch muß gesagt werden: Hätte Bonifatius es nur mit diesen

schwarzen Schafen zu tun gehabt, so wäre die Lage noch vergleichsweise einfach gewesen. Aber die Kirche hatte eigene Probleme zu lösen, die die Kraft der Mission schwächten und die
Überzeugungskraft, die Anziehungskraft des Christentums nach
außen minderten. Das eine Problem war die sich abzeichnende
Loslösung von Byzanz, die unter Papst Gregor III. (731–741)
zwar nicht formell vollzogen, aber zur vollendeten Tatsache
wurde. Gregor war der letzte Papst, der zu seiner Bestallung die
Zustimmung aus dem östlichen Rom einholte, wo die Bilderstür-
mer ein tiefes Zerwürfnis zwischen Ost und West ausgelöst
hatten.

In den deutschen Ländern harrte aber noch ein anderes Problem. Die sehr tüchtigen und mutigen irischen Missionare hatten das junge Christentum weitgehend anders aufgefaßt als die
Päpste. Sie anerkannten im allgemeinen den Primat des Papstes
nicht; das war eine Abweichung, die Bonifatius keinesfalls akzeptieren konnte. Sie verlangten nicht die Ehelosigkeit der Priester, was ihnen großen Anhang gerade unter den Klerikern sicherte, und sie hatten statt der Ohrenbeichte ein allgemeines
Sündenbekenntnis eingeführt, mit dem sich Bonifatius ebenfalls
nicht zufriedengeben wollte. Es war schwer, von ketzerischen
Lehren zu sprechen; die Iren hatten nicht wenige Blutzeugen
aufzuweisen, das irische Volk hatte sich von Skandinavien bis
nach Südfrankreich an der gewaltigen Aufgabe der Mission hervorragend beteiligt. Andererseits war es ausgeschlossen, in so
entscheidenden Fragen wie dem Zölibat oder der Beichte oder
gar der Position des Papstes Zugeständnisse zu machen.

So blieb denn nichts übrig, als das bayerische Christentum
von Grund auf zu reformieren, womöglich ohne das Andenken
und das Bild der großen Missionare zu verdüstern. Sankt Rutpert (Rupert), aber auch Eustasius und Agilus oder auch Mari-
nus und Anianus hatten sich große Verdienste erworben, und
der leicht aufbrausende Corbinian focht zu dieser Zeit eben seine
letzten Fehden mit dem bayerischen Fürstenhof aus; die später
heiliggesprochenen Bischöfe Erhard von Regensburg und Virgil
von Salzburg können als jüngere Zeitgenossen des Bonifatius
angesehen werden. Der erste stammte aus dem südfranzösi-
schen Narbonne, wo ihn vermutlich das Vordringen der Araber
vertrieben hatte, der andere aus Killarney im südwestlichen Irland. Beide waren Männer von bedeutenden Verdiensten, über

die man sich nicht einfach hinwegsetzen konnte, auch wenn sie in vielem nicht die Auffassungen des Bonifatius teilten.

Politisch war das bayerische Land zaudernd, nicht ganz freiwillig und endlich nur durch die Waffen überzeugt, den Franken untertan geworden, vor allem auch, weil von Süden her die Langobarden andrängten und die Bayernherzöge einen Zweifrontenkrieg nicht zu führen vermochten. In den Jahren 725 und 728 kämpfte Karl Martell gegen die Bayern und besiegte sie. Herzog Grimoald fiel (was Corbinian, der sich so oft mit ihm gestritten hatte, eben noch miterlebt zu haben scheint), und Herzogin Bilitrudis trat den Weg in die Gefangenschaft an. Sie wurde dabei von ihrer schönen Nichte Swanahilt (Sonichildis) begleitet, die Karl Martell sofort gefiel. So wurde sie seine Frau und gebar ihm den Sohn Grippo, auch Gripho (Grifo) geschrieben, der allerdings gegen seine energischen älteren Halbbrüder – Karlmann und Pippin III., den Jüngeren – keine Chance hatte, an die Macht zu kommen, und schon 752/53 starb. Seine Mutter Swanahilt ging 741 in das Kloster Chelles. Das Leben an der Seite ihres harten Mannes mag nicht leicht gewesen sein, und Karl Martell muß die Bayernprinzessin sehr oft gekränkt haben. Die Zahl seiner unehelichen Kinder nämlich ist beträchtlich: Zu ihnen gehören Landrade, Remigius (Bischof von Rouen), Bernhard (Abt von Saint-Quentin sowie von Saint-Denis) und andere ...

So, als hätten sie Grimoalds Sünden zu büßen, waren seine Kinder teils schon vor ihm gestorben, teils nach Niederlagen gewaltsam beseitigt worden; es gab jedenfalls keine direkten Nachkommen mehr, und Karl Martell vertraute Bayern einem Neffen des Besiegten an, dem Herzog Hucbert, einem Bruder der schönen Swanahilt. Karl Martells Schwager also herrschte über Bayern, und es gab im Grunde nur ein einziges Gegengewicht gegen Karl Martell, nämlich die bayerische Bindung an Rom. Darum hatte schon Grimoald den ungebärdigen Corbinian immer wieder zu Romreisen gedrängt (von denen man nicht sicher ist, daß sie tatsächlich stattgefunden haben), und Hucbert, der nur bis 737 regierte, versuchte, die Bindung an Rom noch enger zu gestalten.

Es war in den letzten Regierungsjahren Hucberts, um 737, daß Bonifatius nach Bayern kam und sogleich eifrig zu predigen begann, doch setzten andere Biographen die ersten Bayernkontakte des Heiligen schon in die Jahre 732–736, nicht so sehr für die

Reform, der ja eine Bestandsaufnahme vorangehen mußte, als für die Klostergründungen des Bonifatius vor allem im Maingebiet: Tauberbischofsheim, Ochsenfurt und Kitzingen.

Mindestens ebenso wichtig wie diese Gründungen waren aber die Statuten, die Bonifatius für die Klöster Bayerns und der anderen deutschen Länder ausarbeitete. Diese lassen deutlich erkennen, wo die Probleme des klösterlichen Lebens damals lagen – Probleme, die sich im ganzen Mittelalter nicht wirklich lösen ließen. Die ersten Punkte der Statuten beziehen sich auf Ordnungsfragen, sie verboten den Priestern den Wechsel in eine andere Diözese und die Aufstellung ungeweihter Altäre in der Kirche, verurteilten die Bestechung und verlangten in gewissem Sinn sogar die Fahndung nach entlaufenen Priestern: »Neuntens sei angeordnet, daß jeder Bischof in seinem Sprengel fleißig nachforsche, woher die Priester stammen. Wenn er einen Flüchtling antrifft, so soll er diesen wieder zu seinem Bischof zurückschicken.« Die Strafen für dieses offenbar nicht seltene Vergehen waren hart: Punkt zehn bestimmt, daß jeder Priester, der seinem Bischof untreu wird, indem er sich eine andere Wirkungsstätte sucht, abgesetzt werden müsse. Dies läßt darauf schließen, daß die Lebens- und Arbeitsbedingungen in den verschiedenen Pfarren des eben christianisierten Bayernlandes noch sehr unterschiedlich waren, und daß die Priester nicht selten vor ihrer Aufgabe kapitulierten, auch das Landvolk zu Christen zu machen und aus ihm Gemeinden zu bilden. Rein materielle Gründe mögen freilich auch eine Rolle gespielt haben, reiche Gegenden waren naturgemäß beliebter, und so manche Pfarre muß unter damaligen Verhältnissen wohl einem Verbannungsort geglichen haben, von dem aus selbst kleine Städte nur schwer zu erreichen waren.

Die gleiche Abgeschiedenheit, die rein verkehrsmäßig bedingte Isolation auch der Klöster, erklärt die Aufmerksamkeit, die Bonifatius dem heute kaum noch beachteten Problem der geschlechtlichen Beziehungen zwischen Priestern, Mönchen und Nonnen widmen mußte. Punkt elf seiner Statuten verlangt, »daß die Äbte und Äbtissinnen so keusch leben, daß sie ihren Untergebenen ein Beispiel eines heiligen Wandels bilden. Tun sie es nicht, so sollen sie vom Bischof zur Besserung angehalten werden; folgen sie diesem auch nicht, so soll der Bischof es dem Regenten anzeigen.«

Bonifatius bezeichnet den Regenten als *Imperator*, obwohl es damals noch keinen fränkischen Kaiser gab. Vermutlich wollte er seine Statuten überzeitlich fassen und allgemein festlegen, daß die genannten Verstöße gegen die Klosterordnung auch der weltlichen Gewalt angezeigt werden sollten, wenn die Autorität des Bischofs nicht ausreichte, sie zu unterbinden.

Die Punkte zwölf bis vierzehn beziehen sich ebenfalls auf die Klosterzucht und betonen insbesondere die Verpflichtung der Klostervorsteher, vorbildlich zu leben. Auch die Besuche von Priestern in klösterlichen Mädchenschulen werden geregelt. Punkt siebzehn verlangt die Kontrolle der Priester in den Pfarren (»damit er keine Weibsperson bei sich im Hause habe«). Auch über die allgemeine Sittlichkeit habe der Priester zu wachen: In der Kirche dürften keine Reihentänze oder Gastmähler abgehalten werden (was darauf schließen läßt, daß sie in vielen Gemeinden der einzige zu solchen Veranstaltungen geeignete größere Raum war), ja, es durften nicht einmal Mädchen in den Kirchen singen: Die jungen Stimmen übten einen störenden erotischen Reiz aus.

Die Priester waren im übrigen angehalten (Punkt zweiundzwanzig), darüber zu wachen, daß in den Badestuben Männer und Frauen nicht gemeinsam in den Zuber stiegen, eine der beliebtesten mittelalterlichen Sitten. Ein seinerzeit berühmter Tiroler Arzt berichtet uns sogar, daß in Bayern und in den Alpendörfern und -städten das Volk bereits nackt oder nur mit einem Handtuch bekleidet von der Wohnung in die Badestube lief, weil dort die Kleider nicht sicher waren und weil es dort recht eng und nicht immer sauber zuging.

Weitere Bestimmungen setzen sich mit der Frage auseinander, wie denn jemand zu behandeln sei, der nicht wußte, ob er Heide oder Christ war – ein offenbar nicht seltener Fall. Ja, sogar das bedeutendste Zeugnis christlicher Volksfrömmigkeit, das wir aus jener Zeit und aus Bayern besitzen, bewahrt noch etwas von jenem Schwanken zwischen Heidentum und Christentum und drückt es in althochdeutschen Verszeilen aus: »Das erfuhr ich unter den Menschen als der Weisheit größte:/ Daß Erde nicht war noch der Himmel oben,/ noch Baum noch Berg nicht war,/ noch irgend ein Stern noch die Sonne nicht schien,/ noch der Mond nicht leuchtete und der Meersee./ Da nichts da war von Enden und Grenzen,/ und da war der eine allmächtige GOTT der Männer mildester,/ und da waren auch mit ihm manche gottgleiche Geister.«

Dies ist eine Übersetzung des ehrwürdigen *Wessobrunner Gebetes* ins Neuhochdeutsche, da es in seiner althochdeutschen Form

192

heute nur noch von Germanisten gelesen und verstanden werden kann. Das Gebet wurde in Stabreimen, wie sie die altgermanische Heldendichtung bevorzugte, niedergeschrieben. Es ist nach dem Kloster Wessobrunn in Bayern benannt, das 753, also noch zu Lebzeiten des heiligen Bonifatius, von Herzog Tassilo III. gestiftet wurde und bis zu seiner Aufhebung im Jahre 1803 eine der Hauptstätten christlicher Gelehrsamkeit war. In dem an der Wende zum neunten Jahrhundert, also etwa zur Zeit der Kaiserkrönung Karls des Großen aufgezeichneten Schöpfungsgedicht spürt man das große Staunen eines noch im heidnisch-germanischen Denken befangenen Klerikers, der ergriffen ist von der Erhabenheit der christlichen Weltschöpfungserzählung. Die Bekehrung ist um diese Zeit noch ein großer und heikler Lernprozeß, weswegen die Statuten des Bonifatius auf die Unterweisungen vor und bei der Taufe auch größten Wert legen – Bestimmungen, die ihren Sinn natürlich dadurch erhielten, daß in erster Linie Erwachsene oder doch verstehende Kinder getauft wurden, nicht, wie heute, die Neugeborenen.

Wegen dieser Unkenntnis fühlten sich die Missionare auch zu einem gewissen Entgegenkommen verpflichtet, zu einem Eingehen auf den heidnischen Wurzelgrund einer Frömmigkeit, die sich mit einigem Geschick für die neue Religion des Christentums nutzbar machen ließ. Neben strengen Oberhirten, die solch ein Verfahren mehr listig als klug fanden und darin eine Verewigung des Heidnischen sahen, gab es andere, die eine Unterwanderung der christlichen Religion befürchteten. Die Priester, die ihrer Sache am sichersten waren, die im Bewußtsein ihrer Kenntnisse und ihrer persönlichen Untadeligkeit wirkenden führenden Männer der Kirche, wie der Papst oder auch Bonifatius, waren überzeugt, das Richtige zu tun. Ihr Ziel war – und diese Generaltendenz gab es schon seit Gregor dem Großen – die systematische Verdrängung heidnischer Bräuche durch christliche.

Nun hatte es sehr viele heidnische Feste gegeben, und nicht alle waren durch christliche zu ersetzen, wie etwa das Osterfest. Da mußte die heute allen bayerischen Orten wohlvertraute Kirchweih herhalten. Man weihte an einem heidnischen Festtag einen Altar oder eine neuerbaute Kirche und konnte damit nun alljährlich die Wiederkehr dieser Weihe, eben das Kirchweih-Fest, begehen. Manches mußte man wieder abschaffen, weil es zu sehr dem Mißbrauch Vorschub geleistet hatte, die Gastmähler in den Kir-

chen zum Beispiel, die das heidnische Opferfest mit dem anschlie-
ßenden Festmahl und dem Verzehren des Opfertieres abgelöst
hatten. Solche Festivitäten waren mit der Heiligkeit des christlichen Betsaales oder der Kirche eben nicht zu vereinen. Aber nicht
immer ließ sich Heidnisches und Christliches auf die Dauer befrie-
digend trennen ...

Bei einschneidenden Ereignissen, vor allem beim Tod eines im
Dorf bekannten Mannes oder einer beliebten Frau, hatten frühmittelalterliche Dorfbewohner ebenfalls ihre eigene Meinung über Art
und Intensität des Feierns. Die Synode von Liptina (heute Lestines
in Belgien) beschäftigte sich im Beisein Bonifatius' und der bayerischen Bischöfe Burchard von Würzburg und Willibald von Eichstätt mit heidnischen Reminiszenen bei derartigen Feiern. In dem
Synodalbericht heißt es unter Punkt zwei (Von den Gottlosigkei-
ten, welche getrieben werden, wenn jemand gestorben ist) wörtlich:

»Am ärgsten ging es zu, wenn der Tote beerdigt wurde. Von der
ganzen Leichenbegleitung wurde ein Abschiedsmahl [*Dadsias*]
veranstaltet. In Massen schaffte man namentlich Bier [!] und
Pferdefleisch herbei. Je mehr gefressen und gesoffen wurde [sic],
je toller es herging, desto ehrenvoller war dies für den Verstorbenen, dem die Feier galt. Sogar den Toten warf man gefüllte
Schüsseln, Teller und Trinkgefäße in die Gräber nach.«

Bei dieser Gelegenheit wurde auch der Bericht eines Priesters
aus Freising zu Protokoll genommen, in dem dieser darüber Klage
führte, »daß die Gläubigen mehr des Streitens als des Betens halber
in die Kirchen kommen, daß sie daselbst ihre Rechtshändel abma-
chen und das Haus Gottes nicht nur durch zornige Schelt- und
Schimpfworte entheiligen, sondern nicht selten mit Fäusten und
Fersen dreinschlagen; daß sie ferner die Festtage der Heiligen
durch Saufgelage, teuflische Tänze und unzüchtige Lieder, womit
sie die Kirche beschmutzen, begehen, und daß sich dabei besonders die Weiber auszeichnen und selbst Geistliche mitmachen«.

Aus Schwaben wurde berichtet, daß die Gläubigen in ihrer
Treuherzigkeit der christlichen Dreifaltigkeit dieselben – wie sie
meinten – bekömmlichen Opfer zudachten wie den Heidengöttern
und eifrig Becher um Becher auf Gottvater, Gottsohn und den
Heiligen Geist leerten.

Da all dies sich in der Öffentlichkeit der Gemeinde oder gar der
Kirche vollzog, blieb es den Priestern naturgemäß nicht verborgen

und war verhältnismäßig leicht zu rügen (wenn auch schwer völlig abzustellen). Die Verehrung von bestimmten Bäumen oder Quellen oder Brunnen hingegen war ein Delikt, das man in aller Heimlichkeit beging, und darum wurde es oft nur durch Zufall aufgedeckt. Als einige Jahrzehnte nach diesem Konzil Karl der Große an das gewaltige Vorhaben eines Kanalbaus vom Main zur Donau ging, stellten seine Werkmeister und Bauarbeiter im Altmühltal eine Menge absonderlichen Aberglaubens fest. Diese urtümliche Gegend wurde offenbar auch nach dem Tod des Bonifatius noch von sehr vielen Heiden bewohnt. Karl der Große hatte sich selbst länger im Altmühltal aufgehalten, um die Kanaltrasse in Augenschein zu nehmen, und befohlen, daß Druidenbäume und Götzenhaine umzuhauen seien. Eine Heidenheimer Nonne berichtet in ihrer Lebensbeschreibung des heiligen Willibald, daß »zu ihrer Zeit«, also im achten Jahrhundert, an der Altmühl noch Menschenopfer dargebracht würden und daß es christliche Eltern gebe, die ihre Kinder oder einzelne von ihnen für diesen Zweck an Heiden verkauften. Da die Biographie der Heidenheimer Nonne als die zuverlässigste aller fünf bekannten Lebensbeschreibungen des Heiligen von Eichstätt gilt, muß man ihr wohl auch in diesem Punkt Glauben schenken, so schwer es uns fällt.

Verbrechen dieser Art lassen auf eine tiefe Verstrickung ins Heidentum schließen und überraschen nicht, weil der ländliche Lebenskreis etwa im Altmühltal durch Zeitereignisse, Kriege und selbst durch Seuchen nur wenig betroffen war. Wir sehen diese Gegend bis heute als eine der letzten landschaftlichen Idyllen in der Bundesrepublik an, weswegen ja die Bemühungen, es gegen die Zerstörung durch den 1100 Jahre nach Karl dem Großen wiederaufgenommenen Kanalbau zu schützen, sich eines so breiten öffentlichen Interesses erfreuen.

Neben den erwähnten Rückfällen, die vielleicht gar keine waren, sondern einfach ein Fortbestehen heidnischen Glaubens, neben diesen ausgesprochenen Freveltaten gab es eine Unzahl kleiner und kleinster Ärgernisse, die dennoch die Ordnung und den Frieden christlichen Lebens zu stören vermochten. Nicht nur die Bischofssynode in Belgien bemühte sich um eine Besserung der Lage, auch eine speziell auf bayerische Verhältnisse zugeschnittene Synode läßt erkennen, wie emsig sich die Bischöfe der Bayernmission annahmen und auch vergleichsweise geringfügige Mißstände zu beseitigen versuchten. Die schriftliche Fixierung dieser Synodalbeschlüsse, wie sie sich uns in Sankt Emmeram zu Regensburg erhalten hat, gleicht streckenweise einem altbayerischen Erziehungswerk, und man stellt verwundert fest, daß die Landeskinder sich dieser Erziehung auf manchen Gebieten erfolgreich widersetzten, und zwar bis heute:

Der erste konkrete Punkt nach einer allgemeinen Aufforderung, mit den Priestern zusammenzuarbeiten, berührt abermals die Unzucht und die wohl daraus resultierende Unlust, zur Beichte zu gehen. Der nächste fordert die Bayern auf, sich vor dem Kirchgang zu säubern und durch freiwillige Gaben die Mildtätigkeit zu fördern. Weitere Ermahnungen beziehen sich auf das Schweigen in der Kirche, auf die Vorbereitung vor den Kirchenfesten und die Enthaltsamkeit vor der Kommunion: Selbst der eheliche Beischlaf soll unterlassen werden.

Fasten wird für Mittwoch und Freitag verordnet, was auf eine nicht allzugute Ernährungslage hinweist; die Gewohnheit des Fluchens wird scharf gerügt und mehr Sorgfalt bei Eheschließungen verlangt. Die letzten Punkte der Synodalbeschlüsse verlangen von den bayerischen Christen:

13) daß sie sich bemühen, das Übel der Trunkenheit gänzlich zu meiden, da man in diesem Zustand auch Streit, Zank, Hader und Händel anfängt, ja sogar Totschlag begeht;

14) daß sie richtige Hohlmaße und auch sonst richtige Maße und Gewichte anwenden;

15) daß sie Landfremde und Gäste in ihr Haus aufnehmen.

Diese Beschlüsse datieren von der Mitte des achten Jahrhunderts, also noch zu Lebzeiten des heiligen Bonifatius, ohne daß sich sagen ließe, ob er an ihnen mitgewirkt hat. Sie berühren die Punkte aus den Niederschriften von Liptina, die auch der einfache Dorfpriester befolgen und mit seinen Gemeindemitgliedern erörtern konnte, während die weiterreichenden und allgemeineren Relikte des Heidentums wie zum Beispiel die Wahrsagerei und allerlei andere Orakel die fränkische Obrigkeit zu beschäftigen begannen. Die Punkte dreizehn bis fünfzehn lesen sich aber tatsächlich so, als hätten die Herren Bischöfe das damals noch gar nicht existierende Oktoberfest besucht, die vielen Betrunkenen gesehen und das ungehemmte Einschenken verärgert als Sünde registriert. Und es ist mehr als zweifelhaft, ob diese bayerischen Urgewohnheiten tatsächlich etwas mit den Germanengöttern zu tun hatten; denn dann hätten sie ja wohl mit Wodan und Thor und Freya verschwinden müssen.

Eine sehr viel ernstere Ausgeburt der unsicheren Zeitläufte, der wiederholten fränkischen Feldzüge gegen die Bayern, der Niederwerfung der Aufstände und der Langobardenüberfälle im Süden war der Glaube an allerlei Orakel und Zauberpraktiken. Bei der Ausübung solcher Bräuche konnte man sehr leicht mit der Obrigkeit in Konflikt kommen. Dann zum Beispiel, wenn man etwa einem Ochsenwagen vor Sankt Sebald in Nürnberg einen Verstorbenen auflud und ihn dort begrub, wo dieses Ochsenpaar eben stehenblieb. Während die Germanen zur Zeit des Tacitus Runen in Stäbchen ritzten und diese dann durcheinanderwarfen, benutzten die Christen in Bayern, Schwaben und am Rhein zu ähnlichen Zwecken den Psalter oder das Evangelium. Sie nahmen den ersten Spruch, der ihnen in die Augen fiel, als göttliche Weissagung so wörtlich, daß Karl der Große in einer eigenen Verordnung vom Jahr 789 diesen Unfug verbieten mußte: Er schaffte zuviel Unruhe. Man legte auch zwei sich gleichende Holzstücke auf einen Altar oder gar auf die Reliquien, nachdem man eines mit einem Kreuz bezeichnet hatte. Wurde dann dieses gezogen, so verhieß es einen guten Ausgang. Sowohl Bonifatius als auch die mit ihm über die Deutschen korrespondierenden Päpste mußten sich immer wieder mit diesem Losen und Wahrsagen beschäftigen, ohne es ausrotten zu können. Daß die Bauern des Alpenvorlandes aus allem und jedem Schlüsse zogen und es sogar als Orakel werteten, wenn beim Einspannen zum Pflügen beide Ochsen zugleich Dung fallen ließen, das mochte manchem als harmlos erscheinen; aber die gestrengen Priester, die von Rom aus versuchten, ihr kompromißloses Christentum bei schlichten und des Denkens ungewohnten Menschen einzuführen, die mußten durch Jahrzehnte und Jahrhunderte immer wieder auf dieselben Unsitten zurückkommen...

Wegen all dieser Mißstände, aber auch wegen so manches falschen Propheten, der unter den Bayern aufstand und sich sogar als Heiliger verehren ließ, wie ein offenbar guter Prediger namens Eremwulf, ging Bonifatius daran, das herzogliche Bayern in vier Diözesen aufzuteilen, in denen dann intensiver gearbeitet werden konnte. Bonifatius war mit einer Reihe von selbsternannten oder unwürdigen Bischöfen hart ins Gericht gegangen und hatte schließlich nur einen einzigen für würdig befunden, nämlich Vivi-

lo von Lorch (das heutige Enns an der Grenze zwischen Nieder-
und Oberösterreich). Vivilo war von den Awaren vertrieben worden und hatte sich in Passau niedergelassen, wo ihn Papst Gregor III. als Bischof bestätigte. Darüber hinaus erhielt Bischof Johannes Salzburg, Bischof Erembrecht Freising und Bischof Gaibald
Regensburg. Würzburg wurde damals noch dem Stammesgebiet
der Thüringer zugerechnet; dort amtierte noch bis 753 ein Landsmann und Freund des Bonifatius, der schon erwähnte Burchard.
Er verzichtete 753 aus freien Stücken auf sein Amt und erbat sich
von Karlmann und Pippin III., dem Jüngeren, die Zusicherung,
daß ihm Bergingoz von Metz auf dem Bischofsstuhl nachfolgen
dürfe, ein (inzwischen seliggesprochener) Schüler des Bonifatius.

Der Bayernfürst, der dieser grundlegenden Neuorganisation
des kirchlichen Lebens in seinem Land nicht nur zustimmte,
sondern Bonifatius dabei auch tatkräftig unterstützte, hieß Oatilo
oder Odilo und gilt als ein Enkel Herzog Theodos. Sein Herr-
schaftsanspruch ist unklar und damit auch seine übrigen ver-
wandtschaftlichen Beziehungen, doch ist es sicher, daß er sich der
Gunst seines Schwiegervaters, des großen Karl Martell, erfreute,
der ihm Chiltrud, seine Tochter aus erster Ehe, zur Frau gegeben
hatte und ihn um 736 zum Herrn Bayerns machte.

Zumindest in Bayern schienen also die alten fränkisch-römi-
schen Gegensätze überwindbar zu sein, die seinerzeit, in den
Anfängen des Bonifatius bei den Friesen, noch eine beträchtliche
Rolle gespielt hatten. Odilo half tatkräftig mit, den bayerischen
Klerus zu säubern, indem er die Oberhirten, die ihm Bonifatius als
unwürdig bezeichnete, kurzerhand des Landes verwies. Der an
die Spitze der Diözese Freising berufene Erembrecht war ein
Bruder Corbinians, worin man eine Aussöhnung des bayerischen
Herrscherhauses mit diesem doch recht unbequemen, wenn auch
in seiner Frömmigkeit vorbildlichen Missionar erblicken darf. Die
Reform der bayerischen Kirche war nicht billig; den Bischöfen
mußten schließlich auch konkrete Arbeitshilfen geboten werden,
und es dürften schwerlich weder vorher noch nachher mehr
Klöster und Kirchen in Bayern erbaut worden sein als eben unter
Odilo.

Einige dieser Gründungen wurden im Laufe der Zeit zu bekannten bayerischen Klöstern und Gnadenorten, zum Beispiel: Alto-
münster, das Bonifatius noch selbst gründete, sowie Ober- und
Niederaltaich, bei deren Gründung der im Elsaß missionieren-

de heilige Pirmin und Bischof Heddo von Straßburg zusammenge-
wirkt hatten, denn es waren zwölf Mönche von der Reichenau, die
Oberaltaich besiedelten. Niedernberg in Passau, das Kloster
Mondsee und Sankt Peter zu Salzburg wurden von Herzog Odilo
mit reichen Schenkungen bedacht, während Benediktbeuren,
Schlehdorf und Staffelsee Schenkungen von bayerischen Adligen
empfingen (vornehmlich von drei Brüdern namens Waldram,
Landfried und Eliland). Das Nonnenkloster von Kochel ist die
Stiftung einer wohlhabenden adeligen Dame namens Gailwinde,
während Tegernsee von zwei Adligen namens Otgar und Adal-
berg gegründet wurde.

Ein Jahr nach der ersten großen Reform stellte sich heraus, daß
im bayerischen Nordgau, dem Raum zwischen den Nordgrenzen
der Diözese Freising und dem Altmühltal, unter der Bevölkerung
noch immer größere Reste des Heidentums weiterlebten. Deshalb
setzte Bonifatius einen Landsmann und Mitstreiter namens Willibald ein, so daß ein Angelsachse erster Bischof von Eichstätt
wurde. Er unterstand kirchenrechtlich jedoch Mainz und nicht
Salzburg. Bei der Gründung von Eichstätt half Bonifatius ein
bayerischer Graf namens Suitgar.

Den äußersten Süden Bayerns bildete der Nordrand der Diözese
Säben (im heutigen Südtirol), ein Bistum, das Aquileia unterstand.
Bayern wurde also von drei verschiedenen Erzstiften oder Metro-
politen beeinflußt: nämlich von Mainz, Salzburg und Aquileja, über
das wiederum die Langobarden herrschten. Das alte Bistum Augsburg zählte zu Schwaben, und einige Alpenländer gehörten gar
zum Herrschaftsbereich des Bischofs von Chur. Kirchenmacht und
weltliche Macht deckten sich in ihren Grenzen also keineswegs.

Man sieht aus diesen Vorgängen, daß die Christianisierung
nicht etwa nur bei den wehrhaften Friesen und Sachsen ein lang-
wieriger, Jahrhunderte beanspruchender Vorgang war, sondern
auch bei den Bayern. Dieses Volk, das gegen die christliche Vormacht der Franken keinen einzigen Waffengang gewonnen hatte
und im achten Jahrhundert in Abhängigkeit von den Karolingern
geriet, war ganz einfach wegen der natürlichen Trägheit des Land-
volks dem Heidentum immer noch zugetan, zweifellos über die
Zeit Karls des Großen hinaus.

Dies festzuhalten, ist wichtig, weil auch sonst gut unterrichtete
neuere Autoren sich die Christianisierung zum Beispiel der Alpen-
bevölkerung als eine Art Blitzkrieg gegen das Heidentum vor-

stellen. Wir lesen in Ludwig Paulis Buch *Die Alpen in Frühzeit und Mittelalter* die richtige Feststellung, daß das Christentum vorerst hauptsächlich auf die Städte und größeren Siedlungen beschränkt war und im heutigen Südtirol noch 397 und 405 Missionare totgeschlagen wurden. Wenn der Autor am Schluß des Abschnitts jedoch sagt: »Selbst zu Severins Zeiten nach 460 gab es in Noricum Leute, die alten heidnischen Opferbräuchen anhingen«, so ist zumindest dieses »selbst« durchaus unangebracht. Die verschiedenen Synoden, an denen Bonifatius und andere bedeutende Kirchenmänner aus Bayern und den Alpen teilnahmen, bezeugen durch ihre Ermahnungen und durch die Aufzählung der Mißstände, daß sich in den Tälern und auf dem flachen Land sogar dreihundert Jahre *nach* Severin noch starke Reste des heidnischen Glaubens hielten. Die Binnenmission in den Alpen war also nicht »noch zu Beginn des 5. Jahrhunderts ... im Gange« (Pauli), sondern sie setzte erst im siebten und achten Jahrhundert voll ein, als die Bayernherzöge mit Klostergründungen und durch Förderung der Pfarren gegen die vordringenden Alpenslawen um jedes wichtige Tal zu kämpfen begannen.

Dieser Kampf um die Täler läßt sich freilich nur sehr schwer rekonstruieren. Es gab und gibt keine Möglichkeit, zu dokumentieren, wie vom Osten her die Slawen Tal um Tal eroberten und sich in ihm dann immer höher bis zum Talende schoben, und sehr oft mußte die romanisierte Bevölkerung, da der Taleingang vom Feind besetzt war, über Hochjoche und Paßpfade ausweichen oder sich auf Matten und Almen zurückziehen. Einige Generationen später, als die Bayern kamen, ging es den Alpenslawen und Awaren genauso.

Dennoch wäre eine Unzahl von Einzeldaten zu vermerken, denn beinahe jedes Tal hatte seine eigene Geschichte in diesem Bevölkerungsaustausch, diesem mehrfachen Machtwechsel. Der Geschichtsschreiber Paulus Diaconus (um 720–799) unterscheidet in seinem Werk *Historia Langobardorum* darum auch noch deutlich zwischen den romanisierten Breonen, die im Inntal ansässig waren und rund um das römische Kastell Veldidena (Wilten) eine stadtähnliche Siedlung bewohnten, sowie den Bajuwaren. Bis zum Jahrhundertende rückten dann die Bayern nicht nur ins Inntal, sondern auch ins Eisacktal vor, und bald darauf fühlte sich der heilige Corbinian im nördlichen Südtirol sehr wohl und hatte hier eine Bleibe. »Das Einrücken der Deutschen – Alemannen oder

Baiern – ins östliche Oberinntal muß jedenfalls in die Zeit nach 539 gesetzt werden. Denn solange Römer und Ostgoten die rätischen Alpen beherrschten, konnte es hier zu keinem gewaltsamen Vorgehen germanischer Einwanderer gegen die römische Bevölkerung kommen« (Heuberger). Derselbe Autor deutet allerdings die Möglichkeit an, daß die Römer schon einzelne Germanengruppen als Föderaten in den Südtiroler Alpen angesiedelt hatten.

Bei so weitgehenden Umschichtungen der Bevölkerung, bei einem so tiefgreifenden Machtwechsel kann es immer wieder vorkommen, daß sich da und dort siedlungsfreie Zeiten und Räume ergeben – oder aber, daß in abgeschiedenen Winkeln und Hochtälern Reste der Altbevölkerung zurückbleiben. Keine andere Gegend von Europa ist in dieser Hinsicht so unendlich kompliziert, so außerordentlich interessant wie die Berge zwischen dem Alpenhauptkamm und den weiten Ebenen Norditaliens. Sprach- und Glaubensinseln teils aus spätrömischen, teils aber auch aus viel späteren Zeiten haben sich hier durch die Jahrhunderte gehalten und werden erst heute nach und nach einer größeren Öffentlichkeit bekannt.

Für die Christianisierung der Deutschen hatten diese gewaltigen und in gewissem Sinn nahezu verborgenen Vorgänge große Bedeutung. Hier im Süden herrschten nach den Römern jahrhundertelang die Langobarden, und diese waren Arianer. Wie alle wirklich Großen, hat Bonifatius diesen Gegensatz der Bekenntnisse ebensowenig hochgespielt wie einst Ulfilas, hat die Freundschaft mit den Langobardenkönigen gepflegt und es die Bergbewohner südlich des Brenners nicht fühlen lassen, daß sie in seinen Augen Häretiker waren. Aber es fällt auf, daß das alte und ehrwürdige Stift Säben auf der Anhöhe über Klausen nicht erwähnt ist, als Bonifatius das Bayernland in vier und schließlich fünf Sprengel einteilt.

Der Grund dafür ist wohl darin zu suchen, daß Säben zeitweise gar nicht bestand und erst zur Zeit des Bonifatius nach und nach wieder seine Aufgaben zu erfüllen begann. Man kann in Nachschlagewerken zwar immer wieder die alte irrige Auffassung lesen, Säben sei »der einzige Bischofssitz im österreichischen Raum, der von der Antike über die Völkerwanderungszeit bestehen blieb«. Aber auch für Säben stimmen, wie in so manch anderem Fall, die Bischofslisten nicht und enthalten erfundene Namen, um Zeitlücken zu überbrücken. Das langobardische, arianische Säben hatte im sechsten Jahrhundert zwei bezeugte Bischöfe, die jeder für sich berühmt wurden und wiederholt genannt sind: Martinus (Materninus) und Ingenuin. Darauf folgt eine bischofslose Zeit bis in die Tage des Bonifatius; dessen Zeitgenossen sind dann die Säbener Bischöfe Mastulo, Johannes und Alim. Alim von Säben wird 769 zum erstenmal erwähnt, was nicht unbedingt besagt, daß er nicht schon vorher den Bischofssitz innehatte.

Von Ingenuin hat man sichere Kunde. Er hatte im Jahr 579 einen Vertreter zu der Synode von Grado entsandt und war zehn Jahre später auf der Synode von Marano selbst anwesend. Er muß sehr lange dem Bistum vorgestanden haben, denn als sein Todesjahr wird das Jahr 630 angegeben; das wäre also eine Amtszeit von mehr als fünfzig Jahren und beinahe ein Wunder, wie ihm allerdings auch zahlreiche Wundertaten zugeschrieben werden. Andere meinen, er sei 595, 600, ja sogar 640 gestorben. Ingenuin war zunächst Arianer, wurde durch Gregor den Großen (590–604) zum Katholizismus bekehrt und mußte daraufhin für einige Zeit ins Exil, da die langobardische Obrigkeit ja arianisch war. Nach seiner Rückkehr ins Amt starb er schließlich in Säben und wurde dort begraben. Bischof Alboin nahm den heiligen Leichnam mit, als das Bistum im Jahre 992 nach Brixen verlegt wurde.

Die schweren Zeiten für Brixen scheinen bald nach dem Tod des großen Bischofs begonnen zu haben, weil von Norden her die Bayern und von Osten her die Alpenslawen vordrangen. Friede und Ordnung kehrten erst im achten Jahrhundert wieder ein, als die energische Salzburger Mission unter Bischof Virgil dem Vordringen der Slawen im Pustertal ein Ende setzt. Die Bastion gegen die im heutigen Osttirol sehr starken slawischen Volksteile war das auch heute wieder unweit einer Grenze liegende Innichen.

Der heute so liebenswürdig-lebhafte Ort am Eingang zu den Sextener Dolomiten hatte im siebten und achten Jahrhundert eine außerordentlich wichtige Funktion. Im Jahr 610 hatten die Alpenslawen einem bayerischen Heer bei Lienz – genauer gesagt bei dem einst römischen Aguntum – eine schwere Niederlage zugefügt. Die slawischen Karantanen besiedelten daraufhin das ganze heutige Osttirol, weswegen Matrei in Osttirol lange (im Gegensatz zu Matrei am Brenner) *Windisch*-Matrei genannt wurde.

Damit die Slawen nicht weiter nach Westen vordrangen, wozu das gut gangbare Pustertal ja eine Möglichkeit geboten hätte, schenkte Herzog Tassilo III., ein Sohn Odilos und Enkel Karl

Martells, der Kirche im Hochpustertal rund um das heutige Innichen einen größeren Besitz zur Errichtung eines benediktinischen Missionsklosters. Die Bistümer Salzburg und Säben wirkten fortan zusammen von Westen und Norden her, um die heidnischen Slawen zurückzudrängen; entscheidend war aber zweifellos der militärische Sieg, den Herzog Tassilo III. 772 über die Karantanen errang. Damit war die Missionsarbeit der beiden Bistümer und der Benediktiner von Innichen gesichert.

Säben war aber, wie wir gesehen haben, im frühen Mittelalter so gut wie ausschließlich nach Süden orientiert gewesen; der Brenner ließ sich damals nicht so leicht überschreiten wie heute, und alle Wasser Südtirols flossen nach Italien. Darum meldete nun das Patriarchat von Aquileja seine seit alters bestehenden Ansprüche auf Südtirol und die dort nun blühenden Kirchen und Klöster an. Aber Karl der Große zog im Jahr 811 die Grenzlinie zwischen Salzburg und Aquileja doch weit südlich des Alpenhauptkamms, nämlich längs der Drau. Für Osttirol bedeutete das, daß die damals kaum besiedelten Lienzer Dolomiten zu Aquileja gehörten, allerdings auch die Sankt-Andrä-Kirche von Lienz, dazu Tristach und Lavant.

So streng wurden also die Teilungen gehandhabt, so eifersüchtig wachte jeder Kirchenfürst über seine Machtsphäre. Aber so mancher Ortsname sagt uns, daß sich die Völker selbst ganz und gar nicht an diese Grenzen hielten, etwa wenn das kleine Osttiroler Bergdorf Kartitsch, auf seinem im Winter kaum zugänglichen Kegel hoch aufgetürmt, als südlich der Drau gelegen nach Aquileja gehörte, aber einen slawischen Ortsnamen hat und seine Produkte allesamt nach dem bayerischen Kloster Innichen karrte. Beispiele dieser Art gab es nicht wenige im Alpenraum.

Immerhin: Im Süden hatten sich die Verhältnisse konsolidiert. Die Länder und Landschaften waren aufgeteilt. Für das Heidentum blieb nicht der schmalste Landstreifen übrig, ja, es war, wie man heute sagen würde, in den Untergrund gegangen, es war abgesunken in die stets geheimnisvoll gebliebene Bodenschicht, den Humus des Volksglaubens, in dem die Gestirne, Feld, Wald und Fluren, die Tiere und die Elemente den nicht zu erobernden heidnischen Lebensrest in sich bargen und ihn schützend umgaben, und das – wie man offen gestehen muß – bis auf den heutigen Tag.

Winfried-Bonifatius, Erzbischof »auf Wanderschaft«, der päpstliche Legat für das Frankenreich, war längst in dem Alter, in dem man sich zurückzieht, die Ruhe der Kirchenfürsten genießt, und in einem wohlhabenden Sprengel in einer frommen, dem Bischof und seinen Prälaten gutgesinnten Diözese amtiert. Indessen: Die adligen Herren aus fränkischem Stamm begannen die vielen Inthronisationen angelsächsischer Bischöfe mit scheelen Blicken anzusehen. Die Welt war verteilt, die Macht begehrt, die Bischofssitze nicht beliebig vermehrbar. Warum sollte man – bei allen unbestreitbaren Verdiensten – diesen persönlich gewiß untadeligen Bonifatius weiterhin Freunde und Landsleute in den Kernraum Deutschlands holen lassen? Hatte er nicht in Büraburg schon den Angelsachsen Witta eingesetzt, in Würzburg Burchard, in Erfurt Willibald? Natürlich hatte niemand so recht nach Erfurt gehen wollen, das eben doch zu exponiert lag; aber als Willibald sich dort nicht halten konnte, weil der Druck der Heiden zu mächtig war, bekam er dann nicht das idyllische Eichstätt?

Als Bonifatius sogar in Franken Angelsachsen als Bischöfe einsetzt, kommt es zum offenen Aufruhr des fränkischen Episkopats. Grimo von Rouen, Abel von Reims und Hartbert von Sens sollen aus Rom die Pallien erhalten und zu Erzbischöfen erhoben werden. Pippin jedoch nötigt die Angelsachsen Abel und Hartbert zum Verzicht auf die Erzbischofswürde. Für Köln beginnt ein Kampf zwischen den Franken und Rom, wo man Bonifatius auf den Bischofsstuhl setzen möchte, ein Kampf, den nach zwei Jahren die Franken gewinnen: Bonifatius wird im Jahr 746 genötigt, anstelle von Köln das vakante Bistum Mainz zu akzeptieren. Sein treuer Weggefährte Lul wird sein Archidiakonus, und Bonifatius versammelt acht (!) angelsächsische Bischöfe zu einer außerordentlichen Synode, die einen offiziellen und einen inoffiziellen Zweck hat. Der offizielle ist die Ermahnung des ausschweifenden Königs Aethelbald von Mercia (vgl. S. 184 f.), der inoffizielle ein Geheimgespräch über die Lage. Rom ist aufs äußerste beunruhigt über den Wandel der karolingischen Kirchenpolitik, und die wachsende Macht des einheimischen, dem Schwertadel verwandtschaftlich verbundenen Episkopats, dem die nationalen Interessen immer wichtiger sein werden als die der Kirche. Und Bonifatius muß sich gestehen, daß er vielleicht doch zu wenige mutige und freudige Gefährten aus dem rheinischen und bayerischen Priesterstand an sich gezogen hat.

Einer indes, ein junger Bayer aus adligem Geschlecht, beginnt gerade von sich reden zu machen. Er trägt den etwas seltsamen Namen Sturmi, aus dem man, als er später heiliggesprochen wird, Sturmius macht, auch Sturm und Sturmio kann man gelegentlich lesen.

Sturmius findet sich seit 735 in der Gesellschaft des Bonifatius, und da er 740 zum Priester geweiht wird, darf man annehmen, daß er um 715 in Bayern zur Welt gekommen sein muß. Bonifatius übergab den vielversprechenden jungen Geistlichen dem verläßlichen, weisen und erfahrenen Abt Wigbert im Missionskloster Fritzlar, und als sich bei Sturmius jener Hang zur Einsamkeit und Meditation zeigt, den Bonifatius von einigen anderen Gefährten kennt, legt er ihm nichts in den Weg und rät ihm, sich in die sogenannte Buchonia zu begeben, einen Urwald an der oberen Fulda, unweit vom heutigen Hersfeld.

Damit befindet sich Sturmius an der Sachsengrenze; die Gefahr wächst von Tag zu Tag, weil weder Franken noch Sachsen Frieden halten. Sturmius muß in dieser bewaldeten Einöde für sich und seine Gefährten fürchten und wählt einen neuen Aufenthaltsort, jenes Gelände im Raum des heutigen Fulda, rund um den Ort Eichloh, das Bonifatius schon im Jahre 743 von dem Karolinger Karlmann zum Geschenk erhalten und für das sich bisher keine rechte Verwendung gefunden hatte.

Sturmius und acht Gefährten gründen hier am 12. März 744 das Kloster Fulda, das seither mit dem Namen des großen Bonifatius besonders eng verknüpft ist. Sturmius, der junge Bayer, ist in die Rolle des Merowinger-Nachfahren Gregor eingerückt, den Bonifatius zum Vorsteher der Klosterschule von Utrecht gemacht hat. Fulda, mitten in Deutschland gelegen, damals aber hart an der Heidengrenze, wird Bonifatius' neuer Stützpunkt, sein Rast- und Erholungsplatz, wenn die fränkischen Querelen am Rhein ihn Kraft und Nerven gekostet haben. Fulda wird aber auch eine Art römischer Enklave in Deutschland, als sich die Frankenherrscher vom Papst zu distanzieren beginnen. Sturmius reist mit zwei Gefährten nach Monte Cassino, um die Benediktinerregel und die praktische Klosterordnung zu studieren, und Bonifatius sichert sich – klüger und nicht so stürmisch wie Corbinian einst bei Meran – einen Zufluchts- und Begräbnisort, der für alle Zeiten seinem Gedächtnis geweiht sein wird. 751, also nur drei Jahre vor seinem Tod, erlangt Bonifatius für das Kloster Fulda die Unabhängigkeit von der bischöflichen Gewalt: Das Kloster wird exemt.

Die Umsicht, mit der sich Bonifatius dieses Refugium bereitet, wird dadurch nicht gemindert, daß es sich um das Refugium lediglich für seinen Leichnam handelt. Neben der Umsicht ist in diesem Schritt aber auch Resignation zu erkennen. Sie kann ganz einfach aus dem Alter kommen, denn als Fulda gegründet wird, ist Bonifatius mindestens siebzig, vielleicht sogar schon zweiundsiebzig Jahre alt, und das in einem Jahrhundert, das dem Alter und der Gebrechlichkeit keine Hilfen bietet und keine Nachsicht entgegenbringt.

Noch reist Bonifatius, in immer kleiner werdenden Etappen, mit Aufenthalten da und dort, doch ohne jenen großen Schwung, der ihn in früheren Jahren Europa durchmessen ließ. 745 finden wir ihn auf jener Synode der fränkischen Bischöfe, die ihm den Bischofssitz von Mainz verschafft. Auf ihr nämlich wird der wehrhafte Gewilip von Mainz seines Amtes enthoben. Er hat in einem privaten Rachefeldzug einen sächsischen Krieger erschlagen, der während eines Feldzugs Gewilips Vater getötet hatte, den Bischof Gerod von Mainz. Man konnte also noch Bischof sein, Kinder zeugen und sie im Bischofsamt nachfolgen lassen, und die Synoden beschäftigten sich nur dann damit, wenn dieser Sohn schließlich zum Schwert griff.

In den darauffolgenden Jahren bereitet sich das christliche Europa auf das Leben ohne Bonifatius vor. Er ist alt und vielleicht verbittert. Er sucht die Gesellschaft seiner angelsächsischen Amtsbrüder, er pflegt die Verbindungen zu seiner Heimat intensiver als in früheren Jahren, und Pippin sucht an ihm vorbei eine Direktverbindung zum Papst, da die Zeit ja nicht mehr fern sein kann, in der dieser Erzbischof des ganzen Germanien nicht mehr sein wird.

Nur der Papst hält Bonifatius die Treue. Das Amt eines päpstlichen Legaten für die deutschen Länder bleibt ihm, obwohl er nun bald achtzig Jahre alt wird. Lediglich ein Chorbischof, also ein Adlatus, wird bewilligt, und diesem wird auch, damit er Bonifatius treu diene, die Nachfolge in Mainz zugesichert. Auch in Franken klären sich die Verhältnisse. Die Karolinger lassen die schon unter Karl Martell durchaus überflüssige Mimikry der Hausmeier-Rolle fallen. Karl Martell war zeitweilig Hausmeier, Majordomus ohne König. Pippin hingegen läßt sich nun zum König krönen, und zwar von einer Reichsversammlung zu Soissons, und die fränkischen Bischöfe salben ihn. Bonifatius ist dabei nicht anwesend, seine Meinung wird nicht eingeholt, und Pippin, der ihn doch so gut kennt und sein Wirken seit Jahren verfolgt, verzichtet auf die ehrwürdige Hand des Apostels der Deutschen, als er gesalbt wird. Bonifatius denkt an das Ende und empfängt für die Kirche zu Fulda das Exemtionsprivileg, die Zusicherung, daß die Kirche mit dem Kloster nur dem Papst unmittelbar unterstehe. In dieser Gewißheit weiht Bonifatius zu Ende des Jahres 751 den Erlöseraltar in der Klosterkirche von Fulda und erfährt bald darauf, daß Papst Zacharias, der letzte Papst aus dem Osten, das Dekret für Fulda nur um wenige Wochen überlebt hat. Der neue Papst heißt Stephanus und beeilt sich, König Pippin seine Sympathie zu bezeigen. Er tritt eine der damals noch seltenen Papstreisen an und wiederholt die Salbung des Königs der Franken in Saint-Denis nördlich von Paris am 28. Juli 754. Das ist ein Datum, mit dem wir vorgreifen, denn als der Papst nach einer sehr langsamen Reise und vielen Kirchen-Einweihungen in der Provence und in Burgund endlich Paris erreicht, ist Bonifatius nicht mehr am Leben.

Er hatte den Papst noch in einem Schreiben auf dem Stuhl Petri begrüßt. Er hatte seinen Freund Lul als Chorbischof von Mainz eingesetzt und ihn – mit Zustimmung Pippins – zu seinem Nachfolger bestimmt. Dann aber zog es ihn, als müsse es so sein, dorthin zurück, wo er sechsunddreißig Jahre zuvor zu missionieren begonnen hatte. Noch einmal besuchte er Utrecht, das nach wie vor an der Heidengrenze liegende Bistum, bestellt Eoban zum Bischof und unternimmt im Herbst 753 eine Missionsreise zu den Friesen, die ihm zeigt, daß er in der schlechten Jahreszeit nicht viel wirken kann. Erst im Frühjahr 754 können die Bemühungen wiederaufgenommen werden, obwohl die Zeichen auf Sturm stehen. Pippin hat einen Feldzug gegen die Sachsen unternommen, auf dem Hildegar von Köln ums Leben kam, jener Bischof, dem man für das Bistum der großen Handelsstadt den Vorzug vor Bonifatius gegeben hatte. Als wollte er sich von dem einstigen Gegner nicht beschämen lassen, zieht Bonifatius mit einer kleinen Armee von Geistlichen gegen die Friesen, mit Eoban, Bischof von Utrecht, fünfzig weiteren Priestern und den Reliquien, die er immer bei sich zu führen pflegt.

In der nicht langen und an Einzelheiten nicht sonderlich reichen *Bonifatius-Vita* des Willibald ist dieser Lebens-Abschluß der bewegendste Teil. Die so oft behauptete prophetische Gabe der Heiligen wird hier zur Gewißheit, Bonifatius kann nicht hoffen, dieser gewaltigen Aufgabe tatsächlich heil zu entrinnen:

»Da aber der Herr seinen Knecht den Versuchungen dieser Welt entziehen und ihn dem Jammer des zeitlichen Lebens entreißen wollte, da war es in Gottes Ratschluß beschlossen, daß er und die Knechte Gottes, die mit ihm zogen, nach Friesland gehen sollten, nach dem Lande, das er einst zwar mit seinem Leibe, nicht aber mit seinem Herzen verlassen hatte, so daß er dort, wo er seine Laufbahn als Glaubensprediger begonnen und seinen Lohn zu ernten angefangen, nun auch bei seinem Scheiden aus der Welt den Zins des Lohns empfangen sollte. Doch mit wunderbarer, beinahe prophetischer Weissagung verkündete er vorher dem genannten Bischof den nahenden Tag seines Hinscheidens; er teilte mit ihm, welches Ende er beim Verlassen der Welt nehmen würde, und unterwies ihn genau in betreff des Kirchenbaus und der Belehrung des Volks. ›Ich brenne vor Begierde‹, sprach er, ›meine beschlossene Wanderung anzutreten, ich werde mich im Entschluß zu der ersehnten Reise nicht mehr wankend machen lassen, denn schon steht der Tag meiner Auflösung bevor, und die Zeit meines Hingangs naht heran, bald werde ich, aus dem Gefängnis dieses Körpers befreit, zum Siegesziel der ewigen Vergeltung eingehen. Du aber, teuerster Sohn, bring den Bau der von mir in Thüringen angefangenen Kirchen zum Abschluß, ruf das Volk von den Abwegen des Irrtums kräftig und anhaltend zurück, vollende auch die von mir an der Fulda bereits begonnene Kirche und führe dorthin meinen durch vieler Jahre Lauf gealterten Leib.‹ Nachdem er diese Rede vollendet, fügte er noch mehr dergleichen Worte hinzu und sagte endlich: ›Mein Sohn, sorge mit Deiner klugen Umsicht für alles, was wir zu unserem Reisebedarf nötig haben, leg aber in meiner Bücherkiste auch ein Leintuch bei, darin mein zermürbter Leib eingehüllt werden kann.‹ Als dann der genannte Bischof seine Seufzer über diesen so großen Jammer nicht bergen konnte und sofort in Tränen ausbrach, kam der heilige Bonifatius nach Beendigung dieses Gesprächs auf andere Dinge zurück. Und nach Verlauf weniger Tage entzog er sich nicht mehr der beabsichtigten Reise, sondern bestieg im Verein mit seinen Reisegefährten ein Schiff und drang auf des Rheines Strombett vor, des Nachts aber suchte er mit seinem Schiffe die Häfen auf, bis er nach der Friesen wasserreichen Gefilden gelangte und wohlbehalten über den See kam, der in ihrer Sprache Aelmere genannt wird, und durchforschte ringsherum die noch nicht von göttlichem Samen befruchteten Gestade.

Er zog also durch ganz Friesland und verkündete, nachdem er den Götzendienst verdrängt und des Heidentums Irrtum zerstört, anhaltend das Wort des Herrn. In eifrigen Sorgen erbaute er nach Zerstörung der Götzenbilder Kirchen und hatte bereits viele Tausend Menschen, Männer, Frauen und Kinder, getauft. Dabei unterstützte ihn sein Gefährte, der Chorbischof Eoban. Ihm hatte er in der Stadt [U]Trecht das Bistum über die Friesen übertragen, damit er ihm, altersschwach, wie er geworden war, zur Seite stehe. Auch die Presbyter und Diakone namens Wintrung, Waltheri und Aethelheri halfen ihm; desgleichen Hamund, Scirbald und Bosa, die zum Levitendienst berufen waren, sowie Wacchar, Gundäcer, Illehere und Hathowulf aus dem klösterlichen Orden der Mönche. Sie alle streuten in Gemeinschaft mit dem heiligen Bonifatius des himmlischen Lebens Samen soweit unter das Volk und erlangten durch die Gnade des Herrn Gottes solchen Preis, daß ihnen, die nach der Vorschrift der apostolischen Lehre ein Herz und eine Seele waren, auch ein und dieselbe Palme des Märtyrertums und die Herrlichkeit des Triumphes zuteil wurde.

Nachdem also durch Friesland des Glaubens Licht leuchtete und das glückselige Ende unseres Heiligen herannahte, schlug er am Ufer des Bordneflusses seine Zelte auf, der die beiden Grenzgebiete trennt, die sie in ihrer Landessprache Oster- und Westeraeche nennen. Nur seine Männer waren bei ihm. Als er nun das schon weit und breit verstreute Volk von dem Tage in Kenntnis gesetzt hatte, an dem die Neugetauften vorgeführt und ihnen vom Bischof die Handauflegung und Firmung erteilt werden sollte, kehrten sie alle nach Hause zurück, um am Tage der Firmung, wie es nach des heiligen Bischofs Willen eben bestimmt war, insgesamt wiederzuerscheinen.

Als aber der bestimmte Tag dämmerte und des Lichtes Morgenröte mit der aufgehenden Sonne hervorbrach, da kamen umgekehrt statt der Freunde Feinde und neuartige Schergen statt der neuen Gläubigen herbei, und eine gewaltige Anzahl Feinde drang mit blinkenden Waffen, mit Speeren und Schilden in ihr Lager. Da stürzten sich ihnen sofort die Mannen aus den Zelten entgegen, zückten Waffen gegen Waffen und versuchten, die Heiligen und bald zum Märtyrertod Bestimmten gegen die wütende Macht des rasenden Volkes zu schützen. Der Mann Gottes jedoch sammelte sofort, als er das Andringen des tobenden Haufens bemerkte, die Schar seiner Geistlichen, nahm die Reliquien der Heiligen, die er stets bei sich zu führen gewohnt war, schritt aus dem Zelte heraus, verbot den Männern sofort in strengem Tone den Kampf und sprach: ›Lasset ab, Männer, vom Kampfe, laßt ab vom Kämpfen, denn das wahre Zeugnis der Heiligen Schrift lehrt uns, nicht Böses mit Bösem, sondern Böses sogar mit Gutem zu vergelten. Denn schon ist der langersehnte Tag da und die willig erwartete Zeit unserer Auflösung steht bevor. Darum seid stark im Herrn und ertraget dankbar, was er uns gnädig schickt. Hoffet auf ihn, denn er wird Eure Seele erlösen.‹ Zu den in der Nähe befindlichen Priestern und Diakonen und den Männern, die in niederen Graden Gott dienten, sprach er mit väterlich mahnenden Worten: ›Männer und Brüder, seid tapferen Mutes und fürchtet Euch nicht vor denen, die den Körper töten, die Seele aber, die ewig leben wird, nicht vernichten können. Freuet Euch vielmehr im Herrn und befestigt Eurer Hoffnung Anker in Gott, der Euch sofort der ewigen Wiedervergeltung Lohn geben und Euch in der Himmelshalle Wohnsitze bei den Engeln anweisen wird. Seid nicht untertan den eitlen Vergnügungen dieser Welt, laßt Euch nicht durch menschliche Ehren, die ja so hinfällig sind, einnehmen, sondern gehet standhaft hier in den drohenden zeitlichen Tod, damit Ihr mit Christus herrschen könnt in Ewigkeit.‹ Während er mit solcher Lehre Ermahnung die Schüler antrieb, sich die Krone des Märtyrertums zu verdienen, stürzte der ganze wütende Haufen der Heiden mit Schwertern und voller Kriegsausrüstung über sie her und machte die Leiber der Heiligen nieder in heilbringendem Morde.«

Der große Sachsenkrieg

Mit Bonifatius hatte nicht nur Deutschland seinen Apostel verloren, sondern auch die Friedenspolitik des Papstes ihren erfolgreichsten Vertreter. Es ist sehr wahrscheinlich, daß der Angelsachse Winfried, dessen Lebensgrundzug eine außerordentliche, ja beinahe übermenschliche Konsequenz war, das eigene Martyrium bewußt billigend in Kauf nahm. Die große und letzte Konfrontation mit den Friesen war für ihn ein Gottesurteil, wie es einst der große Willibrord auf Helgoland erlebt hatte, und Bonifatius ist damit nicht an das falsche Volk gelangt – denn auch unter den Friesen gab es eine Strömung der Besonnenen –, sondern nur an die falsche Generation. Der schwelende Gegensatz zu den Franken, die ein Jahrhundert erfüllenden Reibereien um Utrecht und Deventer, vielleicht auch der Handels- und Brotneid der Friesen gegen die fränkische Rheinschiffahrt, das alles sind Dinge, deren Auswirkungen ein alter Priester, ein Heiliger an der Schwelle zum Jenseits, vermutlich gar nicht mehr wirklich wahrnimmt und schon gar nicht in Berechnungen oder Planungen einbezieht. Dieses eine Mal scheint der sonst so sorgsam wägende und weise ratende Erzbischof der Mission nur ein einziges Faktum einkalkuliert zu haben: seinen eigenen Opfertod für das große und doch nicht abgeschlossene Werk.

Der Leichnam des Heiligen wurde zunächst nach Utrecht gebracht, von wo ihn sein treuer Gefährte, Chorbischof und Nachfolger Lul nach Mainz holte. Das alles ging verhältnismäßig rasch. Schließlich hatte man die Wasserwege des Rheins und seiner Nebenflüsse zur Verfügung. Schon am 4. Juli, vier Wochen nach dem Todestag, war der Leichnam des Heiligen in Mainz. Damit aber gab sich der junge Abt Sturmius von Fulda nicht zufrieden, kannte er doch den letzten Wunsch seines Freundes und Lehrers, in Fulda beigesetzt zu werden und seine Gedächtnisstätte zu erhalten. Tatsächlich vermied der auch nicht mehr junge Lul den Streit über dieses Thema; Sturmius konnte den Leichnam nach Fulda überführen und über dem Grab des Heiligen einen prächtigen Altar errichten lassen.

Die Eifersucht der zwei engsten Bonifatius-Nachfolger und offensichtlichen Lieblingsschüler führte jedoch zu einem Streit um das Kloster selbst und seine Unabhängigkeit. Lul, vergrämt darüber, daß die Erzbischofswürde des großen Toten nicht auf ihn übergegangen war, sondern daß Chrodegang von Metz Missionserzbischof wurde, versuchte mit vielen Eingaben und vielleicht sogar mit Intrigen, die bischöfliche Herrschaft über Fulda zu erlangen. Sturmius wurde bei Pippin verleumdet, mußte nach Jumièges in die Verbannung gehen und konnte erst zurückkehren, als die Mönche von Fulda sich standhaft gegen den neuen, von Lul eingesetzten Abt gewehrt hatten. 760 war Sturmius wieder in Fulda und auch bei Pippin wieder in Gnaden aufgenommen. Er begann die Klosterarbeit von neuem und mit größter Energie, förderte das Handwerk, das sich in der kleinen Siedlung rings um das Kloster zu entfalten begonnen hatte, und baute einen Kanal, der die Nutzung der Wasserkraft für diese Kleinbetriebe erleichterte. Dieser Graben mit Fulda-Wasser heißt bis heute Sturmius-Graben. Als Abt setzte Sturmius die Klostergebäude instand und brachte Fulda zu so eindrucksvoller Blüte, daß zeitweise vierhundert Mönche hier, an der Heidengrenze, unter seiner Anleitung wertvollste Arbeit leisteten.

Karl der Große übertrug die Sympathie, die zuletzt Pippin für den tüchtigen bayerischen Abt empfunden hatte, auf das ganze Kloster, ja den Missionsbezirk, und ließ sich auch in dem zeitweise gespannten Verhältnis zu Tassilo III. von Bayern gelegentlich von Sturmius beraten – wenn der Abt auch leider den endgültigen Bruch zwischen Karl und Tassilo nicht verhindern konnte. In Jumièges, dem normannischen Kloster, sollen zwei bayerische Prinzen als Gefangene gelebt haben, denen die Karolinger, um sie am Kämpfen zu hindern, die Kniesehnen durchtrennt hatten. Da Sturmius selbst und auch Tassilo dieses Kloster als Verbannungsort kennenlernten, scheint Jumièges sich durch Jahrzehnte auf düstere Weise mit der bayerischen Geschichte verbunden zu haben.

Lul, der das Erbe des Bonifatius nicht im vollen Umfang hatte antreten dürfen, gründete 769 das Kloster Hersfeld bei Kassel. Eine erste Gründung durch Sturmius war dort schon wegen der allzu großen Nähe der Sachsen gescheitert. Der zweite Versuch scheint die Rivalität unter den Jüngern des Heiligen zu bestätigen, aber schon bald sollten ja für die ganze Missionsarbeit andere Gesetze gelten. Karl von Franken, Sohn und Nachfolger Pippins, wartete nicht auf Missionserzbischöfe, sondern trug Krieg ins Sachsenland, und das immer wieder, dreiunddreißig Jahre lang. Sein Biograph und Geheimschreiber Einhard hat diese Jahre unübertrefflich knapp geschildert:

»Kein Krieg, den das Volk der Franken unternahm, ist mit solcher Ausdauer, Erbitterung und Anstrengung geführt worden; denn die Sachsen, die wie fast alle Völkerschaften Deutschlands wild, dem Götzendienst ergeben und gegen unsere Religion feindselig waren, hielten es für nicht unehrenhaft, göttliches und menschliches Recht zu übertreten und zu schänden. Dazu kamen noch besondere Umstände, die jeden Tag eine Störung des Friedens verursachen konnten: die Grenze zwischen uns und den Sachsen zog sich fast durchaus in der Ebene hin, mit Ausnahme weniger Stellen, wo größere Waldungen oder dazwischenliegende Bergrücken eine scharfe Grenzlinie bildeten; so wollten Totschlag, Raub und Brandstiftungen auf beiden Seiten kein Ende nehmen. Dadurch wurden die Franken so erbittert, daß sie endlich nicht mehr nur ihren Schaden heimzahlen, sondern es auf offenen Krieg mit ihnen ankommen lassen wollten. Der Krieg wurde also begonnen und von beiden Seiten mit großer Erbitterung, jedoch mehr zum Nachteil der Sachsen als der Franken, dreiunddreißig Jahre lang ununterbrochen fortgeführt. Er hätte freilich früher zu Ende gebracht werden können, wenn nicht die Treulosigkeit der Sachsen gewesen wäre. Es ist schwer zu sagen, wie oft sie besiegt waren und sich flehentlich dem König unterwarfen, das ihnen Anbefohlene zu leisten versprachen, die ihnen abgeforderten Geiseln ohne Zögern stellten und die zu ihnen geschickten Beamten aufnahmen; waren sie doch einigemale so geschwächt und heruntergebracht, daß sie sogar dem Götzendienst zu entsagen und den christlichen Glauben anzunehmen gelobten. Aber wenn sie einerseits mehrmals bereit waren, dem nachzukommen, so waren sie andererseits jedesmal sogleich bei der Hand, das Gegenteil zu tun, so daß es schwer zu sagen ist, ob man ihre Geneigtheit zu dem einen oder zu dem andern mit größerem Recht behaupten darf; denn seitdem der Krieg mit ihnen seinen Anfang nahm, ist kaum ein Jahr verflossen, in dem nicht ein solcher Wechsel mit ihnen vorging. Aber in seinem hohen Sinn und seiner in Glück und Unglück sich gleichbleibenden Beharrlichkeit ließ sich der König durch keinen Wankelmut von ihrer Seite ermüden, noch von dem, was er sich einmal vorgenommen hatte, abbringen; vielmehr ließ er ihnen niemals ihr treuloses Verhalten ungestraft hingehen, sondern entweder zog er in eigener Person gegen sie zu Feld oder schickte seine Grafen mit Heeresmacht gegen sie aus, um für ihr Tun Rache und eine gerechte Sühne zu nehmen.«

Was gerecht war und ungerecht, was Rache war oder was als Strafe hingehen mochte, darüber haben sich die Gelehrten vor allem in Deutschland bis heute nicht geeinigt. Für Einhard aber ist dies alles keine Frage:

»Zuletzt, nachdem er alle, die ihm Widerstand geleistet hatten, besiegt und unterjocht hatte, riß er zehntausend Mann mit Weib und Kind von ihren Wohnsitzen auf beiden Ufern der Elbe los und siedelte sie in vielen Abteilungen in verschiedenen Gegenden Deutschlands und Galliens an. Unter der Bedingung aber, die vom König gestellt, von den Sachsen angenommen ward, nahm der Krieg, der sich so viele Jahre hingezogen hatte, ein Ende, daß sie dem heidnischen Götzendienst und den heimischen Religionsgebräuchen entsagten, die Sakramente des christlichen Glaubens annähmen und mit den Franken sich zu einem Volk verbänden.«

Aus dieser Sicht des Jahres 830, in dem Einhard das Leben Karls des Großen niederschrieb, nahm sich sehr vieles anders aus, als wir es heute sehen. Für Einhard war sein Herr der große Vater des Reiches und aller Völker, die unter seiner Krone lebten; ja, er sieht in Karl gleichsam den Schöpfer einer neuen Nation, in der Sachsen und Franken nicht mehr Feinde sind, sondern miteinander verschmelzen. Aber der Weg dorthin war nicht nur lang und steinig – das sind die Wege der deutschen Geschichte sehr oft gewesen –, sondern auch blutig und mitunter sogar grausam. Und das kommt glücklicherweise seltener vor, so daß die einzelnen Wechselfälle dieses langen Krieges, seine Gestalten und ihre herausragenden Taten, sich dem Gedächtnis unseres Volkes eingeprägt haben.

Einhards Behauptung, Karl der Große habe die Sachsen bekriegt, um sie zu Christen zu machen, stieß selbst im neunzehnten Jahrhundert auf Unglauben und wurde von der Forschung seither vollständig fallengelassen. Man hatte sich zunächst mit der Erklärung beholfen, Einhard, ein Geistlicher, ein Hauskaplan des Kaisers, habe es eben nicht besser gewußt. Inzwischen aber steht fest,

214

daß Einhard über die Angelegenheiten des Reiches zu seiner Zeit ausgezeichnet informiert war, daß seine speziellen Kenntnisse mehr auf architektonisch-technischem als auf religiösem Gebiet lagen und daß er das Vertrauen seines Kaisers in außerordentlich hohem Maße genoß. Er hat sich also im Rückblick auf diesen langen Krieg, von dem er selbst ja nur das Ende bewußt und als Erwachsener miterlebte, um eine Beschönigung der Vorgänge bemüht, um eine nachträgliche Rechtfertigung eines langen Blutvergießens, in dem Einhard selbst vermutlich den dunklen Flecken in der Lebensgeschichte des Frankenherrschers erblickte.

Im letzten Lebensjahr des Bonifatius hatte Karls Vater Pippin einen begrenzten Sachsenkrieg geführt, eigentlich mehr eine Strafexpedition. »König Pippin«, melden die Reichsannalen für das Jahr 753, »zog nach Sachsen, und Bischof Hildegar [von Köln] wurde von den Sachsen bei der Iburg erschlagen. Doch König Pippin blieb siegreich und kam bis Rehme.« Dieses Rehme liegt im Kreis Minden, wenige Kilometer westlich der Porta Westfalica und südlich des Wesergebirges. Hofgeismar ist nicht weit, wo einst Bonifatius die Donar-Eiche fällte; die Missionsklöster Hersfeld und Fulda deckten die rechte Flanke des fränkischen Vorstoßes. Wenn Pippin nur bis Rehme kam – und warum sollten die Reichsannalen seine militärischen Erfolge schmälern? –, dann hat dieser Feldzug keinerlei Landgewinn für das Christentum gebracht. Die Verhandlungen, die nach dem Feldzug geführt wurden, ergaben auch nur, daß die Sachsen künftig der Mission nichts in den Weg legen und daß sie die Männer, die das Christentum predigten, gewähren lassen würden.

Danach hatte Pippin mit den Langobarden zu tun, gegen die ihn der Papst zu Hilfe gerufen hatte (was nicht ganz einfach war: Mitunter riegelten die Langobarden die Alpenpässe so vollständig ab, daß Botschaften des Papstes über das Meer nach Nordfrankreich geschickt werden mußten ...). Erst im Jahre 758 konnte Pippin, der offenbar den ersten Feldzug als einen unzureichenden Erfolg ansah, die Sachsen wieder bekriegen. Dies nicht so sehr, weil ihn ihr Heidentum störte, sondern wegen ihrer nie abreißenden räuberischen Überfälle auf die Orte und Klöster im sächsischen Vorfeld.

»König Pippin zog nach Sachsen«, sagen die Annalen, »und drang bei Sythen tapfer in die Befestigungen der Sachsen ein, und beim Sachsenvolk traten schwere Verluste ein; da versprachen sie, König Pippin alle seine Wünsche zu erfüllen und als Ehrengabe auf einem Reichstag bis zu dreihundert Pferde jährlich zu stellen.«

Diese Darstellung unterscheidet sich deutlich von der ersten. Pippin »drang in die Befestigungen ein«, das heißt, er zog nicht einfach an der Werra entlang ins Sachsenland, sondern erkämpfte sich seinen Weg durch die Verteidigungslinie der Sachsen, die er vielleicht erst bei dieser Gelegenheit näher kennenlernte. Den schweren Kämpfen entsprachen die großen Blutopfer und die Bereitschaft der Sachsen, einen Tribut zu entrichten, und zwar in Pferden, die gerade bei Feldzügen am nötigsten gebraucht wurden.

Es hatte sich gezeigt, daß sich die Sachsen auf den Burgenbau verstanden und daß jeder, der gegen sie Krieg führte, mit ihren Burgen rechnen mußte. Vor der Iburg war der Bischof von Köln gefallen. Den Burgenkampf zu lernen, war für jeden Frankenherrscher wichtig, weil die West- und Südwestgrenze des Sachsenreiches ihre Fortifikationen ganz nahe an die fränkischen Befestigungslinien heranschob.

Schon zum Jahr 761 lesen wir darum in den Reichsannalen, daß Pippin bei seinem Heereszug gegen Herzog Waifar von Aquitanien »seinen erstgeborenen Sohn Karl an der Seite« gehabt habe. Karl war damals knapp neunzehn Jahre alt und erlernte das Kriegshandwerk bei Pippins Angriffen auf Bourbon, Chantelle und Clermont, im Jahr darauf dann bei Bourges und Thouars. Karl konnte auch sehen, daß in die eroberten Burgen sogleich fränkische Garnisonen gelegt wurden, damit sie nicht erneut dem Feind zufielen, sobald sich der Heerbann wieder entfernt hatte – eine Technik, die Karl später gegen die Sachsen sehr zustatten kam.

Pippin hatte bis zu seinem Tod gegen Herzog Waifar von Aquitanien zu kämpfen, denn Aquitanien war damals groß, und so manche Burg – wie etwa Turenne, Peyrusse oder auch Ally – war sehr schwer zu erobern. Pippin zog bis an die Pyrenäen, dann quer durch das Land bis an den Atlantik, nahm Mutter und Schwester des Rebellen gefangen, und als Waifar (den die Franzosen Waiffre nennen) ermordet wurde, schien der Krieg zu Ende. Nur hatte sich Pippin in diesen vier Jahren weiträumiger Feldzüge so sehr verbraucht, daß er eine Krankheit, die er sich in Saintes zugezogen hatte, nicht mehr zu überwinden vermochte und am 24. September 768 in Saint-Denis starb. Karl und Karlmann wurden zu Königen erhoben, der eine in Noyon, der andere in Soissons.

Waifars Vater, der alte Herzog Hunold von Aquitanien, wollte den Tod seines Sohnes rächen und zettelte einen neuen Aufstand an, aber Karl, so jung er war, ging ihm nicht in die Falle und ließ sich nicht in die Gascogne locken. Er errichtete statt dessen an der Dordogne eine neue Zwingburg, nämlich Fronsac, und sandte nach Hunold lediglich einen Suchtrupp aus, der den alten Kämpen auch tatsächlich gefangennahm. Als Hunold später entkam und Karl, dem bei der Reichsteilung Aquitanien zugefallen war, mit neuen Unruhen rechnen mußte, drohte er dem Herzog Lupus von der Gascogne mit der Verheerung des ganzen Landes, und dieser lieferte Hunold an Karl aus. Bald darauf starb Karlmann (4. Dezember 771) auf seinem Hofgut Samoussy, und Karl herrschte fortan allein. Er hatte nun alle Hilfsquellen des Reiches zu seiner Verfügung, Karlmann hatte sich nämlich an den aquitanischen Unternehmungen überhaupt nicht beteiligt. Karl revanchierte sich, indem er die Söhne Karlmanns, Prinzen im Kindesalter, von der Nachfolge ausschloß – durch einen Staatsstreich, aber mit Billigung der einflußreichsten Kirchenfürsten. Damit hatte er das ganze Reich an sich gebracht; Karlmanns Witwe Gerberga floh mit ihren Kindern nach Italien.

Der frühe Tod Karlmanns bedeutet aber auch eine Befreiung Karls von der Vormundschaft seiner Mutter Bertrada (Bertha). Diese energische und kluge Frau, Tochter eines Grafen von Laon, hatte es nämlich verstanden, zwischen Karlmann und Karl so weit zu vermitteln, daß zumindest Frieden herrschte, obwohl eine starke Partei in der Umgebung Karlmanns für einen Krieg gegen Karl plädierte. Der Papst hatte nie an Karl allein, stets an Karl und Bertrada geschrieben. Nun aber war Karl Alleinherrscher und zeigte beinahe zur gleichen Zeit, welche große Aufgabe ihm besonders am Herzen lag: Schon 772 begann er seinen ersten Zug gegen die Sachsen, so plötzlich, daß er bis zur Eresburg durchzustoßen vermochte . . .

Eresburg und Irminsul sind die beiden Namen, die man aus Karls Feldzügen gegen die Sachsen am deutlichsten in Erinnerung behalten hat. Die Lage der Eresburg, einer der größten deutschen Burgen überhaupt, ist bekannt. Über die Irminsul hingegen, ein wichtiges heidnisches Heiligtum, bei dem Schätze aufbewahrt wurden, rätselt man bis heute, Die Reichsannalen fahren nach dem Bericht über die Erbeutung von Gold und Silber bei der Irminsul folgendermaßen fort:

»Und es gab eine große Trockenheit, so daß es dort, wo die Ermensul [Irminsul] stand, an Wasser fehlte. Während der vorgenannte ruhmreiche König [Karl] dort zwei oder drei Tage bleiben wollte, um dieses Heiligtum gänzlich zu zerstören und sie kein Wasser hatten, da stürzte plötzlich durch Gottes Gnade um Mittag, als das ganze Heer an einem Bachlauf ruhte, ohne daß irgend jemand etwas wußte, Wasser in solcher Fülle daher, daß das ganze Heer genug hatte. Dann kam der genannte König an die Weser; hier hatte er eine Verhandlung mit den Sachsen, erhielt zwölf Geiseln und kehrte nach Francien zurück.«

Dieser Text macht deutlich, daß die Irminsul sich nicht innerhalb der Eresburg befand, sondern daß Karl weiterziehen mußte, um sie zu erreichen. Das plötzliche Auftreten von Wasser in einem trockenen Bachlauf gibt indessen gewisse Hinweise, denn solche intermittierenden Quellen sind zwar im Karst und auch in der Provence (Vaucluse) nicht ganz selten, kommen im sächsischen Weserraum jedoch nicht vor – bis auf die eine Ausnahme: den sogenannten Bullerborn bei Altenbeken, etwa auf dem halben Weg zwischen Bad Driburg und Bad Lippspringe gelegen. Nördlich von Altenbeken finden sich auch zwei Höhen, die den alten Sachsen zur Errichtung einer nach ihrem Glauben das Weltall tragenden hochaufragenden Säule geeignet erschienen sein mochten, nämlich der Velmerstot mit seinem prächtigen Rundblick oder der nicht ganz so frei liegende Rehberg im heutigen Staatsforst Altenbeken. (Diesen Ortsansatz des Frühgeschichtlers Carl Schuchhardt hält auch die heutige Vorgeschichtswissenschaft für den wahrscheinlichsten.)

Die frommen und wohl dem geistlichen Stand angehörenden Chronisten sahen in dem plötzlichen Auftreten eines Wasserschwalls in dem oft trocken liegenden Bachbett – wie kaum anders möglich – eines jener Wunder, wie sie ja auch den Missionaren immer wieder zu Hilfe kamen. Sie waren demnach ebenso wie Einhard überzeugt, daß der Sachsenkrieg, der mit diesem Feldzug begann, ein gottgefälliges Unternehmen gewesen sei und in erster Linie der Christianisierung dieses letzten großen heidnischen Stammes gedient habe.

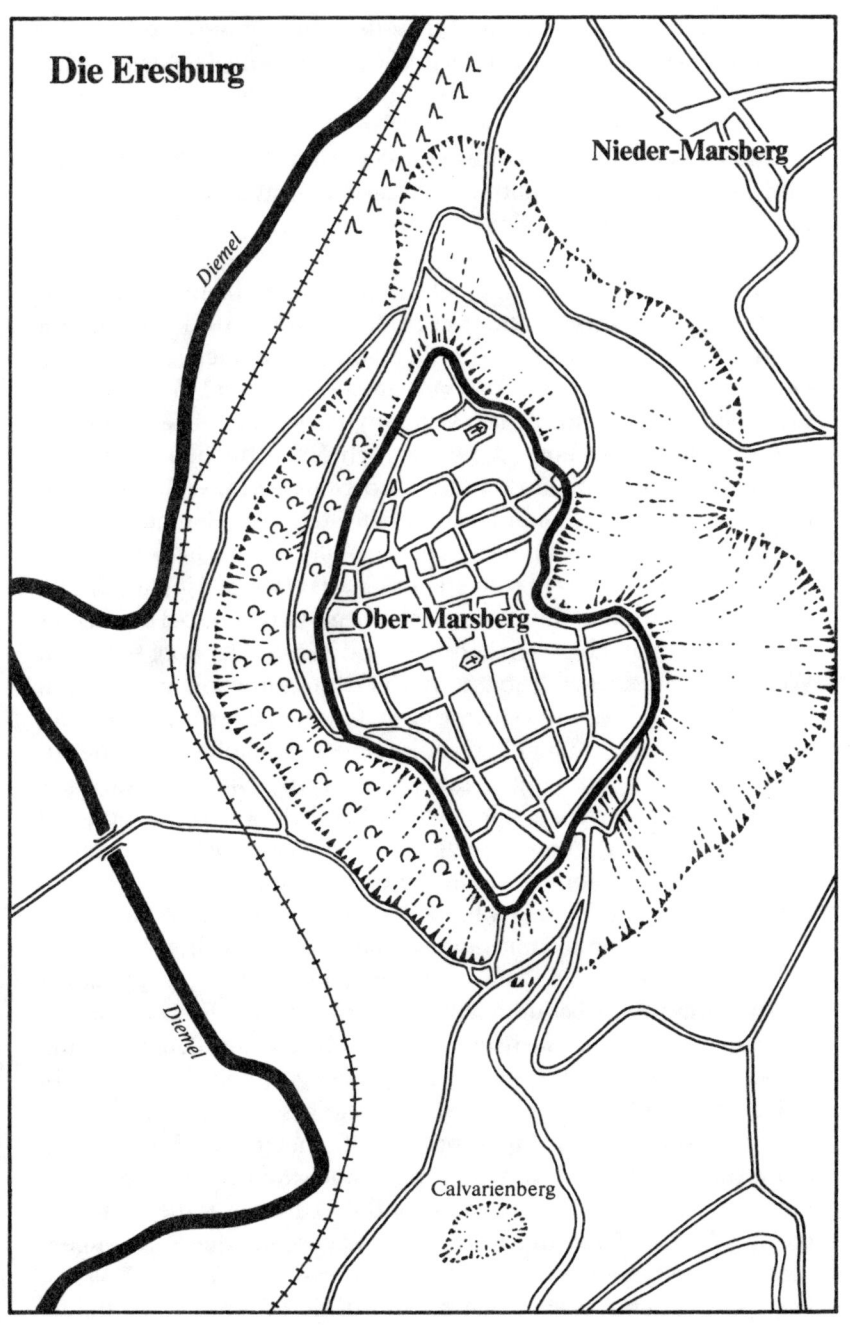

Die Eresburg

Nieder-Marsberg

Diemel

Ober-Marsberg

Diemel

Calvarienberg

Die Eresburg war die wichtigste Befestigung am Südrand der Weserfestung und hatte eine so große strategische Bedeutung, daß Karl sie nach der Eroberung nur noch gezwungenermaßen und stets nur für kurze Zeit räumte. Sie blieb also ab 772 beinahe ununterbrochen im Besitz der Franken, und die Besatzungen, die Karl in die Burg legte, hatten auf diesem vorgeschobenen Posten der Frankenmacht und des Christentums eine gewiß nicht ungefährliche Aufgabe.

Die Burg war groß genug, um den Frühgeschichtlern auch in ihrer mittelalterlichen und neuzeitlichen Um- und Verbauung noch als altes Sachsen-Befestigungswerk aufzufallen. Sie liegt auf einem niedrigen, aber gut erkennbaren Bergrücken 145 Meter über dem Flüßchen Diemel, das sich um ihren westlichen Abhang herumwindet. »Die Form der Burg«, schreibt Schuchhardt, »ist die eines Spitzovals, wie eines breiten Lorbeerblattes, wobei aber die östliche Seite infolge einer Geländefalte stark eingebuchtet ist. Die Länge von Norden nach Süden beträgt 900 Meter, die Breite rund 350 Meter. Der Flächenraum stellt sich auf etwa 28 Hektar, das ist das Ausmaß für eineinhalb römische Legionen, also bei bequemer Lagerung für ein Heer von zehntausend Mann. Der Berg fällt nach Westen zur Diemel steil ab und nach Osten nur wenig gelinder, so daß er eigentlich allseitig sturmfrei ist. Nur im Süden schließt er mit einem um dreißig Meter eingesenkten Sattel an hohes Gelände an, und hier ist der einzige gute Zugang zur Burg. Hier muß auch das alte Haupttor gewesen sein, wahrscheinlich wie heute von der Südspitze etwas gegen Osten verschoben. Ein Nebenweg kann im Osten in der Terrainfalte heraufgeführt haben.«

Wenn heute eine ganze kleine Stadt Platz auf dem Boden einer Burg hat, dann muß man annehmen, daß diese Burg einst als Fluchtburg diente. Die zehntausend Krieger, die – wie Schuchhardt annimmt – bequem auf dem Boden der Festung lagern konnten, haben die Sachsen gewiß nicht auf so kleinem Raum zusammenziehen oder auch nur verköstigen können. Aber der Krieg jener Zeiten war grausam, die Gegnerschaft zwischen Sachsen und Franken seit Jahrzehnten aufgeheizt, das Sachsenvolk wohl nicht zu beneiden, wenn die fränkischen Krieger ins Land einfielen. Es ist in allen Kriegen so, daß die Gegner die Kampfesweise und den Grad der Härte schließlich einander aufzwingen, und gar erst, wenn ein Krieg jahrzehntelang dauert. Daß die Franken Christen waren, hat sie gewiß den Kampf nicht milder oder nachsichtiger führen lassen, und darum mußten Frauen und Kinder geschützt, in der Burg geborgen werden.

Die Sachsen haben alle ihre Verteidigungsanlagen nach der schlichten altgermanischen Burgenbauweise errichtet, indem sie zunächst eine geeignete Erhebung ausfindig machten, die nach möglichst vielen Seiten so steil abfiel, daß ein Angreifer Schwierigkeiten bekam und keine Deckung vorfand. Die höchste Fläche dieser Erhebung wurde dann mit einem kunstlosen Mauerkranz umgeben. Dabei spielte es keine Rolle, ob die Innenfläche ganz eben war. Die Eresburg weist ein Gefälle auf, das von Norden nach Süden fünfunddreißig Meter beträgt, bei anderen Burgen war es ähnlich. Die alten Sachsenmauern sind nicht mehr sichtbar, die mittelalterlichen Wehrbauten mußten ja etwa an die gleichen Stellen gesetzt werden, und vielleicht hatten auch die Sachsen ihre Mauer schon an die Stelle älterer Anlagen gesetzt oder diese durch ihre Festungswerke nur erhöht.

Stand auch die Irminsul gewiß nicht innerhalb der Eresburg, so muß man andererseits doch annehmen, daß die Sachsen in der Burg ein Heiligtum ihrer Religion errichtet hatten. Denn es war diese Religion und ihr Wiedererstarken in den Auseinandersetzungen mit den Franken, die dem Sachsenvolk die Kraft gaben, einem übermächtigen Gegner mit unerschöpflichen Kraftreserven mehr als drei Jahrzehnte lang standzuhalten. In seiner großen *Deutschen Geschichte unter den Karolingern* schreibt Engelbert Mühlbacher, ein führender und für seine Objektivität bekannter Kenner jener Zeit: »Wenn erst nach mehr als drei Jahrzehnten ... der Kampf in Erschöpfung endete, wenn es eines neuen Geschlechtes bedurfte, das der fränkischen Herrschaft und dem Christentum sich ruhig fügte, so galt es den Sachsen ihre höchsten Güter, die Religion ihrer Väter und ihre Freiheit. Und diese haben sie mit einer Zähigkeit und einer Tapferkeit verteidigt, welche ihren Widerstand den vielgefeierten Freiheitskämpfern der Germanen gegen die römischen Legionen an die Seite zu stellen gestattet.«

Wir kennen diesen großen Krieg nur aus fränkischen Quellen; die Sachsen hatten ihre Runen, aber man schrieb in Runen keine längeren Texte. Es gab auch zweifellos eine altsächsische Heldendichtung, in der die einzelnen Episoden dieses langen Krieges gefeiert wurden, aber der Sieg der christlichen Armeen führte bald dazu, daß man nur noch kannte, was in klösterlichen Scriptorien dem Pergament anvertraut worden war, während die Überlieferungen der Gegenseite in Vergessenheit gerieten. Selbstverständlich schildern die fränkischen Quellen die Ereignisse aus fränkischer Sicht. Die Verfasser der Annalen hüteten sich wohl, Sympathien für den Erzfeind zu äußern, zumal dieser ja der heidnischen Religion, nach damaliger Überzeugung also dem Teufel anhing. Dieser heidnische Antichrist wurde auch überall vertrieben, wo man auf ihn stieß, sehr häufig dadurch, daß dem Apostel Petrus geweihte fränkische Kirchen an die Stelle heidnischer Heiligtümer traten. Petrus, der Fels, auf dem der Christengott seine Kirche gegründet hatte, war überall, wo die Truppen Karls des Großen die Sachsen niederwarfen, und auch in der Festung Eresburg erhob sich wohl schon bald nach der Eroberung eine Kirche, die den Namen Petri trug.

Wie in Aquitanien, so haben die Vorstöße der Franken den Charakter von Strafexpeditionen; es gibt keine geschlossenen Fronten, und zwischen den vorrückenden Heeressäulen (wenn es überhaupt mehrere sind) bleibt das Feindesland unerobert. Höchstens plündernde Truppen suchen es heim. Das erklärt, daß die Sachsen zwar wichtige Positionen verloren, aber in ihrem völkischen Leben und in ihrer Religionsausübung nur zeitweise und nur an bestimmten Stellen ihres Landes gehindert wurden. Viel stärker als diese vereinzelten Behinderungen und Rückschläge wirkten aber Leid und Zorn wegen der getöteten Männer, der fortgeführten Frauen, der niedergebrannten Dörfer, so daß im Grunde genommen auch die Niederlagen – eben, weil sie keine vernichtenden Niederbrüche waren – den Widerstandswillen letztlich eher stärkten und die Neigung zu der alten Religion in Wut und Verzweiflung neu aufflammen ließen.

Diese Tatsachen erklären das, was die fränkischen Annalisten immer wieder die »Treulosigkeit« der Sachsen nennen – das Wiederaufflammen des Krieges, kaum daß Karl der Große an einer anderen Grenze seines großen Reiches zu tun hatte. Als der Papst von den Langobarden bedrängt wurde, sah Karl die Gelegenheit gekommen, die Machtverhältnisse in Italien nach seinen Wünschen zu ordnen. Die Langobarden hatten nicht nur Karlmanns Witwe aufgenommen, sondern versuchten auch, die minderjährigen Söhne des toten Bruders gegen Karls des Großen Alleinherrschaft auszuspielen. Karl zog also gegen Herzog (oder König) Desiderius, schloß diesen in Pavia ein und feierte am 3. April 774 Ostern in Rom.

222

Es war ein schwieriger Feldzug gewesen. Wegen der schmalen Alpenpfade hatte Karl seine Armee teilen müssen, eine Heeressäule war über den Großen Sankt Bernhard nach Norditalien einmarschiert, die andere über den Mont Cenis. Diese hatte Karl selbst geführt, und als die Sachsen die höchsten Alpengipfel zwischen sich und der fränkischen Streitmacht wußten, schlugen sie sogleich wieder los:

»Und während er [König Karl] zum Schutze der heiligen Kirche Gottes in Rom auf Einladung des Papstes dorthin zog, blieb das Grenzland gegen die Sachsen ohne jede vertragliche Regelung.« (Der Annalist gestattet sich also, wie man sieht, sogar ein wenig Kritik am Vorgehen des großen Königs.) »Die Sachsen selbst aber fielen mit großer Heeresmacht in die Grenzgebiete der Franken ein und kamen bis zur Burg Bierberg. Die Grenzlandbewohner gerieten eben dadurch in große Bestürzung und zogen sich, als sie das [den Ansturm der Sachsen] sahen, in die Burg zurück. Als nun das Sachsenvolk in seiner Wut anfing, die Häuser außerhalb niederzubrennen, kamen sie auch zu einer Kirche in Fritzlar, die der jüngste Blutzeuge, der heilige Bonifatius, geweiht und von der er in prophetischem Geist vorhergesagt hatte, sie werde nie durch Feuer vernichtet werden. Jene Sachsen aber unternahmen alles nur Erdenkliche, um diese Kirche in Brand zu stecken. Unterdessen erschienen einigen Christen in der Burg sowie auch einigen Heiden, die sich bei dem Sachsenheer befanden, zwei junge Männer auf Schimmeln, welche die Kirche vor dem Feuer schützten. Deshalb konnte man weder innen noch außen ein Feuer entfachen oder die Kirche sonst beschädigen, sondern nach Gottes Willen wandten die Sachsen sich entsetzt zur Flucht, obwohl sie nicht verfolgt wurden. Man fand später einen Sachsen tot neben der Kirche in hockender Stellung, der Feuer[zeug] und Holz in der Hand hielt, als ob er mit dem Hauch seines Mundes die Flammen anfachen wollte.«

Der Geschichtsschreiber, der zwischen 788 und 793 ältere Annalenwerke zusammenfaßte und redigierte, nennt Bonifatius bereits heilig, ohne das Urteil späterer Zeiten und späterer Päpste zu kennen. Der Missionserzbischof und Märtyrer ist über alle Zweifel erhaben, auch seine prophetische Gabe, ein häufig anzutreffendes Attribut der Heiligen, steht für den Annalisten fest, obwohl Bonifatius vielleicht nichts anderes hatte sagen wollen als: Diese Kirche ist aus Stein erbaut, damit die nahen Sachsen sie nicht anzünden

223

können. Und als diese es dann doch versuchten, waren die Engel auf weißen Pferden da, ebenso geheimnisvoll wie beim Tod des heiligen Emmeram, und retteten die alte Kirche von Fritzlar.

Die Sachsen sind also zwischen dem Rothaargebirge und dem Fluß Fulda ziemlich tief in fränkisches Gebiet vorgedrungen, aber Karl scheint keineswegs beunruhigt, sondern behält es sich vor, die Angelegenheit später zu regeln. Er findet, aus Rom zurückkehrend, Desiderius nach wie vor in Pavia eingeschlossen, erobert nun die Stadt, nimmt Desiderius mit Frau und Tochter gefangen und führt alle Schätze der Langobarden hinweg, nur Prinz Adalgis entkommt über das Meer nach Konstantinopel.

Erst in Ingelheim, also am Rhein, entsendet Karl vier Heeresgruppen gegen die Sachsen. Drei von ihnen haben Feindberührung und siegen, die vierte war nur zum Plündern ausgeschickt worden und entledigte sich dieser Aufgabe offenbar mit besonders großem Erfolg.

Das sieht nach leichten Siegen aus, war aber ganz offensichtlich nur ein Vorgeplänkel. Die Sachsen verspürten wenig Lust, sich mit dem Italienheer Karls anzulegen, und Karl wiederum war zunächst genug marschiert, brauchte eine Pause und zog sich auf eines jener Hofgüter zurück, auf denen er am liebsten überwinterte, weil schon sein Vater dort oft geweilt hatte: nach Quierzy – ja, er blieb dort bis Ostern, also bis Ende März 775.

In dieser verhältnismäßig langen Ruhezeit wurde mit den Großen des Reiches der Vernichtungsfeldzug gegen die Sachsen besprochen und beschlossen. Zunächst hatten die Sachsen – in einzelne Stämme zerfallen – gelegentlich kleine Überfälle ausgeführt, hatten gebrannt und geplündert, aber militärisch keinen besonderen Ehrgeiz entwickelt. Später jedoch hatte sich ihr Verhalten geändert. Die Abwesenheit Karls in Italien auszunutzen, Vereinbarungen zu brechen, Geiseln preiszugeben, bevorzugt Kirchen anzugreifen – das war nun der offene Kampf eines ganzen Stammesverbandes gegen die Franken und ihre Religion. Und wenn es auch erkennbar war, daß die Sachsen sich für die Zerstörung der Irminsul sowie für den Raub der reichen Weihgeschenke und Votivgaben aus diesem Heiligtum rächen wollten, so empfanden Karl und seine Paladine doch zweifellos den Aufstand in beschworener Friedenszeit als Verrat, als eine Rebellion, der harte Strafen folgen mußten.

Das Wort von den treulosen, den wortbrüchigen Sachsen war

geboren und verschwand fortan nicht mehr aus den Annalen, obwohl das Völkerrecht bis heute erzwungene Eide und Vereinbarungen im allgemeinen als nichtig ansieht. Es scheint aber noch einen anderen Grund für die nun eintretende Verschärfung der Gegensätze und der Auseinandersetzung gegeben zu haben: Bei den westfälischen Sachsenstämmen profiliert sich eine Führerpersönlichkeit. Die religiöse Auseinandersetzung erhält nun machtpolitische Akzente. Fortan will man nicht mehr nur fränkische Kirchen verbrennen, sondern die Franken aus dem Land jagen. Der neue Sachsenführer ist ein junger Adliger namens Widukind.

Im Verhältnis zu seiner Bedeutung und seiner Beliebtheit bei seinem Volk und dessen Nachfahren wissen wir sehr wenig von ihm. Er mag um 735 zur Welt gekommen sein und starb 812 in hohem Alter, ist also ein Zeitgenosse Karls des Großen (742–814), dessen bedeutendster Widersacher er war. Widukind verfügte über ausgedehnte Besitzungen in Westfalen und Engern – dem Land nördlich der Eder –, vermutlich aber auch im Hessengau. Es besteht Grund zu der Annahme, daß er Graf des Ittergaus war und seinen Herrensitz in Bäddefeld hatte, und es ist sicher, daß er über enge und verläßliche verwandtschaftliche Bindungen an den dänischen Königshof verfügte, offenbar durch seine Frau. Als Gemahl einer Dänenprinzessin besaß er den für jeden Rebellen unschätzbaren Rückhalt im Ausland, eine sichere Zuflucht bei den – gegen einen übermächtigen Gegner unvermeidlichen – Rückschlägen und eine Quelle vielleicht sogar materieller Hilfe.

Fränkische Berichte haben Widukind unterstellt, daß er nach der Königswürde gestrebt habe. Tatsächlich hätten die Sachsenstämme in ihrer Bedrängnis nichts nötiger gehabt als einen tatkräftigen Monarchen, der sie alle vereint gegen den Feind im Westen und Süden führte. Daß sie so lange in Einzelstämme zerfallen blieben, daß Stammeshäuptlinge wie Brun oder Hassio (Hessi) nach kurzem Widerstand kapitulierten, das hatte die Chancen der Sachsen in diesem langen Ringen zumindest anfangs erheblich gemindert. Mit dem Auftreten Widukinds ändert sich nun die Lage; aus den Strafexpeditionen werden Kriege, aus den Vergeltungsaktionen hüben und drüben der Sachsengrenze wird die große Auseinandersetzung zwischen dem christlichen und dem heidnischen Teil Deutschlands. Denn Karl, auch wenn seine Heimat immer wieder Francien genannt wird, ist zweifelsfrei ein deutscher König. Es gab einen fränkisch-sächsischen und einen christlich-heidnischen Gegensatz, es gab bayerische Aufstände und Unruhen in Norditalien, in Spanien, an den Mittelmeerküsten und in Aquitanien, aber es gab noch keine französisch-deutsche Entzweiung. Daß auch sie ein Erbe des karolingischen Großreiches ist, da sie sich aus den Erbteilungen nach Karls Tod entwickelte, wird im neunten Jahrhundert zu Europas großer Tragödie.

Schuchhardt und andere haben es darum auch deutlich ausgesprochen: Der Kampf Karls gegen die Sachsen war mehr als ein Bürgerkrieg, er war in einer unseligen Verkettung zwingender Umstände gegen die Kernsubstanz des sich bildenden deutschen Volkskörpers gerichtet. Vom Südwesten her griffen noch immer arabische Interessen und Initiativen auf den christlich-fränkischen Bereich über, vom Osten her übten die Slawen Druck aus, in Mitteleuropa aber führte Karl einen erbitterten Kampf gegen ein Volk, das sein bester Verbündeter hätte sein können.

Gewiß, wir sehen heute deutlicher als Karl und seine Berater, daß das Sachsenland wie ein Fremdkörper mitten im christlichen Bereich lag, daß es die mächtige Handelsader der Rheinlinie bedrohte, den Kernraum der christlichen Mission zwischen Nordsee und Alpen aufs schwerste gefährdete und die Front gegen die Slawen unmöglich machte – die Elbfront, die einen großen Zug nach Osten erst möglich gemacht hätte. Notwendigkeiten dieser Art bezeichnete man in den dreißiger Jahren unseres Jahrhunderts als »geopolitisch«, aber es gibt keinerlei »Geopolitik«, aus der je etwas Gutes erwachsen wäre. Karl mochte in den ruhigen Tagen von Quierzy lange überlegt haben; das Reich war groß, die Inanspruchnahme vielfältig, von überallher bedrängten ihn Gesandtschaften in den verschiedensten Idiomen und priesen die Gunst des Augenblicks für die Entsendung von Truppen.

Und Karl, noch keineswegs in vorgerücktem Alter und doch schon die Vaterfigur des ganzen Kontinents, ritt hierhin und dorthin, ordnete seine Paladine ab und befehligte selbst, wo immer es nötig war. Aber die Hauptsache, die große Aufgabe, die »Operation am offenen Herzen« – die wurde für ihn nun doch der Feldzug gegen die Sachsen.

»Damals [775] hielt der fromme und treffliche König Karl eine Versammlung auf dem Hofgut Düren. Von hier zog er durch Sachsen und eroberte die Syburg, ließ die Eresburg wieder aufbauen und kam bis Braunsberg an der Weser. Dort rüsteten sich die Sachsen zum Widerstand, indem sie das Ufer des genannten

226

Flusses verteidigen wollten. Mit Gottes Hilfe wurden die Sachsen in die Flucht geschlagen; die Franken besetzten beide Ufer, und viele Sachsen wurden dort erschlagen. Dann teilte König Karl sein Heer, nahm, soviel er wollte, mit und kam an die Oker. Dorthin kamen alle Ostleute der Sachsen unter Hassio, gaben Geiseln, soviel Karl wollte, und schwuren, der Sache des Königs treu zu bleiben. Ebenso kamen, als der genannte milde König von dort zurückkehrte, in dem Gau Bucki [rund um das heutige Bückeburg] die Engern mit Bruno und ihren anderen Fürsten und stellten Geiseln wie die Ostleute.«

Die beiden Sachsenfürsten, deren Namen der Chronist nun etwas verändert, haben also abermals kapituliert, aber nun tritt Widukind auf den Plan, zumindest vermutet man ihn – da er sonst ja bei den Friedensverhandlungen hätte anwesend sein müssen – hinter dem Überfall von Lübbecke, der seine gute Beobachtungsgabe, seine Unerschrockenheit und seine strategische Phantasie erkennen läßt:

»Währenddessen ließ sich eine Abteilung des fränkischen Heeres, die Karl an die Weser geschickt hatte, in Lübbecke, wo sie ein Lager bezogen hatte, unvorsichtigerweise von der List der Sachsen in großen Schaden bringen. Als nämlich die zum Fouragieren ausgeschickten Franken um die neunte Stunde des Tages ins Lager zurückkehrten, mischte sich, wie wenn sie zu ihnen gehörten, Sachsen unter sie und kamen so mitten in das fränkische Lager. Hier fielen sie dann später über die Schlafenden und Halbwachenden her und richteten, wie erzählt wird, kein geringes Blutbad unter der sorglosen Masse der Franken an. Endlich wurden sie dann durch die Tapferkeit der Wachenden aus dem Lager gedrängt und zogen ab nach einem Vertrag, wie er unter solchen Umständen eben geschlossen werden konnte. Als das dem König gemeldet wurde, eilte er so rasch als möglich herbei, verfolgte die Fliehenden und machte dabei eine große Anzahl von ihnen nieder. Hierauf ließ er sich auch von den Westfalen Geiseln stellen und kehrte dann für den Winter nach Francien zurück.«

Die Westfalen, das war der Sachsengau, über den Widukind gebot. Und wenn er auch schließlich seine Scharen in die Wälder hatte retten und Geiseln stellen müssen, so kann man sich doch vorstellen, daß sein Sieg von Lübbecke, vor allem die Bravour, mit der der Handstreich durchgeführt wurde, ihn fortan zum Helden der Sachsen machte. Ihm war gelungen, was in diesem Augenblick mindestens ebenso wichtig war wie ein Sieg in offener Feldschlacht: Er hatte die klugen Franken, die mit Priestern und Schreibern in den Kampf zogen, lächerlich gemacht. Er hatte ihnen gezeigt, daß man auch ohne Schrift und heilige Bücher und gelehrte Anführer einen Sieg erringen könne. Der Ärger der Franken war so groß, daß der genaue Hergang des Sachsenüberfalls von Lübbekke sich im Haupttext der Reichsannalen gar nicht findet. Dort heißt es ziemlich lapidar, daß die Sachsen bei Lübbecke den Kampf begonnen, die Franken aber gesiegt hätten. Erst in einer Einfügung, die nach dem Tod Karls des Großen erfolgte (!), findet sich der von uns zitierte genaue Hergang.

Karl überwinterte diesmal nicht so tief in Frankreich, sondern hatte das Hofgut von Schlettstadt gewählt, das heutige Sélestat im Elsaß. Und tatsächlich erwies schon das nächste Jahr, daß die Sachsen nicht Ruhe zu halten gedachten. Sie hatten ihre Geiseln geopfert – diese wurden offenbar beim Ausbruch neuer Feindseligkeiten sogleich umgebracht – und die Besatzung der Eresburg zum Abzug veranlaßt. Die Besatzung der Syburg hingegen wehrte sich standhaft und gab damit Karl Zeit, fränkische Truppen gegen die Aufständischen heranzuführen.

Die Hohensyburg lag an der Einmündung des Flüßchens Lenne in die Ruhr, also im Sauerland, und war nach der Eresburg die wichtigste sächsische Festung gewesen, bis die Franken sie eroberten und eine Besatzung zurückließen. Auch diese Burg lag 145 Meter über dem Wasserspiegel der Ruhr, hatte Dreiecksform, war aber mit einer Fläche von fünfzehn Hektar nur etwa halb so groß wie die Eresburg. Die alten Befestigungen lassen erkennen, daß die Sachsen jene Seiten, an denen die natürlichen Hindernisse nicht stark genug waren, mit höheren Mauern und Vorwerken zu schützen versuchten; darum ist im Osten der Hauptburg eine breite Vorburg vorgelagert, während im Süden der Steilabsturz und die Ruhr als Deckung ausreichten. An der Burg sind fränkische Ausbauten erkennbar, besonders am Tor in der Mitte der Hauptburgfront, das mit Hilfe von Kalk (den die Sachsen in der Regel nicht verwendeten) zu einem Kammertor ausgebaut wurde und den Verteidigern beste Möglichkeiten bot, auch einen weit vorgedrungenen Angreifer erfolgreich bekämpfen zu können. In der Südostecke der Hauptburg fanden sich Reste einer besonderen festungsartigen Wohnanlage für den Befehlshaber oder (späteren) Besitzer der Burg.

Schuchhardt berichtet, daß sich anläßlich eines Denkmalbaues in der Nähe der Burg zahlreiche steinerne Wurfscheiben von dreißig bis vierzig Zentimetern Durchmesser gefunden hätten, die allesamt in das Mauerwerk des Kaiser-Wilhelm-Denkmals der deutschen Industriellen (1893) eingefügt wurden. Es ist denkbar, daß diese schweren Scheiben auf Angreifer hinabgerollt oder aber durch Katapulte geschleudert wurden; doch vieles spricht dafür, daß man sie rollte, weil die Scheiben die Spuren abrundender Bearbeitung zeigten, sie sollten also hangabwärts rollen und dabei immer schneller werden. Bei der erfolgreichen Verteidigung dieser Burg scheinen allerdings diese, antiken Disken ähnlichen, steinernen Scheiben nicht den Ausschlag gegeben haben, sondern abermals ein Wunder:

»Da die Sachsen nämlich durch Verhandlungen die Besatzung der Hohensyburg nicht irreführen konnten, wie sie das bei den andern getan hatten, die in der Eresburg gewesen waren, begannen sie sich zum Kampf mit Kriegsmaschinen zu rüsten, um damit im Sturm die Burg einnehmen zu können. Doch mit Gottes Hilfe brachten die aufgestellten Steinschleudern den Sachsen selbst mehr Verluste als denen in der Burg. Als die Sachsen dann sahen, daß es ihnen nicht gelang [die Burg zu erobern], bündelten sie sogar Reisig [um es in Brand zu stecken]. Aber Gottes Kraft überwand weiterhin die der Heiden, und an einem Tag, an dem die Sachsen den Hauptsturm unternehmen wollten, zeigte sich die Herrlichkeit Gottes auf dem Dach der Kirche, die sich in der Burg erhebt, und dies sahen viele Menschen, die zum Teil noch heute am Leben sind. Man habe, sagte man, so etwas wie zwei Schilde in roter Farbe flammen und sich über dem Kirchendach bewegen sehen. Und als die Heiden draußen dieses Zeichen erblickten, gerieten sie sogleich in große Verwirrung und begannen, in ihrem Entsetzen zu ihrem Lager zu fliehen, und die ganze Masse, die von dieser Flucht mit fortgerissen wurde, tat in solcher Überstürzung sich selbst manchen Schaden: Wer nämlich in solcher Furcht rückwärts blickte, der lief in die Speere derer hinein, die vor ihnen gingen und ihre Waffen auf der Schulter trugen.«

Niemand vermag heute zu sagen, welche Lichtbrechung, welcher Strahl der untergehenden Sonne, welche Kupferplatte auf dem Kirchendach die Erscheinung der rotglühenden und schwebenden Schilde auslöste; an der Schilderung braucht man dennoch nicht zu zweifeln. Sie bestätigt uns, daß die Sachsen, vor allem das

229

einfache Volk, nicht mehr unbefangen waren. Zahlreiche Boden-funde lassen erkennen, daß auch die Sachsen schon mancherlei vom Christentum gehört haben mußten, noch bevor die Franken ihre ersten Missionare zu ihnen schickten. Manches Schmuck-stück, manche Grabbeigabe deutet auf Berührungen mit dem arianischen Christentum hin, und sicherlich wären die Sachsen auch ohne jeden fränkischen Druck nach und nach Christen ge-worden, ganz einfach, weil diese Religion in ihrer arianischen Form auch von anderen germanischen Völkern angenommen und in der Fremde zur geistigen Heimat geworden war.

Der außerordentlich starke Druck, den die Franken schon seit der Zeit der Goten im ganzen westlichen und schließlich auch im mittleren Europa ausübten, machte das katholische Christentum zu einer Frankenreligion. Was die Sachsen allerdings unter Karl Martell, dessen Söhnen und nun seinem Enkel von fränkischen Soldaten erlebt hatten, war nicht dazu angetan, die Sachsen gegen-über dieser Art des Christentums versöhnlich zu stimmen. Ande-rerseits aber kannte man die Macht der Franken, weshalb man auch dem Christengott große Kraft zuschrieb. Dies gilt freilich nicht so sehr für die sächsische Führungsschicht als für den einfa-chen Mann, je länger der Krieg dauerte und je öfter die Franken Sieger blieben. Und es gab da manches, was man in den Wäldern nicht kannte, aber plötzlich vor sich sah, wenn die Franken kamen: die Priester mit den Kreuzen und den seltsamen Kutten; die blitzenden Waffen der Ritter; die Bischöfe im Sattel mit Kreuz und Schwert und den Kreuzen auf dem Kriegsmantel. Das war eher seltsam als nur furchterregend, aber es bedurfte oft nur eines Zufalls, daß zum Staunen die Furcht hinzukam.

»Wieviel Gottesmacht zum Heil der Christen gegen die Sachsen wirksam war, vermag niemand zu sagen«, fährt der Chronist des Jahres 776 fort. »Je mehr die Heiden von Entsetzen erfaßt wurden, desto mehr wurden die Christen gestärkt, und sie lobten den allmächtigen Gott, der seine Macht an seinen Knechten zu erwei-sen geruhte. Und als die Sachsen von hier flohen, folgten ihnen die Franken bis zur Lippe, nachdem die Burg gerettet war; danach kehrten die Franken siegreich heim.«

Noch immer handelt es sich zwischen Sachsen und Franken um einen Burgenkrieg. Die Franken stoßen hinter den Fliehenden her nach Nordosten und erreichen die Lippe, überschreiten sie aber nicht. Von Süden wie von Südwesten her werden also durchaus begrenzte Vorstöße unternommen, dies von einem König, der in ganz Europa Krieg führt, aber auf diese Weise weder Mittel- noch Norditalien unterwerfen oder die katalonische Mark erobern konnte. Irgend etwas läßt Karl noch zaudern, sich mit voller Kraft gegen die Sachsen zu wenden. Entweder war es das Gefühl, seine ja auch anderswo beanspruchten Kräfte zu zersplittern, vielleicht aber hielt er auch durchgreifende militärische Maßnahmen noch nicht für nötig. Die Sachsen sind uneins; es gibt zweifellos auch eine starke Partei unter ihnen, die sich dafür einsetzt, sich mit den Franken zu arrangieren – Adlige und Reiche, die sich wirtschaftliche Vorteile davon erhoffen, die Grenzen für den Handel des großen Imperiums zu öffnen, zum Rhein und zu anderen Verkehrssystemen freien Zugang zu erhalten.

Diese Annahme findet ihre Bestätigung dadurch, daß Karl, kaum daß er die Nachricht von dem schnellen und mühelosen Vorstoß bis zur Lippe vernimmt, sich ohne weitere Vorbereitungen zu einem eigenen Ritt ins Sachsenland entschließt. Die unerklärlichen Vorgänge um die Hohensyburg mögen ihm die innere Schwäche der Sachsen signalisiert haben; er glaubt an einen schnellen und vollen Erfolg, der ihm die Mühen eines Vernichtungskrieges ersparen könnte:

»Und als König Karl nach Worms kam und all diese Dinge hörte, hielt er an dieser Stelle eine Versammlung, und nachdem ... der Beschluß gefaßt war, drang er mit Gottes Hilfe rasch und mit großer Eile unerwartet in die Befestigungen der Sachsen ein. Und die Sachsen kamen erschreckt alle und von allen Seiten am Lippe-Ursprung zusammen, stellten Bürgen und übergaben all ihr Land in die Hände der Franken. Sie versprachen, Christen zu werden und stellten sich unter die Herrschaft des Königs Karl. Da baute Karl mit den Franken die Eresburg wieder auf und noch eine Burg an der Lippe. Dorthin kamen die Sachsen mit Frauen und Kindern in großer Zahl und ließen sich taufen; sie stellten Geiseln, soviel der König von ihnen begehrte. Nachdem die Burgen fertiggestellt und unter die Franken verteilt waren [gemeint ist wohl: Nachdem die Burgen ihre fränkischen Besatzungen erhalten hatten], kehrte Karl nach Franken zurück. Und er feierte Weihnachten in Herstal sowie Ostern [30. März 777] auf dem Gutshof Nymwegens.«

In Bad Lippspringe sind wir hart am Teutoburger Wald. Die Szenerie gleicht demnach wohl ein wenig jener anderen, dreiviertel Jahrtausende zuvor, als der später in den Sachsen aufgegangene Stamm der Cherusker hier die Legionen des Varus besiegte. Und wir sind ganz nahe an jenem Aussichtsberg, der heute Velmerstot heißt und einst vielleicht die Irminsul trug, jenes von den Franken zerstörte Sachsenheiligtum. Karl hätte demnach auf einer neuen Route aus Südwesten die Bastionen der Sachsen erreicht, die bis dahin vorwiegend von Süden her, durch das Fuldatal angegriffen worden waren. Damit hat sich das fränkische Heer nun jenen Aufmarschweg gesichert, der in den kommenden Jahren die Überlegenheit der Franken verstärken und ihren Nachschub außerordentlich erleichtern wird: den Hellweg von Dortmund nach Paderborn und weiter nach Osten, ins Herz der Weserfestung bei Corvey.

Zu diesem Zeitpunkt scheinen alle Wankelmütigen, alle, die insgeheim gar keinen Krieg wollen, von Widukind abzufallen. Drei Versuche, die Franken zu bezwingen, hatten keinen Erfolg, sondern nur schwere, schmerzliche Vergeltung nach sich gezogen. Es ist Herbst, die Sachsen sind besiegt, Versorgungsprobleme bereiten den Familien offenbar große Sorgen. Daraus erklärt sich der uns aus dem Jahr 777 berichtete erfolgreiche Reichstag von Paderborn, in dem man zweifellos einen Einschnitt sehen muß, den Beginn einer neuen Phase in den fränkisch-sächsischen Beziehungen:

»Damals hielt König Karl einen allgemeinen Reichstag zu Paderborn ab, zum ersten Male. Dort kamen sämtliche Franken und aus allen Teilen Sachsens die Sachsen zusammen. Nur Widukind blieb mit ein paar anderen im Aufstand [d. h. verharrte in Feindschaft]. Er hatte mit seinen Genossen Zuflucht bei den Nordmannen [Dänen] gesucht. Auch kamen zu diesem Reichstag Sarazenen aus Spanien ... Dort wurden eine Menge Sachsen getauft, und sie gaben, wie es ihre Art ist [?], ihre ganze Freiheit und ihr Eigentum ihm zu Händen als Pfand, wenn sie wieder nach ihrer üblichen Gewohnheit sich änderten, wenn sie nicht in allem am Christentum und in ihrer Ergebenheit gegenüber König Karl und seinen Söhnen oder den Franken festhalten sollten.«

Die Lanze, die fortan ins Herz des Sachsenlandes zielen wird, ist der Hellweg, die uralte Handelsstraße zwischen Rhein und Weser, die im Städtedickicht des Ruhrgebietes heute nicht mehr auffindbar ist, in ihrem agrarisch gebliebenen östlichen Teil jedoch die uralte Aufreihung von Siedlungen erkennen läßt. Der Hellweg war schon in vorkarolingischer Zeit eine wichtige Salzhandelsstraße,

232

und mit dem Salz kam auch die Außenwelt zu den Sachsen, mit den Händlern kam die Kunde von den Franken, vom Christentum, später vom Aufmarsch der christlichen Heere. Wenn Karl es wagen konnte, einen Reichstag nach Paderborn, also an den östlichen Hellweg, einzuberufen und dort sogar maurische Gesandte zu empfangen, um die Sachsen zu beeindrucken (wie z. B. Karl Brandi meint), mußte die militärische Situation vollkommen geklärt sein. Die Operationen der Jahre 775 bis 777 können dies nicht allein bewirkt haben; ganz offensichtlich war ein politischer Erfolg hinzugekommen. Karl hatte Grund zu der Annahme, daß ein innerer Umschwung bei den Sachsen eingetreten sei, daß sie ihr Land nun tatsächlich den Franken öffneten und damit auch dem Christentum. Der Hauptzugangsweg hatte bis dahin im Süden gelegen, weil die Sachsen gegen Westen zu mit dem kriegerischen Westfalenstamm eine starke Abwehrfront aufgebaut hatten. Nun, da Widukind zwar noch nicht klein beigegeben hatte, aber immerhin außer Landes gegangen war, hinderte niemand die Franken, in der unmittelbaren Hauptstoßrichtung von West nach Ost Verbindung auch mit den bis dahin wenig zugänglichen Sachsenstämmen aufzunehmen.

Die Sicherung des Weges erfolgte wohl nicht plötzlich, sondern in zehnjähriger Arbeit von 775 bis 785 und bestand im wesentlichen darin, daß Karl nördlich und südlich des Hellwegs königliche Gutshöfe zu kleinen Befestigungen ausbauen ließ: zu Stützpunkten, Stationen für den Pferdewechsel und Etappen für marschierende Kolonnen und deren Versorgung. Der Hellweg wird damit zur Haupt-Heerstraße der Franken gegen die Sachsen mit befestigten Höfen auf Sachsengrund, der nun dem König gehört: in Ehrenzell und Steele, in Bochum und Huckarde, in Dortmund, Brakel, Unna, Steinen, Werl und Ampen, aber auch in Soest, Schmerleke, Altengeseke, Erwitte und schließlich Paderborn selbst. Mit Dutzenden von größeren und kleineren Besitzungen, auf denen vermutlich Wehrbauern siedeln, erhält das eroberte Land eine gesicherte Dauerverbindung zum großen christlichen Frankenreich. Daß die Sachsenlande aber damit auch schon wirklich Mitglied der fränkisch geführten Völkerfamilie sind, daß Sachsen ein Teil des Reiches geworden ist, das muß auch nach den Verträgen von Paderborn bezweifelt werden.

Die Taufe aller Sachsen war schon rein technisch unmöglich. Sie wohnten zu sporadisch verteilt in einem schwer zugänglichen und unerschlossenen Lande. Die Verpflichtung zur Taufe kann also nur bedeuten, daß sie den Missionaren nichts mehr in den Weg legen wollten. Zwar steht bis heute nicht sicher fest, welche Rechte und Vermögenswerte im einzelnen gemeint waren, wenn die Sachsen Bußen an ihrem Eigentum anboten, doch gehen diese Zusagen über einen einfachen Friedensvertrag weit hinaus und begründen fränkische Zugriffe für die weitere Zukunft. Andererseits sind die Sachsen noch nicht voll verpflichtete Bürger des Frankenreiches geworden. Wie verschiedene Einzelfälle zeigen, gilt bei ihnen weiterhin das altsächsische Recht, das in vielem milder war als das fränkische, wie denn im germanischen Recht Vermögensbußen (Wergeld) überhaupt eine größere Rolle spielten als Körperstrafen. Und es fällt auf, daß die Sachsen keine Heerfolge bei Karls gewagtem Zug nach Spanien leisten müssen. Zwar treten in den folgenden Jahren sächsische Verbände zum fränkischen Heerbann hinzu, etwa gegen die Slawen, aber eine absolute Verpflichtung zur Heeresfolge scheint noch nicht zu bestehen. Immer neue sächsische Aufstände und immer wiederkehrende fränkische Feldzüge gegen die Aufständischen verschärfen jedoch nach und nach wieder die Lage, obwohl strikte Einhaltung der Verträge den Sachsen vermutlich eine gewisse Sonderstellung und eine erträgliche Existenz am Rand des fränkischen Machtbereichs gebracht hätte. Aber Völker, die um ihre Freiheit kämpfen, Völker, die ihre angestammte Religion zu verlieren fürchten, sind einfachen Vernunftgründen nur ausnahmsweise zugänglich, und darum nahm das Unheil seinen Lauf.

Die Sachsen warteten nach der Art der Unterlegenen wiederum nur auf eine Gelegenheit. Zumindest gilt dies für jene Teile des Sachsenvolkes, die sich Widukind und einem seiner tapfersten Helfer angeschlossen haben, dessen Name meist mit Abbio angegeben wird und von dem man noch weniger weiß als von Widukind selbst. Den Sachsen kam zustatten, daß das Christentum und das Frankenreich nicht nur im Norden und Osten bedroht waren, sondern auch im äußersten Südwesten, und daß Karl sich auf das große Risiko eines Zuges über die Pyrenäen eingelassen hatte. Man darf fast sicher sein, daß der große König absichtlich falsch informiert wurde. Daß er den winzigen gotischen Widerstandszentren gegen die siegreichen Araber nicht zur Rückeroberung der Halbinsel verhelfen konnte, war Karl und seinen Beratern zweifellos klar. Aber die zu ihm gekommenen Sarazenen, also maurische

Fürsten aus dem unter verschiedenen Araberdynastien aufgeteilten Spanien, hatten dem König eine tiefe Zerrissenheit des ganzen arabischen Iberien vorgespiegelt, so daß Karl an den alten Grundsatz des *divide et impera* dachte und die Stunde der Reconquista für gekommen hielt (sie kam bekanntlich erst sechshundert Jahre später).

Nach einem schwierigen Marsch über das bis heute unwegsame Pyrenäengebirge stieß Karl auf keinen Gegner; dieser war in die Tiefe des Landes ausgewichen. Nach der Besetzung einiger Burgen und Städte kehrte Karl über die Pyrenäen zurück, und hier hatten sich nun die Waskonen (Basken) in den Hinterhalt gelegt, jenes seinen Ursprüngen nach bis heute unbekannte Volk, das seit urdenklichen Zeiten an der Biskaya sitzt und die westlichen Pyrenäen als seine unverletzbare Heimat ansieht:

»Als nämlich das Heer in langem Zuge, wie es die Enge des Ortes [der Schlucht von Roncesvalles (Roncevaux)] zuließ, einhermarschierte, stießen die Waskonen, die sich auf den Höhen und Kämmen des Gebirges im Hinterhalt postiert hatten, von oben auf das Ende des Trosses und der Nachhut herab und machten alles bis auf den letzten Mann nieder. Sie raubten das Gepäck und zerstreuten sich dann unter dem Schutz der einbrechenden Nacht in höchster Eile nach allen Seiten. Den Waskonen kamen bei diesem Überfall die Leichtigkeit ihrer Waffen und das Gelände zustatten . . . In diesem Kampf [am 15. August 778] fielen Eggihard, des Königs Truchseß, Anshelm, der Pfalzgraf, Hruodland [Roland], der Befehlshaber im bretonischen Grenzbezirk, und viele andere. Für den Augenblick konnte man diesen Überfall auch nicht rächen, weil sich der Feind danach so in alle Winde zerstreute, daß nicht die geringste Spur darauf hinwies, in welchem Winkel man ihn hätte suchen können.«

So schildert Einhard die zur Legende und zum Lied gewordene düstere Szene in den bis heute bedrückenden Gebirgspassagen von Roncesvalles (Roncevaux) zwischen Pau und Pamplona. Da Karl außerdem gegen die Bayern und die Awaren Krieg führen mußte, war für die Sachsen der Augenblick zum Losschlagen gekommen, und sie trafen auf einen König, von dem selbst die sonst recht nüchternen Reichsannalen sagen, daß er den Verlust seiner Getreuen im Tal von Roncesvalles (Roncevaux) noch nicht verwunden hatte: »Dieser Verlust aber überlagerte wie eine Wolke im Herzen des Königs einen großen Teil der spanischen Erfolge.«

Es war, als hätten die Sachsen von den Basken gelernt; jedenfalls stießen sie blitzschnell und erfolgreich nicht nach Süden vor, wo nicht viel mehr zu erobern gewesen wäre als die alten Rodeklöster des Bonifatius und des Sturmius, sondern sie nutzten den von Karl ausgebauten Hellweg, aber in der Gegenrichtung: eine überzeugende Lektion dafür, daß der Bau strategisch wichtiger Straßen eine zweischneidige Sache ist. Andernfalls wären Widukind und die Seinen kaum so schnell bis Deutz an den Rhein gekommen, »wobei sie den Rhein entlang viel Beute machten, eine Unzahl von Übeltaten verübten, die Kirchen Gottes und die Klöster in Brand steckten und noch vieles andere, das aufzuzählen uns nur schmerzlich wäre« (Annalen 778).

Immerhin war Karl nicht mehr in den Pyrenäen, auch nicht mehr in Südfrankreich, sondern schon in der burgundischen Hügelstadt Auxerre, von der aus man auf den alten Römerstraßen ziemlich schnell an den Rhein marschieren konnte. Das taten denn auch jene Abteilungen, denen Karl solche Eilmärsche zumuten konnte. Aber die Sachsen verschwanden so schnell wie die Basken, zogen durch den Lahngau und waren längst fort, als Karls Truppen sich am Rhein zeigten. Sie hatten eine Spur von Mordbrand und Plünderungen zurückgelassen, so daß Karls Scharen dem Sachsenrückzug bis an die Eder folgen konnten und die Reste der Aufständischen bei einem Ort namens Leisa *(in loco qui dicitur Lihesi)* stellten. Das Ederland, das war Widukinds Grafschaft; die Franken hatten also ihren wichtigsten Gegner zu Hause aufgesucht, dort gegen die Sachsen eine Schlacht begonnen, wie die Reichsannalen sagen, und zu einem guten Ende geführt: »Mit Gottes Hilfe blieben die Franken Sieger, und eine Menge Sachsen wurde dort erschlagen ... Und es feierte der milde König [Karl] Weihnachten auf dem Hofgut Herstal.«

Gefangene machte der milde König wohl nicht; der Groll wegen des Todes seiner Freunde Eggihard, Anselm und Roland saß eben noch in seinem Herzen. An der Eder aber häufen sich Orte, deren Namen auf das Vorhandensein von Franken hindeuten, so daß es dort wohl mehr als nur ein Scharmützel gegeben haben muß. Die Franken rückten Widukind auf den Pelz, dieser aber dachte nicht daran, aufzugeben. Seine Leute kämpften, als hätten sie die Guerillatechnik von den Basken gelernt, stießen schnell vor und zerstreuten sich in die Wälder, wenn die Franken mit Macht heranrückten. Das bis heute verhältnismäßig verkehrsarme und nicht über-erschlossene Gebiet zwischen Weser, Westerwald und Rothaargebirge bot Schlupfwinkel genug, zumal, da die eingesetzten Armeen nach heutigen Begriffen wohl nur als Regimenter zu bezeichnen wären. Hatten die Franken bei einem tiefen Vorstoß einen wichtigeren Ort erreicht, gaben die friedlichen Sachsen, das heißt der nicht kämpfende Volksteil, klein bei und stellte Geiseln. Die eigentliche Kampftruppe scheint zunächst von solchen Aktionen nicht betroffen worden zu sein, nicht einmal, als die Franken einen (nicht identifizierten) Ort eroberten, der Met-Fülle (Medofulli) hieß ...

Alles, was wir von jenem Met-Zentrum der Sachsen wissen, ist, daß es auf dem rechten Weserufer lag, also östlich jenes Stromes, den die Franken auf ihren Kriegszügen stets nur um wenige Meilen überschritten, sofern sie überhaupt die Weser erreichten. Sie stehen nun also sehr tief im Sachsenland, Karl verbringt mit seiner Familie ganze Winter auf der Eresburg, was er gewiß nicht getan hätte, wären die Sachsen und ihre Nähe noch gefährlich gewesen. Immer wieder werden Verträge geschlossen, mitunter sogar, ohne daß Feindseligkeiten vorangegangen sind, und doch ist plötzlich vom Jahr 782 an alles anders, und die Sachsenkriege gewinnen eine neue Dimension. Ja, die Ereignisse sind zum Teil so bestürzend, daß die Reichsannalen sie in der ersten, ältesten Fassung gar nicht oder doch nur sehr flüchtig berühren und es wiederum dem Bearbeiter gegen Ende des Jahrhunderts vorbehalten bleibt, die volle Wahrheit zu berichten.

Bei einem großen Reichstag des Jahres 782 an den Lippe-Quellen trifft sich Karl mit Freunden, aber auch mit potentiellen Gegnern. Widukind fehlt, aber ein gewisser Halptani ist anwesend, ein Botschafter des Dänenkönigs Gotfrid (Göttrik), ja, es ist sogar von Gesandten der Awaren die Rede, jenes in den alten Chroniken noch oft als »Hunnen« bezeichneten Reitervolkes, das im Südosten des Karolingerreiches, an Donau und Enns, so oft Unruhe stiftete.

Daß Widukind nicht erschien – für solche Fälle gab es ja Möglichkeiten, sich freies Geleit zu sichern –, verkündet schon das nahende Unheil, und tatsächlich ist Karl kaum wieder nach Francien, also ins heute französische Frankenland, gereist, als Widukind losschlägt, wobei er geschickt einen Sorbenaufstand ausnutzt (oder sogar anzettelt). Ein paar Vertraute Karls, ein Kämmerer, ein Marschall und Pfalzgraf namens Worad, wollen dem König zeigen, was sie auch ohne ihn zu leisten vermögen, ja sie hören nicht einmal auf den Rat eines Karolingers namens Theoderich, eines Grafen, der auf die ersten Nachrichten von Widukinds neuerlichem Aufstand eilig zusammengestellte Truppen aus dem linksrheinischen Gebiet herangeführt hat. Am Süntel im Wesergebirge, nördlich der heutigen Stadt Hameln, haben sich die Sachsen zur Schlacht aufgestellt – dies nach Jahren, in denen sie sich nicht nennenswert bemerkbar gemacht und auf gelegentliche, handstreichartige Überfälle beschränkt hatten.

»Wie sich die Führer der Franken nun untereinander besprachen, fürchteten sie, die Ehre des Sieges möchte dem Grafen Theoderich allein zufallen, wenn er in dieser Schlacht bei ihnen wäre, und so beschlossen sie, ohne ihn den Kampf gegen die Sachsen zu beginnen. Sie nahmen also die Waffen zur Hand und rückten so vor, als ob sie es nicht mit einem schlachtbereiten Feind, sondern einem schon fliehenden Gegner zu tun hätten. Sie gerieten so schnell, wie ihre Rosse sie nur tragen konnten, vor die Reihen der zur Schlacht aufgestellten Sachsen. So übel der Anmarsch, so übel war auch der Kampf selbst; sobald das Treffen begann, wurden sie von den Sachsen umringt und fast bis auf den letzten Mann niedergehauen. Wer sich retten konnte, floh jedoch nicht in das eigene Lager, von dem sie ausgezogen waren, sondern in das des Grafen Theoderich, das am anderen Berghang lag. Der Verlust der Franken war noch größer, als es der Zahl nach schien, denn die zwei Sendboten Adalgis und Geilo wurden getötet, dazu vier Grafen und von anderen erlauchten Männern an die zwanzig, ganz zu schweigen von all den anderen, die ihnen in den Kampf gefolgt waren und lieber mit ihnen sterben als sie überleben wollten.«

Diese ausführliche, wenige Jahre nach den Ereignissen in die Annalen eingefügte Darstellung widerspricht diametral dem kurzen Text zum Jahr 782, der zwar den Sachsenaufstand erwähnt, aber nur von einem fränkischen Sieg und vielen toten Sachsen spricht, allerdings auch vom Sterben der Gesandten Adalgis und Geilo, die offenbar geachtete Positionen am Königshof innehatten. Diese Widersprüche zwischen Urtext und Ergänzung, zwischen Erstschrift und Berichtigung sind wichtig, weil wir ausschließlich nach fränkischen Quellen Vorgänge zu beurteilen haben, an denen ja auch die Sachsen beteiligt waren. Nur die Widersprüche und Inkongruenzen dieser Quellen geben uns also Hinweise auf Sachverhalte, die offenbar nicht vollständig oder nicht ganz wahrheitsgemäß geschildert wurden. Man muß sogar der Begründung für den isolierten Angriff der Franken mißtrauen; einem mit dem König verwandten Grafen den Ruhm zu mißgönnen, ist doch ein recht gekünstelt anmutendes Argument für eine so folgenschwere Aktion. Die Stelle soll wohl besagen, daß die Franken, wären sie nur der Vernunft gefolgt und hätten zusammengehalten, natürlich gesiegt hätten; nur wegen ihres unüberlegten Ungestüms, nur aus Ruhmsucht hatten sie ein Scharmützel verloren.

Aber die Unsicherheiten gewinnen nun sehr schnell viel größere Bedeutung. Denn nun ist Karl selbst alarmiert, zieht eilends heran und erreicht die Mündung der Aller in die Weser, einen Punkt vierzig Kilometer vor Bremen. Sachsen ist also zur Gänze durchstoßen; Karl bewegt sich mit seinen Truppen auch im aufrührerischen Sachsenland mit voller Souveränität und Selbstverständlichkeit, hatten doch schon die Truppen des Grafen Theoderich im Angesicht Widukinds die Weser überschritten und am rechtsufrigen Süntel Stellung bezogen. Die Franken sind also die Herren der Lage, und es geht nun nicht mehr um einen Frieden und um die Stellung von Geiseln, sondern ganz einfach um ein Strafgericht. Weder die Annalen noch andere zeitgenössische Quellen sprechen von 4500 *Geiseln*, welche die Sachsen hätten stellen müssen, eine so große Zahl widerspräche auch jedem Brauch und aller Wahrscheinlichkeit, müssen Geiseln doch besser behandelt werden als Gefangene.

Tatsächlich sprechen die Quellen auch von *malefactores*, also von Übeltätern, nicht aber von Geiseln. Die Aussagen der entscheidenden Reichsannalen und der sogenannten Einhardannalen, die diese oft ausführlich ergänzen, stimmen jedoch hinsichtlich der Zahl 4500 überein. Die Einhardannalen nennen auch den Ort der Hinrichtung – Verden an der Aller – und präzisieren *omnes una die decollati sunt*: Sie alle wurden an einem einzigen Tag enthauptet.

Es gibt bis zum Abschlachten der deutschen Bauern durch den Truchseß von Waldburg oder der Ausrottung der Bevölkerung von Magdeburg durch den kaiserlichen Feldherrn Tilly keine vergleichbare Untat in der deutschen Geschichte, wobei die späteren Vorgänge noch einigermaßen dem Kriegsgeschehen zuzurechnen sind. Der Tag von Verden aber ist eine eiskalte Massenhinrichtung nach dem Ende aller Kämpfe, vergleichbar nur mit dem Mord an siebenhundert gefangenen Slawen durch Otto den Großen nach der Schlacht an der Recknitz im Jahr 955.

Wenige Ereignisse aus dem Mittelalter haben die Phantasie und das Gedächtnis unseres Volkes so anhaltend beschäftigt, zu so vielen Überlegungen Anlaß gegeben, so aussichtslose Konstruktionen zur Leugnung oder Verkleinerung des Geschehens hervorgebracht. Aus der Gesamtlage zwischen Sachsen und Franken läßt sich begreifen, daß Karl am Ende seiner Geduld war. Er hatte bis zu jenem Jahr 782 das walten lassen, was man vor dem Hintergrund rauher Zeiten Milde nennen durfte. Er hatte immer wieder darüber hinwegsehen müssen, daß die Sachsen Kirchen und Klöster niederbrannten, Mönche und Nonnen töteten, die als Nichtkombattanten auch wehrlos waren, und nun waren auch noch enge Freunde und Vertraute Karls in einem Sachsenaufstand gefallen, nachdem die Sachsen vielfache Friedensschwüre gebrochen hatten.

Daß nun ein Strafgericht stattfinden mußte, lag auf der Hand, aber wen hat es getroffen? In den Jahren nach 1933, als Karl sehr negativ beurteilt wurde und man in Widukind einen zweiten Arminius sah, der das Deutschtum gegen katholische und lateinische Überfremdung bewahren wollte, konnte man mehrfach das Wort vom »Sachsenkarl«, vom »Sachsenschlächter« und dergleichen lesen, und man vernahm die Behauptung, am Tag von Verden sei die Blüte des sächsischen Volkes hingemordet worden. 4500 Adlige habe man einfach deshalb niedergemetzelt, weil sie nicht Christen werden wollten.

Von alldem stimmen nur Ort und Zahl, doch selbst die Zahl wird heute von namhaften Forschern bezweifelt. Denn der sächsische Adel neigte längst den Franken zu. Er hatte seit Jahren Verbindung mit den Städten am Rhein, war sogar Ehen mit Adelstöchtern aus dem Frankenland eingegangen und hatte so manchem fränkischen Herrenhaus Sachsenmädchen aus den vornehmsten Familien zugeführt. Dieser Adel war nicht der Kern des Widerstandes gegen die Franken und schon gar nicht gegen das Christentum, das so mancher sächsische Edelmann schon seiner Frauen und Kinder wegen angenommen hatte oder tolerierte. Die Sachsen, auf die Widukind und Abbio sich stützten, waren Angehörige der Mittel- und Unterschicht, die auch gegen die Wohlhabenden im eigenen Lager mancherlei einzuwenden und im übrigen wenig zu verlieren hatten. Die Aufstände trug jenes kleine Landvolk der armen Freien, das seinem alten Glauben anhing und das Fremde ablehnte, weil man es nicht verstand und seit jeher als feindlich empfunden hatte.

240

Erinnern wir uns an das Leben des heiligen Lebuin, der auf einem sächsischen Reichstag im heutigen Marklohe (Niedersachsen) ebenso von Adligen gerettet wurde wie auch Willibrord auf Helgoland und noch mancher andere. Der Adel mit seinem weiterreichenden Blick war, angezogen von der straffen Feudalstruktur der Franken, gewiß nicht der Hauptgegner Karls. Als der König darum die Auslieferung der Übeltäter (nicht die Stellung von Geiseln) verlangte, war die Macht der sächsischen Adelspartei wohl groß genug, eine stattliche Zahl von halbfreien oder unfreien Sachsen zusammenzubringen, die an den Kämpfen und Überfällen teilgenommen hatten oder dessen verdächtigt werden konnten. Und diese »Übeltäter« – daß es 4500 waren, ist bei insgesamt 500 000 Sachsen zwischen Eder und Nordsee eher unwahrscheinlich – übergab der sächsische Adel bei Verden dem fränkischen Sieger. Seit wenigen Jahren galt das harte fränkische Recht auch bei den Sachsen; bis dahin hatten sie nach altgermanischem Brauch Verbrechen mit Wergeld-Zahlungen oder Verbannung geahndet. Die Auslieferung von Unfreien an die Franken galt für die Sachsen als eine Wergeld-Zahlung, denn Knechte hatten nur Sachwert. Über die Knechte hinaus aber wurden Halbfreie und vielleicht auch kompromittierte Freie an die Franken überstellt, keinesfalls aber 4500 Adlige.

Die zweite Legende in Verbindung mit Verden erzählt, daß die zum Richtplatz geführten Sachsen ihr Leben hätten retten können, wenn sie dem Heidentum abgeschworen hätten, wenn sie sich hätten taufen lassen. Auch davon sagen die Quellen nicht ein Wort. Es ging um einen politischen Vorgang, um die uralte und seit jeher besonders grausame Ahndung jenes Delikts, das die einen Rebellion nennen, die anderen aber Freiheitskampf. Karl der Große brauchte nach fränkischem Recht die Öffentlichkeit nicht zu scheuen. Er mußte die Rebellen, die *malefactores*, die »Übeltäter«, nicht in geheimen Gefängnissen zu Tode foltern und dann auf Geheimfriedhöfen bestatten lassen, wie es heute geschieht. Er ließ die 4500 – wenn es denn so viele waren – auf dem Richtplatz zusammentreiben, wo sich heute der Dom erhebt, und das große Blutbad begann. Die Frage, ob es Henker waren, die sich dieser Aufgabe unterzogen, oder ob Soldaten Karls die Wehrlosen niedermachten, ist sekundär. Die Quellen sagen *decollare*, also enthaupten, und man hätte alle Scharfrichter des Rheinlandes nach Verden bringen müssen, um *una die*, an einem einzigen Tag, das grausige Geschäft zu vollenden. Eher ist wohl anzunehmen, daß die ohnedies anwesenden Soldaten, die ja eben am Süntel eine schwere Niederlage gegen die Sachsen erlitten hatten, diese Aufgabe übernahmen.

Entscheidend ist dies alles nicht mehr; auch das Rätselraten um die Schreibweise der Ziffern in den Annalen und die Überlegungen hinsichtlich der sächsischen Volkszahlen vermögen an der furchtbaren Härte dieses Geschehens nichts zu ändern. Man muß annehmen, daß der Tag von Verden jede sächsische Familie des Weserlandes ein Blutopfer gekostet hat, und damit erklärt sich auch, daß die Massenhinrichtung von Verden den Sachsenkrieg nicht etwa beendete, sondern im Gegenteil neu aufflammen ließ. Nun war der Konflikt kein schwelendes Unbehagen mehr, dem man in gelegentlichen Aktionen Luft machte, nun war altgermanischer Rachedurst geweckt. Die Franken hatten tausendfache Blutschuld auf sich geladen und tausende Familien waren aufgerufen, diese Rache zu vollziehen. Der Tag von Verden hat die Christianisierung der Sachsen keineswegs gefördert, sondern im Gegenteil um Jahre hinausgeschoben und sowohl den milden König als auch seinen milden Gott unglaubwürdig gemacht – zumindest für die Sachsen ...

Widukind in Attigny

Nach dem großen Morden von Verden spricht der uns unbekannte Verfasser der Reichsannalen nicht mehr von einem milden König. Er sagt nur, kurz und neutral: »Nachdem dies alles zu Ende war, kehrte der genannte König nach Francien zurück. Und er feierte Weihnachten auf dem Hofgut Diedenhofen [Lothringen] und Ostern [23. März 783] ebenso.«

Die Sachsen waren nicht für ihre Götter gestorben, sondern für ihre Freiheit, für ihr Land und die Fortdauer des altsächsischen Lebens, in dem freilich Herkommen und Religion zentrale Rollen spielten. Karl jedoch fehlte es unter seinen Paladinen nicht an Prälaten, die sein Gewissen beruhigten, falls es sich regte, die ihm die Erinnerung an die viereinhalbtausend Toten vertreiben halfen und von denen einige ganz gewiß der Meinung waren, tote Heiden seien die besten Heiden. Was dann 783 nach dem Osterfest im milden lothringischen Thionville geschah, mochte dem König allerdings Zweifel einflößen, ob der Allmächtige tatsächlich mit dem blutigen Tag von Verden an der Aller einverstanden war. Denn im Frühjahr, vier Wochen nach Ostern, starb Königin Hildegard, eine Frau, an der Karl mit großer Liebe gehangen hatte. Sie war erst vierzehn gewesen, als er sie, die Tochter aus altem schwäbischen Herzogsgeschlecht, zu seiner zweiten Frau gemacht hatte, und sie war gerade fünfundzwanzig, als der Tod sie ihm entriß. Als Freundin der heiligen Lioba und Mutter Ludwigs des Frommen wird sie heute ihrerseits als Heilige verehrt, gilt als Patronin der Kranken und hat ihr Fest am 30. April. Karl ließ sie in Sankt Arnulf zu Metz beisetzen und hatte sich von diesem schweren Schlag kaum erholt, als auch seine Mutter starb: Königin Bertrada. Sie hatte auf die Regierungsgeschäfte keinen Einfluß mehr genommen, sich aber doch als Beraterin ihrer noch sehr jungen Söhne in den ersten Jahren der Herrschaft große Verdienste erworben. Sie starb am 12. Juli 783 und wurde in Saint-Denis bei Paris beigesetzt. Im Gegensatz zu Hildegard, der Gemahlin, wurde Bertrada, die Mutter des Königs, der soviel für die Ausbreitung des Christentums tat, nicht heiliggesprochen, aber ihr Bild findet sich an nicht wenigen französischen, insbesondere burgundischen, Kirchen als *Reine pedauque*, die Königin mit dem Schwanenfuß, auch *Berthe au grand Pied* genannt. Die Tochter eines Grafen von Laon soll nämlich nach der Sage sehr schön und nur durch jenen Schwanenfuß verunstaltet gewesen sein: die einzige Erinnerung an ihre angebliche Herkunft aus dem germanischen Götterhimmel, zu dessen Schwanenjungfrauen sie gehört haben soll. Eine böse Hofmeisterin bestach einige Knechte, die Bertrada auf dem Weg zu ihrem königlichen Gemahl Pippin entführten, aber nicht töteten (wie es ihnen befohlen worden war). So vermochte König Pippin sie später in einer Mühle im Wald wiederzufinden und zu seiner Frau zu machen. Diese genealogische Legende sollte betonen, daß Karl nicht nur fränkisch-christlichen, sondern auch germanisch-heidnischen Ursprungs war, so daß sich in ihm, dem großen Schöpfer jenes Reiches, das man später als »Heiliges Römisches Reich Deutscher Nation« bezeichnen sollte, das fränkisch-christliche und das sächsisch-heidnische Element vereinigten. Nur daß sich der wichtigste rechtsrheinische Partner, die Sachsen, dem fränkischen Liebeswerben noch entzogen, ja ihm ablehnender gegenüberstanden als je zuvor.

Trotz des Blutbades von Verden darf man sicher sein, daß Karl die Sachsen weder haßte noch gar verachtete, daß er tatsächlich um sie warb, ihnen eine ebenbürtige Mitgliedschaft in seinem Vielvölkerreich anbot und sie zum Beispiel grundsätzlich anders sah als etwa die Awaren oder die Slawen. Es war zweifellos nur mit seiner Billigung möglich gewesen, daß große fränkische Familien sich mit dem sächsischen Adel verbanden, der höchstens in erster Generation christlich war. Zwar sind entsprechende Hinweise dürftig und geben nicht viel mehr als die Namen, aber wir wissen aus verschiedenen Bemerkungen in Viten und Annalen, daß der Sachsenführer Hassio, auch Hessi geschrieben, seine Tochter namens Gisla dem fränkischen Grafen Unwan zur Frau gegeben hatte, und Hassio war immerhin zweimal als Anführer von Aufständen genannt worden. Gisla gründete übrigens später ein Kloster am Main. Umgekehrt war der sächsische Graf Egbert mit einem fränkischen Mädchen namens Ida vermählt, das aus adeliger Familie stammte. Warin von Corvey, 826 schon Abt eines wichtigen Klosters im Sachsenland, war der Sohn einer fränkisch-sächsischen Adels-Ehe, die demnach in den neunziger Jahren des achten Jahrhunderts, vielleicht sogar schon früher, geschlossen worden war. Die Kaiserin Judith, zweite Gemahlin Ludwigs des Frommen, hatte einen schwäbisch-bayerischen Grafen Wel zum Vater, aber eine sächsische Mutter namens Eilwig. Man sieht also: Sachsenblut floß selbst in den Adern des fränkischen Hochadels – es gab also keine Ächtung, nicht einmal in Kriegszeiten. Karl selbst hatte neben seinen vier Ehefrauen verschiedene Mätressen, wenn sein Biograph Einhard auch Wert darauf legt, festzustellen, daß er sich diesen erst zuwandte, als Liutgard, seine vierte Gemahlin, gestorben war. Eine dieser drei Bettgenossinnen war die Sächsin Gerswind, die ihm eine Tochter namens Adaltrud gebar – eine Episode in seinem Leben, die bekanntlich Gerhart Hauptmann zu seinem Schlüsselstück *Kaiser Karls Geisel* anregte (er sah sich selbst als Karl, die junge Schauspielerin Ida Orloff aber als Gerswind, weswegen sie die Rolle auch kreierte . . .).

Nein, die Sachsen mußten, sofern sie nur ihre große Feindschaft begruben, keineswegs mit der Fortdauer der Gegensätze rechnen. Es ist einer der überzeugendsten Beweise für Karls eigenen Welt-herrschaftsanspruch, daß er sich von vornherein als Vater der europäischen Völkerfamilie ansah, daß er die Klagen der Mittel-meerschiffer gegen die sarazenischen Seeräuber ebenso zu seiner Sache machte wie den Überfall eines Sachsentrupps auf ein paar Mönche vom Kloster Fulda. Seit der Spätzeit Roms, seit dem gewaltigen Römerreich, das von Britannien bis an den Persischen Golf reichte, hatte es solch eine Vaterfigur, solch einen patriarchali-schen Anspruch nicht mehr gegeben. Aber da die ganze Welt eben von Rom wußte, ja, da dieses versunkene große Römerreich durch seine Straßen, seine Gesetze, seine Sprache und Institutionen noch viel gegenwärtiger war als all die mittelalterlichen Staatengebilde, die sich erst konsolidieren mußten, war auch Karls des Großen europäisches Reich kein Novum und keine Utopie, keine Zumu-tung für die Völker und keine Usurpation durch einen einzelnen. Es war in gewissem Sinn die Einlösung eines Versprechens und die Erfüllung einer Hoffnung, die seit dem Ende der *Pax Romana* allen Völkern gemeinsam gewesen und erhalten geblieben war.

Nicht nur in seiner eigenen Familie hatte Karl Schicksalsschläge zu ertragen, die er wohl dem Unwillen Gottes zuschrieb, sondern auch die Elemente bereiteten ihm Schwierigkeiten, wie er sie bis dahin auf seinen Feldzügen gegen die Sachsen nicht hatte hinneh-men müssen.

Karl hatte nicht lange nach dem Tod seiner Mutter (und noch im Todesjahr seiner Frau Hildegard) abermals geheiratet, nämlich Fastrada, die Tochter des ostfränkischen Grafen Radolf, eine schöne Frau, an der Karl jedoch in den darauffolgenden Jahren nicht allzuviel Freude haben sollte. Sie verband sich nämlich mit ihrem Stiefsohn Pippin zu einem Aufruhr gegen den großen König und beendete schon elf Jahre nach der Hochzeit ihre Tage im Kloster. Die Sachsen gönnten dem jungen Paar keinen Frieden, sondern erhoben sich im Jahre 784, diesmal zusammen mit den Friesen, die ihnen die rechte Flanke deckten und gegen die bereits christianisierten südlichen Niederlande vordrangen.

Seit Verden zur Härte entschlossen, begnügte sich König Karl nicht mehr mit einem Vorstoß ins Herz des Sachsenlandes, um dort mit den Adligen einen Frieden auszuhandeln: »König Karl überschritt auf seinem Zug den Rhein bei Lippham und drang umherziehend und verheerend in Sachsen ein, bis er nach Hockeleve [Petershagen] gelangte. Dort entschloß er sich der großen Überschwemmung wegen zu einer Schwenkung und drang, durch Thüringen marschierend, bei den Ostfalen ein, während sein Sohn Karl mit einem anderen Heerbann gegen die Westfalen zog. König Karl gelangte durch Thüringen an die Elbe und von dort nach Steinfurt und Schöningen. Dort kam es zu Verhandlungen, und König Karl kehrte ruhmreich nach Francien zurück.«

Neu ist das Verheeren; die fränkischen Truppen sengen und brennen in einem Land, das nach der Auffassung ihres Königs und nach den Beschlüssen der Reichstage längst Karl untertan ist, und nur ausgedehnte Überschwemmungen retten die Sachsen.

Die zweite Heeressäule marschierte gegen die Westfalen, die hartnäckigsten Anhänger Widukinds, und es überrascht ein wenig, daß Karl diesen geographisch einfacheren, aber militärisch gefährlicheren Zug unter das Oberkommando seines Sohnes stellte. Es muß sich indes um ein nominelles Kommando gehandelt haben, denn Karls gleichnamiger Sohn war im heutigen Sinn noch als Knabe anzusehen, er stand, wenn die Isenburgschen Tafeln die Wahrheit sagen, erst im dreizehnten Lebensjahr:

»Die Westfalen aber wollten sich an der Lippe sammeln. Als das der Sohn König Karls hörte, trat er ihnen mit der Schar, die mit ihm ausgesandt worden war, im Dreingau entgegen, und sie begannen den Kampf. Mit Gottes Hilfe blieb Karl, der Sohn des großen Königs, Sieger mit den Franken, und viele Sachsen wurden getötet. Nach Gottes Willen kehrte er unversehrt zu seinem Vater in die Stadt Worms zurück. Dort beschlossen die Franken gemeinsam, König Karl sollte im Winter noch einmal gegen die Sachsen ziehen, und das geschah so. Und König Karl feierte Weihnachten bei Schieder im Weißgau an der Emmer, in dem Gutshof Lügde. Und die Jahreszahl änderte sich in 785.«

In jenen Zeiten, da die von den Römern angelegten Straßen schon verfallen waren und auch ihre Bettung sich auflöste, behinderte vor allem der tiefe Grund, der morastige Boden in den mittel- und norddeutschen Wäldern jede Bewegung größerer militärischer Einheiten. Angesichts der Überschwemmungen, auf die das Frankenheer gestoßen war, beschloß man, in der Hoffnung auf gefrorenen Boden und feste Wegstrecken, einen Winterfeldzug. Aber es sollte sich zeigen, daß ein milder Winter noch schlechtere Verhältnisse schaffen konnte als ein regenreicher Sommer:

»In diesem Jahr gelangte König Karl auf seinem Zug nach Rehme bei der Mündung der Werne an die Weser. Wegen der großen Überschwemmungen kehrte er von dort auf die Eresburg zurück und ließ seine Frau, Königin Fastrada, mit seinen Söhnen und Töchtern zu sich kommen. Dort blieb er den ganzen Winter und dort feierte der genannte hervorragende König Ostern [3. April 785]. Und während er hier weilte, schickte er vielfach Scharen ab und unternahm auch selbst einen Zug: er ließ die aufständischen Sachsen ausplündern [!], eroberte ihre Burgen, drang in ihre Befestigungen ein und säuberte die Straßen, bis der passende Zeitpunkt da war. Die Reichsversammlung hielt er in Paderborn, und von hier aus durchzog er ganz Sachsen, wohin er wollte, auf offenen Wegen, ohne auf Widerstand zu stoßen.«

Diese Stelle und die folgenden Zeilen deuten darauf hin, daß mit dem Blutgericht von Verden doch eine Art Schockwirkung verbunden gewesen sein muß. Zwar gab es gewiß keine 4500 Rädelsführer, und vielleicht wurden von den Sachsen selbst überhaupt nur einige hundert Knechte an die Franken ausgeliefert, die anderen Toten wären dann Kriegsgefangene aus den vorangegangenen Kämpfen gewesen. Aber daß an jenem Tag von Verden sehr viel Blut geflossen ist, geht doch mit größter Wahrscheinlichkeit daraus hervor, daß sowohl Karl als auch Widukind nun Dinge tun, die sie bis dahin nie getan haben: Karl entsendet Boten zu Widukind und Abbio, das heißt: Er will sie sehen und· sprechen, nicht mehr bekriegen. Und die beiden Sachsenführer fliehen auch nicht zu den Dänen oder bleiben nicht dort, sondern antworten auf die Botschaft des Königs und erklären sich bereit, zu kommen, wenn für ihre Sicherheit und Freiheit Geiseln gestellt werden.

Dies ist ebenso überraschend wie die Tatsache, daß Karl, der Sieger, auf eine Forderung eingeht, die aus seiner Sicht von zwei Rebellen kommt:

»König Karl kehrte nach Francien zurück und übersandte dem genannten Widukind sowie auch Abbio durch seinen Botschafter Amalwin Geiseln. Nach Empfang der Geiseln folgten Widukind und Abbio den königlichen Boten und kamen nach *Attiniacum Villa* zu König Karl. Dort wurden Widukind und Abbio mit ihren Genossen getauft, und damit war nun ganz Sachsen unterworfen. Und auf diesem Gutshof feierte der oftgenannte ruhmreiche König Weihnachten und Ostern [23. April 786] ebenfalls.«

Attigny, im Mittelalter auch noch Attinach genannt, war eine fränkische Königspfalz, die schon unter den Merowingern wiederholt erwähnt wird. Vor der Gabelung der großen Römerstraßen Reims–Köln und Reims–Mainz gelegen, war Attigny in den Ardennen relativ häufig Ort von Besprechungen, Entscheidungen oder ganz allgemein geschichtlichen Akten wie eben der Taufe Widukinds und seiner Mitstreiter im Winter 785/86. Erstaunlich an dem Bericht, der doch zweifellos einige Jahre nach den Ereignissen niedergeschrieben wurde, ist die hoffnungsvolle Feststellung, mit der Taufe beider sei der Sachsenkrieg zu Ende. Die weitere Entwicklung sollte nämlich sehr bald zeigen, daß Widukind als ein echter und verantwortungsvoller Führer nichts anderes im Sinn gehabt hatte, als sein Volk vor weiteren Blutopfern zu bewahren und den Blutrausch der im Augenblick übermächtigen Franken abklingen zu lassen. Dafür scheute er sich nicht einmal, die Taufe zu nehmen.

Karl scheint zu urteilen wie seine Chronisten: Mit der Taufe des Erzrebellen müsse doch wohl der Sachsenkrieg zu Ende sein, der damit aus Karls Sicht als ein Religionskrieg erscheint. Aber führte nicht auch der fromme Tassilo von Bayern seit Jahren mit allen Winkelzügen und beträchtlicher Zähigkeit Krieg gegen die Franken? Karl jedenfalls fühlte sich sicher; er entsandte seine Truppen in den äußersten Westen Franciens, dorthin, wo die aus England vertriebenen Kelten vor Angeln und Sachsen Zuflucht gefunden hatten. Das ist die Bretagne, in den Reichsannalen das »diesseits des Meeres gelegene Britenland« genannt: ein Beweis dafür, daß

man Westengland und Bretagne noch als zusammengehörig empfand. Karls Seneschall Andulf unterwarf die Festlandsbriten sehr
schnell, so daß Karl im Winter 786/87 Frieden hatte und einen
Romzug beschloß.

Auch dieser war natürlich keine bloße Pilgerfahrt. Die betroffenen Fürsten von Bayern und der Lombardei begriffen dies ebenso
schnell wie der Papst selbst, der Tassilo streng ermahnte, ja ihn mit
dem Bann belegte und Karl von allen Sünden freisprach, die im
Kampf gegen die unbotmäßigen Bayern unvermeidbar seien. In
dieser angenehmen Erwartung »kam dieser milde König zu seiner
Gemahlin, der Königin Fastrada nach Worms, wo sie sich aneinander erfreuten und ergötzten und Gottes Erbarmen priesen«.

Fastrada und Karl selbst zeigten freilich wenig Erbarmen. Die
Rebellen aus der Bretagne und aus Bayern fanden zum Teil den
Tod, andere wurden keineswegs nur geschoren und in Klöster
gesteckt, wie die Reichsannalen zurückhaltend ausführen, sondern geblendet, weswegen wir auch auf den Darstellungen des
standhaften Bayernherzogs Tassilo immer wieder einen dem verwirrten König Lear ähnelnden blinden Greis sehen. Niemand
denkt mehr daran, daß er ein Enkel Karl Martells ist wie Karl der
Große auch! Karl hat mit den Bayern sichtlich keine Geduld mehr.
Sie sind längst Christen, er kann also nicht so hart gegen sie
vorgehen wie gegen die Sachsen oder die Slawen, aber er kann ihr
unzuverlässiges Herrscherhaus bestrafen, und das tut er auch.
Aber ihn interessieren längst andere Aufgaben. Seine Kriegszüge
in Sachsen und Bayern, in Thüringen und Norditalien haben ihm
gezeigt, daß sein großes Land vor allem östlich der Weser und
nördlich der Donau noch sehr schwer passierbar ist; hier fehlen die
Römerstraßen . . .

Karl ließ im Jahr 789 zwei Brücken über die Elbe schlagen, eine
davon in schwierigem Gelände, so daß sie besondere Befestigungen aus Holz, Faschinen und Erde brauchte. Eine ungleich größere
und schwierigere Aufgabe aber nahm er in Angriff, als ihm klar
wurde, daß man zwischen Main und Donau einen Kanal bauen
könne, der Nordsee und Schwarzes Meer miteinander verbände –
eine Wasserstraße quer durch Europa, der damals ungleich größere Bedeutung zukam als heute. Gab es doch außer dem Wassertransport überhaupt keine Möglichkeit, Massengüter zu befördern.

»König Karl war von etlichen, welche die Sache zu verstehen
behaupteten, überzeugt worden, daß, wenn zwischen Rednitz

und Altmühl ein schiffbarer Graben gezogen würde, man ganz bequem von der Donau in den Rhein fahren könnte, da der eine von jenen Flüssen in die Donau, der andere aber in den Main mündet. Darum begab er sich sogleich mit seinem ganzen Gefolge in die Gegend, ließ eine große Menge Menschen dorthin kommen und den ganzen Herbst hindurch an dem Graben arbeiten. Dieser wurde also zwischen den beiden genannten Flüssen gezogen, zweitausend Schritte lang und dreihundert Fuß breit, es war jedoch umsonst. Denn bei dem anhaltenden Regen, und da das sumpfige Erdreich schon von Natur zuviel Nässe hatte, konnte das Werk keinen Halt und keinen Bestand gewinnen, sondern wieviel Erde auch bei Tag von den Grabenden herausgeschafft wurde, soviel setzte sich wieder bei Nacht, indem die Erde wieder an ihre alte Stelle einsank.«

Mit ein wenig Zement hätte König Karl damals so ein Jahrhundertbauwerk vollbringen und seinen Nachfahren in Franken und Bayern viel Ärger ersparen können. Ganz damit beschäftigt, hatte er die Sachsen aus den Augen verloren. Mag sein, daß er ihnen auch wegen der ständigen Schwierigkeiten im Südosten und Südwesten seines Reiches nicht die nötige Aufmerksamkeit schenkte. Doch nun erhob sich das unterdrückte Volk, das in den vergangenen Jahren gegen Slawen, Awaren und Bayern gekämpft und dabei manches gelernt hatte, erhob sich, um Rache für Verden zu nehmen und weil man dank der widerwilligen Heeresfolge nun immerhin gesehen hatte, daß man im Kampf gegen König Karl keineswegs allein stand:

»Während der König mit dieser Arbeit [dem Rhein-Main-Donau-Kanal] beschäftigt war, trafen aus verschiedenen Landesteilen zwei sehr üble Nachrichten ein. Die eine betraf die allgemeine Empörung der Sachsen, die andere besagte, die Sarazenen [Mauren] seien in Septimanien [Languedoc] eingefallen, hätten der Grenzbesatzung und den Grafen ein Treffen geliefert, in dem viele Franken erschlagen wurden, und seien dann siegreich in ihr Land [nach Katalonien] zurückgekehrt.«

Die wohl nicht zufällige Gleichzeitigkeit dieser Angriffe auf König Karl hat zu der Vermutung Anlaß gegeben, daß sich Karls Gegner abgesprochen hätten. Es gibt dafür – wie überhaupt von sächsischer Seite – keine Belege, dennoch ist es wahrscheinlich, daß es so war. Die Sachsen hatten zum Beispiel gegen die Awaren nur gezwungenermaßen Waffenhilfe geleistet, waren dabei mit ihnen in Berührung gekommen und konnten erste Kontakte knüpfen. Die Sarazenen wiederum, die damals Spanien bis zu den Pyrenäen beherrschenden Araber, waren zwar in verschiedene Teilfürstentümer oder Emirate zerfallen, aber deren Bündnisse unter- und gegeneinander wechselten ständig. Erbfolge und Thronraub schufen oft sehr schnell neue Verhältnisse, und es konnte durchaus sein, daß eine der Sarazenengesandtschaften, die Karl im sächsischen Vorfeld empfing und die zugleich mit sächsischen Gesandten an Reichstagen teilnahm, geheime Absprachen gegen Karl traf. In dieser Hinsicht war dieser letzte und größte Sachsenaufstand der gefährlichste, und er gewann seine besondere Stoßkraft aus dem Nachrücken einer neuen Generation. Die Väter waren von Karl geschlagen worden; Tausende von ihnen waren in den Kämpfen gefallen, Tausende auf dem Richtplatz von Verden an der Aller abgeschlachtet worden. Als Bundesgenossen der Franken, mit ihrer Kampfesweise vertraut, als Hilfstruppen Karls durch ganz Europa gezogen, richteten die jungen Sachsen der nördlichsten und nordöstlichen Gaue jetzt Schwert und Speer gegen den großen Bedrücker, den Mörder ihrer Väter. »Sie kehrten«, sagen die Lorscher Annalen, »zum Heidentum zurück, dem sie vordem abgeschworen hatten; sie verließen das Christentum und verbündeten sich mit den anderen heidnischen Völkern im Umkreis. Sogar zu den Avaren entsandten sie Boten, und sie erkühnten sich zu rebellieren – vorerst gegen Gott, dann aber auch gegen den König und die Christen überhaupt. Alle Kirchen in ihrem Lande verwüsteten sie durch Niederreissung und Brand, verjagten die über sie gesetzten Bischöfe und Priester, ja sie ergriffen einige von ihnen, töteten andere und wandten sich vollständig wiederum dem Götzendienst zu.«

Damit begannen die letzten zwölf Jahre des großen Ringens um die Freiheit der Sachsen, das auch ein Ringen um die alte Religion war. Vielleicht sollte und dürfte man sagen: daß dies, angesichts der tiefen Enttäuschungen, die ein christlicher König mit seinen durchwegs christlichen Streitern für das Sachsenvolk gebracht hatte, ein Ringen um die alte Religion werden mußte. Die Sachsen lebten nicht in Städten, sondern in Dörfern, und sie existierten aus ihren Sippen und Sippenverbänden heraus, in denen Einzel-Unglück schnell und zwangsläufig zu gemeinsamem Unglück, zu gemeinsamer Schmach wurde. Was einem Sachsenstamm, ja einem Stammesteil angetan wurde, das erfuhr und erlebte das ganze

Volk auf eine Weise, die mit unserer heutigen flüchtigen, ja oft gelangweilten Anteilnahme am Unglück anderer keineswegs zu vergleichen ist. Das muß man bedenken, um die unbeugsame Haltung der Sachsen besser zu verstehen. Gewiß waren damals die Franken der weltoffenste Teil der Deutschen. Aber ehe wir über die Sachsen den Stab brechen, sollten wir überlegen und registrieren, wie sich in ähnlicher Situation noch heute, zwölfhundert Jahre später, europäische und außereuropäische Völker verhalten: die Nordiren, die Basken, die Kurden und viele andere.

Was all diese verhältnismäßig kleinen Gruppen gegen die herrschenden Völker und deren militärische Macht auf Dauer in den entscheidenden Nachteil setzt, ist die Unmöglichkeit, sich im geheimen, in der Abgeschiedenheit des Widerstands, eine wirtschaftliche Basis aufzubauen. Als Karl der Große in den bewegten Jahren des letzten Sachsenaufstandes auch gegen die Bretonen kämpfen mußte, ließ er nach der Niederwerfung dieses tapferen Seevolkes die eingebrachten Waffen kennzeichnen und mit den Namen der Besitzer versehen. Ähnlich war es auch im Sachsenland: Zu jedem Speer gehörte ein Mann, es gab keine Ressourcen, keine Arsenale, man kämpfte mit dem Rücken zur See, und wenn Karl die Küste erreichte, waren die Sachsen geteilt, war ihr Land zerschnitten:

»Ein Heereszug wurde nach Sachsen unternommen«, berichten die Reichsannalen auch für das Jahr 797, »und man zog bis zum Meer über lauter Sümpfe und unwegsames Land. Und nach der Rückkehr von Hadeln [dem Land zwischen Medem und Elbmündung] nahm er die Unterwerfung des ganzen Sachsenvolkes durch Geiseln an und kehrte über den Rhein nach Gallien zurück.«

Die Sümpfe und andere Terrainschwierigkeiten hatten den Sachsen also nicht geholfen. Auch die schnellen Sachsensiege über die von Karl zu Hilfe gerufenen Ostseeslawen brachten nur vorübergehend Erleichterung (den Obotritenkönig Witzin hatten die Sachsen schon bei seinem Elbübergang nach Westen angegriffen und getötet). Dennoch gaben die Sachsen nicht auf. Die zunächst betroffenen Stammesteile unterwarfen sich und stellten Geiseln – wie die Quellen andeuten: Sachsen, die von den Führern des Aufstands ohnedies als ehrlos eingestuft wurden. Damit war für die Franken im Augenblick der Feldzug zu Ende. Im nächsten Frühjahr aber brachen die Sachsen wiederum aus ihrem unwegsamen Land hervor:

»Aber gerade in der Osterzeit [798] machten die Nordleute jenseits der Elbe einen Aufstand und nahmen die Gesandten des Königs fest, die sich damals bei ihnen aufhielten, um sich Genugtuung geben zu lassen, und während sie einige von ihnen sofort erschlugen, behielten sie die andern für den Loskauf zurück. Von diesen retteten sich einige durch die Flucht, die übrigen wurden losgekauft. Der König sammelte sein Heer und zog von Herstelle [Kreis Höxter, an der Weser] nach Minden. Nachdem dort eine Beratung stattgefunden hatte, ergriff er die Waffen gegen die Empörer und durchzog verheerend das ganze Sachsenland zwischen Weser und Elbe. Die Nordleute, die sich in einen Kampf gegen den Obotritenfürsten Thrasuco und unseren Königsboten Eburisus einließen, wurden geschlagen. Es fielen von ihnen auf dem Schlachtfeld viertausend, die übrigen flohen und retteten sich, indem sie Friedensverhandlungen anknüpften.«

Der Krieg nicht gerade an allen, aber doch sehr oft an verschiedenen Fronten war für den großen König ein so vertrautes Dasein, daß er auch aus dem primitivsten Feldlager mitten im Sachsenland gelehrte Briefe mit seinem spitzfindigen Freund und Kultusminister Alkuin wechselte, Gesandtschaften aus Italien und Spanien empfing, kurz, alle Regierungsgeschäfte weiterführte, als wäre tiefster Friede.

Das war es auch, was die Sachsen schließlich zum Nachgeben zwang: Der Krieg wurde auf ihrem Territorium geführt, in ihren Dörfern, die immer wieder geplündert und verheert wurden, so daß es Jahr um Jahr immer mehr an Nahrungsmitteln fehlte. Die Franken hingegen stützten sich auf die friedlichen deutschen Rheinlande und auf das große Gallien, das nur in seinem äußersten Westen – der Bretagne – und im septimanischen Zipfel, in dem Land zwischen Perpignan und den Pyrenäenpässen, bedroht oder zeitweise unruhig war. In seinem Sohn Karl und einem offenbar verwandten Grafen namens Theoderich hatte der König tapfere Sachsenkämpfer zur Verfügung, die inzwischen auch die Rebellen und deren Kriegführung gut kannten; ja, Graf Theoderich hatte sogar schon Sachsen in den Kampf geführt, und zwar gegen die Awaren, war aber später auch selbst wieder von ihnen geschlagen worden.

Immerhin brauchte der König Karl sich nicht ständig selbst mit den Sachsen zu beschäftigen, deren Kämpfer zwar jung und mutig, deren Anführer inzwischen aber auch alt geworden waren.

Karl zog nach Italien, wo der Papst wieder einmal Schwierigkeiten hatte, und wurde, wie man weiß, Weihnachten 800 zum Kaiser gekrönt: »Und nach den lauten Beifallsrufen wurde er vom Papst nach der Sitte der alten Kaiser durch Kniefall geehrt und fortan, unter Weglassung des Titels Patricius, Kaiser und Augustus genannt.« Der in Rom vorher bei einem Attentat schwer verletzte und wegen seines Lebenswandels in weiten Kreisen unbeliebte Papst war bis nach Paderborn, also an die Sachsengrenze, in den Schutz der fränkischen Waffen geflohen, und daß er nun, nach einem Reinigungseid, seinen Retter zum Kaiser krönte, blieb – mit Karl offenbar nicht abgesprochen – eine der großen Stunden europäischer Geschichte. Die alte imperiale Idee der Römerkaiser war durch den Statthalter Christi auf Erden in ein neues Zeitalter herübergerettet, und dies für immerhin tausend Jahre ...

Ganz so, als sei es eines Kaisers unwürdig, sich noch mit den provinziellen Querelen des Sachsenlandes abzugeben, interessiert sich Karl fortan für die Weltpolitik und für exotische Geschenke aus fernen Ländern, so daß selbst die Reichsannalen nun eine besonders bunte Färbung annehmen und aus ihrem bis dahin etwas einförmigen Trott geraten. Gesandte des Kalifen Harun ar-Raschid treffen mit Karl in Norditalien zusammen; ein Jude namens Isaak, offenbar ein erfahrener Reisender und guter Organisator, schafft einen Elefanten aus dem indischen Raum heran, bringt das Schiff mit dem großen Tier wohlbehalten nach Porto Venere und überquert mit dem Dickhäuter die Alpen, so daß er ihn und andere Geschenke am 20. Juli 802 in Aachen übergeben kann.

Einem großen Erdbeben im Raum Spoleto und der danach ausbrechenden Pest glücklich entronnen, denkt Karl nicht daran, persönlich gegen die letzten noch unbotmäßigen Sachsen zu ziehen, sondern entsendet Sachsen gegen Sachsen, als jenseits der Elbe noch immer keine Ruhe einkehren will.

Im Jahr 803 bebt auch in der Pfalz die Erde, und die nicht beerdigten Toten lösen auch hier eine gefährliche Seuche aus. Erst 804 ist in den Reichsannalen wieder von den Sachsen die Rede, und es scheint, daß Karl nun stark genug war und auch politisch alles so weit geordnet hatte, daß er das Sachsenproblem ein für allemal lösen konnte. Er traf sich mit dem Dänenkönig Gotfrid (Göttrick) in der Gegend von Schleswig, wo eben der erste große Wikinger-Handelsplatz im Entstehen war. Gotfrid hatte ein so schlechtes Gewissen, daß er im Schutz seiner Flotte und seiner Ritterschaft beträchtlichen Abstand von Karl hielt, der sein Lager in Hollenstedt an der Elbe bezogen hatte. Die Verhandlungen gingen auf ziemlich umständliche Weise durch Boten vor sich, wobei Karl vor allem die Überläufer haben wollte, also die Auslieferung jener Sachsen verlangte, die zu den Dänen geflüchtet waren. Ob er damit Erfolg hatte, sagen die Annalen nicht. Immerhin mag Gotfrid geschworen haben, sich künftig jeder Parteinahme zu enthalten, denn die ganze Situation läßt erkennen, daß Karl ihm die aussichtslose Lage der Sachsen und damit die Gefahren einer weiteren dänisch-sächsischen Bundesgenossenschaft klargemacht hat.

Durch die Verhandlungen von Schleswig hat Karl dann den Rücken frei für jene zweite Säuberung, die an Grausamkeit dem Tag von Verden nur wenig nachsteht: »Im Sommer [804] zog Kaiser Karl mit einem Heer nach Sachsen und führte alle Sachsen, welche jenseits der Elbe und in Wihmuodi [im Gau rund um Bremen] wohnten, mit Weib und Kind ins Frankenland ab und gab die ostelbischen Gaue den [slawischen] Obotriten.« Einhard, Karls Geheimschreiber, ergänzt diese Mitteilung durch die Zahl 10000; andere Quellen behaupten, neben diesen Verpflanzungen sei es auch zu »gründlicher Ausrottung« gekommen. Die Deportierten wurden auf so viele Dörfer Galliens und des westlichen und südlichen Deutschlands verteilt, daß es einen künftigen sächsischen Zusammenhalt nicht mehr geben konnte.

Diese Verpflanzungen erfolgten ohne genauere Erkundungen; sie trafen weder nur die Heiden noch nur die Rebellen, und die wenigen zufällig erhaltenen Urkunden über diesen gewaltsamen Vorgang zeigen uns, daß damals im Namen des Christentums und des Kampfes gegen den heidnischen Götzendienst auch christlichen Familien tiefes Leid zugefügt wurde. Wir besitzen die Eingabe einer christlichen Sachsenfamilie, die wegen ihrer Religion von den heidnischen Stammesbrüdern verfolgt, drangsaliert und ausgeplündert worden war und die, nach dem Ende der Sachsenkriege, nicht etwa belohnt, sondern zusammen mit den anderen deportiert wurde. Es heißt in diesem an Ludwig den Frommen, einen Sohn Kaiser Karls, gerichteten Dokument:

»Und damals wurden mit den anderen auch mein Vater und meine Mutter weggeführt. Als sie nach ihrer Wegführung, weggerissen von ihrem eigenen Boden, schon lange in der Verbannung gelebt hatten, starb mein Vater. Übrig blieben nur meine Mutter, ich und meine Schwester. Noch leben wir drei durch Gottes

Erbarmen, aber zu unserem väterlichen Erbe sind wir nicht gekommen. Deshalb, frömmster Kaiser, der Ihr alle Armen und auch alle Hilfsbedürftigen mit Eurer Gnade und Hilfe auszeichnet, laßt auch uns, die des väterlichen Erbteils beraubten, auf diese Bitte hin eine Hilfe angedeihen und geruhet, wenigstens durch Eure Getreuen feststellen zu lassen, ob jenes Erbe uns zusteht oder nicht. Denn noch können viele Zeugen aus jenen Gauen vernommen werden, welche davon wohl wissen und imstande sein werden, die Wahrheit ans Licht zu bringen, o mildester und erlauchtester Kaiser.«

Aus anderen Akten sind Fristen bis zu fünfzehn Jahren bekanntgeworden, die verstrichen, ehe die Vertriebenen zu ihrem Erbgut oder ihrem früheren Besitz kamen. Mühlbacher, dem wir diesen Text verdanken, knüpft an die zwei Verordnungen, die Ludwig der Fromme zu diesem Problem erließ, die Vermutung, daß hier der Sohn viel Unrecht gutzumachen versuchte, das seinem Vater im Alter zwar wohl noch bekannt wurde, ihn aber nicht sonderlich interessierte. Er hatte sich schließlich ein Leben lang mit den Sachsen herumgeschlagen, und wenn dann betrügerische fränkische Beamte oder auch Krieger sich Land aneigneten, so war dies für ihn noch nicht unbedingt ein Grund, die Vorgänge zu verfolgen. Es scheint, daß unter Ludwig dem Frommen sehr viele sächsische Familien eine Art Wiedergutmachung erhielten, und vermutlich stehen auch die großen Stiftungen, die sächsische Grundbesitzer zugunsten von Klostergründungen und Kirchenbauten erließen, nicht selten in einem engen Zusammenhang mit diesen Prozessen und Erstattungen. Denn wer, wenn nicht Geistliche, sollte jene kunstvollen Eingaben für die sächsischen Freien geschrieben haben?

Man kann ein Volk besiegen, aber kein Friedensvertrag ist imstande, ihm von einem Tag zum andern eine neue Religion zu geben. Die Christianisierung der Sachsen blieb eine Aufgabe von Jahrzehnten, ja vielleicht des ganzen Jahrhunderts, doch handelt es sich dabei um einen Prozeß, der nicht erst 804 begann, als der sächsische Widerstand endete, sondern schon um die Mitte des achten Jahrhunderts, in der Zeit der ersten irischen und angelsächsischen Missionare. Ja, es gibt zahlreiche Zeugnisse – und der eben zitierte Brief gehört dazu –, die uns beweisen, daß selbst mitten in den härtesten kriegerischen Auseinandersetzungen ein Teil der Sachsen nicht nur schon christlich war, sondern an seinem Christentum auch festhielt, obwohl Repressalien von seiten der heidnischen Sachsen damit verbunden waren. Es steht also fest, daß die christlichen Sachsen die neue Religion nicht aus Opportunismus angenommen hatten, sondern sich auch innerlich zu ihr bekannten, zumindest jene der Oberschicht angehörenden Sachsen, die den Übertritt schon vor 804 vollzogen hatten.

Um die Frage, ob es tatsächlich der sächsische Adel war, der den Franken und dem christlichen Glauben so früh zuneigte, ist zwischen führenden Autoritäten der Sachsengeschichte wie Karl Brandi und Martin Lintzel eine Kontroverse entbrannt – eine recht hartnäckige sogar –, weil die Beweislage schwierig ist. In allen Berichten über die Feldzüge und Strafexpeditionen gegen die Sachsen fällt auf, daß verhältnismäßig schnell und glatt wieder Frieden geschlossen wurde. Ja, die Vorgänge gewinnen schließlich einen kaum verständlichen Charakter, ganz so, als würde sich Karl der Große immer wieder düpieren lassen und das Schwert viel zu schnell in die Scheide stecken. Zwar lamentieren die Reichsannalen und auch Einhard nicht wenig über die Treulosigkeit dieser Sachsen, die immer wieder die Verträge brechen, aber man glaubt ihnen ein Jahr darauf ja doch wieder. Da man schwerlich annehmen kann, daß der mit einem soliden Verstand begabte König Karl sich Jahr um Jahr von den sächsischen Bauern übers Ohr hauen ließ, müssen tatkräftige und bei den Franken geachtete Vermittler am Werk gewesen sein, vielleicht auch einflußreiche sächsische Kreise, die sich schon auf gewisse geheime Verbindungen mit dem fränkischen Königsgeschlecht stützen konnten. Das aber traf naturgemäß nur für den sächsischen Adel zu. Er hatte durch Frauen und Töchter, aber auch durch Einheiraten sächsischer Grafensöhne und durch die enge nachbarschaftliche Bindung an Grenzlandklöster tragfähige Verbindungen zum fränkischen Adel und zum hohen Klerus, der diesem ja entstammte. Waren die eigentlichen militärischen Operationen beendet, so zogen sich die Führer des Aufstandes – wie wir gesehen haben – in den sicheren Norden zurück, die Freien und Knechte jedoch gingen wieder an ihre Arbeit, nachdem aus ihren Reihen Geiseln gestellt worden waren.

Als sich das Ende des sächsischen Widerstandes abzeichnet, wagen die adeligen Geschlechter des Sachsenlandes, sich offen zu der neuen Religion zu bekennen, und es kommt zu massiven Schenkungen und Stiftungen, da nun Klöster gebaut werden können, denn das ganze große Sachsenland soll ja für das Christentum erschlossen werden. Hassio, der in seiner Jugend selbst einige Aufstände leitete, begibt sich als Mönch ins Kloster Fulda und stirbt im Jahr 804, zweifellos nach beträchtlichen Schenkungen oder unter Hinterlassung eines Teils seines gräflichen Besitzes an die Kirche oder an das Kloster des Bonifatius-Jüngers Sturmius. Godeschalk von Orbais, eine der interessantesten Erscheinungen unter den Theologen seines Jahrhunderts und Gegner des Hrabanus Maurus, war der Sohn des sächsischen Grafen Berno und starb, als Ketzer verdammt, 868 im Gefängnis.

Nicht wenige der vertriebenen Sachsen wurden von den Klöstern, denen man sie zuteilte, als Missionsprediger ausgebildet. Die Kirche war klug genug, die Chance zu nutzen, die sich ihr auf diese Weise bot. Heimatlos, besitzlos, hatten die den fränkischen Klöstern in Gallien zugewiesenen, oft aus namhaften Familien stammenden Flüchtlinge kaum eine andere Möglichkeit, in ihre Heimat und zu ihrem Besitz zurückzukehren, als die, sich in den Dienst der neuen Religion zu stellen. Die militärische Laufbahn stand zweifellos vielen Sachsen offen, denn die Franken führten auch nach Karl immer wieder Kriege, vor allem im Osten. Die andere Säule der Frankenherrschaft aber war die Kirche, und durch sie konnte man oft beinahe unbemerkt wieder in frühere Positionen einrücken und diese sogar ausbauen.

In Corbie bei Amiens wurden viele dafür geeignete Sachsen zu Predigern ausgebildet. Das Kloster war, wie auch seine deutsche Gründung, das Kloster Corvey, ein Zentrum der nordischen Mission. In Corvey schrieb schließlich auch ein Mönch namens Widukind (925 – 973), nach Wilhelm Kosch vielleicht ein Nachkomme des Sachsenherzogs, seine große Sachsengeschichte in drei Büchern, die ihn zum ersten deutschen Geschichtsschreiber machte. Er widmete sie der Königin Mathilda, der zweiten Frau Heinrichs des Voglers, die mit Sicherheit von Widukind abstammte und auf seiner Burg bei Herford zur Welt gekommen war. Außer in Corbie wurden in Saint-Vandrille, in Reims, in Basel, Konstanz, auf der Klosterinsel Reichenau, in Würzburg und an anderen Orten Sachsen zu Geistlichen erzogen. Einer dieser Sachsen namens Hathumar wurde Bischof von Paderborn, auch sein Nachfolger Badurad entstammte einem sächsischen Adelshaus, und von vielen anderen Bischöfen sächsischen Namens darf man das gleiche hinsichtlich ihrer Herkunft vermuten, auch wenn die Quellen selbst nichts darüber aussagen.

Karl Brandi wirft sogar die Frage auf, wer denn überhaupt Klöster gründen, Äbte und Äbtissinnen stellen und die Bischöfe mit der nötigen Hausmacht ausstatten sollte, wenn nicht der besitzende Adel. Weder die freien Bauern noch gar die unfreien Sachsen hätten dazu die Möglichkeit gehabt. Das ist zweifellos richtig, aber man muß doch sagen, daß ein Sachsengraf nur dann einen Teil seines Besitzes für ein Kloster abgab, wenn ihm an einer Zusammenarbeit mit der Kirche gelegen war oder wenn seine christliche Überzeugung ihm dies nahelegte.

Klarheit wird sich darüber nicht mehr oder doch nicht vollständig gewinnen lassen. Daß mit dem Sachsenkrieg auch innersächsische Unruhen einhergingen, daß so mancher Adlige seine Sympathien für das Christentum und für die Franken dabei mit dem Leben büßte, ist durch die Quellen erhärtet. Und es ist auch nur logisch, anzunehmen, daß die kleinen Leute, Menschen ohne Schulbildung und ohne grenzüberschreitende Kontakte, in ungleich höherem Maße auf die angestammte Religion der Germanengötter und -göttinnen fixiert waren als der Adel, der ja seit Jahrzehnten vom Christentum wußte und Gelegenheit hatte, es kennenzulernen. Der spätere Aufstand von Stelling Rotkinnsohn, genannt Stellinga-Aufstand, richtete sich darum auch weniger gegen die Franken als gegen jenen Teil des Sachsenadels, der schon früh mit ihnen zusammengegangen war, heimlich zwar, aber doch konsequent.

Den auffälligsten und schlüssigsten Beweis für eine frühe und anhaltende Zusammenarbeit des Sachsenadels oder großer Teile dieser Oberschicht mit den Franken liefert das Sachsenrecht, wie es schon bald, ja unmittelbar nach dem Ende der letzten kriegerischen Auseinandersetzung mit Hilfe fränkischer Schreiber aufgezeichnet wurde. Es beweist in seiner Einheitlichkeit nicht nur, daß die verschiedenen Sachsenstämme sich doch als ein geschlossenes Volk empfanden, sondern zeigt auch sehr deutlich, daß die Franken den Sachsenadel gegen Mittel- und Unterschicht stärken, ja absichern wollten.

Diese *Lex Saxonum* wird in gewissem Sinn zum Friedensvertrag zwischen Karl und den Unterworfenen, die ja als ganzes Volk sich mit den Franken vermischen und in einem neuen gemeinsamen Staat aufgehen sollen. Es kann also keinen Vertrag geben wie zwischen zwei souveränen, auch nach Beendigung des Krieges voneinander getrennt weiterexistierenden Staaten; aus diesem

Grund hat man auch vergeblich nach einem speziellen Friedens-vertrag geforscht. Daß nach den verschiedenen Feldzügen Waffen-stillstände mit fixierten Bedingungen abgeschlossen wurden, ist ebenso klar wie die Tatsache, daß nach der Erreichung aller fränki-schen Kriegsziele nur noch eines ausstand: nämlich den Unterwor-fenen die Ordnung zu geben, die ihr bisheriges Dasein in die gemeinsame neue Existenz mit den Franken hinüberführt.

In der Erwartung des Sieges, ermutigt durch die Teilerfolge und vielleicht auch durch die Taufe Widukinds, hatten die Franken dieses wichtige und entscheidende Dokument jahrelang vorberei-tet. Es stützt sich auf Kapitularien, also Verhandlungsergebnisse, die um 797 bereits vorlagen, verändert sie aber in der Anpassung an die neuen Verhältnisse in den Jahren 802 und 803. Die Schlußre-daktion und Unterzeichnung setzt Lintzel in den August des Jahres 803, als sich Franken und Sachsen (sowie andere Gesandt-schaften, die mit dem Sachsenkrieg nichts zu tun haben) in dem kleinen mainfränkischen Ort Saltz an der fränkischen Saale zusam-menfanden. Die sechzig Paragraphen der alten *Lex Saxonum*, des von den Franken aufgezeichneten Sachsenrechtes, wurden späte-stens in Saltz, vielleicht aber auch schon 802 in Aachen durch sechs Bestimmungen ergänzt, die sich auf die letzten Ereignisse des Krieges wie zum Beispiel auf die große Sachsenverschickung be-ziehen. »Die Annahme, daß hier [in Saltz] der Vertrag geschlossen wurde, in dem außer anderm die *Lex Saxonum* in ihrer endgültigen Fassung als sächsisches Recht anerkannt wurde, stimmt mit dem, was wir über die Friedensbedingungen wissen, völlig überein«, schreibt Lintzel in seinem Aufsatz über den Sachsenfrieden Karls des Großen. Er weist darauf hin, daß die *Lex Saxonum* in allen Teilen ein Adelsstatut sei »und daß die sechs letzten Kapitel der *Lex* Bestimmungen enthalten, die im Gegensatz zu den übrigen nur die einmalige Regelung besonderer Verhältnisse, die bei einem Friedensschluß in erster Linie geregelt werden mußten, zu be-zwecken scheinen ... Wenn man jenen Nachrichten nicht Glau-ben schenken will, so kann man nur zu einem *non liquet* [d. h.: es ist nicht klar] kommen; es bleibt dann nichts übrig als das Geständnis, daß wir nicht wissen ... wie der Sachsenkrieg Karls des Großen zu Ende gegangen ist.«

Der Gegenschlag des Heidentums

Dem beinahe unhörbaren Ausklingen des großen Sachsenkrieges entspricht das tiefe Schweigen, das sich schon um die Wende zum neunten Jahrhundert über Widukind und die Seinen breitet. Tatsächlich hört man nach 804 nichts mehr von dem ehemaligen Führer des sächsischen Aufstandes, so daß nicht auszuschließen ist, daß Widukind damals starb, doch deuten andere Anhaltspunkte auf seinen Tod im Jahr 812 hin. In jedem Fall war sein Tod nun nicht mehr wichtig genug, um noch von irgendeinem der karolingischen Chronisten erwähnt zu werden. Dabei gab es Mönche und sogar geistliche Schriftsteller, die mit dem Geschlecht des großen Sachsenherzogs in Verbindung standen und von ihm offenbar eine gewisse Förderung erhielten. Und die *Monumenta Germaniae Historica*, die unschätzbare Sammlung der Geschichtsschreiber der deutschen Vorzeit, enthält im siebten Band der dem neunten Jahrhundert gewidmeten Reihe einen alten Bericht über die Einholung der Gebeine des heiligen Alexander von Rom nach Sachsen, der folgendermaßen beginnt:

»Unser Lehrer seligen Andenkens, der Priester Ruodolf, war von einem Grafen namens Waltpert, einem Freunde von ihm und von uns, ersucht worden, von den Wundern des heiligen Märtyrers Alexander zu berichten, die geschehen sein sollen, nachdem er ihn von Rom herübergebracht hatte, damit seine Nachkommen erführen, wie große Wunder der allmächtige Gott durch seinen Diener gnädiglich gewirkt hat. Auf seine Bitte hin begann er seinen Bericht damit, wie die Sachsen vom Volke der Angeln ausgewandert seien, um sich Wohnsitze zu suchen, und wie sie ihre heutigen Besitzungen vom Frankenkönig Thiotrich zum Lohn erhalten. Dazwischen schilderte er auch die großen Irrtümer des nichtswürdigen Götzendienstes, von denen der allmächtige Gott sie befreit, ihre Kämpfe mit den Franken, und wie sie, obwohl besiegt, sich dennoch wieder zu neuen Kriegen verschworen hätten. Zuletzt aber fügte er hinzu, wie sie nach Abschaffung des Götzendienstes und Annahme der Verkünder Christi sich zur wahren und allgemeinen christlichen Religion bekehrten. Und so hatte er endlich, wie ihr nur zu wohl wißt, von zu heftigem Leiden hingerafft, seinen letzten Lebenstag beschlossen, ohne das angefangene Werk vollendet zu haben ...

Da ich nun ... meiner geringen Bildung wegen mich selbst, ungelehrt wie ich bin, nicht an das Werk eines so vollendeten Mannes geben mochte: da habe ich endlich, nicht im Vertrauen auf mein geringes Talent, sondern auf Gottes Hilfe und Barmherzigkeit, die Feder ergriffen und das halbvollendete Werk, wenn auch nur notdürftig, zu Ende geführt.«

Waltpert ist demnach vermutlich ein Enkel des Sachsenherzogs Widukind, den allerdings niemand zum Herzog ernannt hatte, sondern der einfach die Sachsen anführte. Der Enkel des großen Kämpfers gegen das Christentum scheint für die Sünden des Großvaters büßen zu wollen, indem er eine *Translatio*, die Überführung eines toten Heiligen unternimmt: »Die Sachsen waren ein zu unruhiges Volk und stets in Grenzstreitigkeiten verwickelt, daheim aber friedlich und sorgten mit liebreicher Sorgfalt für das Wohl ihres Volkes. Da sie auch um ihre Sippe und ihren Adel umsichtigste Sorge trugen und sich nicht gern mit fremden oder ihnen gar untergebenen Völkern verheirateten, so vermochten sie ein eigenes reines und nur sich selbst verwandtes Volk zu bilden. Daher hatten sie auch trotz ihrer großen Kopfzahl fast alle dieselbe Gestalt, Körpergröße und Haarfarbe. Ferner besteht dieses Volk aus vier verschiedenen Ständen, nämlich aus dem der Edlen und Freien, der Freigelassenen und der Sklaven. Und durch Gesetze ist es bestätigt, daß bei Eheschließungen niemand über die Grenzen seines eigenen Standes hinausgeht, sondern daß der Edle eine adlige Frau heimführt, der Freie eine freie, der Freigelassene sich mit einer Freigelassenen verbindet und der Sklave mit einer Leibeigenen. Heiratet aber irgend jemand von ihnen ein ihm nicht gleiches oder an Geschlecht edleres Weib, so muß er es mit Verlust seines Lebens büßen.

Auch hatten sie vortreffliche Gesetze für die Bestrafung von Vergehungen. Und sie strebten bei ihrer Sittenreinheit dahin, viele nützliche und nach Naturgesetzen auch sittliche Einrichtungen zu treffen, die ihnen wohl zu Erlangung der wahren Glückseligkeit hätten dienen können, hätten sie sich nicht in völliger Unwissenheit über ihren Schöpfer befunden und der Wahrheit seines Dienstes nicht so fern gestanden. Denn sie verehrten Wesen, welche in

Wirklichkeit keine Götter waren, unter diesen am meisten den Mercurius, dem sie an gewissen Tagen sogar Menschenopfer zu bringen pflegten. Für unvereinbar hielten sie es mit der Größe und Würde ihrer Götter, sie in Tempel einzuschließen oder sie in irgendeiner menschenähnlichen Bildung darzustellen. Sie weihten Haine und Gehölze, benannten sie mit den Namen ihrer Götter und betrachteten jenes Heiligtum bloß mit stiller Ehrfurcht.«

Es ist beinahe rührend zu sehen, wie stark bei den beiden Fuldaer Mönchen, die sich in die Verfasserschaft dieser *Translatio* teilen, die Liebe zu ihrem sächsischen Volk durchbricht, es ist beinahe, als wollten sie ihre Landsleute wegen ihres Heidentums entschuldigen:

»Diese Zustände aber habe ich deshalb dargelegt, damit der einsichtige Leser erkenne, aus welcher Finsternis des Irrtums sie durch Gottes Gnade und Barmherzigkeit befreit wurden, als er sich erbarmte, sie durch das Licht des wahren Glaubens zur Kenntnis seines Namens zu leiten, sie, die sie, wie fast alle deutschen Völkerschaften, von Natur wild und dem Teufelsdienst ergeben waren, Widersacher der wahren Religion, die Übertretungen göttlicher und menschlicher Gesetze weder für Sünde noch für Verbrechen hielten. Daher kam es auch, daß sie mit ihren Nachbarn, und zumeist mit den Franken, in Streit und Zwietracht lebten. Die Veranlassungen zu täglichen Friedensstörungen boten ihre beiderseitigen Grenzen, die fast überall in der Ebene zusammenstoßen, mit Ausnahme von wenigen Stellen, wo entweder Waldungen oder Gebirgshöhen dazwischenliegen und die beiderseitigen Gebiete durch feste Grenzen abschließen. Dort nun wurde von beiden Seiten unaufhörlich Mord, Raub und Brand verübt, und die Franken gerieten darüber in solche Erbitterung, daß sie sich nicht mehr auf Vergeltung beschränkten, sondern offenen Kampf gegen sie vorzogen. Somit begann der Krieg gegen sie, der auf beiden Seiten mit großer Erbitterung geführt wurde und dreißig Jahre dauerte, wobei die Sachsen höhere Verluste erlitten als die Franken.«

Auf diese Leidensgeschichte, die ja insbesondere das Kloster Fulda an der Sachsengrenze betraf, folgt dann die wichtige genealogische Angabe über Sohn und Enkel Widukinds. Abgesehen davon, daß wir wissen, daß Königin Mathilda, die Gemahlin Heinrichs I., »des Voglers«, von Widukind abstammte, sind dies

263

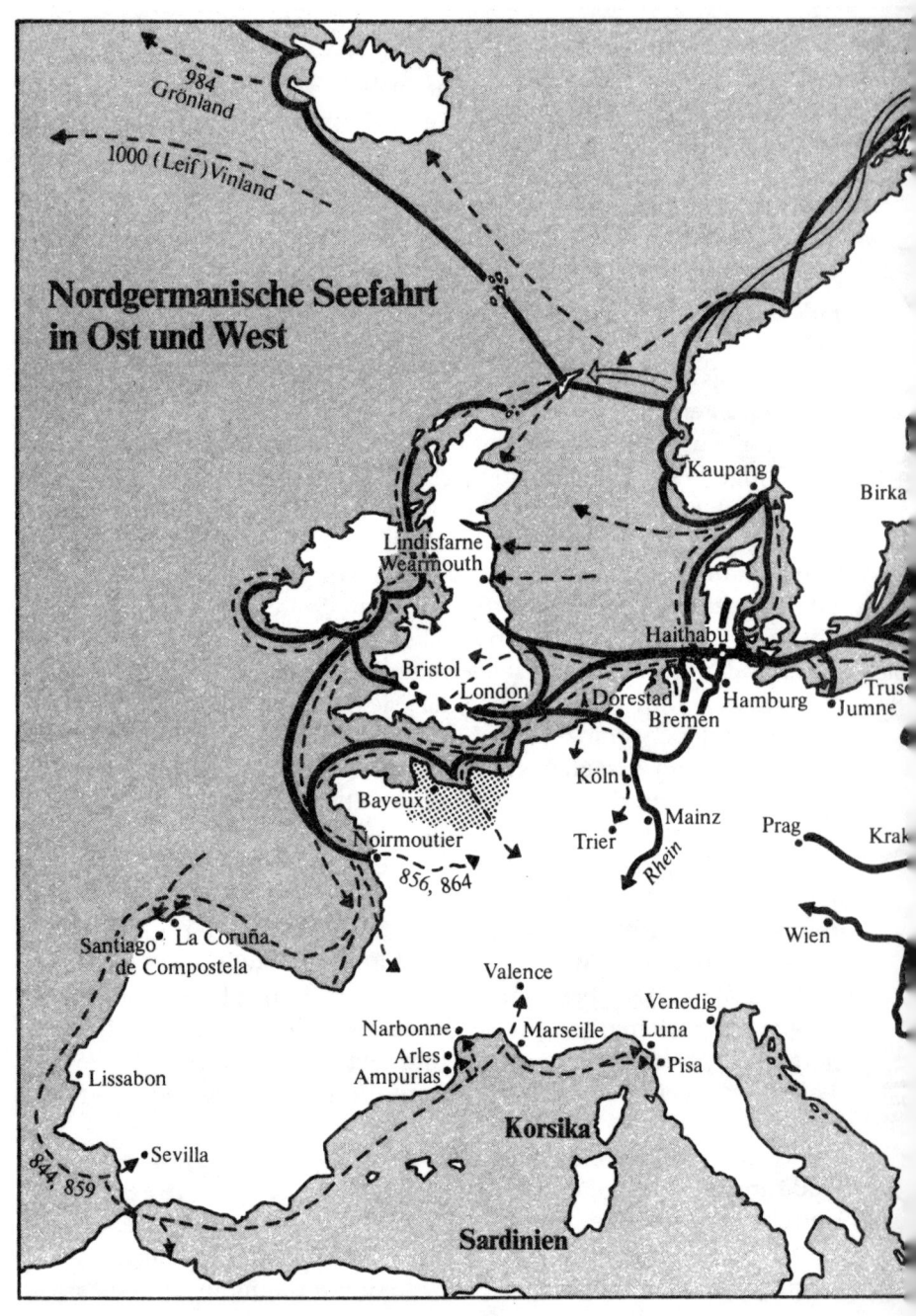

984
Grönland

1000 (Leif) Vinland

**Nordgermanische Seefahrt
in Ost und West**

Kaupang

Birka

Lindisfarne
Wearmouth

Haithabu

Bristol

London

Dorestad

Hamburg

Trus

Bremen

Jumne

Bayeux

Köln

Noirmoutier

Trier

Mainz

Prag

Krak

Rhein

856, 864

Wien

Santiago
de Compostela

La Coruña

Valence

Narbonne

Marseille

Venedig

Luna

Arles

Pisa

Ampurias

Lissabon

Korsika

Sevilla

844, 859

Sardinien

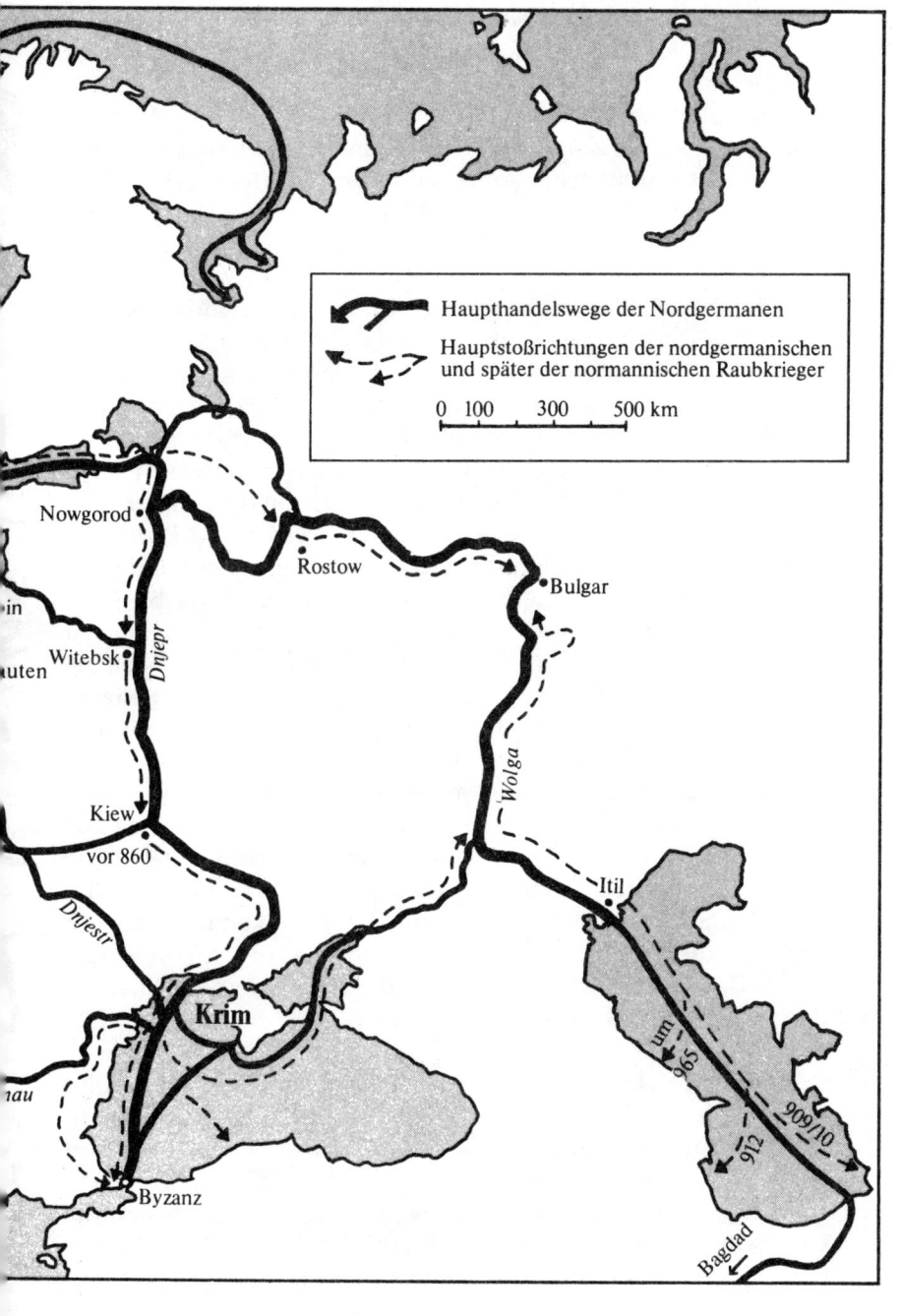

Nowgorod

Rostow

Bulgar

in

Witebsk

uten

Dnjepr

Wolga

Kiew

vor 860

Itil

Dnjestr

Krim

um 965

909/10

912

nau

Byzanz

Bagdad

Haupthandelswege der Nordgermanen

Hauptstoßrichtungen der nordgermanischen
und später der normannischen Raubkrieger

0 100 300 500 km

die einzigen verbürgten Hinweise auf Erben Widukinds – jenes Widukind, von dem sich so manches europäische Geschlecht herleitet:

»Der Sohn nun des obengenannten Witukind, er hieß Wibreht, nahm nach seinen zeitlichen Würden einen hohen Rang ein, aber einen noch bei weitem höheren nach seinem Eifer für die christliche Religion. Seinen Lenden entsproß Waltpert, welcher ebenfalls von frühester Jugend an Gutes erstrebte und wirkte. Sein Vater übergab ihn in seiner Jugend dem frommen König Lothar, welcher damals über den Norden des Reiches herrschte, damit er als Höfling bei ihm Dienst tue. Der König nahm ihn nach königlicher Sitte gütig auf, ließ ihn seinem Stande gemäß erziehen und mit anderen Fürsten an seinem vertrauten Umgang teilnehmen. Da er aber seines edlen Charakters wegen dieses ehrenvolle Vertrauen mehr genoß als seine übrigen Gefährten und von Tag zu Tag höher darin stieg, erwachte durch des allmächtigen Gottes Fügung die Sehnsucht in ihm, zu den Stätten der heiligen Apostel Petrus und Paulus zu pilgern und durch ihre Fürsprache Verzeihung seiner Sünden zu erlangen; zugleich dachte er, vom apostolischen Herrscher Reliquien zu bekommen und, so Gott es wolle, mit in seine Heimat zu nehmen, damit durch ihre Zeichen und Wunder seine Landsleute vom heidnischen Kult und Aberglauben zur wahren Religion bekehrt würden. Denn sie waren noch mehr in die Irrtümer des Heidentums verstrickt, als der christlichen Religion zugetan. Da er sich nun mit diesem Verlangen längere Zeit gequält hatte, ohne dem König das geringste davon mitzuteilen, vermochte er doch zuletzt nicht, den Wunsch seiner Seele länger verborgen zu halten, legte den ganzen Sachverhalt ausführlich und offen dar und teilte ihn dem König mit. Der König sah seine Aufrichtigkeit und gab ihm nicht nur die Erlaubnis hinzuziehen, sondern auch seinen Schutz mit auf den Weg: Er schrieb ihm einen Brief an seinen Sohn Ludwig, den König von Italien, er möge ihn unverletzt durch sein Gebiet ziehen lassen.«

Widukind ist längst tot, desgleichen Karl der Große. Karls Sohn muß an den Enkel des großen Kaisers eine Bitte um sicheren Durchzug für den Grafen Waltpert richten. Das große Reich existiert nicht mehr . . .

»Waltpert kam nun mit seiner Begleitung glücklich bis an die Grenzen des Frankenlandes. Im Triumph führte er die Reliquien der Heiligen mit sich, von überallher strömte ihm das Volk zu, und man erzählte sich von zahlreichen Wundern. Und als sie zu einem Platz hingekommen waren, der Bockbardo heißt, stellten sie auch dort die Reliquien der Heiligen zur Verehrung auf, und es strömte eine große Menge Volkes dorthin, um zu beten und Gottes Barmherzigkeit anzuflehen und das mit Tüchern verhüllte Haupt des heiligen Märtyrers Alexander zu küssen, wie der Papst es befohlen hatte. Denn er hatte angeordnet, die andern Reliquien zu versiegeln, Alexanders Haupt aber dem herbeiströmenden Volke zur Schau und zum Kusse auszustellen ...

Von da zogen sie fort und kamen unter großem Jubel an die Grenzen Sachsens.«

Meginhart, der diese Schilderung abschloß, fügt noch eine ganze Reihe von Wunderheilungen an, nennt Orte und Namen ganz genau und bemüht sich ernsthaft um eine dokumentarische Darstellungsweise. Die Reliquien und der Glaube an sie sind zu zentralen Motiven der Gläubigkeit des Mittelalters geworden, und jedesmal, wenn nun, im unruhigen neunten Jahrhundert, ein Kloster überfallen und ausgeraubt wird, versuchen Mönche und Bevölkerung, die Reliquien zu retten, koste es auch das eigene Leben.

Noch sind die Räuber – die Nordmänner – mehr an den juwelenbesetzten und oft aus Silber oder gar Gold gearbeiteten Reliquienschreinen interessiert als an ihrem Inhalt. Erst in der großen Französischen Revolution werden die Umstürzler ihren Ehrgeiz darein setzen, die beinahe schon zerfallenen Knöchelchen und den ehrwürdigen Staub auf den blassen Seidenkissen auszuschütten und zu zerstampfen.

Die Geschichte von der Übertragung des Alexander-Leichnams nach Deutschland ist nur eine von hunderten. Der hier gemeinte Heilige ist der Märtyrer Alexander, einer der sieben Söhne der heiligen Felicitas. Sein Fest wurde am 10. Juli gefeiert. Heute ist er weitgehend vergessen, aber die wohl im Jahr 851 durchgeführte Translation seiner Gebeine von Rom in das Stift Wildeshausen an der Hunte (in der Nähe von Bremen) verdient, in Erinnerung gerufen zu werden, schon als Akt der Devotion eines Widukind-Enkels und als Beweis für die volle Hinwendung der Widukind-Nachfahren zum Christentum.

Der immer deutlicher zutage tretende Wunderglaube, das unbegrenzte Vertrauen in die Kraft der Reliquien, sind irrationale Elemente einer neuen Frömmigkeit, die in den Generationen zuvor oft aus durchaus rationalen Gründen ihren Einzug bei den Sachsen gehalten hatte. Anhänger des altgermanischen Götterglaubens hatten ein sehr direktes Verhältnis zu ihrer Religion. Die alte Götterreligion war nahe, allgegenwärtig, vertraut, mit dem Lebensbereich verbunden und in den Jahresablauf eingeflochten. Eben darum war die Loslösung von ihr für die Sachsen, insbesondere für die einfache Bevölkerung, gedanklich wie gefühlsmäßig nicht nur sehr schwierig, sondern sie wurde oft auch gar nicht vollzogen. Die Verschiedenartigkeit der beiden Religionen eröffnete die Möglichkeit, sie neben- oder gleichsam übereinander bestehen zu lassen, wobei der Christengott dann eben der oberste, der höchste Gott wurde, und das vertraute heidnische Reich der Dämonen, Flurgeister und Feld- sowie Waldgottheiten in seinen ohnedies beschränkten Funktionen erhalten blieb.

Dieses auf den ersten Blick verblüffende Nebeneinander hatte für die in ihrer gewohnten Ordnung aufgewachsenen Germanen nichts Verletzendes. Die Skandinavier standen – als Karl der Große die Augen schloß – seit beinahe zweihundert Jahren in gut funktionierenden Handels- und vor allem Seehandelsbeziehungen zum nördlichen Deutschland und zum nordwestlichen Frankreich der Kanalküste und der Bretagne. Und wenn Karl auch mit den Bretonen die größten Schwierigkeiten hatte, die wohl auch unter seinen Söhnen und Enkeln noch nicht endgültig beigelegt waren, so hatten sich doch immerhin die heutigen Niederlande zu einem Zentrum der Friesenmission entwickelt (vgl. S. 144 ff.). Utrecht war seit dem Tod Radbods ein blühender Bischofssitz und Wijk bij Duurstede ein wichtiger Hafen- und Umschlagplatz. Als sich zu Beginn des neunten Jahrhunderts dazu noch Haithabu an der Schlei gesellte, der skandinavische Haupthandelsplatz im Bereich der heutigen Stadt Schleswig, gab es zwischen dem nordgermanischen Heidentum und den christlichen Franken wie Sachsen eine zweite Berührungsstelle, einen zweiten Ort friedlichen Zusammentreffens. Die Heiden erweisen sich an ihren Orten – Birka in Schweden, Truso im Pruzzenland, Vineta auf einer Ostseeinsel bei Stettin – als tolerant. Während die Christen, in ihrer Überzeugung von der Alleinrichtigkeit ihrer Religion, in ihren Städten den Heiden die größten Schwierigkeiten bereiteten und ihnen klarzumachen versuchen, daß sie nur aus wirtschaftlichen Gründen in einer Vorstadt Quartier nehmen dürfen, vollzieht sich in den germanisch-heidnischen Niederlassungen sowie den Slawenstädten der gesamte Handel offen und mit größter Selbstverständlichkeit, wer immer auch an ihm beteiligt war. Adam von Bremen, dessen *Bischofsgeschichte der Hamburger Kirche* eines der wichtigsten Zeugnisse für die Ausbreitung des Christentums im Ostseeraum ist, berichtet im Kapitel zweiundzwanzig seines zweiten Buches wörtlich: »Hinter den Liutizen, die auch Wilzen heißen, trifft man auf die Oder, den reichsten Strom des Slawenlandes. Wo sie an ihrer Mündung ins Skythenmeer [d. h. in die Ostsee] fließt, bietet die sehr berühmte Stadt Jumne [Vineta auf der Insel Wollin] für Barbaren und Griechen in weitem Umkreise einen vielbesuchten Treffpunkt ... Es ist wirklich die größte von allen Städten, die Europa birgt; in ihr wohnen Slawen und andere Stämme, Griechen und Barbaren. Auch die Fremden aus Sachsen haben gleiches Niederlassungsrecht erhalten [!], wenn sie auch während ihres Aufenthalts ihr Christentum dort nicht öffentlich bekennen dürfen. Denn noch sind alle [Bewohner] in heidnischem Irrglauben befangen. Abgesehen davon wird man allerdings kaum ein Volk finden können, das in Lebensart und Gastfreiheit ehrenhafter und freundlicher ist. Die Stadt ist angefüllt mit Waren aller Völker des Nordens. Nichts Begehrenswertes oder Seltenes fehlt ... Die Reiseroute ist so beschaffen, daß man von Hamburg und der Elbe aus über Land sieben Tage unterwegs ist, um die Stadt Jumne zu erreichen; zu Schiff muß man die Reise in Schleswig [Haithabu] beginnen ...«

Mindestens ebenso deutlich äußern sich arabische Autoren, denn die Araber, dieses schreibfreudige und gebildete Volk, saßen damals ja in Spanien in nächster Nachbarschaft zum großen gallisch-deutschen Frankenreich und waren Hauptabnehmer für einen bedeutenden Ausfuhrartikel der Ostseeländer: für die Sklaven. Der blühende Handel mit den unglücklichen Geschöpfen, die bei Kriegen oder Überfällen ihre Freiheit verloren, widersprach selbstverständlich allem, was das Christentum moralisch und dem Buchstaben nach vertrat. Und vor allem war es undenkbar, daß Hunderte, vielleicht Tausende von Menschen durch das große christliche Reich transportiert wurden, um den Ungläubigen, den ärgsten Feinden der Christenheit, ausgeliefert zu werden. Dennoch war es so, und es ist ein Faktum, das die Ausbreitung des Christentums in den Ostseeraum hinaus ganz erheblich behinderte, hatte doch schon das Verhalten des sächsischen Adels erkennen lassen, daß für Annahme oder Ablehnung der neuen Religion bei den Mächtigen und den Besitzenden wirtschaftliche Gründe mitbestimmend waren.

Das unsere Vorstellungen und unser Geschichtsbild beherrschende karolingische Reich stieß im Westen wie im Osten Europas an nichtchristliche Zonen mit einem intensiven wirtschaftlichen und – in Spanien – auch geistigen Leben. Nach dem Tod des großen Kaisers begann das Heidentum, auch von Norden her Druck auszuüben. Das, was uns der Schulunterricht als eine von christlichen Zentren ausgehende Expansion darstellt, läßt sich ebensogut als die notwendige Selbstbehauptung dieses christlichen Kerns in einem Kontinent verstehen, der von doppelter Gefahr bedroht war. Im Südwesten war es der außerordentliche Reichtum der maurischen Kalifate mit dem blühenden geistigen Leben, das Araber, Juden und angepaßte gotische Christen in großstädtischen Zentren wie Cordoba und Granada entfaltet hatten, im Osten aber war es der gut funktionierende Handel des vorderen und mittleren Orients mit den heidnischen Ostseeländern, aus denen zumindest in Skandinavien inzwischen Monarchien geworden waren. Die lächerliche, sowohl im wilhelminischen als auch im nationalsozialistischen Deutschland immer wieder erneuerte Behauptung, die Slawen hätten keine Städte besessen, sondern auf die städtegründenden Deutschen warten müssen, verkehrt sich in ihr Gegenteil, wenn wir uns die außerordentliche Blüte jenes heidnischen Wirtschaftslebens längs der Oder und der Donau, längs der Weichsel und der großen russischen Ströme klarmachen. Wenn im Ostseeraum Tausende von arabischen Münzen gefunden wurden, wenn die Waräger ihre Waren- und Sklaventransporte auf dem Dnjepr mit eigenen Schutztruppen begleiteten, wenn die aus dem Südosten nach Norden vorstoßenden Araber im Raum Kiew, Nowgorod und Pškow (Pleskau) Slawen trafen, die unter dem Schutz warägischer Geleitmannschaften Handel trieben, zeigt uns dies ein Europa, dessen Lebensströme die christliche Mitte des Kontinents umrundeten und das Karolingerreich aussparten – weil es christlich war.

Waren die Zeiten der »christlichen Seefahrt« noch nicht gekommen? Lag auf dem christlichen Handel noch ein Bannfluch der Kirche, weil ein Christenmensch einem anderen nicht gewinnsüchtig begegnen darf? Beinahe möchte man es vermuten, aber der Grund lag tatsächlich vor allem in der christlichen Intoleranz, hinter der die schlagkräftigen fränkischen Waffen standen, desgleichen aber wohl auch darin, daß der arme Nordosten unseres Kontinents dem reichen Südwesten nicht viel anderes zu bieten hatte als eben die Sklaven. Ans Kaspische Meer wurden auch noch Felle geliefert, der Pelztierhandel funktionierte einigermaßen als Tauschhandel. Arabische Händler haben uns merkwürdige Begegnungen mit nomadischen Jägervölkern zwischen Ural und Wolga geschildert. Den pulsierenden Kalifaten auf spanischem Boden aber konnte Skandinavien und konnten die Ostseeslawen eben nur menschliche Ware verkaufen, und die Händler, die diese Transporte von der Ostsee über Verdun und die Pyrenäen vermittelten, waren in erster Linie Juden.

In ihrer seltsamen Stellung zwischen dem Christentum der karolingischen Staaten und dem Islam in Spanien waren sie als Vermittler bestens geeignet. Sie hatten den Arabern Kundschafterdienste geleistet, als diese gemeinsam mit den Berbern über die Straße von Gibraltar nach Norden vorstießen und das spanische Westgotenreich zerschlugen. Sie verstanden sich gut mit den bildungsbeflissenen und toleranten neuen Herren in Cordoba, Sevilla und Granada, und sie hatten Geschick genug, die Sklaventransporte zwischen Kaisern, Königen und Bischöfen hindurch zu lotsen, als handele es sich um Teer, Honig oder Wachs, die anderen Handelsgüter aus dem Ostseeraum.

»Einer der drei Gründe, die den heiligen Adalbert veranlaßten, sein Bistum Prag zu verlassen, war der, daß Adalbert nicht soviel Geld aufbringen konnte, um die von jüdischen Händlern gekauften Gefangenen und Christensklaven wieder loszukaufen«, schreibt Walter Stein in seiner *Handels- und Verkehrsgeschichte der deutschen Kaiserzeit.* »Einen anderen Teil der Sklaven erwarb der Handel aus der unfreien slawischen Bevölkerung. Notlage oder Habsucht [der Verwandten] waren hier die Gründe. Heinrich II. machte 1009 dem Markgrafen Gunzelin von Meissen den Prozeß, weil er in vielen Fällen unfreie Leute an die Juden verkauft ... habe.« Thietmar von Merseburg weist an dieser von Stein zitierten, aber auch an einer weiteren Stelle seiner großen Chronik darauf hin, wie oft diese Art des Menschenraubs aus purer Habgier vorkam und wie sehr sie den König beschäftigte. Heinrich II. warf Gunzelin vor, »nicht wenige hätten sich häufig bei ihm darüber beschwert, daß Gunzelin ihre Hintersassen [Unfreie] an Juden verkaufe.« Nach einem Feldzug gegen die Slawen wurde nicht nur die 997 zerstörte Arneburg wieder aufgebaut, sondern auch eine Synode einberufen, um »in seiner Gegenwart kraft kanonischer und päpstlicher Vollmacht unrechtmäßige Ehen sowie den Verkauf von Christen an Heiden [zu] verbieten«.

Natürlich war es schon vor dieser Synode durch Kaiser und Papst verboten, Christen an Araber zu verkaufen, aber es gab ja die großen heidnischen Bereiche mit ihrem unkontrollierten Aufkommen an Kriegsgefangenen oder anderen wehrlosen Personen. Es gibt auch altnordische Lieder, in denen Mädchen darüber klagen, daß sie an den »fremden Handelsmann« verkauft werden, wenn sie ihre Familie oder deren Ehre durch ihr Verhalten bloßstellen. Diese Mädchen aus den Wohngebieten der Nordgermanen, aber auch Slawinnen vor allem von jenen Ostseestämmen, die immer wieder von Wikingergruppen überfallen wurden, bildeten ein Hauptkontingent für die Ausfuhr nach dem maurischen Spanien. Hinzu kamen junge männliche Kriegsgefangene von der Slawengrenze, die nach der barbarischen Prozedur der Kastrierung dem Kalifen von Cordoba und dem Emir von Sevilla als Leib- oder auch Haremswächter zugeschickt wurden. Die Stadt Verdun hatte sich in karolingischen Zeiten als fränkischer Stützpunkt für diese Geschäfte einen so großen Ruf erworben, daß schon Karl der Große seinen Gesandtschaften nach Cordoba wiederholt Kaufleute aus Verdun als Berater und Reisemarschälle mit auf den Weg gab. Namentlich bekannt sind uns die Kaufleute Dudo und Ermanhart, die in dieser Funktion für Kaiser Otto I. unterwegs waren, aber auch die geistlichen Diplomaten, die solchen Gesandtschaften angehörten oder sie führten, kamen meist aus lothringischen, also nicht weit von Verdun entfernt gelegenen Klöstern. Eine gewisse Distanzierung der christlichen Autoritäten gegenüber dem einträglichen Sklavenhandel kann man darin erblicken, daß die Siedlung der Kaufleute nicht innerhalb der Stadtmauern von Verdun lag, sondern auf dem anderen Ufer der Maas. Noch von Konrad II. besitzen wir Verordnungen und Briefe, in denen der Handel mit Unfreien scharf gerügt wird, aber es ist sehr bezeichnend, daß der Kaiser den auch für die Durchfuhrländer einträglichen Sklavenhandel selbst nicht zu verbieten wagt: Er beruft sich lediglich auf das kanonische Recht, nach dem »Güter und Unfreie der Kirche nur für gleiche Gegenstände [!], also Güter für Güter und Unfreie für Unfreie, von demselben oder höherem Wert eingetauscht werden dürften« (Stein). Der Unfreie galt also noch als Sache, auch im christlichen Frankenreich, und der Sklavenhandel kann nur indirekt getroffen werden, weil die Abnehmer im Südwesten natürlich nicht ebensoviele Menschen aus Spanien nach Deutschland schicken konnten wie in der Gegenrichtung unterwegs waren. Drei Grafen mit bekannten Namen wurden vom Kaiser beauftragt, für die Rückführung der Leibeigenen der Verduner Kirche zu sorgen, natürlich gegen Erstattung des Kaufpreises, der für sie an den Bischof von Verdun (!) gezahlt worden war.

In der Gegenrichtung, also von der Iberischen Halbinsel nach Deutschland, gab es wenig erkennbaren Warenverkehr, doch sind uns einige Gesandtschaften bekannt, die sich nicht scheuten, in die Länder des allerchristlichsten Kaisers zu reisen. Eine Gesandtschaft des Emirs Abd ar-Rahman II. (822–852) von Sevilla vermied allerdings Deutschland und nahm den Seeweg vom portugiesischen Silves nach Haithabu (Schleswig). Die Ortsbeschreibung, die der arabische Bericht – nach den Ereignissen abgefaßt – von dem Zielort gibt, würde allerdings auch auf Birka zutreffen; von dem der Gesandtschaft angehörenden Dichter Al Gazal heißt es:

»Er brach nun nach der Stadt Schilb [Silves] auf, wo man für sie beide [den Diplomaten und den Dichter] bereits ein schönes Schiff mit vollständiger Ausrüstung vorbereitet hatte ... Er erreichte als erstes Land der Normannen eine von ihren Inseln. Sie verweilten auf ihr einige Tage, besserten auf ihr das Schiff aus und gönnten sich Erholung. Ein Schiff der Normannen fuhr zu deren König voraus und meldete ihm, daß die Gesandtschaft eingetroffen sei, worüber er erfreut war. Er schickte nach ihnen, und sie begaben sich zu ihm in seine königliche Residenz. Das ist eine große Insel im Weltmeer, auf der es strömendes Wasser und Gärten gibt. Zwischen ihr und dem Festland befinden sich drei Wasserläufe ... In der Nähe von jener Insel befinden sich zahlreiche Inseln, kleine und große. Ihre Bewohner sind alle Normannen [Skandinavier], und was ihnen auf dem Festland nahe liegt, gehört ihnen auch, Tagereisen weit. Sie waren [als die Gesandten eintrafen] Heiden, heute aber bekennen sie sich zum Christentum.«

Ob Haithabu, Birka oder Utsteina bei Stavanger, ob Schärenküste oder dänische Inseln, in den Jahren 844/45, in die diese Gesandtschaft anzusetzen ist, bestand also zweifelsfrei Direktkontakt zwischen dem südspanischen Islam und dem nordgermanischen Heidentum. Für die gleiche Zeit sind Normannenfahrten nach Nordwestafrika belegt, aber auch die häufige und stellenweise ständige Anwesenheit von Normannen im ganzen Raum des Kaspischen Meeres, des Kaukasus, ja bis hin nach Bagdad. Eine arabische Gesandtschaft kam im Gegenzug nach Bolgar an der Wolga (922), und vom neunten bis zum zwölften Jahrhundert finden wir arabische Händler in Nordrußland, ja am nördlichen Eismeer bei den Pelztierjägern. Die oft fälschlich nur als Piraten angesehenen Seefahrer aus Norwegen, Südschweden und Dänemark vereinten in sich, was damals eine sichere Überlegenheit bedeutete: Sie verfügten über die schnellsten und tragfähigsten Transportmittel, sie waren mutige und schlagkräftige Krieger, die ihren Handel und den ihrer Partner zu schützen wußten, und sie brauchten keinerlei Rücksichten auf Religion, Kirche oder irgendeinen Kaiser zu nehmen. Den kühnen Fahrten dieser gut geführten und keineswegs primitiv-gierigen, sondern planend vorgehenden skandinavischen *Merchant Adventurers* hatte das christliche Europa bis in die Zeiten eines Drake oder Surcouf nichts Gleichwertiges an die Seite zu stellen, und nicht wenig von ihrem Handelsgeist scheint einige Jahrhunderte später dann in die freilich vergleichsweise behäbige Organisation der Hansestädte eingegangen zu sein.

Umkreisten die Heiden und die Araber Europas christliche Mitte, so wagten sich die gewandten und gebildeten jüdischen Händler bis in die Höhle des Löwen. Ja, sie erreichten sogar Audienzen bei deutschen Herrschern, die sich ja zu informieren wünschten und keine andere Möglichkeit hatten, als Kaufleute zu befragen, die leider meist stummen Weltentdecker vor den berühmten Entdeckungsfahrern.

Die arabischen Berichte über Gesandtschaften an deutsche Fürstenhöfe und in die nordgermanischen Reiche füllen einen ganzen Band, sind aber natürlich oft so vage gehalten wie der Bericht, den wir zitierten, und ergehen sich nicht ungern in Nebensächlichkeiten, wie etwa den erotischen Erfolgen der arabischen Gesandten bei den blonden Frauen des Nordens. Sehr wichtig aber und darum auch vielzitiert ist der Bericht des jüdischen Sklavenhändlers Ibrahim Ibn-Jaqub über das damals schon christliche Polen und die deutsche Ostgrenze aus dem Jahre 973, von dem man leider sagen muß, daß er beinahe jene Verhältnisse schildert, die tausend Jahre später dann wieder eintraten ...

In der Übersetzung von Richard Hennig liest sich der Text, hier ein Auszug, folgendermaßen:

»Was das Land des Boleslaw [II. von Böhmen] anlangt, so erstreckt es sich in seiner Länge von der Stadt Prag bis zur Stadt Krakau, eine Reise von drei Wochen ... Die Stadt Prag ist aus Steinen und Kalk erbaut, und sie ist der größte Handelsplatz jener [slawischen] Länder. Zu ihr kommen aus der Stadt Krakau die Waräger und die Slawen mit Waren, und es kommen zu ihnen aus den Ländern der Türken Muhammedaner, Juden und Türken gleichfalls mit Waren und gangbaren Münzen und führen von ihnen Sklaven, Zinn und verschiedene Felle aus. Ihr Land ist das beste des Nordens und das reichste, was den Lebensunterhalt betrifft. Seltsam ist, daß die Bewohner Böhmens braun und dunkelhaarig sind; der blonde Typus ist bei ihnen wenig vertreten.«

Diese Bemerkung eines Sklavenhändlers, der vermutlich blonde menschliche Ware leichter absetzen konnte, stimmt mit der späteren Notiz des jüdischen Weltreisenden Benjamin von Tudela (am Ebro) überein. Benjamin, der bis nach Mesopotamien und vielleicht auch noch nach Indien und Abessinien gelangte, weiß nämlich von Böhmen, daß dies das Hauptausfuhrland der Sklaven und Sklavinnen sei. Wie so oft wird der Umschlagplatz Prag mit dem Herkunftsland, den nordischen Gegenden am Ostseeufer, verwechselt.

Ibrahim Ibn-Jaqub berichtet dann aus dem Raum Magdeburg, von einer von Juden betriebenen oder ihnen gehörenden Saline an der Saale, vermutlich in Dürrenberg, sowie vom Erzgebirge, ehe er auf Polen zu sprechen kommt:

»Was nun das Land des Mieszko [I. von Polen, 960–992] betrifft, so ist es das ausgedehnteste der Slawenländer, und es ist reich an Getreide, Fleisch, Honig und Fischen. Es zieht Abgaben in gemünztem Gelde ein, und dieses bildet den Unterhalt seiner Mannen ... Es grenzen an Mieszko im Osten die [russischen Reichsgründer, die] Waräger, im Norden aber die Pruzzen. Die Wohnsitze der Pruzzen liegen am Weltmeer, sie haben eine Sprache für sich und verstehen die Sprachen ihrer [slawischen] Nachbarn nicht. Die Normannen überfallen sie auf Schiffen, die von Westen kommen ... Westlich von den Pruzzen lebt ein slawischer Stamm, der Unana [Verballhornung von Jumne, Vineta] genannt wird. Er wohnt in sumpfigen Gegenden, vom Lande Mieszkos aus im

Nordwesten. Sie haben eine große Stadt am Weltmeer, die zwölf Tore und einen Hafen hat, und sie gebrauchen für den Hafen große Holzstücke in Reihen [Duckdalben, vielleicht auch Fender aus Stämmen]. Und sie führen Krieg mit Mieszko, und ihre Streitmacht ist groß. Sie haben keinen König und lassen sich von keinem einzelnen regieren, sondern die Machthaber unter ihnen sind die Ältesten des Volkes.«

Ibrahim berichtet dann noch, daß er in Merseburg, also am Ostrand des Frankenlandes, und am Hof Kaiser Ottos die Gesandten des Bulgarenkhans getroffen habe. Seine Bemerkungen über die Pruzzen sind erstaunlich und beweisen, daß er deren Handelsplatz Truso aufgesucht hat. Es ist ihm klar, daß die Pruzzen keine Slawen sind, sondern eine baltische Sprache sprechen, er hört auch von den Wikingerüberfällen, und er weiß, daß all diese Wikinger (die er unterschiedslos *Rus* nennt), eines Stammes sind, ganz gleich, ob sie die Nordsee, die Ostsee oder den Dnjepr befahren. Andere arabische Autoren berichten über die große Kälte an der Ostsee, über Soest, »ein Kastell im Lande der Slawen«, über Waterburuna (Paderborn), über den Schmechtener Metbrunnen, aber auch über Schleswig und über Fulda: »Eine große Stadt im Lande der Franken, sie wird nur von Mönchen bewohnt, und kein Weib betritt sie, weil ihr Märtyrer [Bonifatius oder Sturmius] es so angeordnet hat.«

Es mutet uns heute seltsam an, bei Al Tartuschi Fulda, die Stadt des Bonifatius, durch ihr Kirchengut beschrieben zu finden: »Die meisten ihrer Gefäße wie Räucherfässer, Becher, Kannen und Schüsseln sind aus Gold und Silber gemacht. Auch befindet sich dort ein silbernes Kultbild in der Gestalt ihres Märtyrers mit der Front gegen Westen . . .«

Al Tartuschi ergeht sich in noch längeren, beinahe ausschweifenden Beschreibungen der Schätze von Fulda. Hätten die Normannen arabisch lesen können, wären Berichte dieser Art für sie geradezu Wegweiser zu den Klosterschätzen des alten Europas gewesen. Und der arabische Schriftsteller Qazwini sagt von Mainz, es sei »eine sehr große Stadt, von der ein Teil bewohnt und der Rest Ackerland ist. Sie liegt im Frankenlande an einem Fluß, der Rin genannt wird, und ist reich an Weizen, Gerste, Dinkel, Weinbergen und Obst. Dort gibt es Dirhems aus der Samarkander Münze vom Jahr 301 und 302 [nach unserer Zeitrechnung 913/14 und 914/15] . . . Seltsam ist auch, daß es dort Gewürze gibt, die nur im fernsten Morgenland vorkommen, während die Stadt im fernsten Abendland liegt, zum Beispiel Pfeffer, Ingwer, Gewürznelken u. a.«

Die Zeugnisse ließen sich noch vermehren. Sie zeigen, daß es nicht nur die hohen Schulen im maurischen Spanien waren, in denen damals die Wissenschaft blühte, sondern daß die geistig regsamen Orientalen und Griechen, auch wenn sie als Händler kamen, die Augen offen hielten und für sich und andere Aufzeichnungen machten: über die Reisewege getreu den antiken Itinerarien, die ja schon die Welt von Schottland bis Indien beschrieben hatten, über die Waren, die Münzen, die Gebräuche, die hygienischen Verhältnisse. Es gibt köstlich-absurde Details in diesen Reiseberichten, und wir sehen etwa in den Aufzeichnungen des Benjamin von Tudela, daß sich auch die klügsten Juden abenteuerlichen Unsinn aufschwätzen ließen. Aber im ganzen ist es doch so, daß Europa von außen her entdeckt wird, lange bevor die ersten großen europäischen Reisenden den Fuß in fremde Länder setzen. Die mitteleuropäisch-christliche Welt gleicht einer Glaskugel, die neugierig von einer heidnischen Umwelt beäugt wird, und leider bleibt es nicht bei der Neugierde, die aus den arabischen und jüdischen Berichten erkennbar wird. Die weniger bildungsbeflissenen Normannen wollen in den deutschen und gallischen Klosterschätzen keineswegs nur lesen, sie wollen sie auch besitzen.

So beginnt der größte und gefährlichste Angriff auf das junge Christentum Europas, auf die Bischofsstädte, weil sie die reichsten waren, und auf die Klöster, weil sich in ihnen goldene Kirchengeräte und wertvolle Votivgaben befanden. Verzweifelt vergleichen die vielen darüber berichtenden Mönche die Angreifer mit dem Antichrist, und bei manchem dieser rüden Streiter mag, wenn er die Axt über einer Tonsur schwang, tatsächlich Abneigung gegen die Kuttenmänner mit im Spiel gewesen sein. Die meisten freilich kümmerten sich um den Glauben der Überfallenen wenig; sie raubten mehr aus Gier als aus Haß, und nur das gibt zu denken, daß sie mit großer Regelmäßigkeit die beraubten Kirchen auch niederbrannten. Es erweckt den Anschein, als hätten sie, wie so mancher Bankräuber oder Kidnapper späterer Zeiten, ihren Untaten nachträglich einen höheren Sinn geben wollen, ein weltanschauliches Mäntelchen umzuhängen versucht.

Die Tatsachen selbst sind freilich so bestürzend, daß die Frage nach den Beweggründen nebensächlich erscheint, selbst wenn sie irgend jemand noch beantworten könnte. Sicher ist, daß der große Normannensturm, der 634 mit dem Überfall auf Lindisfarne begann und in die normannischen Reichsgründungen in Westfrankreich, Großbritannien, Rußland und Sizilien mündete, die größte Gefahr bedeutete, die dem Christentum seit Diokletian drohte: die Vertreibung von den Küsten, aus den Hafenorten und von den Flußufern, die Verdrängung aus dem Welthandel und die Zurückdrängung des christlichen Glaubens in die Hochländer, in die Einsamkeit der Berge.

Über die Normannenüberfälle selbst liegen zwar sehr viele vereinzelte Berichte vor, denn die Eigenaufzeichnungen der Klöster und Städte halten so einschneidend-schmerzliche Ereignisse natürlich fest. Dennoch ist der Gesamtvorgang in seinem Ablauf und seinen Auswirkungen noch immer nicht sehr weitgehend erforscht. Das kommt vor allem daher, daß die Franken sich damals ihrerseits noch ausbreiteten. Sie hatten, als im siebten Jahrhundert vom Meer her normannischer Druck auf sie ausgeübt wurde, noch keineswegs überall die alten romanischen Küstenplätze und -zonen ihrem Reich einverleibt. Vor allem im Nordwesten herrschten durchaus ungeklärte Verhältnisse, weil die fränkische Neusiedlung auf romanisiertem Boden nur ganz langsam gegen die starken friesischen Bastionen vordringen konnte. Es läßt sich also zwischen den Pyrenäen und Hamburg keine durchgehende Linie fränkisch-christlicher Präsenz ziehen, um so weniger, als die Bretagne sich absolut nicht beruhigen wollte und auch unter Karls Nachfolgern ein problematischer Bereich blieb. Die letzten bretonischen Heiden – sie lebten auf der Audierne vorgelagerten Île de Sein – wurden erst im siebzehnten Jahrhundert (!) bekehrt. Im flämischen Nordostfrankreich und in Belgien sind die Grenzlinien zwischen dem fränkisch-romanisierten und dem nordwestgermanischen Bereich bis heute umstritten. Die normannischen Angriffe auf Dorestad (nördlich von Wijk bij Duurstede) und Hamburg stießen also nicht überall in fränkische Bastionen hinein: Die heidnischen Normannen kämpften hier gegen Friesen und Sachsen, die zum Teil auch noch Heiden waren, so wie sie im Ostseeraum gegen heidnische Slawen und heidnische Pruzzen Raubzüge unternahmen.

Unklar ist und bleibt auch, wie weit die inneren Krisen des karolingischen Reiches oder der ihm nachfolgenden Teilreiche das

Vordringen der Normannen begünstigten oder vielleicht gar erst ermöglichten. Zu Zeiten Karls des Großen, im geschlossenen und wehrhaften Großreich, hatte es zwar auch schon Normanneneinfälle gegeben, wie es auch Raubzüge der Sarazenen gab, aber die Reichsannalen lassen deutlich erkennen, wie schnell und energisch Karl und seine Grafen dagegen vorgingen. Es ist also nicht auszuschließen, sondern sogar wahrscheinlich, daß der nordgermanische Großangriff auf die fränkisch-christlichen Bastionen, auf die Klöster, Kirchen und Uferstädte, die politische und militärische Schwäche des nun geteilten Großreiches ausnutzte; auch dies aber ändert nichts an dem Vorgang als solchem, an seinem Ergebnis und seinem Ende. Die Angriffe richteten sich *de facto* gegen die Strahlungszentren des Christentums, die durchwegs auch mit Missionsaufgaben betrauten Klöster und gegen die Bezugspunkte der Frömmigkeit: die Kirchen und Reliquienschätze des christlichen Europa. Das Ergebnis war eine Massenflucht der Kleriker mit dem Kirchengut und den Reliquien sowie eine Ballung dieser als wundertätig geltenden Gebeine in meerfernen Klöstern.

Die Normannen verdrängten oder vernichteten nicht nur stellenweise die bis dahin existierenden christlichen Machtzentren, sondern sie brachten auch die karolingische Herrschaft zumindest im Kern ihrer Macht, in Francien, zu Fall. Ohne viel von Politik sprechen zu wollen, müssen wir freilich festhalten, daß der Niedergang der fränkischen Macht mit der blutigen Schlacht von Fontenoy-en-Puisaye (bei Auxerre im heutigen Burgund) besiegelt wurde. Dort unterlag Kaiser Lothar mit seinem Verbündeten Pippin von Aquitanien den anderen Söhnen Ludwigs des Frommen, nämlich Karl dem Kahlen und Ludwig dem Deutschen. Die Folgen dieses Sieges waren nicht nur die Straßburger Eide und der Vertrag von Verdun, in dem das Reich Karls des Großen dreigeteilt wurde. In der außerordentlich verlustreichen Schlacht verlor Aquitanien die Blüte seines Adels, alte Geschlechter, die stets ein enges und echtes Verhältnis zum Meer gehabt und ihre Küsten verteidigt hatten; auch der übrige fränkische Adel schlachtete sich gegenseitig ab, so daß die Kampfkraft Franciens entscheidend vermindert wurde. »In dieser Schlacht«, schreibt der Chronist Regino von Prüm, »wurden die Streitkräfte der Franken so aufgerieben und ihre glorreiche Heldenkraft sosehr geschwächt, daß sie in Zukunft nicht einmal mehr imstande waren, die eigenen Grenzen zu schützen, geschweige denn zu erweitern.« Und sein Zeitgenosse

Ermentarius sagt bedauernd: »Ein kläglicher und jammervoller Sieg fiel den jüngeren Brüdern zu, ihre Zwietracht lieh den äußeren Feinden neue Kräfte: mißachtet ward das Recht, befolgt das Unrecht. Im Stiche ließ man die Wache an den Küsten des Ozeans, äußere Kriege hörten auf, innere Kriege wüteten; es mehrte sich die Zahl der Schiffe, ins Grenzenlose wuchs die Zahl der Normannen.«

Tatsächlich zeigt der Verlauf der Überfälle, daß die Normannen über die Vorgänge auf dem Kontinent sehr gut unterrichtet waren. Als im Frühjahr 841 Karl der Kahle mit seinen Truppen die Seine überschritt, um sich mit Bruder Ludwig gegen die anderen Brüder zu vereinigen, als er also im Aufmarsch gegen Osten und voll in Anspruch genommen war, liefen die Normannen, die bis dahin vorwiegend die englischen Küsten unsicher gemacht hatten, zum erstenmal mit beträchtlichem Aufgebot in die Seine ein und stießen bis Paris vor. Rouen, Saint-Ouen und das ehrwürdige Kloster Jumièges gingen in Flammen auf, Saint-Vandrille kaufte sich los, ebenso Saint-Denis. Im Jahr darauf wurde Quentowik überfallen, ausgeraubt und nach Fortführung der männlichen und weiblichen Bevölkerung eingeäschert – der bis dahin wichtigste fränkische Handelsplatz an der Kanalküste (unweit Etaples). Daß die Stadt verödete und nicht wieder aufgebaut wurde, zeigt deutlich, welche Dauerschäden dem Reich durch die normannischen Überfälle entstanden, erging es doch Dorestad und Rouen nicht anders.

Die Kämpfe um die Stadt Paris waren es schließlich, die für Francīen, das spätere Frankreich, die Karolinger aus dem Sattel hoben und die Kapetinger an ihre Stelle setzten, und damit hatten die Sachsen, noch ehe die Zeit der sächsischen Könige für Deutschland anbrach, die Nachfolge der Franken angetreten – denn Graf Eudo, der wegen seiner Erfolge über die Normannen vor Paris im Jahr 888 König von Frankreich wurde, war der Enkel eines sächsischen Adligen namens Witichin, der im Zuge der großen Sachsenvertreibung nach Frankreich gekommen war. Karl der Kahle nämlich, also der karolingische Herr Franciens, hatte gegen die Normannen so gut wie gar nichts erreicht, ja sie hatten ihn sogar verhöhnt, indem sie auf der Seine-Insel, die damals noch die ganze Stadt Paris ausmachte, im Angesicht des fränkischen Heeres nicht weniger als hundertundelf Gefangene auf das grausamste hinrichteten. Hingegen hatte Graf Eudo in den Jahren 885–887 den Normannen in mörderischen Kämpfen an und auf der Seine die erste wirklich entscheidende Niederlage beigebracht und damit dem ganzen Francien wiederum Hoffnung gegeben.

Die Ohnmacht der dünn bevölkerten, durch kein taugliches Nachrichtennetz verbundenen karolingischen Länder gegen die plötzlich und massiert auftretenden Normannen läßt sich heute nur noch schwer begreifen. Die Warnungen kamen auf dem flachen Land, wo es keine Erhebungen und Aussichtspunkte gab wie an der Mittelmeerküste, so gut wie immer zu spät. Oft schützte auch schlechtes Wetter die Angreifer, die sich vom Atlantik heranpirschten, bis zur letzten Stunde. Erst, wenn sie schwer mit Beute beladen wieder abziehen wollten, gelang es hin und wieder, ihnen den Weg zu den Schiffen abzuschneiden und ihnen wenigstens die Gefangenen wieder abzunehmen, die auf solchen Rückzugsgefechten natürlich hinderlich waren.

An der Loire kam es oft zu den fürchterlichsten Metzeleien, weil dieser lange, von Sandbänken unterbrochene und bei seinen wechselnden Wasserständen schwierig zu befahrende Fluß den Anrainern manche Möglichkeit gab, die Räuber auf dem Weg zum Meer zu überholen und ihnen Hinterhalte zu legen. Oft waren es die Normannen, die sich dann in die Kirchen flüchten mußten und, dann wieder hervorbrechend, doch noch zum Meer durchdrangen. Schließlich warfen sie sich in das feste, vom Meer nicht mehr allzuweit entfernte Angers, das sie für Jahre als Raubstützpunkt in Besitz nahmen – mitten in Frankreich . . .

Diese Vorgänge beeinflußten auch ganz entscheidend das weitere Schicksal der kirchlichen Mission, die von den christlichen Rheinlanden ausging. An den kriegerischen Auseinandersetzungen mit den Normannen am Rhein und an den Rheinmündungen entzündet sich der alte Missionseifer neu, und die Notwendigkeit, die Normannen zurückzuschlagen, brachte schließlich nicht nur die Eroberung des wichtigen niedersächsischen Raumes zwischen der Elbmündung und Lübeck, sondern sogar die großen Bemühungen Ansgars, Ottos von Bamberg und Adalberts von Prag, Skandinavien und die deutschen Ostseeküsten zu christianisieren.

Es gibt eine ganze Reihe von Chroniken, die uns diese Vorgänge schildern, denn die politischen Ereignisse folgen im neunten und zehnten Jahrhundert so dicht aufeinander, daß auch die Klosterzellen von ihnen widerhallten und so mancher Mönch sich gedrängt fühlte, über das Geschehen Aufzeichnungen zu machen. Jene, die unserem heutigen Lese- und Unterhaltungsbedürfnis am stärksten entgegenkommen, sind der den rheinischen Raum weitgehend aussparende Thietmar von Merseburg und der Mönch Regino von Prüm, der ganz ähnlich (wie einst Gregor von Tours) in Anekdoten und Skandalgeschichten schwelgt. Regino entstammte einer in Altrip bei Speyer begüterten adligen Familie und wurde 892 Abt von Prüm (Eifel). Er mag also um 850 geboren worden sein. Zur Abtswürde verhalfen ihm die Normannen, die 891 in der großen Schlacht am Dyle gesiegt hatten und daraufhin in die Eifel, aber auch in die Rheingegend vordrangen. Die Mönche des Klosters Prüm unter Abt Farabert flüchteten und schlugen den offenbar zurückbleibenden Regino dem König als neuen Abt vor. Regino starb 915 als Abt des Martinsklosters von Trier, und es scheint auch erst in Trier gewesen zu sein, daß er sich an die ungeheure Arbeit einer Weltchronik von Christi Geburt bis ins Jahr 911 machte.

Er kam dabei mit der Chronologie keineswegs zurecht, die verschiedenen Kalender verwirrten ihn, und seine Zählung der Päpste ist abenteuerlich. Seit dem Jahr 813 aber, seit den Zeiten, für die er offenbar gute persönliche Quellen, Gespräche mit älteren Klosterbrüdern oder andere Materialien nutzen konnte, ist seine Darstellung lebhaft und farbig und keineswegs durch sein Bekenntnis eingeengt. Als Adliger stellt er die *Virtus*, also Tapferkeit und Tugend, in beinahe altgermanischem Sinn an die Spitze seiner Werteskala, und nicht jede militärische Niederlage ist für ihn die Folge göttlicher Ungnade. Zu seiner Zeit war die Parteinahme auch nicht mehr so einfach; die Nachfahren Karls des Großen kämpften gegeneinander wie einst die Merowinger; das Reich bot ein so erbärmliches Schauspiel der Zerrissenheit und der fürstlichen Selbstsucht, daß die Mönche nicht, wie unter Kaiser Karl dem Großen, zu jeder Zeit wußten, wo sie standen und wo der Feind stand. Der unterlegene Lothar hatte es nicht verschmäht, den Stellinga-Aufstand heidnischer Sachsen für sich zu nutzen oder ihn gar anzuzetteln, die Könige hatten jede Menge von Mätressen, und die große Aufgabe der Ausbreitung des Christentums, die das fränkische Heer einst auf seine Fahnen geschrieben hatte, wäre ohne die Gegenoffensive der heidnischen Nordgermanen gegen alle Küsten und Ströme des Frankenlandes ganz und gar in Vergessenheit geraten.

Das Zentrum der nach Norden und Nordosten gerichteten Missionsbemühungen war die junge Stadt Hamburg, ein Gemeinwesen, das im Gegensatz zu heute bedeutungslosen winzigen Pfalzen wie Saltz oder Quierzy weitgehend unbekannt war. In den Reichsannalen, in Einhards Bericht vom Leben Karls des Großen, in Nitharts Geschichtenbuch und in den beiden Lebensbeschreibungen Kaiser Ludwigs des Frommen taucht Hamburg überhaupt noch nicht auf, in den *Annales Fuldenses* dagegen lesen wir zum Jahr 845: »Die Normannen plünderten das Reich Karls [des Kahlen], fuhren auf der Seine bis Paris und zogen, als sie ebenso von ihm wie von den Bewohnern reichlich Geld erhalten hatten, in Frieden ab. Auch in Friesland kämpften sie in drei Treffen, wurden zwar in dem ersten geschlagen, blieben aber siegreich in zwei anderen und brachten eine große Menge Menschen um. Auch eine Burg in Sachsen namens Hamburg plünderten sie und kehrten nicht ungestraft zurück. Karl kämpfte mit den Bretonen, und mit großen Verlusten seines Heeres entrann er selber kaum mit wenigen.«

Im gleichen Jahr kam es aber immerhin zu einem Reichstag in Paderborn, auf dem Kaiser Ludwig böhmische Fürsten empfing, die nach dem Christentum verlangten (wie die Annalen es ausdrücken) und auf dem auch Gesandtschaften der Normannen, der Slawen und der Bulgaren anwesend waren.

Das Reich übt in Binneneuropa also noch eine gewisse Anziehungskraft aus. Die slawischen Stämme drücken zwar im Raum Hamburg über die Elbe nach Westen (was ihnen nur für kurze Phasen gelingt), erweisen sich aber in der mittleren und oberen Elbgegend als einigermaßen friedlich. Der große Gegenangriff des Heidentums trifft vor allem die Ränder. Die Bretonen wehren sich in einem kargen Land ohne natürliche Hilfsquellen mit einer Zähigkeit sondergleichen, ein Abwehrkampf, der heute völlig vergessen ist und sie als die hartnäckigsten Gegner der Franken auf dem Boden Franciens erweist. Und an der Unterelbe tobt überhaupt eine Entscheidungsschlacht, als hätten die Normannen geahnt, daß von hier aus die geistige Gegenoffensive nach Skandinavien getragen werden soll. Man versuchte, einen unschlagbaren Gegner an der Wurzel seiner heidnischen Existenz zu treffen, da man ihn mit den Waffen noch nicht besiegen konnte.

Tatsächlich sind die Normannen – die Händlerkrieger aus Norwegen und Dänemark – von einer verblüffenden Selbstsicherheit.

Sie lassen sich hohe Abstandssummen auszahlen, wenn sie eine Stadt verschonen sollen, das heißt: Sie erpressen mit ihrer Macht, sie rechnen gar nicht mehr mit Gegenwehr. Und sie entsenden ihre Vertreter nach Paderborn, sie fühlen sich nicht als Räuber und Aggressoren, sondern nehmen die Unantastbarkeit der Diplomaten für ihre Sprecher genauso in Anspruch wie die vermutlich aus Kaufleuten bestehenden Delegationen aus Bulgarien.

Und während der Kaiser sich mit Mordbrennern und Raubkriegern unterhält, weiß man in jener »Burg im Sachsenland« längst, daß die Begegnung mit dem nordgermanischen Heidentum bitterer Ernst ist. Sie werden auf deutschem Boden nicht tolerieren, was sie an den irischen, schottischen, englischen und französischen Küsten schon so oft ausgelöscht haben: die Klöster und die Bistümer, von denen aus die waffenlosen Prediger für die neue Religion der Liebe und der Brüderlichkeit werben.

Karl der Große hatte in seinen letzten Lebensjahren Frieden an der Eidergrenze geschaffen und deren Anerkennung durch die Dänen erzwungen. Nach inneren Unruhen und Thronstreitigkeiten in Dänemark kam der verjagte König Harald nach Mainz und empfing dort – als Voraussetzung für die fränkische Hilfe – mit seiner ganzen Familie und einigen mit ihm geflohenen Getreuen die Taufe. »Der Kaiser erhob ihn selbst aus dem heiligen Quell«, berichtet Adam von Bremen, »und verlieh ihm, da er sich zur Wiedereinsetzung in seine Herrschaft entschlossen hatte, ein Lehen jenseits [d. h. nordöstlich] der Elbe. Seinem Bruder Horich gestand er einen Teil Frieslands zu, damit er die Abwehr der Raubschiffe übernehme. Dieses Gebiet beanspruchen die Dänen darum heute noch [geschrieben um 1070] als ihren rechtmäßigen Besitz.«

Trotz dieser Kontakte zu dänischen Fürsten fand sich zunächst, um 820–825, noch kein Kleriker bereit, als Missionar zu den als besonders roh und barbarisch geltenden Dänen zu gehen. Nur Ansgar und Autbert machten sich auf, verbrachten zwei Jahre in Dänemark und tauften zahlreiche Heiden im Grenzgebiet zum Sachsenland. Auf eine erneute Aufforderung des Kaisers brach Ansgar dann abermals auf und nahm die glaubenskundigen Brüder Giselmar und Witmar mit sich. In der Folge blieb Giselmar in Dänemark bei Harald zurück, also wohl noch auf heute deutschem Boden, auf dem nordelbischen Lehen Haralds, während Ansgar und Witmar die Reise über das Meer nach Schweden fortsetzten.

Sie fanden den Schutz eines Königs namens Björn – der gewiß nur über ein Teilreich gebot – und die wichtigere Förderung durch Hergeir, eine Art Bürgermeister der blühenden Handelsstadt Birka. Sie lag unweit von Stockholm an einem Binnensee, war aber vom Meer aus für die Schiffe erreichbar. Ihre Lage bot damit einen gewissen Schutz gegen Überfälle von See aus.

Birka war gut gewählt, denn internationale Handelsplätze mußten sich schon um ihrer eigenen Existenz willen einer gewissen Toleranz befleißigen, das zeigte später in einem den Papst nicht selten erzürnenden Maß die Stadt Venedig. In Birka waren Christen häufig als Kaufleute anwesend, in ganz Schweden aber hatten christliche Gefangene aus der Wikingerbeute die Kunde von Christus verbreitet, und für so manchen Nordgermanen war Christus mit dem Bild des Lichtgottes Baldur verschmolzen. Dennoch geriet Ansgar durch die starke heidnische Partei von Birka in eine gewisse Bedrängnis, aus der ihn erst das Thing befreite. Das war jene altgermanische Volksversammlung, auf der die Alten und Weisen das gewichtigste Wort zu sprechen hatten, weswegen es vor dem Thing nur ausnahmsweise zu gewaltsamen Lösungen kam:

»Während allen Lärmens erhob sich inmitten der Thingversammlung ein alter Mann«, schreibt Rimbert in seinem Leben Ansgars, das als Zeugnis eines Zeitgenossen eine der wichtigsten Heiligenviten ist. »›König und Thingversammlung‹, sagte der Alte, ›hört auf mich. Über die Verehrung dieses fremden Gottes wissen schon viele unter uns recht gut Bescheid. Sie wissen, daß er denen, die auf ihn vertrauen, große Hilfe gewähren kann. Das haben viele von uns schon in den Gefahren auf See und in anderen Nöten erprobt. Weshalb sollten wir also verwerfen, was für uns sicherlich notwendig und vorteilhaft ist? Früher sind unsere Männer nach Dorestad gegangen und haben diese Art Glauben freiwillig angenommen, weil sie seine Nützlichkeit erkannten. Jetzt lauern auf der Route viele Gefahren. Durch die seeräuberischen Überfälle ist diese Strecke für uns sehr gefährlich geworden. Nun wird uns, was wir früher in der Ferne aufsuchten, hier, in unserem eigenen Lande, geboten – warum also sollten wir es nicht annehmen? Wenn wir die Gnade dieses Gottes als in vielem nützlich gefunden haben, weshalb sollten wir da nicht gerne zustimmen, wenn seine Diener schon bei uns weilen? Überlegt euren Entschluß, Männer, und verfehlt euren Vorteil nicht. Wollen unsere eigenen Götter uns nicht gewogen sein, dann wäre es gut, die Gnade dieses fremden Gottes zu besitzen, denn er kann und will immer und überall denen helfen, die ihn anrufen.‹«

Das ist, so wie Rimbert es berichtet, ein ziemlich erstaunliches Bekenntnis zum Christentum und zur Toleranz, das erstens seine Wirkung hatte – das Thing ging durchaus unblutig zu Ende – und das uns zweitens wichtige Aufschlüsse über die verschiedenen Motive gibt, die zunächst zur Duldung und später dann zur Annahme des Christentums führten. Sie sind – da es sich ja immer noch um Germanen handelt – nicht sonderlich verschieden von den Voraussetzungen, die der Arianismus bei den germanischen Stämmen früherer Jahrhunderte vorfand und die ihm vierhundert Jahre vor Ansgar zu einem schnellen Sieg verhalfen. Die Schwächung und Zersetzung der alten Götterreligion war in Skandinavien langsamer vor sich gegangen, weil die hier lebenden Nordgermanen der zurückgebliebenen Stammesteile die auflösende, das alte Brauchtum zerstörende Einwirkung der langen Wanderzüge und der zahllosen Kriege nicht miterlebt hatten. Sie waren nicht in der Fremde mit den Mittelmeerkulturen konfrontiert worden, sondern hatten die Berührung mit dem übrigen Europa weitgehend dosieren können und auf die Handelsplätze zu beschränken verstanden.

Dennoch war der innere Zerfall einer letztlich nicht mehr zeitgemäßen Religion weitergegangen. In dem Maße, wie die Nordgermanen von den lichteren Welten des Mittelmeers erfuhren und Menschen aus anderen Zonen kennenlernten – als Kaufleute oder als Gefangene – , in diesem Maße verdüsterte sich langsam und in einem Jahrhunderte währenden Prozeß ihre eigene Religion immer mehr und wurde gleichsam in einen Schattenbereich abgedrängt. Der Dämonenglaube und die Angst vor dem Götterzorn gewannen die Oberhand, während andererseits die großen seefahrerischen und kriegerischen Unternehmungen der Skandinavier ihnen immer wieder klarmachten, daß die Wirklichkeit anders war als der alte Glaube, daß die eigenen Götter keineswegs mehr Macht hätten als die fremden und daß die Gegner der Wikinger aus ihrem Gottvertrauen bemerkenswerte Kräfte schöpften, Kräfte zum Kampf und Kräfte zum Leiden.

Was der unbekannte alte Mann auf jenem Thing von Birka aussprach, war gewiß schon die Meinung eines großen Teils des schwedischen Volkes, und nicht nur der Schweden, sondern auch der Dänen. Man fürchtete das Christentum nicht mehr, weil das Frankenreich in seiner inneren Schwäche ja keine nennenswerte Expansionspolitik mehr betrieb. Man haßte das Christentum nicht, weil von ihm nichts Übles mehr kam, und man wollte endlich genauer wissen, was es mit dieser Religion auf sich hatte, die den Schweden im Guten so nahe auf den Leib gerückt war und von der inzwischen in so vielen Ländern und Hafenorten gesprochen wurde. Wozu Gerüchten glauben, wenn in der imposanten Gestalt des mutigen Gottesdieners Ansgar ein Mann vor dem Thing stand, der nichts anderes wünschte, als von seiner Religion, von seinem Gott zu sprechen?

Dennoch geht man wohl zu weit mit der Behauptung, die Nordgermanen seien an ihren Göttern, an ihrer Religion verzweifelt (Algermissen), denn die schweren Krisen des Nordgermanentums, die um 200 vor Christus zu den schmerzlichen Stammesteilungen und Auswanderungen geführt hatten, waren ja vorüber. Zwar herrschte wiederum eine relative Übervölkerung in Skandinavien, das heißt: es lebten natürlich sehr viel weniger Menschen auf einem Quadratkilometer, als dies heute der Fall ist, aber die Lebensmöglichkeiten, der anbaufähige Grund, die Ernährungsquellen waren ja noch kaum entwickelt. Doch dieser Bevölkerungsdruck hatte ein Jahrtausend nach der ersten Wanderungswelle zu einer völlig neuen Lösung geführt: zur Bemannung von Raubschiffen und zum Ausschwärmen der Nordmänner zu allen Küsten Europas und des mittleren Ostens. Angesichts eines sich alljährlich erneuernden Überlegenheitserlebnisses und der sich zu Hause anhäufenden Reichtümer wäre Verzweiflung wohl schwer zu begreifen, andererseits mußte die nun intensivere Berührung mit anderen Völkern naturgemäß die Alleinherrschaft der Götterreligion untergraben. Dies kam dem Christentum zwar zugute, aber doch nicht ausschließlich dem Christentum. Im Herrschaftsbereich der Waräger an Rußlands großen Strömen ergaben sich kuriose, ja schaurige Mischkulte, mit Menschenopfern, Vergewaltigungen und anderen Ritualen von ähnlicher Grausamkeit. Offensichtlich waren diese Kulte von den Flußschiffern aus Schweden und den ortsansässigen slawischen Händlern gemeinsam entwickelt worden. Kulte, die vielleicht auch daraus entstanden, daß in diesen Flußhäfen und Umschlagplätzen eines niemals fehlte – Sklaven und Sklavinnen. Freilich gingen diese Auswüchse nach und nach wieder zurück, als sich die ersten russischen Reiche unter den Rurik-Brüdern und deren Nachkommen festigten und endlich das Christentum der Ostkirche annahmen. Das römische Christentum aber übte in seiner karolingischen Ausprägung eine nachhaltige Anziehungskraft auf die germanischen Nachbarn des Frankenreiches aus.

Der große Rückschlag für das nordgermanische Christentum kam, als nach Ansgar auch sein treuer Gefährte und Biograph Rimbert starb. Ansgar, Sachse aus dem Vertriebenenkloster Corbie an der Somme, hatte trotz aller Gefahren, denen er sich ausgesetzt hatte, am 3. Februar 865, vermutlich 64 Jahre alt, friedlich die Augen geschlossen, und zwar in jener Stadt Bremen, die sich mit Hamburg den Ruhm teilte, Zentrum der nordischen Mission gewesen zu sein. Rimbert wurde nach Ansgar Erzbischof von Bremen und Hamburg, nahm aber später aufgrund eines Gelübdes das schlichte Mönchsgewand des Pflanzklosters Corvey bei Höxter an der Weser und starb am 11. Juni 888 zu Bremen. Mit diesen beiden Aposteln des Nordens erloschen seltsamerweise aber auch alle deutschen Ambitionen, das Christentum in Skandinavien zum Sieg zu führen, zweifellos einer der deutlichsten Beweise für die außerordentliche Schwäche der karolingischen Nachfolgereiche.

»Als einer von Ansgars Nachfolgern auf dem Erzbischofsstuhl hundert Jahre nach dem Tod des Heiligen Birka besuchte, befanden sich dort keine Kirchen und kein Priester mehr. Die Christengemeinde war so gut wie ausgestorben, und nicht lange danach wurde die große Handelsstadt vom Erdboden getilgt ...« (Carl Grimberg, *Geschichte des Schwedischen Volkes*)

Es ist die Zeit der Über- und Untergänge. Die Heiligen verhelfen kleinen, kaum bekannten Fluchtklöstern wie etwa Tournus an der Saône oder Vézélay zu einem das ganze Mittelalter durchstrahlenden Ruhm, und die Bischofstädte und Handelsplätze am Meer werden zum Grab der Kaufmannsgeschlechter, der Mönche, der Prälaten. Das reiche Vineta auf einer Insel vor der Odermündung, so gut wie uneinnehmbar mit seinen vielen Toren und den kunstvollen Hafensperren, wird überfallen, ausgeraubt und niedergebrannt, und die Sturmfluten, die später darüber hingehen, verschlingen nur noch berußte Mauern. Birka und Truso ergeht es ähnlich, woraus man sieht, daß die Heiden auch die heidnischen Handelsplätze nicht verschonten, wenn sie reiche Beute machen konnten. Und von den Bischofstädten in den Mündungen von

Elbe und Weser wissen wir sogar, wie es zuging, wenn – beinahe im Rücken der Heiligen, die sich um die Mission im Norden bemühten – dann das Heidentum zuschlug.

»Während Diözese und Mission sich lobenswert und gottgefällig entwickelten«, schreibt Rimbert in seiner Lebensgeschichte Ansgars, »tauchten ganz unerwartet wikingische Seeräuber mit ihren Schiffen vor Hamburg auf und schlossen es ein. Die überraschende Plötzlichkeit dieses Ereignisses ließ keine Zeit, Männer aus dem Gau zusammenzuziehen, zumal auch der damalige Graf und Befehlshaber des Ortes, der erlauchte Herr Bernhar, nicht zugegen war. Als der Herr Bischof dort von ihrem Erscheinen hörte, wollte er zunächst mit den Bewohnern der Burg und des offenen Wiks [d. h. der Kaufmannssiedlung] den Platz halten, bis stärkere Hilfe käme. Aber die Heiden griffen unverweilt an. Schon war die Burg umringt, da erkannte er sich zur Verteidigung außerstande, und nun sann er nur noch auf Rettung der ihm anvertrauten heiligen Reliquien.«

Durch die geschilderte Häufung der Reliquien hatten vor allem Bischofsstädte neben dem Patron der Stadt und der Klöster oft auch noch Reliquien-Spenden zu hüten. Diese stammten nicht selten aus Kriegs- und Raubzügen oder waren Geschenke von Adligen, die auf diese Weise Vergebung ihrer kriegerischen Untaten zu erlangen hofften. Hamburg besaß, obwohl noch ein junges und wenig bekanntes Bistum, Gebeine des heiligen Remigius, des Schutzpatrons von Reims, und der Bischöfe Sixtus und Sinicius von Reims.

»Ansgars Geistliche zerstreuten sich auf der Flucht nach allen Seiten, er selbst entrann ohne Kutte nur mit größter Mühe. Auch die Bevölkerung, die aus der Burg entrinnen konnte, irrte flüchtend umher. Die meisten entkamen, einige wurden gefangen, sehr viele erschlagen. Nach der Einnahme plünderten die Feinde die Burg und den benachbarten Wik gründlich aus. Am Abend waren sie erschienen, die Nacht, den folgenden Tag und noch eine Nacht blieben sie da. Nach gründlicher Plünderung und Brandschatzung verschwanden sie wieder. Da wurden die unter Leitung des Herrn Bischofs errichtete kunstreiche Kirche und der prächtige Klosterbau von den Flammen verzehrt. Da ging mit zahlreichen anderen Büchern die unserem Vater vom erlauchtesten Kaiser geschenkte Prachtbibel im Feuer zugrunde. Alles, was Ansgar dort an Kirchengerät und anderen Vermögenswerten besessen hatte, wurde bei dem feindlichen Überfall durch Raub und Brand ebenfalls vernichtet – ihm blieb nur das nackte Leben.«

Wer aber nun geglaubt hätte, daß sich die christlichen Nachbarn der Hamburger, die Glaubensbrüder aus dem Bistum Bremen, dem flüchtigen Ansgar als hilfreich erwiesen hätten, der macht die Rechnung ohne die offenbar uralte bremisch-hamburgische Rivalität. Ansgar, den die Hamburger in ihrem Volksschrifttum Anschar nennen, fand zwar einen Kahn, setzte mit den Reliquien über die Elbe und gelangte endlich auch nach Bremen. Und obwohl die kaiserlichen Vorschriften gebieten, was ohnedies Christenpflicht wäre, nämlich daß ein Amtsbruder einen vertriebenen Kollegen aufzunehmen habe, weigerte sich Bischof Leuderich, Ansgar Unterkunft zu gewähren. Die Irrfahrt durch das Marschengebiet begann aufs neue, bis eine fromme Frau namens Ikia (für die Hamburger: Gräfin Ida) dem flüchtigen Bischof mit seinen geweihten Schätzen das Gut Ramelsloh überließ, drei Meilen von Hamburg im Gebiet des Bistums Verden gelegen, also nicht dem neiderfüllten Leuderich unterstellt.

Einen späten Sieg über Leuderich errang Ansgar, indem er nach dem Tod des Oberhirten von Bremen dessen Bistum erhielt und Hamburg mit Bremen zusammengelegt wurde. Ansgar stand noch von 848–865 an der Spitze der vereinigten Bistümer. Was den im ganzen christenfreundlichen Dänenfürsten Horik (Erik) dazu bewogen hatte, so plötzlich und grausam über Hamburg herzufallen, ist bis heute nicht klar. Vermutlich handelte es sich um simple Raubgier ohne tiefere Beweggründe, da Horik die Mission in seinem Herrschaftsbereich schon Jahre zuvor gestattet hatte. Auffällig ist auch, daß Ansgar von den Dänen wiederholt Mädchen und Knaben kaufte, die er dann für den kirchlichen Dienst und als Helfer für die Heidenmission ausbilden ließ. Horik hatte also genauere Kenntnisse der Hamburger Verhältnisse und der finanziellen Möglichkeiten Ansgars und sah in dem schnellen Überfall eine lohnende Abkürzung des Verfahrens: Der Sklavenhandel allein brachte wohl zu wenig ...

Das Blutjahr 845 ging für die siegreichen Dänen dennoch nicht glücklich zu Ende, denn der Wikingerfürst Ragnar, der Paris geplündert und die Kirchen der heiligen Genoveva und des heiligen Germanus (Saint-Germain-des-Prés) verheert hatte, brachte von der Seine eine gefährliche Seuche mit nach Hause. Horik, der darin eine Strafe des Christengottes sah, bemühte sich eilends um

Frieden, kam nach Paderborn und ließ alle christlichen Gefangenen frei. Ragnar Lodbrok, der Räuber von Paris, erkrankte ebenfalls, kam aber mit dem Leben davon und starb 860 in England.

Mit den Söhnen des kühnen See- und Landräubers beginnt eine neue Generation von Wikinger-Führern ins Licht der Geschichte zu treten, und es ist verblüffend, wie in einer Phase deutlicher und dauerhafter Staatenbildung die freie, durch ganz Europa schweifende Gewalt noch immer bei einzelnen Sippen bleibt – bis herauf ins Hochmittelalter zu Tancred de Hauteville aus Coutances mit seinen zwölf Söhnen.

Die Ragnar-Söhne bedienen sich des Instruments der großen Flotten und der starken Landungstruppen mit erschreckender Virtuosität. Ihr tüchtigster, vielleicht auch der älteste, ist Björn Eisenseite, aber auch seine Brüder oder eher Halbbrüder Halfdan, Ubbe, Ivar und der nur mit seinem christlichen Taufnamen bekannte Gottfried sind in Tat und Zielsetzung über Ragnar hinausgelangt. Zunächst haben sie natürlich gemäß altnordischem Blutrachegesetz die Pflicht, ihren Vater zu rächen. König Aella von Northumberland, ein eher verschlagener und nicht einmal völlig legitimer Herrscher, hatte nämlich Ragnar, der ihm durch Verrat in die Hände gefallen war, auf scheußliche Weise sterben lassen: in einer Schlangengrube, wie die Sage behauptet, in einem Wolfszwinger, wie es wohl wahrscheinlicher ist. Die Klage des großen Wikingers, sein heldischer Abschied vom Leben, ist als *The Death-Song of Ragnar Lodbrok* ein Stück altisländischer Skaldendichtung, das in der Übertragung durch Thomas Percy, Bischof von Dromore, im achtzehnten Jahrhundert, also tausend Jahre nach den Ereignissen, eine Woge des Interesses für das alte England auslöste.

Trotz des Sieges über Aella scheint sich bei den Ragnar-Söhnen die Erkenntnis durchgesetzt zu haben, daß in dem geographisch und klimatisch für sie so günstigen England die Abwehrkräfte zu sehr erstarkt seien; die Wikinger kämpften ja dort gegen andere Nordgermanen, die Kelten waren inzwischen nach Norden und Süden abgewandert. Hingegen lagen die langen Küsten des großen, im Inneren zerrissenen Frankenreiches beinahe ungeschützt da, und das milde Klima wie die reichen Fluren verlockten gleichermaßen zu einer dauernden Niederlassung. Angesichts der militärischen Überlegenheit der Wikinger empfanden die Ragnar-

Söhne immer weniger die Notwendigkeit, mit den schwer beladenen Schiffen den gefahrvollen Heimweg über die stürmische Nordsee anzutreten; es war viel einfacher, in der Fremde zu bleiben und sich dort festzusetzen. In dieser neuen Phase ihrer Überfälle versuchten die Nordmänner also, festen Boden unter den Füßen zu gewinnen, wie vordem schon in Angers an der Loire. An den Rheinmündungen kam es 880 oder 882 zu dem Versuch einer Reichsgründung durch jenen Gottfried, den Ragnar vielleicht mit einer christlichen Beutefrau in die Welt gesetzt hatte. Um die Wende zum zehnten Jahrhundert wird Haithabu erobert, die schon 808 als bedeutender Hafen erwähnte Seehandels-Metropole im Raum der heutigen Stadt Schleswig. Haithabu hatte bereits einen starken Christen-Anteil in seiner Bevölkerung – wie die Ausgrabung eines ausgedehnten Friedhofs am Westrand der Stadt zeigt –, vermutlich, weil zahlreiche christliche Handwerker, Bronzegießer, Glasbläser und andere in der Stadt lebten. Der Eroberer Olaf jedoch ließ sich im Jahre 905 noch auf heidnische Weise bestatten, ja, es gab sogar Pferdebestattungen, die das heidnisch-christliche Nebeneinander in Haithabu beweisen.

Der erste große und dauernde Erfolg war den Landnahme-Versuchen der Wikinger wenig später in Westfrankreich beschieden, als der Karolinger Karl der Einfältige dem Normannenherzog Rollo die Normandie zum Lehen gab und die ohnedies unbotmäßige Bretagne dazu. Das erste Normannenreich auf fränkischem Boden war damit Wirklichkeit; es erstreckte sich von dem stillen Flüßchen Epte (bei Gisors) auf die große und fruchtbare Cotentin-Halbinsel hinaus – ein Land mit offensichtlichem Sprungbrett-Charakter in Richtung England.

Der heidnische Angriff und die christliche Verteidigung erreichen in der zweiten Hälfte des neunten Jahrhunderts eine solche Intensität, daß Kämpfer und Schlachten zu Gegenständen der Heldendichtung werden. Der Todesgesang des Ragnar Lodbrok bleibt eines der berühmtesten Stücke skandinavischer Epik, und die große Schlacht im Unterelberaum von 880 hat auch beinahe mythischen Charakter gewonnen, weswegen die älteste und kürzeste Darstellung der Ereignisse am meisten Wahrheitscharakter besitzt, die Eintragung zum Jahr 880 in den *Annales Fuldenses*:

»Der Winter war hart und ungewöhnlich lang; Rhein und Main, die vor Kälte zufroren, waren lange Zeit zu überschreiten. König

Ludwig feierte den Geburtstag des Herrn in Frankfurt; dann brach er nach Gallien auf, empfing die zu ihm kommenden Söhne Ludwigs und unterwarf das ganze Reich Lothars seiner Gewalt. Von dort sandte er ein Heer zur Vertreibung der Normannen, die sich seit langem in der Schelde festgesetzt hatten. Es kam zu einer Schlacht, in der er mehr als fünftausend von ihnen niederstreckte. In diesem Treffen fiel des Königs Sohn Hugo.

In Sachsen hatte man im Kampf gegen die Normannen wenig Glück, denn die Normannen blieben Sieger und töteten zwei Bischöfe, Theoderich [von Minden] und Markwart [von Hildesheim] und zwölf Grafen: Herzog Brun, den Bruder der Königin, ferner die Grafen Wigmann und Bardo, einen weiteren Bardo, einen dritten Bardo, die Grafen Thiotheri, Gerrich, Liutolf, Folkwart, Avan, Thiotrik, Liuthar samt allen, die ihnen folgten. Außerdem streckten die Nordmänner achtzehn königliche Trabanten mit all ihren Leuten nieder. Die Namen dieser achtzehn lauten: Aderam, Alfwini, Addasta, Aida, ein anderer Aida, Dudo, Bodo, Wal, Haulf, Hildiwart, Ruodtag, Hitti, noch ein Wal, Ratheri, Adalwini, Werinhart, Thiothrich, Ailwart – nicht gerechnet die Unzähligen, die man in die Gefangenschaft führte ... Die Normannen verübten auch in Gallien Mord und Brand. Unter den vielen Orten und Klöstern, die sie verwüsteten, befindet sich auch Birten, wo zahlreiche Friesen wohnten. Von dort zurückgekehrt, umzingelten sie Nymwegen, nahmen es ein und befestigten die Stadt, in der sie sich ein Winterquartier bereiteten. Zur Befreiung dieser seiner Pfalz rückte ihnen König Ludwig mit einer starken Mannschaft entgegen, mußte aber wegen der Härte des Winters und wegen der Festigkeit des Ortes umkehren.«

Die normannische Übermacht, die aus diesen Berichten spricht, ist durch die Plötzlichkeit ihres Auftretens nun nicht mehr zu erklären. Sie kommen mit großen Flotten, sie befestigen Städte, sie lassen sich nieder. Ein Ragnar-Sohn herrscht ab 866 oder 867 durch beinahe zwanzig Jahre in York, ein anderer erobert London und setzt sich dort so fest, daß er Münzen prägen läßt. Ein dritter führt Krieg im Mittelmeer, ein vierter, Sigurd Schlangenauge genannt, ist vermutlich der Sieger jener mörderischen Schlacht vom 2. Februar 880, in der ihn sein offenbar viel jüngerer Halbbruder Gottfried unterstützt. Während dem erfahrenen Sigurd, der das sogenannte »Große Heer« der Normannen schon seit geraumer Zeit führte, der Rückzug ohne Verluste gelingt, trifft Gottfried unversehens eine fränkische Alarmtruppe, und es kommt zu einer blutigen Schlacht. Gottfried muß aber lebend entkommen sein, denn er erlangt 882 die Abtretung der Provinz Friesland und wird nach der Taufe sogar Schwiegersohn Lothars II. (oder genauer gesagt von dessen Witwe Walrade), indem er Lothars Tochter aus zweiter Ehe, Prinzessin Gisla, zur Frau erhält. Er stirbt jung, schon drei Jahre darauf. Gisla wird am 18. Januar 908 zum letztenmal urkundlich erwähnt, danach weiß man nichts mehr von ihr.

Die Feinde von gestern, die Männer, die den sächsischen Adel dezimierten, sind die Verwandten, sind die Familie von heute und morgen. Das kräftige Normannenblut dringt überall in die schon etwas schwächlichen Herrscherfamilien ein. Ragnar Lodbrok, der legendäre Held, wird ein Ahnherr christlicher Rittergeschlechter. Die Taufe, die so mancher über sich ergehen läßt, öffnet ihnen und ihren Männern die fränkische Welt alkuinscher und karolingischer Prägung, eine Welt, in der sie jenen Mönchen begegnen, die sie bis dahin mit dem Schwert vor sich hergejagt haben, eine Welt, in der Bischöfe soviel zu sagen haben wie Grafen, Fürsten und Herzöge.

Die schwere Niederlage von 880 steht in einer Reihe mit anderen verlorenen Schlachten. Just als man glaubte, den Normannen zumindest erfolgreich den Rückzug zum Meer verlegen zu können, gingen diese zu der neuen Technik über, sich festzusetzen, befestigte Orte zu beziehen, womit der gefährliche Rückmarsch, beschwert mit der Beute und durch ein aufgestörtes Gebiet mit wütender Bevölkerung, meist entbehrlich wurde. Die Betroffenheit der Annalisten ist trotz der Kargheit der Berichte offenbar. Die lange Reihe der Namen (das Entzücken der Genealogen, die sonst aus solchen Zeiten ja nichts erfahren) ist eindrucksvoll, der archäologische Befund nicht minder deutlich. Die Massengräber haben die Lokalisierung der blutigen Schlacht bei Ebstorf unweit Uelzen gestattet; das große Dorf, Schnittpunkt schönster Heidestraßen, kannte bis zu diesem Nachweis nur legendenhafte Traditionen über das Ereignis des Jahres 880.

Auch in Hamburg hat die Bodenforschung das letzte Wort gesprochen und der durch ungenaue Chroniken verursachten Unsicherheit über die Ereignisse von 845 ein Ende bereitet. Nach den Bombenangriffen des Zweiten Weltkrieges wurde unter und in den Fundamenten des einstigen Domplatzes gegraben, wurden Reste einer Kirche in karolingischer Holz-Mauer-Bauweise ent-

deckt, dazu Aschenschichten und Hinweise auf zeitweilige Ver-
ödung. Doch erwies sich auch, daß die Kaufmannssiedlung nicht
verödete. »Diese Kaufmannssiedlung lag im südlichen Vorland
der Domburg und läßt sich auf den Anfang des neunten Jahrhunderts datieren«, schreibt Hartmut Harthausen in einer sorgfältig
belegten Untersuchung über die Normanneneinfälle im Elb- und
Wesermündungsgebiet. »Ihr Charakter als Hafen steht außer
Zweifel, man fand eine Uferbefestigung aus starken Flechtfaschi-
nen und Kaimauern aus mächtigen, mehrfach übereinander ge-
schichteten Buchenkloben. Die Hafensiedlung ließ sich über fast
150 Meter verfolgen. Aber auch der sanft abfallende Geesthang im
Westen der Domburg war im neunten Jahrhundert mindestens
teilweise besiedelt.«

Für Rimbert und für Ansgar von Bremen war Hamburg mit
seiner Kirche zugrunde gegangen, aber die Stadt selbst lebte auch
ohne Bischofssitz weiter; sie wurde schnell wieder aufgebaut und
begann sich vom Ende des Jahrhunderts an in Richtung auf die
Alster zu erweitern, vielleicht als ein steinerner Hinweis auf die
Kräfte, die nach und nach auch über die Waffen die Oberhand
gewinnen und sich dem Heidentum als überlegen erweisen werden: Zähigkeit friedlichen Erwerbs, die unbeugsame Kraft eines
vorhanseatischen Geschlechts, das auf den Ruinen der Kirchen
und Klöster die neuen Burgen des Handels aufbaut, Hafenorte,
Lagerhallen und Werften.

Wir wissen heute, daß die Normannen alles andere waren als
wilde, raubgierige Haufen. Harthausen und andere haben den
Nachweis geführt, daß all diese Überfälle keine Einzelaktionen
waren, sondern daß eine imponierende Koordination der Angriffe
festzustellen ist, daß die Brüder und Halbbrüder, die ganze Sippe
des großen Ragnar Lodbrok sich in souveräner Weise zu verständigen wußte und in gewaltigen Zangenbewegungen die Verteidiger
ausmanövrierte. Denn wenn auch die Franken und ihre Hilfsvöl-
ker den Vorteil der inneren Linie hatten, so mußte auf dieser
inneren Linie eben marschiert werden, während die Normannen
auf der äußeren Linie ihre Flotten bewegten, so sicher wie in einem
blutigen Planspiel, so überlegen, als wären sie aus einer anderen
Welt herabgestiegen.

Die hundert Jahre nach dem Tod des großen Karl gehören dem
Heidentum, auch wenn noch so viele Mönche über diese Zeit
berichten. Das Christentum sammelt Märtyrer an allen seinen

Grenzen, auch im Osten, wo immer wieder die Slawen eindringen. Einige wenige dieser frommen Kämpfer sind uns namentlich bekannt, sind heiliggesprochen worden. Gefallen aber sind viele Tausende, und von ihnen kennt man nur ausnahmsweise die Namen oder gar die Lebensgeschichte, und nur ein paar Grenzklöster zum einstigen Slawenland bewahren die Erinnerung an den unbekannten Märtyrer – wie spätere Zeiten die an den Unbekannten Soldaten.

Nord und Süd

Drei Jahrzehnte nach der großen Schlacht von Ebstorf, dem letzten gefährlichen Triumph der nordgermanischen Heidenarmee auf deutschem Boden, wird der bedeutendste Nachkomme des Sachsenherzogs Widukind geboren. Widukinds Urenkelin Mathilda, Gemahlin König Heinrichs I., des Voglers, schenkt am 23. November 912 einem Knaben das Leben, der in der Taufe den Namen Otto erhält und der diesem Namen Größe geben wird.

Nach dunklen hundert Jahren voll der folgenreichsten Irrtümer der europäischen Geschichte erwächst dem ersten würdigen Erben der Herrschaft, dem Friedenskaiser Heinrich, ein noch größerer Nachfolger, und es ist seltsam, daß die uralte Herzogin Oda, Tochter des Grafen Billung, nicht weniger als hundertundsieben Jahre alt werden darf, um diesen großen Urenkel noch zu erleben. Welche Kraft, welch ein Geschlecht!

Ein Jahr vor der Geburt Ottos des Großen haben die Normannen sich ihre Sehnsucht erfüllt, in Francien meernahes Land von größter Fruchtbarkeit als eine neue Heimat zu erhalten, den landwirtschaftlich gesehen besten Boden Frankreichs bis heute, das Land für große Herden und ausgedehnte Getreidefelder, auf dem auch die gierigsten Räuber eigentlich zur Ruhe kommen könnten.

In Deutschland hat sich ein langsamer Wandel vollzogen, den uns die Chroniken verraten, denn Worte verhüllen nicht nur, sie geben auch preis. Waren wir selbst es, die den altrömischen Klassikern noch als Barbaren erschienen, so ist dieser Begriff nun deutlich weitergerückt. Die Normannen, die ihre Streitäxte über Wehrlose schwangen, wurden zu Barbaren, wenn der Begriff Heiden sie nicht genugsam zu kennzeichnen schien, und gleiches geschieht nun auch den Slawen, die sich an der Ostgrenze der deutschen Wohnbereiche mit überraschender Hartnäckigkeit dem Christentum widersetzen. Die schon von Tacitus für so manches ihrer Sittengesetze hochgelobten Germanen sind die Aura der Barbarei endgültig losgeworden, denn es gibt auf deutschem Boden keine Heiden mehr. Aber wohin reicht der deutsche Boden?

Daß Ibrahim Ibn-Jaqub nicht recht hatte, als er Paderborn ein Kastell im Slawenland nannte, ist offensichtlich, macht es doch einen Unterschied, ob eine Stadt an der Sachsen- oder an der Slawengrenze liegt. Aber wie steht es um den Süden, wo Gebirgszüge sich den christlichen Streitern entgegenstellen, wo das Kreuzundquerlaufen der Täler den Überblick erschwert, wo auf die ältesten Christen, die romanisierte Talbevölkerung, Alpenslawen und Bajuwaren im Wettstreit um die Weidegründe folgten und schließlich die Alpenslawen die Oberhand gewannen?

Es ist die Zeit, da Flüsse eben noch als Grenzen gelten können: die Elbe, die Enns, die Drau; aber diesseits und jenseits der Flüsse brodeln die Veränderungen nun immer unübersichtlicher, denn die Ungarn reiten schneller als einst die Awaren, und die Bayern schreiten bedächtiger als einst die Bajuwaren.

Im Norden hat Bonifatius einen späten Sieg errungen, denn es sind Fulda und Utrecht, die von Süden und von Westen her die heidnischen Bastionen angegriffen und endlich über das schwerblütige sächsische Volk triumphiert haben. Im Süden aber ist es der Bonifatius-Gegner Virgil, der leise und nicht so kämpferisch, behutsam und doch erfolgreich das Christentum gegen den Osten und Süden der Alpenländer vordringen läßt. Beinahe möchte man von einem englisch-irischen Konflikt zwischen dem strengen Katholizismus des Engländers Bonifatius, der den ungelehrten bayerischen Priestern nicht einmal ihr schlechtes Latein durchgehen ließ, und dem irisch-schottischen, auf jeden Fall also gälisch-keltischen Virgil sprechen, der weniger Sprachwissenschaftler als Naturkundler war und die Sache wichtiger nahm als das sauberste Wort. Virgilius, einst Abt des Klosters Aghadoe bei Killarney, und sein Weihbischof, ein Schotte mit dem nicht nur für Salzburger schwierigen Namen Dobdagrec (Dubdarich) ließen sich ungerührt von dem strengen Heiligen des Nordens zu Ketzern stempeln, sorgten aber für ein paar Verbündete zumindest im Süden. Herrenchiemsee, Passau und Freising stehen hinter Virgil. Wichtige Klostergründungen zeigen, daß von dieser Hausmacht ausgehend eine überlegte christliche Expansion in Richtung der Alpen erfolgte, gewiß mit dem uneingestandenen Nebenzweck, ein bayerisches Übergewicht über die anderen Alpenbewohner herbeizuführen: Scharnitz an der bayerisch-tirolerischen Pforte und Mondsee, wo sich die Alpentäler nach Westen öffnen, sind Gründungen, die offensichtlich an einem Weg, an einer Straße der Missionen liegen und sie stützen sollen. Zu den Klöstern gesellen sich wildnisnahe Niederlassungen, sogenannte Zellen am Irrsee, an der Pram, am Attersee und, ziemlich exponiert, bei Bischofshofen, wo denn auch die Alpenslawen ihr Heidentum sengend und brennend verteidigen. Am Ende der iroschottischen Gründungen steht Mattsee; dies geschah noch zu Lebzeiten Tassilos und Karls des Großen.

Man hat in den letzten Jahrzehnten gelegentlich bezweifelt, daß es im Alpenraum zu einer slawischen Oberherrschaft über keltoromanische und bayerische Vorbewohner gekommen sei. Offenbar können sich manche Forscher die Slawen nur als Gesinde und die Christen nur als Herren denken. Die neueste Forschung hat aber vor allem durch genauere Auswertung der Bodenfunde nachweisen können, daß – wie schon in der eigentlichen Völkerwanderungszeit – diese Landnahmen sehr oft viel friedlicher vor sich gingen, als die Phantasie der später Lebenden es sich ausmalt. Die Neuankömmlinge waren schließlich auch keine hochgerüsteten und schlagkräftigen Armeen, sondern Wandergruppen, die oft nicht einmal zahlreich genug waren, sich gewaltsam durchzusetzen, und an vielen, vor allem abgelegenen Stellen der Bergwelt ergab sich ein duldsames Neben- und Übereinander der verschiedenen Bewohnergruppen, das sich allerdings gelegentlich auch ebenso friedlich wieder auflöste, wenn sich Neuankömmlinge dann nicht wohl oder nicht sicher fühlten und enttäuscht wieder verschwanden, oder wenn Teile der Restbevölkerung die Abwanderung vorzogen.

Vor allem darf man nicht vergessen, daß alle Seßhaften und Arbeitsamen einen gemeinsamen Feind hatten: So wie sich Sachsen und Franken sehr bald nach dem Friedensschluß von Saltz gegen die Normannen verbünden mußten und gegen die slawischen Überfälle vom Ostufer der Elbe, so hatten Bayern und Alpenslawen gemeinsam dem Druck der Awaren standzuhalten. Die Slawenherzöge saßen auf der den Ulrichsberg krönenden Karnburg, die Kärnten den Namen geben sollte, und da Herzog Borut nicht stark genug war, sich allein gegen die Awaren zu behaupten, suchte er Hilfe bei den Bayernherzögen und ließ seine Söhne (oder einen Sohn und einen Neffen) im Bistum Salzburg christlich erziehen. Boruts Sohn Cheitomar ist zwar nicht ausdrücklich zum Christentum übergetreten, aber er ist jedenfalls in der zweiten Hälfte des achten Jahrhunderts Herzog von Kärnten unter bayerischer und damit fränkischer Oberhoheit.

Anders als an der Elbe, wo ein großer Strom eine klare Grenze bildete, war in den Alpen also die Missionsarbeit gleichermaßen Deutschenbefreiung und Slawenchristianisierung. Das Land war zum Teil früher christlich gewesen als Bayern selbst – das beweisen viele örtliche Traditionen in Südtirol –, aber eben heidnisch überlagert worden. Deshalb sind wichtige Grenzklöster wie zum Beispiel Innichen nicht nur Mittelpunkt der Mission, sondern auch Stützpunkte für eine überfremdete alteingesessene Bevölkerung, die sich erst mit Hilfe der Benediktiner selbst wiederfand und endlich behauptete. Sehr deutlich ist die christliche Ordnung einer heiklen Bevölkerungsmischung an Orten wie der noch teilweise bewohnten römischen Ruinenstadt Nirunum im Herzen des sogenannten Zollfelds, der Talebene der Glan zwischen Klagenfurt und Sankt Veit. Hier gründete Virgils Helfer, der Chorbischof Modestus gegenüber der Karnburg die *Ecclesia Sanctae Mariae in Solio*, das heutige Maria Saal, und in einer anderen ehemals römischen Stadtsiedlung, nämlich in Teurnia (vier Kilometer westlich von Spittal an der Drau) gründete Modestus in Anlehnung an den alten Namen die Kirche von Liburnia (heute Sankt Peter im Holz). Illyrische, keltische und bayerische Bewohner hatten sich hier nicht eigentlich abgelöst, sondern die später Gekommenen waren mit den Ansässigen verschmolzen, die Mischung hatte die keltisch-heidnische, die römisch-heidnische und die christliche Religion erlebt und nach den Slawen endlich ein neues christliches Dach erhalten: die Kirche des Modestus, den man darum nicht ohne Grund den Apostel Kärntens nennt. Das Modestus-Grab in Maria Saal ist durchaus folgerichtig auch ein römischer Sarkophag, der die Reliquien birgt, die sonst in den kleinen Schreinen liegen. Das Todesjahr des Modestus ist, wie bei so vielen Missionspriestern, unbekannt, es liegt aber sicherlich vor 770. Sein Gedenktag ist der 5. Februar. Er gilt als Festtag des Heiligen und wird in Maria Saal besonders gefeiert.

Von Eider und Schlei im Norden bis zur Drau und nach Krain im Süden bekennen sich die verschiedenen germanischen Stämme, noch ehe das Jahr 1000 anbricht, zum Christentum und zu dem Reich, das die sächsischen Kaiser auf der fränkischen Machtbasis geschaffen haben.

Aber sind sie darum schon Christen? Wohl ebensowenig wie sie schon alle Deutsche sind. Daß ihre Sprache sich von der Franciens geschieden hat, daß die Straßburger Eide in der Sprache Franciens und der des deutschen Frankenreiches niedergeschrieben wurden, das liegt, als Otto der Große im Jahre 936 den Thron besteigt, erst ein gutes Menschenalter zurück. Die gemeinsame Sprache östlich des Rheins aber ist noch nicht einmal ein Wunschtraum der vereinten Stämme, geschweige denn ein Plan der Kaiser, ein Ziel deutscher Kulturpolitik. Als Adam von Bremen sich um die Jahrtausendwende durch seine große Geschichte der Hamburger Kirche und der Nordischen Mission einen Namen gemacht hat, rügt man immer noch sein für die Glaubensbrüder schwer verständliches Deutsch aus dem Süden des Reiches, und gäbe es nicht das alle verbindende Latein (das sie freilich sehr unterschiedlich beherrschen), besäßen weltliche und kirchliche Verwaltungen und Behörden kaum eine taugliche Möglichkeit, sich miteinander zu verständigen.

Aus dieser Schwierigkeit des sprachlichen und geistigen Zusammenhaltes ergibt sich die andere Schwäche hinsichtlich der Präsenz, der Zugänglichkeit, der alltäglichen Verfügbarkeit christlicher Religion und Lebenshilfe. Was sich nicht oder nur unzureichend auszudrücken vermag, bleibt fremd und unvertraut. Das Altheidnische, stets Dagewesene brauchte nicht benannt zu werden, es hatte seine Namen, und diese Namen waren Bestandteil der Sprache, des Denkens, des dörflichen und überhaupt des gemeinsamen Lebens bei Tag und Nacht, zu allen Jahreszeiten, bei allen Festen. Die neue Religion dagegen hatte zwar alle erreicht, von ein paar Heidedörfern und Alpentälern abgesehen, aber sie lag wie ein Frühlingsblumenflor auf tief gefrorenem Boden, der nur oberflächlich aufgetaut war und in den einzudringen es noch der Arbeit von Generationen bedürfen würde. Im Süden scheint es leichter gewesen zu sein, die Kultur war älter, die Mischung günstiger, die romanischen Elemente der Bevölkerung entsannen sich vage des Christentums römischer Legionäre und der alten Strukturen in Noricum. Aus den letzten Jahrzehnten des Römerreichs waren Kirchen und Klausen stehen geblieben, die von den arianischen Langobarden nur ausnahmsweise zerstört wurden. Die Bergtäler mit den kargen Hängen zwangen auch zur Seßhaftigkeit: Über die Hochpässe zog man nicht mit der gleichen Leichtigkeit wie durch die Heidelandschaften der Tiefländer zwischen den niederdeutschen Strömen. In Nordschleswig war das Land auch noch außerordentlich dünn besiedelt, beinahe öde, und die junge Welthandelsstadt Haithabu stützte sich nicht etwa auf ein kaufkräftiges Hinterland, sondern ausschließlich auf die geographisch begründete Erwartung, an der Landenge zwischen Nord- und Ostsee viel Durchgangs- und Umschlagverkehr zu haben, weil die Schiffahrt jener Zeit die lange Küste Jütlands und Kap Skagen mit Recht fürchtete. Hier also vollzieht sich auch die Rezeption des Christentums sehr langsam und schwerblütig, und dies nicht nur der Menschen, sondern auch der Verhältnisse wegen. Die Blüte des Normannenhandels hat dem Heidentum Auftrieb gegeben, die militärischen Initiativen der Wikinger haben das Christentum oder doch seine sichtbarste Bastionen von den Küsten weg ins Binnenland zurückgedrängt. Die Entscheidungen über die Zukunft des neuen Glaubens fallen fortan – wie man heute sagen würde – an der Basis. Die Obrigkeit nämlich hat das Ihre getan, soweit es die Deutschen betrifft. Sie wird die Slawen unterwerfen und zu Christen machen, aber nicht zu Deutschen. Die Christianisierung der Deutschen selbst läßt sich mit der Waffe nicht mehr vorantreiben, nur noch mit dem Wort, dem Buch, der Predigt.

Damit beginnen für die Klöster neue Aktivitäten, die uns diese Gemeinschaften rodender und wirtschaftender Mönche in einem anderen Licht erscheinen lassen und die dem europäischen Mittelalter bald einen neuen Charakter geben werden. Die Christianisierung ist zu einem höchst vielfältigen Vorgang gediehen, der sich in seiner Fülle und Komplexität, in den örtlichen Verschiedenheiten und angesichts der Individualität jedes einzelnen Klosters der zusammenfassenden Schilderung entzieht. Ein Beispiel war Corvey im Norden, das Kloster der heimkehrenden Sachsen, wo ein bedeutender Chronist sich den Namen jenes Sachsenherzogs zulegte, der die Christianisierung so lange hinauszögerte. Ein anderes Beispiel könnte Kremsmünster sein, um die Mitte des achten Jahrhunderts gegründet. Das Einweihungsdatum der Stiftskirche (der 9. November 777) fällt in die Lebenszeit Karls des Großen. Da der Bayernherzog Tassilo – wie damals nicht selten – mehr Söhne hatte, als man wußte, ist der im Stiftergrab von Kremsmünster gefundene Bayernprinz sonst unbekannt, und war die Stiftung bayerisch, so war das Land ringsum eine fromme Gabe des christlich gewordenen Slawengrafen, dessen Ländereien an den Bannforst Tassilos grenzten. Mattsee, Mondsee, vor allem aber Kremsmünster schufen und bewahrten Handschriften von größtem Wert aus jener so schwer faßbaren Zeit, Kremsmünster besitzt allein deren elf (wenn auch nicht durchwegs vollständig), darunter der durch seine einzigartige Illumination bemerkenswerte *Codes Mille-*

narius Maior. Hinzu kommen weitere Handschriften aus dem zehnten und elften Jahrhundert, die wie die gleichzeitigen Arbeiten aus der lichteren, weniger gefährdeten Landschaft des Bodenseeraumes aus den rauhen Zeiten der Mission und Konfrontation herausführen wollen in die weniger spannungsgeladene Phase der Unterweisung und des seelsorgerischen Gesprächs.

Es ist nicht an uns, Bilanz zu ziehen, schon gar nicht auf einem Gebiet, auf dem Ziffern und Summen so wenig bedeuten, der Mensch dagegen so viel, wenn nicht alles. Es gibt Große, von denen wir viel wissen, und andere, vielleicht Größere, die wir kaum zu erfassen vermögen. Es gibt den klaren Verstand und die unbeirrbar römische Richtung des Bonifatius sowie das gewaltige Wissen eines Hrabanus Maurus, eines Erzbischofs von Mainz, aber Bonifatius steht die fruchtbare Aktivität *sans façon* des Virgil von Salzburg gegenüber und Hrabanus Maurus der Irrtum des Mönchsdichters Gottschalk, jenes wegen Häresie verurteilten Sachsen, der nach zwanzigjähriger Kerkerhaft im Jahre 868 angeblich in geistiger Umnachtung starb. Es macht die Größe des Christentums aus, daß es stets der *ganzen* Schar bedurfte und sie in sich aufzunehmen imstande war, und niemand vermag heute abzuwägen, was für die Christianisierung Deutschlands wichtiger war: die klare Kathederstimme eines Hrabanus Maurus oder die glutvolle Wanderpredigt des sächsischen Grafensohns Gottschalk, der von der Ostsee bis an die Adria zog, dichtend und preisend, ehe ihn die Schläge seines harten Geschickes trafen und er seine blutenden Glieder in einem der scheußlichen Kerker des Mittelalters verfaulen sah.

Trotz Thietmar von Merseburg, der so manche Einzelheit für uns bewahrte, trotz Regino von Prüm, der furchtlos die Sünden seiner großen Zeitgenossen aufs Klosterpergament bannte, wissen wir vom Missionsalltag und von der Lebenswirklichkeit der ersten christlichen Generationen in Deutschland nur sehr wenig. So, als seien sie noch gar nicht wirklich seßhaft nach langer Wanderschaft, preisen sie ihren Christus in Liedern, zu denen man tüchtig ausschreiten kann, in eine Welt hinaus, die plötzlich erleuchtet ist. Wenn Gottschalk singt: »*Christe mearum/lux tenebrarum/memet in atrum/criminis antrum/sive barathrum/suscipe lapsum*«, dann klingt uns dies ins Ohr wie einer der Psalmen, mit denen die Vaganten sich unterwegs guten Mut machten, wie jene *Carmina burana* von den Straßen des Mittelalters, für die Carl Orff die große Melodie einer fröhlichen Frömmigkeit gefunden hat.

Aber sie mühten sich auch um jenes alte, schwer zu erreichende Ziel, das schon die Gotenbibel des arianischen Bischofs Ulfilas zu erreichen suchte, unliterarisch und doch durch das Wort, weil es nun einmal die magische Kraft der Sprache ist, das Benannte vertraut zu machen und festzuhalten, ein für allemal. 804 waren die Sachsenkriege zu Ende gegangen, 868 war der Mönch Gottschalk gestorben; ein Menschenalter lag dazwischen, Zeit genug für den großen Versuch, sich dem Gottessohn auf deutschen Wegen zu nähern. Die Sachsen hatten ihr altes Volksrecht, das hatte Karl der Große aufzeichnen lassen, und die verschiedenen germanischen Stämme hatten eine Heldendichtung, die Karl sammeln ließ, soweit ihm dies möglich war (nicht ahnend, daß sein Sohn sich beschwatzen lassen würde, diese unschätzbaren Denkmale zu vernichten). Aber natürlich waren die Sachsen kein Volk der Buchstaben, der Worte und der Pergamente, wie es die Franken und wohl auch schon die Langobarden geworden waren. Ein uns unbekannter Dichter, mit Gottschalk aber gewiß der größte seines Volkes und seines Jahrhunderts, versuchte den Heiland unter einem deutschen Himmel zu erleben. Sein titelloses Buch, das man seit 1830 kurz *Heliand* nennt, umfaßt nicht ganz sechstausend alliterierende Langzeilen, in denen Christus und sein Erdendasein geschildert werden. Die altniedersächsische Stabreimdichtung wurde im Auftrag Kaiser Ludwigs des Frommen verfaßt, um dem ungelehrten Volk Niederdeutschlands die Gestalt des Gottessohnes nahezubringen, das Matthäus-Evangelium zu erläutern und den Klerikern die Arbeit zu erleichtern. Aber was ist aus dieser Auftragsarbeit entstanden!

Der uns namentlich unbekannte Dichter war zweifellos ein gebildeter Mönch. Er benutzte eine sogenannte Evangelien-Harmonie, das heißt eine Zusammenschau aller vier Evangelien, wie sie erstmals um 170 nach Christus der Syrer Tatian geschaffen hatte. Von ihr gab es seit Beginn des neunten Jahrhunderts auch eine althochdeutsche Übersetzung. Zu der Bearbeitung des Tatian gesellten sich noch die Kommentare zu den Evangelien, die Hrabanus Maurus verfaßt hatte, der vor seiner Erhebung zum Bischof Abt in Fulda gewesen war – was allerdings nicht ausreicht, Fulda auch als Entstehungsort der Heliand-Dichtung anzunehmen. Auch Verden an der Aller oder Corvey kommen dafür in Frage.

Reiz, Wert und Bedeutung des *Heliand* liegen darin, daß sein Dichter den Bibeltext nicht gewaltsam eindeutschte und schon gar nicht vulgarisierte, sondern daß er lediglich die Anschauung, den Hintergrund, die Umwelt aus seinen eigenen Vorstellungen und Erfahrungen hinzugesellte: »Der König ist geboren/stark und stolz: wir sahen seinen Stern/hell am Himmel, wie der Herr uns selbst,/ der Mächtige, meldete. Jeden Morgen sahen wir/den strahlenden Stern, gingen hinter ihm her/auf waldigen Wegen.« Oder eine andere Stelle: »Es begann des Wetters Kraft,/die Wirbel wogten, es wuchsen die Wellen./Schwarze Wolken schwangen sich drunter. Es tobte die See/Wind und Wasser kämpften.« Neben der deutschen Waldnatur, den Wiesen und dem Klima Niederdeutschlands brachte man vertraute Begriffe und Berufe in diese Nachdichtung ein. Aus der germanischen Götterlehre wird nur übernommen, was zum Verständnis unbedingt nötig ist, etwa das Reich der Hel als die Unterwelt der Abgeschiedenen oder die Darstellung der Engel als Walküren. Christus aber wird vom leidenden Gottessohn zum strahlenden Heerkönig, volksnah, gerecht und voll Würde. Eine Deutung des *Heliand*, die schon 1845 erschien, sagt dazu:

»Die ganze evangelische Geschichte erscheint im *Heliand* als der glorreiche Zug eines deutschen Volkskönigs durch sein Land, um zu retten und zu richten, zu weisen und zu lehren, Gaben zu verleihen, zu helfen und zu heilen, zu kämpfen wider seine Feinde, in diesem Kampf für die Seinen zu sterben und endlich aus der scheinbaren Niederlage sich im glänzendsten Sieg zu erheben. Die Niedrigkeit der zeitlichen Erscheinung Christi tritt demnach ganz in den Hintergrund: vielmehr wird er angekündigt und erscheint er gleich am Anfang als der herrliche König und Führer seines Volkes« (August Friedrich Christian Vilmar in seiner Schrift über die deutschen Altertümer im *Heliand*).

Indes würde man irren, unterstellte man dem Dichter eine simple Germanisierung des Christentums, dessen wesentliche religiöse und pädagogische Substanzen durch die angedeuteten Veränderungen ja keineswegs berührt wurden. Der Dichter hat lediglich diese Inhalte erlebbar oder, wie wir heute sagen würden, für die Sachsen nachvollziehbar gemacht und diesem Volk, das noch an den Wunden eines jahrzehntelangen Krieges litt, den zunächst fremden Gott als eine auch für die Sachsen akzeptable Leitfigur nahegebracht. Den Stabreim, den Tonfall und die Gefühlslagen der germanischen Heldendichtung auf die christlichen Inhalte und die Evangelien-Geschehnisse zu übertragen, wird bis heute nicht nur als eine große poetische Leistung angesehen. Auch Forscher unserer Tage wie Heinz Rupp sehen das Gelingen dieses kühnen Versuchs geradezu als ein Wunder an. Wenn uns dieses eine Werk auch nicht den Verlust so vieler germanischer Heldenlieder ersetzen kann, die Ludwig der Fromme vernichten ließ, als das Heidentum ohnedies schon besiegt war, so ist sein redliches Bemühen doch unverkennbar, nach der Sprache der Gewalt, die Karl der Große geführt hatte, die Unterworfenen nun innerlich an die neue Religion heranzuführen und mit ihr glücklich werden zu lassen.

Es hat dennoch – wir haben es erzählt – an Rückfällen und Revolten nicht gefehlt; sie hatten politische Ursachen, wenn sie auch mit der militärischen Konfrontation zu einer Wiederbelebung des Heidentums bei den Nordgermanen und bei den germanischen Stämmen des nördlichen und mittleren Deutschland führten. Vom Main südwärts bis zur Salurner Klause hingegen hatte die Bevölkerung der einst römisch besiedelten und kultivierten Gebiete sich mit der neuen Religion aus dem Mittelmeerraum ganz offensichtlich sehr viel leichter arrangiert. Man blieb bei einem unterschwelligen Heidentum, ließ es in vielen meist unwesentlichen Elementen des Alltags- und Bauernlebens zum Aberglauben absinken, ohne daß man deswegen das Christentum selbst in Frage stellte. Der Kampf der Pfarrer und Diakone, die im täglichen Umgang auf diese Relikte stießen, schlug nur kleine Wellen und war in gewissem Sinn aussichtslos, denn keine Gemeinde sah in ihrem alten Brauchtum eine echte Alternative zu der neuen Religion, im Gegenteil: geschickt und zäh, wie der Bauer in der Ebene und in den Bergen seit jeher ist, trachtete er, alles, woran ihm gelegen war, miteinander zu vereinen. Nirgendwo hatte sich die sogenannte Herrschaftskirche (Bosl) so deutlich abgesetzt und abgesondert wie in Bayern, die Kirche für den Herzog und seinen Hof, die Prälaten, die reichen Erbherren und Klostervorsteher, der seit dem achten Jahrhundert die Kirche für die kleinen Leute gegenüberstand, die Kirche als Heilsanstalt (Bosl), die in der weitgehend selbstgenügsamen Gemeinschaft des Klosters eine große Chance bot, »die einzige Chance einer geistigen und personalen Emanzipation des Unfreien aus den Fesseln der archaischen Feudalgesellschaft«.

Das heißt: Das Christentum hat nach der römischen Welt auch die germanische verändert. Aus dem germanischen Altertum mit seinen unverrückbaren Kategorien, den Edelingen, den Freien und den Knechten, ist eine neue Gesellschaft geworden, in der die Grafensöhne in die Anonymität des Klosterlebens eintauchen und dort neben einem wachen Knecht im Refektorium sitzen. Wir wissen von Bischöfen geringer Herkunft schon im neunten Jahrhundert (auch wenn die beflissenen Biographen dies zu verschleiern trachten), und wir kennen Karrieren, die aus dem Nichts an die Seite der Fürsten führen. Das Christentum hat längst die Forderung fallen lassen, daß man arm sein müsse, um Gott zu gefallen, aber die Armen tragen doch immer noch weniger Gewicht auf dem dornigen Weg zum Heil und zur Heiligkeit mit sich.

Wie die Stände nun einander durchdringen, so haben auch die Religionen einander längst durchdrungen; so wie die Normannen aus Böcken zu guten Gärtnern geworden sind, wo immer man sie Reiche bilden und Bastionen bauen ließ, so wachsen die Helden der alten Sage in den neuen Sittenkodex des Christentums hinein, im *Heliand*, im *Nibelungenlied*, in den *Sagen von Dietrich von Bern*, dessen Urbild der Arianerkönig Theoderich der Große ist. Die ersten, die Christen wurden oder sich so nannten, waren die Fürsten, aber sie haben es offenbar am weitesten zu einer Nachfolge Christi, zu einem heiligmäßigen Leben. Denn dieses ist Wandern und Wirken im Sinn jener ethischen Prinzipien, die in ihrem Kern dem römischen Heidentum, dem germanischen Sittengesetz und dem Christentum gemeinsam sind, so daß es eigentlich keine Entschuldigung für Grausamkeit oder Verrat in der langen Übergangszeit zwischen den Germanenrechten und der neuen Religion gibt. Diese betrübliche Einsicht vermitteln uns nicht nur die Merowinger mit ihrer geradezu unglaublichen Palette an Mord, Ausschweifung und Betrug, sondern auch abgeschwächt noch die Karolinger und nicht wenige ihrer Gegner. Der »milde König« Karl hat nur die hohe Bedeutung, die historische und politische Größe gegenüber seinen hartnäckigsten, so oft des Verrats geziehenen Gegnern Widukind und Tassilo voraus. Der eine ist ein Heide und bleibt es auch nach dem Tag von Attigny, der andere ist ein Christ, aber damit beileibe kein Franke, denn »Tassilo besaß Ehrgeiz; er wollte ein großer Fürst sein und hatte keine Ahnung davon, wie wenig ein Herzog von Bayern in Wirklichkeit bedeutete: deshalb vermochte er seine Ansprüche nicht ins Gleichgewicht mit seiner Macht zu setzen. Es wäre ihm wie eine Selbsterniedrigung erschienen, sich aufrichtig in seine Abhängigkeit von dem fränkischen

Reiche zu fügen; aber durch Treubruch und Verrat fand er sich nicht erniedrigt« (Hauck).

Um die Frauen stand es offensichtlich besser, wesentlich besser. Sie neigen schon in der Völkerwanderungszeit dem Christentum zu, sie wirken still und wohltätig neben den kriegerischen Gatten für die Völker, die in einem heute nicht mehr vorstellbaren Maß darauf angewiesen sind, und nicht wenige von ihnen wurden heiliggesprochen. Sie erscheinen uns nicht entmutigt, wenn sie, über die Grenzen hinweg verheiratet, unter fremden, noch heidnischen Völkern leben, wenn sie neben kriegstüchtigen Gatten, deren rauhe Sitten wir nur ahnen können, sänftigend und mit frommer Hartnäckigkeit für das Christentum wirken – an der Seite eines Boleslaw etwa, an der Seite aber auch der nordischen Waräger.

Man wünschte sich, nicht nur von diesen Frauen mehr zu wissen, sondern von dem gesamten weiblichen Element dieser frühmittelalterlichen Völker, denn es sind doch vor allem die Frauen und Mädchen, die sich vom frommen Eifer der Kleriker und Missionare angesprochen fühlen, die das mehr erfühlte als verstandene Neue dann mit ihren Worten an die Gatten, die Familien weitergeben und das Christentum in die heidnischen Gemeinschaften tragen. Und es darf mit aller Vorsicht gesagt werden, daß sie schon durch die dienende Stellung der Frau in der mittelalterlichen Gesellschaft die besseren Voraussetzungen für eine Religion der Demut und Milde mitbrachten, für eine Lehre von der Liebe und vom Frieden unter den Menschen.

Gewiß überließen sie die letzte Entscheidung und den großen Wandel den Männern, die äußere Christianisierung, die Kodifizierung der alten Volksrechte, die Veränderungen in den staatlichen und dörflichen Ordnungen, von der Grafschaft herab bis zum Klostergut. Aber wie weit das Christentum von der Mission in die Herzen drang, das entschied sich nicht nur im einzelnen Menschen, sondern auch in der Familie und mit Hilfe der Familie. Davon aber wissen wir so gut wie nichts, denn wer damals schrieb, berichtete und Aufzeichnungen machte, war Mönch, Mönche aber hatten keine Familien.

Der Prozeß der Christianisierung ist, bei den Deutschen wie bei ihren Nachbarn, nur in seinen Äußerlichkeiten bekannt und aus einigen wenigen geistlichen und literarischen Zeugnissen tiefer auszuloten. Wie weit die Deutschen tatsächlich zu Christen wurden und wie lange sie dazu brauchten, ist eine Frage, die nicht den historischen Ablauf betrifft, sondern einen tief innerlichen, seelischen Vorgang. Er ist keine Läuterung, wie die Missionare glaubten, denn ein guter Heide ist allemal ein besserer Mensch als ein übler Christ, aber doch zweifellos ein Wandel. Und daß dieser große Wandel noch nicht abgeschlossen ist, ja, daß er seinem Wesen nach einem wirklichen und vollkommenen Abschluß nur zustreben kann, das versteht sich aus dem Charakter unserer Religion.

Weiterführende Literatur

Ammianus Marcellinus: Das römische Weltreich vor dem Untergang (Res gestae, deutsch). Sämtl. erhaltenen Bücher übers. von Otto Veh. Eingel. und erl. von Gerhard Wirth. Zürich, München: Artemis 1974.

Arbeo von Freising: Vita et passio Sancti Haimhrammi martyris (vita vel passio Haimrhammi episcopi et martyris Ratisbonensis, lat. und deutsch). Leben und Leiden des hl. Emmeram. Hrsg. v. Bernhard Bischoff. München: Heimeran 1953.

Ausgewählte Quellen zur Geschichte des Mittelalters und der Neuzeit. Freiherr-vom-Stein-Gedächtnis-Ausgabe. Hrsg. v. Rudolf Buchner u. a. A. Mittelalterliche Reihe (insbesondere die Bde 1–11). Darmstadt: Wissenschaftl. Buchgesellschaft 1955 ff.

Barton, Peter Friedrich: 1800 Jahre Christentum in Österreich und Südostmitteleuropa. Teil 1. Wien, Köln, Graz: Böhlau 1975.

Bosl, Karl: Europa im Mittelalter. Weltgeschichte eines Jahrtausends. 2. Aufl. Bayreuth: Gondrom 1978.

Brunner, Karl: Oppositionelle Gruppen im Karolingerreich. Wien, Köln, Graz: Böhlau 1979.

Caesar, Gaius Iulius: Der Gallische Krieg (Commentarii de bello Gallico, deutsch). Mit Bemerkungen Napoleons I. Nach der Übers. von Ph. L. Haus neugefaßt von Walter Hess. Textkrit. durchges. und mit Erl. hrsg. v. Karl Bayer. 2. Aufl. Reinbek b. Hamburg: Rowohlt 1967.

Daniel-Rops, Henri: Die Kirche im Frühmittelalter (L'église des temps barbares, deutsch). Übers. v. Martha Fabian und Hilda Hoefert. Innsbruck: Abendländische Verlags-Anstalt 1953.

Eugippius: Das Leben des hl. Severin (Vita Sancti Severini, lat. und deutsch). Hrsg. u. erl. v. R. Noll. 1947 (Neufassung 1963).

Gregor von Tours: Zehn Bücher Geschichten (Gregorius Turonensis: Historia Francorum, lat. und deutsch). Auf Grund der Übersetzung W. Giesebrechts neubearb. v. Rudolf Buchner. Darmstadt: Wissenschaftl. Buchgesellschaft 1955.

Hampe, Karl: Mittelalterliche Geschichte. Gotha: Perthes 1922.

Harnack, Adolf von: Kleine Schriften zur alten Kirche. Berliner Akademieschriften. Mit einem Vorwort v. Jürgen Dummer (fotomechan. Neudr. a. d. Abhandlungen u. Sitzungsberichten der Preuß. Akad. d. Wiss.) (1.2.) Leipzig: Zentralantiquariat der DDR 1980.

Harthausen, Hartmut: Die Normanneneinfälle im Elb- und Wesermündungsgebiet mit besonderer Berücksichtigung der Schlacht von 880. Hildesheim: Lax 1966.

Jakob von Voragine: Die Legenda aurea des Jacobus de Voragine. Aus dem Lat. übers. von Richard Benz. Heidelberg: Lambert Schneider 1955.

Jankuhn, Herbert: Denkmäler der Vorzeit zwischen Nord- und Ostsee. Kulturströmungen und Völkerbewegungen im alten Norden. Schleswig: Bernaerts 1957.

Jankuhn, Herbert: Haithabu. Ein Handelsplatz der Wikingerzeit. 4. erg. Aufl. Neumünster: Wachholtz 1963.

Der kleine Pauly. Lexikon der Antike. Auf der Grundlage von (August

310

Friedrich) Pauly's Realencyclopädie der classischen Altertumswissenschaft unter Mitwirkung zahlreicher Fachgelehrter bearb. u. hrsg. v. Konrat Ziegler und Walther Sontheimer. Bd. 1–5. Stuttgart: Druckenmüller 1961–1975.

Lammers, Walther (Hrsg.): Die Eingliederung der Sachsen in das Frankenreich. Darmstadt: Wissenschaftliche Buchgesellschaft 1970.

Lexikon für Theologie und Kirche. Begründet von Michael Buchberger. Hrsg. v. Josef Höfer und Karl Rahner. 2., völlig neubearb. Aufl. Freiburg: Herder 1957 ff.

Lintzel, Martin: Karl der Große und Widukind. Hamburg: Hanseatische Verlagsanstalt 1935.

Lintzel, Martin: Die Germanen auf deutschem Boden. Von der Völkerwanderung bis zum ersten Reich. Köln: Schaffstein 1940.

Lintzel, Martin: Ausgewählte Schriften. Bd. 1. 2. Berlin: Akademie-Verlag 1961.

Ludat, Herbert: Deutsch-slawische Frühzeit und modernes polnisches Geschichtsbewußtsein. Wien, Köln, Graz: Böhlau 1969.

Monumenta Germaniae Historica . . . (Hrsg.:) Societas aperiendis fontibus rerum Germanicarum medii aevi. Hannover usw.: Hahn (u. a.) 1826 ff.

Pirenne, Henri: Geschichte Europas (Histoire de l'Europe, deutsch). Von der Völkerwanderung bis zur Reformation. Ins Deutsche übertr. v. Wolfgang Hirsch. Frankfurt am Main: S. Fischer 1961.

Reallexikon der germanischen Altertumskunde von Johannes Hoops. 2., völlig neubearb. u. stark erw. Aufl. unter Mitwirkung zahlreicher Fachgelehrter . . . hrsg. von Heinrich Beck, Herbert Jankuhn u. a. Bd. 1 ff. Berlin: de Gruyter 1973 ff.

Regino von Prüm: Chronica. Hrsg. v. F. Kurze. In: Monumenta Germaniae Historica. Script. rer. German. 1890.

Regino von Prüm: Chronica. Übers. v. E. Dümmler. In: Geschichtsschreiber der deutschen Vorzeit, Bd. 27. 5. Aufl. 1939.

Schäferdiek, Knut (Hrsg.): Die Kirche des früheren Mittelalters. München 1978.

Schäferdiek, Knut u. a.: Christentum der Bekehrungszeit. In: Reallexikon der germanischen Altertumskunde, Bd. 4. Berlin: de Gruyter 1981, S. 501–599.

Schreiber, Hermann: Die Hunnen. Düsseldorf: Econ 1976. (Auch als TB).

Schreiber, Hermann: Auf den Spuren der Goten. München: List 1977. (Auch als TB).

Schreiber, Hermann: Die Vandalen. München: Scherz 1979.

Stadler, Johann-Evangelist: Vollständiges Heiligen-Lexikon. Hrsg. v. Johann-Evangelist Stadler u. (1:) Franz Joseph Heim (3 ff.: fortges. v. J. N. Ginal). Bd. 1–5. Hildesheim usw.: Olms 1975.

Stonner, Anton: Heilige der deutschen Frühzeit. 2 Bde. Freiburg: Herder 1938.

Tacitus: Germania. Übers.: A. Mauersberger, W. Vesper (1923). H. Ronge (Tusculum [München: Heimeran] 1944). E. Fehrle (4. Aufl. 1944 [mit Text]).

Timerding, Heinrich Emil (Hrsg.): Die christliche Frühzeit Deutschlands. Gruppe 1. 2. Jena: Diederichs 1929.

Vogel, Walther: Die Normannen und das fränkische Reich. 1906 (Nachdruck, Aalen: Scientia 1973).

Wetzer und Welte: Kirchenlexikon 2. Aufl. Freiburg/Brsg.: Herder 1882 ff.

Zibermayr, Ignaz: Noricum, Baiern und Österreich. Lorch als Hauptstadt u. d. Einf. d. Christentums. Horn, NÖ: Berger 1972.

Zeittafel

(Da der allgemeinhistorische Hintergrund in diesem Buch weitgehend als bekannt vorausgesetzt werden muß, ist diese Zeittafel vergleichsweise ausführlich gehalten.)

260–40 v. Chr.	Übervölkerung und Klimaverschlechterung lösen die Abwanderung von Stämmen und Stammesteilen der germanischen Einwohner Skandinaviens aus. Hauptrichtung der Wanderung: über die Ostsee in die Gebiete von Oder und Weichsel
200 v. Chr.	Die germanischen Bastarnen erreichen das Schwarze Meer
ab 120 v. Chr.	Germanische Wanderbewegungen in Mitteleuropa. Die Sueben verdrängen die keltischen Helvetier aus Süddeutschland, die aus Dänemark aufgebrochenen Kimbern und Teutonen werden 102/101 von den Römern vernichtend geschlagen und aufgerieben
72 v. Chr.	Sueben dringen in Gallien ein
58 v. Chr.	Caesar schlägt die Sueben. Eroberung Galliens (bis 51)
55/51 v. Chr.	Caesar macht den Rhein zur Reichsgrenze
16 v. Chr.	Germanen siegen über Lollius
15 v. Chr.	Trier gegründet
12–9 v. Chr.	Germanenzüge der Römer. Drusus erreicht 9 v. Chr. die Elbe
8–6 v. Chr.	Marbod führt die Markomannen nach Böhmen und gründet sein Reich aus Markomannen, Lugiern, Semnonen und Langobarden
4–6 n. Chr.	Weitere Germanenzüge der Römer (u. a. bis zur Elbmündung) unter Tiberius
6 n. Chr.	Angriff der Römer gegen Marbod
8 n. Chr.	Tiberius schließt Bündnisse mit Germanenstämmen

9 n. Chr.	Sieg der Cherusker unter Arminius über Varus. Trotz weiterer Vorstöße des Germanicus können die Römer das sog. »freie Germanien« nicht erobern. Dagegen Romanisierung des Rheinlandes
19 n. Chr.	Zusammenbruch der Herrschaft Marbods
45 n. Chr.	Offizielles Gründungsjahr Augsburgs (Vorläufersiedlung schon älter)
45–58 n. Chr.	Missionsreisen des Apostels Paulus im Mittelmeerraum
50 n. Chr.	Offizielles Gründungsjahr Kölns (Vorläufersiedlung schon älter)
64	Neronische Christenverfolgung in Rom
83–145	Ausbau des obergermanisch-rätischen Limes
166–180	Angriffe der Markomannen auf das Römerreich
vor 179	Gründung von Regensburg (Vorläufersiedlungen älter)
um 200	Bedeutende christliche Gelehrte wie Clemens v. Alexandrien (2. Jh.), Tertullian (ca. 150–230 n. Chr.) und Origenes (um 185 bis 254); Märtyrerakten
212	Erste Erwähnung der Alamannen
um 230	Übergang von der griechischen zur lateinischen Kultsprache; Anfänge des lateinischen Christentums
ab 236	Vorstoß der Goten auf dem Balkan. Gepidenreich in Norddacien
248 u. 250/51	Gotenkriege des Decius
250/51	Christenverfolgung unter Decius
um 260	Alamannen durchbrechen den Limes
268	Tod des hl. Dionysius (Saint Denis), des ersten Bischofs von Paris
270	Römische Reichsreligion des *Sol Invictus.* Sieg bei Naissus über die Goten. Erste Erwähnung der Westgoten
275	Alamannen dringen in Gallien ein
280	Probus stellt Rheingrenze wieder her

303	Christenverfolgung unter Diokletian
311	Toleranzedikt des Galerius
312	Konstantin der Große wendet sich dem Christentum zu, ohne sich freilich taufen zu lassen
313	Sog. Edikt von Mailand (praktisch Durchbruch des Christentums). Köln nachweislich Bischofssitz
um 318	Arianismus. Um 311–382/83: Wulfila (Ulfilas); um 369 (?) Wulfilas Bibelübersetzung ins Gotische
325	Ein gotisches Bistum auf dem Konzil von Nicaea vertreten
332	Westgoten werden zum Föderatenverhältnis gezwungen
ab 341	Missionsbischof Sabas und andere
350/355	Alamannen u. Franken überschreiten den Rhein. Niederlage des Franken Magnentius. Ausbreitung des Arianismus
357	Iulian siegt bei Straßburg über die Alamannen
361	Gesamtes linksrheinisches Gebiet wieder in römischer Hand
372–400	Martin von Tours (Bischof, später populärster Heiliger Galliens)
377	Zug der Westgoten nach Thrakien
9. 8. 378	Niederlage der Römer bei Adrianopel gegen die Westgoten
389/90	Schließung der heidnischen Serapeions-Bibliothek in Alexandrien. Verbrennung der unschätzbaren Buchbestände
24. 2. 391	Christentum offiziell Staatsreligion. Verbot aller heidnischen Kulte
394	Letzte Olympische Spiele des Altertums. Westgoten kämpfen für Kaiser Theodosios I. (371–395) gegen den weströmischen Usurpator Eugenius (392–394), der ein letztes Mal das Heidentum wiederherstellen will. Niederlage des Eugenius wird als Gottesurteil (Sieg des Christentums) angesehen
395	Der Vandale Stilicho Reichsfeldherr in Westrom
401	Vordringen der Vandalen und Alanen in das Alpenvorland. Unter Ausnutzung innerrömischer Schwierigkeiten dringen die Westgoten unter Alarich in Norditalien ein

406	Vandalen, Alanen und Sueben brechen in Gallien ein. Römer räumen Britannien
410	Westgoten unter Alarich plündern Rom
418	Tolosanisches Reich der Westgoten (bis 506/7)
429	Vandalen unter Geiserich in Nordafrika. Grausame Politik gegenüber Katholiken
um 450	Angriffe der Angeln und Sachsen auf Britannien. Ausbreitung des Christentums in Irland
451	Niederlage der Hunnen auf den Katalaunischen Feldern
452	Leo der Große (Papst 440–461) tritt bei Mantua dem Hunnenkönig Attila entgegen
455	Die Vandalen unter Geiserich plündern Rom. Papst Leos Eintreten für die Stadt ist diesmal weitgehend erfolglos
476	Letzter weström. Kaiser (Romulus Augustulus) abgesetzt. Der Skirenfürst Odwakar (Odoaker) zum Heerkönig in Italien ausgerufen
482	St. Severin gestorben
482–511	Chlodwig I., erster katholischer (nicht arianischer) Frankenkönig
486	Chlodwig siegt über den letzten röm. Statthalter Galliens (Euagrius)
493	Odwakar (Odoaker) vom Ostgotenkönig Theoderich dem Großen (493–526) in Ravenna besiegt und eigenhändig ermordet
496	Der Frankenkönig Chlodwig siegt über die Alamannen
um 500	Vordringen bajuwarischer Stämme aus dem Markomannengebiet Böhmens nach Bayern und in den Alpenraum. In Böhmen rücken Westslawen nach. Abschluß der Abwanderung keltischer Bretonen aus Südwestengland in die Bretagne
506	Chlodwig siegt über die Westgoten. Fast ganz Gallien in fränkischer Hand
533–552	Untergang der arianischen Germanenreiche in Nordafrika (Vandalen) und in Italien (Ostgoten) durch germanische und hunnische Soldtruppen des oströmischen Kaiserreichs

568–774	Arianisches Langobardenreich in Oberitalien
um 623–660	Mährisches Großreich mit Einflußzonen bis Magdeburg und Passau, regiert von einem Kaufmann namens Samo (Christ umstrittener völk. Zugehörigkeit)
um 650	Tätigkeit Emmerams und anderer Missionare im Elsaß und in Bayern. Klostergründungen u. a. in Regensburg. Fortschreitende slaw. Landnahme östl. der Elbe (weitgehend friedlich unter Eingliederung der zurückgebliebenen Germanenreste)
673–754	Wynfrith, genannt Bonifatius, Erzbischof der Mission auf deutschem Boden und Reformator der jungen Kirchenorganisation
seit 687	Erstarken der Karolinger, zunächst als Hausmeier (Majordomus, Statthalter), danach als Könige des Frankenreiches, das sich in Deutschland nach Süden und Osten ausdehnt
711	Einfall der Araber in Spanien, begrüßt von den unter den letzten Westgotenkönigen unterdrückten Juden. Untergang des christl. Westgotenreiches
732	Sieg des fränk. Hausmeiers Karl Martell über die Araber bei Tours u. Poitiers. Karl Martell regiert Frankenreich ohne König und bekriegt Sachsen, Friesen, Alamannen, Bayern u. a.
742 – nach 794	Tassilo III. v. Bayern
742 – 814	Lebenszeit Karls d. Gr. (Enkel v. Karl Martell)
744	Bonifatius gründet die Abtei Fulda
um 750	Tätigkeit verschiedener irisch-schottischer u. engl. Missionare in Deutschland, Gründung von Klöstern u. Klosterschulen; Zusammenhang von Bekehrung u. Heilung (Echternacher Springprozession)
768	Karl d. Gr. König der Franken. Vermutliches Geburtsjahr seines Geheimschreibers u. Biographen Einhard
772–805	Der große Sachsenkrieg (mit Unterbrechungen) zwischen Karl u. Widukind mit Zerstörung der Irminsul und Massenhinrichtung sächs. Gefangener od. Geiseln in Verden (782)
793	Beginn der Normannen-Überfälle mit der Zerstörung von Holy Island (dem Cuthbert-Kloster Lindisfarne)
800	Kaiserkrönung Karls d. Gr. – Entstehung der Handelsstadt Haithabu (Schleswig, 804 erstmals bezeugt)

316

814–840	Kaiser Ludwig I., der Fromme, Sohn Karls d. Gr.; 817 erste Reichsteilung unter die Kaisersöhne Lothar, Pippin u. Ludwig
826	Beginn der nordischen Mission unter Ansgar in der Hoffnung auf ein Nachlassen der Wikinger-Überfälle
830	Ludwig der Fromme läßt die Sammlung altgermanischer (heidnischer) Heldenlieder vernichten, die sein Vater angelegt hatte. Rege literar. Tätigkeit in den Klöstern (Übersetzungen, Heiligenviten, Kommentare). Berühmte Klosterschulen in Fulda, auf der Insel Reichenau, in Sankt Gallen und anderswo
845	Normannen-Überfall auf Hamburg, Flucht Ansgars. (später) Zusammenlegung der Bistümer Bremen und Hamburg
850–950	Intensiver Handelsverkehr mit Gütern und Sklaven, Lieferanten: Normannen, Abnehmer: Araber u. Byzanz, Hauptstützpunkte: heidnische Handelsmetropolen (Birka, Truso, Vineta, Prag, Haithabu)
866–911	Normannische Staatengründungen scheitern in England und den Niederlanden, gelingen aber in der Normandie und in Rußland
912–973	Lebenszeit Kaiser Ottos d. Gr. (gekrönt: 936)
919–936	Herrschaft Kaiser Heinrichs I. (genannt der Vogler). Erster der sog. sächsischen Kaiser, gilt als Gründer des Dt. Reiches
933–955	Siege der deutschen Kaiser über die Ungarn (bei Riade und Augsburg). Die Abwehr- und Unterwerfungskämpfe gegen die Slawen dauern noch jahrhundertelang an. Die Christianisierung der deutschen Stämme darf als abgeschlossen angesehen werden

319

Mitteleuropa im sechsten Jahrhundert

Reich der

Reich der Westgoten ↑

Basken

Pampiona

Septimanien

Massilia

Tolosia

Rhône

Aquitanien

Burdegala

Burgund

Lugdunum

Loire

Namnetae

Coriosopitum

Bretagne

Seine

Paris

Maas

Trajectum

Gandavum

[Salisbury]

Cantawarabuirh

Themse

Londinium

Friesen